Siegen ist Kopfsache

MATT FITZGERALD

SIEGEN IST KOPFSACHE

Die mentalen Erfolgsstrategien der Ausnahme-Athleten

Übersetzt von Carola Felchner

spomedis

DER KOPF IST DER ATHLET.

Bryce Courtenay, »The Power of One«

Inhalt

Vorwort

Zu untersuchen, was der Ausdauerleistung Grenzen setzt, ist nicht nur ein rein akademisches Unterfangen. Es hat auch Auswirkungen darauf, wie Athleten getestet werden, wie sie trainieren und wie sie sich auf Wettkämpfe vorbereiten. In den ersten 100 Jahren der Trainingswissenschaft ging man davon aus, dass die Ausdauerleistung von der Muskelermüdung abhängt, die durch entleerte Energiespeicher oder unzureichende Sauerstoffzufuhr und daraus resultierende Übersäuerung des Muskelapparats verursacht wird. Deshalb tragen Athleten Pulsmessgeräte während des Trainings und lassen sich in die Ohren piksen, um ihre Blutlaktatwerte zu ermitteln. Erythropoietin-Missbrauch hat den Radsport und andere Ausdauersportarten unterwandert, und Tonnen von Nudeln und Reis werden vor Wettkämpfen gegessen. Das sind nur ein paar Beispiele dafür, welchen Einfluss die Trainingswissenschaft auf das Leben von Ausdauersportlern hat.

Ende der 1990er-Jahre brachte Professor Tim Noakes das »Central Governor Model« (CGM) auf. Dieses Modell geht davon aus, dass die Ausdauerleistung von einem unterbewussten Steuerungssystem im Gehirn, dem »Central Governor«, bestimmt wird. Es reguliert die Aktivierung des Muskelapparats dahingehend, dass die im Laufe eines Rennens erbrachte Geschwindigkeit/Kraft niemals die Möglichkeiten des Körpers überschreitet, die Belastung einer Ausdauerleistung auszuhalten. Seine Hypothese: Wenn es dieses Sicherheitssystem nicht gäbe, könnte ein hoch motivierter Ausdauersportler sich über seine körperlichen Fähigkeiten hinaus belasten und sein Leben durch Hitzeschock, Myokardischämie oder Muskelstarre gefährden.

Das CGM war revolutionär, weil es viele Trainingswissenschaftler davon überzeugte, dass das Organ, das die Ausdauerleistung limitiert, das Gehirn ist, und nicht das kardiovaskuläre System und ein ermüdeter Muskelapparat. Darauffolgende Untersuchungen, darunter unsere Studie aus dem Jahr 2010, bestätigten diese nicht länger kontroverse Ansicht. Es gibt jedoch ein großes Problem: Wenn die Ausdauerleistung von einem unterbewussten, intelligenten Sicherheitssystem reguliert wird, was kann der Ausdauersportler dann noch beeinflussen? Die Antwort lautete, im Training nichts anderes zu tun als bisher auch, um die Fähigkeit des Körpers, mit Ausdauerbelastungen umzugehen, zu verbessern. Tatsächlich hatte das CGM keine nennenswerten Auswirkungen darauf, wie Ausdauerathleten trainieren und sich auf Wettkämpfe vorbereiten.

Glücklicherweise gibt es keinen Beleg dafür, dass so ein »Central Governor« in unserem Gehirn existiert, und Ausdauerathleten haben ihre Leistung ja ziemlich gut unter Kontrolle. Dieses alternative Modell, wie das Gehirn die Ausdauerleistung reguliert, wird als psychobiologisches Modell bezeichnet. Sein Kernprinzip besteht in der Annahme, dass Entscheidungen zur Geschwindigkeitseinteilung oder zur Rennaufgabe im »bewussten Gehirn« getroffen werden und dass diese bewussten Entscheidungen hauptsächlich auf der bewussten Wahrnehmung basieren, wie hart, schwer oder anstrengend die Belastung ist, ein Gefühl, das wir Anstrengungswahrnehmung nennen.

Viele meiner Kollegen aus der Trainingswissenschaft können dieses psychobiologische Modell nur schwer akzeptieren. Wie kann etwas, das so vergänglich und subjektiv ist wie Wahrnehmung, einen so großen Einfluss auf die Ausdauerleistung haben? Parameter, die man objektiv messen kann (zum Beispiel Herzgröße und in der Muskulatur gespeicherte Glykogenmenge) müssen doch einen größeren Einfluss haben. Diesen Rückschluss kann man als gerechtfertigt ansehen, wenn man die Ausdauerleistung lediglich als die Arbeitsleistung einer biologischen Maschine betrachtet, die keine Gedanken oder Gefühle hat. Ich jedoch sehe die Ausdauerleistung als ein selbstregulierendes Verhalten, auf das Gedanken und Gefühle beträchtliche Auswirkungen haben können. Die Vorstellung von Schmerzen durch Folter können Soldaten dazu zwingen, das Land zu verraten, dem sie ihr Leben verschrieben haben. Extremer Hunger (eine Wahrnehmung) kann aus zivilisierten Menschen Kannibalen machen. Gedanken und Gefühle können auch zu einem katastrophalen, endgültigen Ausfall der Homöostase führen: Selbstmord. Deshalb sollte es uns nicht überraschen, dass die Wahrnehmung von Anstrengung (und die damit verbundenen Gedanken) die Ausdauerleistung limitieren können. Wahrnehmungen sind mächtig.

Matt Fitzgerald war einer der ersten Sportjournalisten, die die möglichen Auswirkungen dieses psychobiologischen Modells für Ausdauerathleten erkannt haben. Ich erinnere mich an unser erstes Gespräch im Jahr 2009 über eine wackelige Mobilfunkverbindung, nachdem wir unsere wegweisenden Studien über den Effekt von mentaler Ermüdung auf die Wahrnehmung von Anstrengung und auf die Ausdauerleistung veröffentlicht hatten. Ich war bei einem Leichtathletikwettkampf in Italien, und Matt war zu Hause in den Vereinigten Staaten. Wir telefonierten über eine Stunde lang, befeuert von meiner Leidenschaft für interdisziplinäre Forschung (und der natürlichen Neigung eines Italieners, viel zu reden!) und Matts Durst nach den neuesten wissenschaftlichen Entwicklungen, die positive Auswirkungen für seine Leser haben könnten. Unsere »Fernbeziehung« hat Jahre überdauert, in denen ich weiter im Bereich der Psychobiologie der Ausdauerleistung forschte und Matt alles für die breite Masse verständlich in seinen Artikeln und Büchern übersetzte.

In diesem Buch hat Matt eine eindrucksvolle Sammlung von realen Beispielen dafür zusammengetragen, wie sehr die Anstrengungswahrnehmung und andere psychologische Faktoren die Ausdauerleistung beeinflussen. Diese Beispiele aus dem Leben von Eliteathleten aus verschiedenen Ausdauersportbereichen sind gekonnt vermischt mit Zusammenfassungen der wichtigsten wissenschaftlichen Erkenntnisse. Das Ergebnis ist ziemlich eindrucksvoll: ein Buch, das sowohl als Sportbiografie, aber auch als Ratgeber dafür gelesen werden kann, wie man seine Ausdauerleistung verbessert, indem man sein eigener »Sportpsychologe« wird. Ich hoffe, dies wird dazu führen, dass immer mehr Ausdauerathleten und ihre Trainer psychologische Prinzipien und Techniken anwenden. Die Macht der Psychologie ist noch nicht ganz ausgeschöpft im Ausdauersport, und sie bewusst und systematisch zu nutzen ist eines der maßgeblichen Ansinnen des psychobiologischen Modells.

Dennoch, wie Matt auch betont, ist es keine reine »Willenssache«, Wettkämpfe in Ausdauerdisziplinen zu gewinnen. Bewusste Selbstregulierung von Gedanken, Gefühlen und Verhalten kann einen beträchtlichen Einfluss auf die Ausdauerleistung haben, wie in diesem Buch anhand von aus dem Leben gegriffenen Beispielen gezeigt wird. Aber die genetischen Voraussetzungen, das körperliche Training und die Ernährung (zum Beispiel Kohlenhydrate und Koffein) spielen auch eine wesentliche Rolle, denn sie haben großen Einfluss darauf, wie Anstrengung wahrgenommen wird. Das unterbewusste Gehirn kann die Anstrengungswahrnehmung ebenfalls beeinflussen, wie wir kürzlich anhand unterschwelliger visueller Botschaften belegten. Wie man die negativen Auswirkungen einiger unterbewusster Stimuli vermeidet und die Macht des Unterbewusstseins dafür nutzt, seine Ausdauerleistung zu verbessern, wird eine der künftigen Entwicklungen der Psychologie im Bereich Ausdauersport sein.

Wir arbeiten außerdem an einem neuartigen Trainingskonzept, das sich »Brain Endurance Training« nennt und körperliches Training mit mental fordernden Aufgaben verbindet, um die Gehirnareale zu stimulieren, die an der Selbstregulierung beteiligt sind, und die geistige Ermüdung hinauszuzögern. Es sind aufregende Zeiten, denn das psychobiologische Modell inspiriert innovative, leistungssteigernde Strategien, die über diejenigen hinausgehen, die sich auf Grundlage des traditionellen kardiovaskulären/Muskelermüdungsmodells entwickelt haben.

Behalten Sie Matt also im Auge. Ich bin sicher, dieses Buch ist nur das erste einer ganzen Reihe erfolgreicher Bücher auf diesem für Ausdauerathleten sehr vielversprechenden Gebiet.

Dr. Samuele Marcora,
Trainingswissenschaftler

Einleitung

MEIN ERSTER AUSDAUERWETTKAMPF war ein Lauf über zwei Runden um den Sportplatz der Oyster-River-Grundschule in Durham, New Hampshire. Es war eine von vielen Veranstaltungen, die auf dem Programm des Field Day standen, einer Art Abschlusszeremonie für die Fünftklässler. Wie die meisten Elfjährigen war ich bereits unzählige Wettrennen in der Nachbarschaft gelaufen, aber das waren alles kurze Sprints gewesen. Kinder treten nicht über lange Distanzen gegeneinander an, außer unter der Anleitung von Erwachsenen. Beim Field Day wurde mir klar, warum das so ist.

Da wir es nicht besser wussten, spurteten wir alle mit voller Geschwindigkeit los. Nach ungefähr 50 bis 60 Metern schlich sich eine grippeähnliche Schwäche in meine Beine. Mit jedem Schritt schien ich ein Kilo schwerer zu werden. Meine Kehle brannte wie eine offene Wunde, in die man Salzwasser kippt. In meinem Kopf begann es zu kribbeln, und mein Bewusstsein reduzierte sich auf ein schwaches Flämmchen, das in einem heimtückischen Wind flackerte. Die wenigen Gedanken, die ich noch fassen konnte, waren panikdurchzogene Fragmente: »Was zur Hölle passiert mit mir? Ist das normal? Tut es den anderen Kindern auch so weh?«

Ich beendete die erste Runde, kämpfte die übermächtige Versuchung nieder, einfach aufzuhören, und ging auf die zweite. Ein Junge war noch vor mir: Jeff Burton, das einzige Kind in meiner Klasse, das so dürr war wie ich selbst. Ich begriff meine Situation. Ich konnte entweder Druck machen, um Jeff einzuholen, was aber bedeutet hätte, dass ich mein Leid vergrößerte. Oder ich konnte mein Leid auf dem jetzigen Niveau halten und Jeff ziehen lassen. Was schließlich eintrat, war eine dritte Möglichkeit: Jeff schwächelte. Seinen Einbruch zu sehen verlieh mir Flügel. Ich überholte ihn im Angang auf die letzte Kurve und überquerte als Erster die Ziellinie, wobei ich so erschöpft war, dass ich dies nur innerlich feiern konnte.

Aus dieser Erfahrung habe ich eine fundamentale Wahrheit über Ausdauersport gelernt. Während meine Beine und meine Lunge mich an eine Position gebracht hatten, die es mir ermöglichte zu gewinnen, war es mein Kopf – insbesondere meine Fähigkeit, den Schreck über die neuen Empfindungen zu dämpfen, und mein Wille, für den Sieg etwas zu leiden –, der mich zu Höchstleistungen angespornt hatte. Mir wurde klar: Die grundlegende Herausforderung von Langstreckenrennen ist eine mentale.

Drei Jahre nach meinem Triumph beim Field Day verletzte ich mich beim Fußball am Knie. Der Chirurg, der mich wieder zusammenflickte, riet, dass ich mir einen anderen Sport suchen möge. Ich lief nebenbei für das Leichtathletik-Team der Mittelstufe an der Oyster-River-Schule und hatte, bis ich mich verletzte, schon einige Erfolge feiern können. Also entschied ich mich, alles auf die Karte »Laufen« zu setzen.

Das war 1985 – Mittelalter, was den Entwicklungsstand der Knie-Rekonstruktion und -Rehabilitation betraf. Mein komplettes Bein war sechs Wochen lang eingegipst, dann bekam ich für weitere sechs Monate eine Schiene. Dieser Koloss aus Kevlar und Klett begleitete mich meine komplette erste Indoor-Leichtathletiksaison an der Highschool. Als mir die Schiene im Frühjahr abgenommen wurde, fühlte ich mich wie neugeboren. In der Outdoorsaison lief ich siebenmal

1500 Meter und pulverisierte sechsmal meine persönliche Bestleistung.

Im Herbst führte ich unser Cross-Country-Team bei den Staatsmeisterschaften zum Titel in einer von drei schulübergreifenden Athletikkategorien New Hampshires. Eine Woche später nahm ich als Einzelstarter am »Meet of Champions« teil, bei dem die besten Teams und Einzelathleten aus allen drei Kategorien gegeneinander antreten, und wurde Zehnter. Ich war der Zweitbeste unter den Zehntklässlern und der Erfolgreichste unter den Debütanten. Ich war auf gutem Wege, der beste Highschool-Läufer von New Hampshire zu werden, noch bevor ich meinen Schulabschluss hatte.

Dazu ist es nie gekommen. Das erste Anzeichen dafür, dass es nie passieren würde, zeigte sich bereits direkt nach meinem großen Durchbruch bei der Cross-Country-Staatsmeisterschaft. Das Rennen fand im Derryfield Park in Manchester statt, dem härtesten Geländekurs in Amerika. Er beginnt am Fuß eines Skihangs, führt dort direkt hinauf und wieder hinunter. Ich erklomm den Anstieg als Zweiter hinter Sean Livingston, einem Oberstufenschüler, der sich talentmäßig auf einem ganz anderen Niveau befand. Ich dachte mir dabei nicht viel, bis wir aus dem Wald kamen, meine Freundin mich sah und kreischte: »O mein Gott! Er ist Zweiter!« Erst da wurde mir bewusst, dass ich hier ein ganz großes Ding durchzog.

Nur wenige Augenblicke später jedoch überholte mich Todd Geil von der konkurrierenden Stevens Academy, auch ein Zehntklässler. Als wir den Fuß des Hügels erreichten, hatte er 10 oder 15 Meter auf mich herausgelaufen. Aber der Kurs machte eine letzte teuflische Kurve nach oben, bevor er zum Ziel hin abflachte. Ich war ein besserer Bergaufläufer als Todd (so war ich überhaupt erst vor ihn gekommen) und ich begann aufzuholen.

Wir liefen die Schlusskurve zusammen. Todd zog das Tempo an, ich auch. Wir spurteten im wortwörtlichen Gleichschritt die Zielgerade entlang, während uns unsere Eltern, Trainer und Teamkollegen lautstark anfeuerten.

Dann gab ich einfach auf. Ich warf das Handtuch. Ende. Es passierte, als Todd das Tempo noch ein klein wenig anzog – sein letzter Schachzug. Ich werde nie erfahren, ob ich hätte mithalten oder das Tempo sogar noch ein wenig höher schrauben können, weil ich es nicht einmal versuchte. Der Grund dafür war einfach: Es tat zu sehr weh. Ein Teil von mir schien zu fragen: »Wie sehr willst du das hier wirklich?« Und ein anderer Teil antwortete: »Nicht so sehr wie dieser andere Typ da.« Ich glaube nicht, dass Todd talentierter oder fitter war als ich – tatsächlich habe ich ihn in zwei der fünf Cross-Rennen, die uns in unserer Schullaufbahn noch blieben, geschlagen. Was an diesem Tag den Unterschied machte, war, dass er den Willen hatte, es noch ein bisschen mehr zu versuchen.

Der Schreck, den mir im Alter von elf Jahren meine erste Begegnung mit dem Leiden, das Ausdauerwettkämpfe mit sich bringen, eingeflößt hat, war nie ganz weggegangen. Ich liebte es, zu laufen, ich liebte es, fitter und schneller zu werden, aber ich hasste es, so zu leiden, wie ich es in den Rennen tat. Meine Abneigung gegen diese dunkle Seite des Sports, den ich mir ausgesucht hatte, war auszuhalten, als ich noch neu darin war und niedrige Erwartungen hatte. Aber als ich mit den Konkurrenten auf Augenhöhe war, stellte ich fest, dass noch größere Schmerzen möglich waren, als ich sie bisher gehabt hatte, und dass ich würde noch mehr leiden müssen, wenn ich ganz oben auf dem Treppchen stehen wollte. Erst da merkte ich, dass ich mich bisher in einer Art Komfortzone innerhalb des Unwohlseins bewegt hatte, in der Illusion eines »100-Prozent-Bereichs«, und dass mir keine andere Wahl blieb, als über diese Schwelle zu treten, wenn ich jemals der Beste sein wollte.

Aber ich entschied mich dagegen. Stattdessen wurde ich zu einem klassischen Kopf-Fall. Eine Furcht, die alles andere aufsaugte, ergriff an Wettkampftagen Besitz von mir. Mein Magen rotierte, mein Herz raste, meine Gedanken drehten sich unaufhörlich um die Qual, der ich mich gleich aussetzen würde. Wenn das Rennen auf einen Dienstag fiel, saß ich wie in Trance im Unterricht und bekam nichts von dem mit, was die Lehrer erzählten. Wenn der Wettkampf an einem Samstag stattfand, konnte ich kaum meine Frühstücksflocken hinunterwürgen, bevor ich das Haus verließ, um mich mit meinen Teamkameraden für die Busfahrt zur Schlachtbank zu treffen.

In meinem Junior-Jahr wurden aus meinen falschen 100 innerlich anerkannte 95 Prozent. Ich strengte mich genauso sehr an, dass niemand merkte, dass ich nicht am Anschlag lief. Trotzdem hatte ich noch gute Tage – ich wurde Sechster beim »Meet of Champions« 1987 –, aber viel öfter verließ ich die Rennstrecke, angewidert von mir selbst, wissend, dass ich da draußen nicht alles gegeben hatte.

Es wurde immer schlimmer. Bei einem Leichtathletikwettkampf unter freiem Himmel in Boston simulierte ich nach der Hälfte eines 3000-Meter-Rennens einen verstauchten Knöchel, ließ mich auf den Boden fallen und wand mich unter gespielten Schmerzen. Wochen später bei einem weiteren 3000-Meter-Lauf tat ich so, als hätte ich den Aufruf an die Startlinie verpasst, und das Feld rannte ohne mich los. Nach meiner Schulzeit und meiner letzten Geländesaison (die ich mit einem erbärmlichen 17. Platz beim »Meet of Champions« abschloss, einem Rennen, in dem mein Widersacher Todd Zweiter wurde), hörte ich mit dem Laufen auf. Der Waschlappen in mir hatte gewonnen.

1995, zwei Jahre nach meinem Collegeabschluss und immer noch der Überzeugung, dass ich mit dem Laufen fertig war, zog ich nach San Francisco. Ich hatte vor, den ersten vernünftigen Job als Schreiber anzunehmen, der mir angeboten wurde. Dieses Angebot sollte von Bill Katovsky kommen, der zwölf Jahre zuvor das Magazin *Triathlete* gegründet hatte und nun eine neue Ausdauerzeitschrift namens *Multisport* auf den Markt bringen wollte. Ich hätte genauso bei einem Angebot von *High Times* (alles über Cannabis) zugeschlagen, aber das Schicksal wollte mich offensichtlich in ein Umfeld führen, in dem es von Leuten wimmelte, die es liebten, zu trainieren, fitter und schneller zu werden, so wie ich früher.

Es geschah das Unvermeidliche. Ich wurde rückfällig, trainierte wieder und nahm an Wettkämpfen teil. Erst als Läufer, dann als

Triathlet. Es war ein zweischneidiges Schwert. Mir gefielen diese Freizeitbeschäftigungen mehr und mehr, aber ich wurde auch immer ehrgeiziger. Zwei sich überschneidende Verlangen befeuerten diesen zweiten Abschnitt meines Lebens als Ausdauersportler. Vor allem wollte ich der Athlet werden, der ich hätte sein können, wenn ich nicht aufgehört hätte. Aber um das zu schaffen, das wusste ich, musste ich meine mentale Schwäche besiegen, der ich während meiner ersten Sportkarriere erlegen war, und ich wollte diesen bremsenden Schweinehund zu meinem eigenen Wohl nicht mehr mit mir herumschleppen.

Ich wurde nie der Athlet, der ich vielleicht hätte sein können. Als meine wahre Achillesferse erwies sich mein meuternder fragiler Körper, der mich außer Gefecht setzte, sobald ich das Wort Plantarfasziitis auch nur dachte. Es hatte schon in meiner Jugend Vorboten dieser Schwäche gegeben, unter anderem meine Knieverletzung im Alter von 14 Jahren. Aber wenn ich es schon nicht schaffte, der Athlet zu werden, der ich hätte sein können, gelang es mir wenigstens, der beste Athlet zu werden, der ich angesichts meines unvollkommenen Körpers, aus dem ich nun einmal nicht herauskam, werden konnte. Ich besiegte den Schweinehund.

Wenn der Moment, in dem ich Todd auf der Zielgeraden der Staatsmeisterschaft im Geländelauf ziehen ließ, den Verlust meiner Integrität als Athlet symbolisierte, dann war ein Moment während des Silicon-Valley-Marathons im Jahr 2008 meine Erlösung. Ich war ungefähr fünf Kilometer vom Ziel entfernt und litt sehr, als ich ein junges Pärchen passierte, das am Straßenrand stand und vermutlich auf einen Freund wartete, der mitlief. Ich war bestimmt schon ein Dutzend Schritte weiter, als ich die Frau ein einziges Wort sagen hörte.

»Wow.«

Dieses Wort hätte alles Mögliche bedeuten können. Vielleicht war die junge Dame beeindruckt davon, wie schnell ich rannte. Aber der Führende des Rennens (ich würde es als Dritter beenden) war vier Minuten vor mir dort vorbeigekommen. Das konnte es also nicht sein.

Oder vielleicht bewunderte sie meinen wunderschönen Laufstil. Aber den habe ich nicht und mein Laufschritt hat vermutlich nie schlimmer ausgesehen als in diesem Augenblick.

Tatsächlich glaube ich, dass die Frau davon beeindruckt war, wie furchtbar ich aussah, sie war beeindruckt von der grauenvollen Anstrengung, die mich jede Bewegung kostete. Ich musste für sie gewirkt haben wie jemand, der durch eine unsichtbare, hüfthohe Flüssigkeit watet. So hat sich die Anstrengung zumindest für mich angefühlt. Ich bin ziemlich sicher, dass ich auch gesabbert habe. Dieses gemurmelte, einsilbige Wort war so etwas wie ein respektvolles Nicken, eine Anerkennung, wie sehr ich kämpfte, wie sehr ich bereit war zu leiden, um mein bedeutungsloses Ziel in einer bestimmten Zeit zu finishen.

Um ehrlich zu sein, habe ich mein Zeitziel in diesem Wettkampf verfehlt, eine Verletzung hatte mich im Training gerade so viel gebremst, dass es nicht mehr zu erreichen war. Aber ich schaffte etwas viel Großartigeres – ich habe die Befriedigung erlangt zu wissen, dass ich einmal wirklich alles gegeben hatte da draußen auf der Rennstrecke.

Kilometer 37 des Silicon-Valley-Marathons 2008 bleibt mein wertvollster Moment als Athlet. Mehr noch, ich betrachte ihn als einen der schönsten Momente in meinem Leben. Natürlich, es war nur ein Rennen, aber Sport und Leben hängen nun mal irgendwie zusammen, genau wie Athlet und Mensch ein und dieselbe Person sind. Indem ich meine Angst davor, in Wettkämpfen zu leiden, besiegt habe, ist mein Respekt vor mir selbst größer geworden. Ich habe eine Art innere Stärke gewonnen, die mir auch dabei geholfen hat, andere Herausforderungen zu bestehen, innerhalb und außerhalb des Sports.

Vielleicht hätte ich mich selbst nie auf diese Weise erlöst, wenn ich nicht durch meine Arbeit als Journalist für Ausdauersport einen gewissen Vorteil gehabt hätte: häufigen Kontakt mit Weltklasseathleten. Durch diese Interaktionen entdeckte ich, dass die mit dem größten Talent gesegneten 0,1 Prozent die gleiche psychologische

Verletzlichkeit aufweisen wie wir anderen auch, und dass sie sie ebenfalls überwinden müssen, um Dinge zu erreichen, die uns nicht gelingen. Talent allein macht nicht den Unterschied. Diese Erkenntnis erfüllte mich mit einer Mischung aus gesunder Scham und Inspiration, die mich dazu bewegte, es noch ein bisschen mehr zu versuchen.

An einem recht frühen Punkt im zweiten Abschnitt meines Lebens als Ausdauersportler führte ich ein Telefonat mit Hunter Kemper, der zwei Tage zuvor bei der USA Triathlon Elite National Championship 1998 im kalifornischen Oceanside teilgenommen hatte. Auf der Hälfte des abschließenden 10-Kilometer-Laufs setzten sich Hunter und der Australier Greg Welch von der Spitzengruppe ab. Welch hatte die Triathlon World Championship 1990, die Duathlon World Championship 1993, die Ironman World Championship 1994 und die Triathlon World Championship über die Langdistanz 1996 gewonnen. Hunter war ein 22-jähriger Neuprofi, dessen größter sportlicher Erfolg bis dato ein zweiter Platz über 10.000 Meter bei der Atlantic Coast Conference Championship war. Die beiden Männer gingen Seite an Seite auf den letzten Kilometer. Ich fragte Hunter, wie das für ihn gewesen war.

»Ich bin durchgedreht«, erzählte er mir.

Hunters ausführlichere Erklärung machte mir klar, dass er sich so eingeschüchtert und auf ebenso surreale Weise fehl am Platz gefühlt hatte, wie ich es an seiner Stelle getan hätte. Er machte eine seelenerschütternde Selbstvertrauenskrise durch, als er mit Welch direkt neben sich das letzte Stück der Rennstrecke zurücklegte. Etwas in Hunter schien zu fragen: »Wie sehr willst du das?« Ein kurzer Moment der Unsicherheit, des Schwankens. Aber einen Augenblick später erkannte Hunter, dass er dieses Rennen mehr gewinnen wollte, als er seinen legendären Herausforderer fürchtete, und genug, um dafür zu leiden. Er sprang blind in den Abgrund und entdeckte die Möglichkeiten eines völlig neuen Leistungsniveaus. Seine plötzliche Tempoverschärfung erwischte Welch kalt, und der Neuling spurtete allein Richtung Ziellinie, wo er sich den ersten seiner insgesamt sieben nationalen Meistertitel holte.

Etwas später im selben Telefongespräch erfuhr ich von Hunter, dass seine Highschool-Bestzeit über 3000 Meter nur zwei Sekunden schneller war als meine. Erfahrungen wie diese – und davon gab es viele mehr – ließen meine Angst vor dem Leiden in Rennen schrumpfen. Sie stärkten meine Entschlossenheit, ein härterer Wettkämpfer zu werden, und meinen Glauben daran, dass ich einer werden könnte.

Während meine persönliche Entwicklung voranging, fand im Bereich der Sportwissenschaft eine Revolution statt. Neue Technologien wie die funktionelle Magnetresonanztomografie öffneten erste Türen für die Erforschung des menschlichen Gehirns und erlaubten es Bewegungsphysiologen, mehr darüber zu erfahren, welche Rolle dieses durchweichte, knapp eineinhalb Kilo schwere elektrifizierte Organ im Ausdauersport spielt – ein Prozess, der in der Entwicklung eines neuen, »psychobiologischen« Modells der Ausdauerleistung gipfelte. Laut der Definition von Samuele Marcora, einem italienischen Sportwissenschaftler, der in England lebt und arbeitet, betrachtet dieses neue Modell Geist und Körper als gekoppelt, wobei der Körper die klar untergeordnete Instanz ist. Aufgrund meiner lebenslangen Faszination für die mentale Dimension des Ausdauersports verfolgte ich seine Untersuchungen aufmerksam und begann das zu verbreiten, was ich aus Magazinartikeln und Büchern wie »Gehirntraining für Läufer« erfuhr. Was mich am meisten an der Gehirn-Revolution im Ausdauersport und an dem psychobiologischen Modell, das daraus hervorging, faszinierte, war, dass sie genau die Lektion stützten, die ich bei meiner Rennpremiere in der fünften Klasse gelernt und an Erfahrung im Ausdauersport mitgenommen hatte: Die wahre Herausforderung im Ausdauersport ist eine psychologische.

Viele Aspekte der Ausdauerleistung, von denen immer angenommen wurde, sie seien biologischer Natur, stellten sich als kopfgesteuert heraus. Ein Beispiel: Studien von Paul Laursen an der australischen Edith Cowen University und anderen Wissenschaftlern haben gezeigt, dass das biologische Phänomen der Dehydrierung die Athleten in Rennen nicht langsamer macht – Extremfälle ausgenommen –, stattdessen ist es der psychologische Zustand, sich durstig zu fühlen.

Wie in allen »harten« Wissenschaften wimmelt es in der Sportwissenschaft von Männern und Frauen, die starke materialistische Tendenzen haben und die deshalb nicht sehr geneigt sind, die Rolle des Kopfs im Ausdauersport anzuerkennen. Diese Tendenz lässt sie gegenüber der Überzeugung von Top-Athleten, der Kopf sei der eigentlich entscheidende Faktor, eher abweisend auftreten. Aber die Gehirn-Revolution hat schon einige dieser materialistischen Wissenschaftler bekehrt. Diese Erleuchteten sind nun willens zuzugeben, dass der große finnische Läufer Paavo Nurmi recht hatte, als er vor fast einem Jahrhundert sagte: »Der Kopf ist alles. Muskeln sind nur Gummistücke. Alles, was ich bin, bin ich wegen meines Kopfs.«

Etwas drastischer, wenn auch weniger poetisch formuliert, lautet Nurmis Ansicht: Aus psychobiologischer Sicht wird die Ausdauerleistung ausschließlich von der Leistung des Kopfs bestimmt; Biologie ist nur das, womit der Kopf von außen gefüttert wird und das beeinflusst, was er erzeugt. Der britische Neurowissenschaftler Vincent Walsh behauptet sogar, dass sportliche Wettkämpfe die größte Herausforderung seien, der sich das menschliche Gehirn stellen kann – eine größere Herausforderung gar als reine Denkaufgaben wie die Lösung von Differenzialgleichungen und eine größere Herausforderung für das Gehirn als für den Körper.

Wenn Sie das für übertrieben halten, bedenken Sie: Man braucht keine Muskeln für Ausdauersportwettkämpfe oder irgendeine andere Form der Bewegung, wenn man es genau nimmt. Sie sind absolut verzicht- und austauschbar. Heutzutage können Tetraplegiker, Menschen mit einer Querschnittslähmung, Roboterextremitäten via Elektroden, die am Kopf befestigt sind, mit ihren Gedanken kontrollieren. Bald wird es vollständig Gelähmten möglich sein, festgeschnallt in einem mechanischen Körper oder ihn von außen steuernd, an Ausdauersportwettkämpfen teilzunehmen. Werden diese kybernetischen Athleten unermüdlich sein? Nein. Ihre Leistungsfähigkeit wird vom Kopf begrenzt werden, genau wie es die Leistung gesunder Athleten immer schon war.

Einen Roboterkörper mit seinen Gedanken zu kontrollieren ist nicht einfach, selbst wenn der Roboterkörper die ganze Arbeit macht – weil er eben *nicht* die ganze Arbeit macht. Nach ungefähr 30 Minuten essen mit einem Roboterarm schlägt die Ermüdung zu und macht es unmöglich, fortzufahren. Es gibt keinen Unterschied zwischen diesem Phänomen und einem Mountainbiker, der am letzten Anstieg des Rennens vom Hungerast erwischt wird. In beiden Fällen passiert der Zusammenbruch im Kopf als Folge der mentalen Anstrengung, den Körper – sei es einer aus Fleisch und Blut oder aus Metall – weiter dazu zu treiben, Arbeit zu verrichten.

Auch wenn die Wissenschaft erst vor Kurzem erkannt hat, dass Ausdauer im Grunde etwas Psychologisches ist, wusste das der Volksmund schon immer. Wenn wir sagen, jemand habe »Ausdauer bewiesen«, was meinen wir damit? Wir wollen damit sagen, dass er eine harte Zeit durchlebt hat. Ein Wanderer kann Ausdauer beweisen, indem er es aushält, 36 Stunden lang bei Kälte auf einem Berg herumzuirren, ein Marineoffizier kann Ausdauer beweisen, wenn er während der »Hell Week« des SEAL-Trainingsprogramms sieben Tage Schlafentzug schafft (so wie mein Vater während des Vietnam-Kriegs). Aber wenn man der Kälte ausgesetzt ist oder nicht schlafen darf, ist es nicht der biologische Effekt, den man aushalten muss, sondern das Erlebnis, das Erfahren eben dieser Situationen. Wenn der Wanderer die Kälte nicht spüren oder der Marineoffizier seine Müdigkeit nicht wahrnehmen würde, gäbe es keinen Grund, ihnen dazu zu gratulieren, dass sie diese Qual überstanden haben.

Ausdauersportler beweisen Ausdauer im Wortsinn. Sie halten stundenlanges Training durch, die Entbehrungen eines asketischen Lebensstils und alle möglichen Gebrechen und Schmerzen. Aber was

Ausdauersportler vor allem aushalten müssen, ist nicht die eigentliche Anstrengung, sondern die Wahrnehmung der Anstrengung. Das ist der Begriff, den Wissenschaftler nun benutzen, um das zu benennen, womit Athleten normalerweise beschreiben, »wie hart« sich eine Belastung in einem bestimmten Moment anfühlt, und er stellt das zentrale Konzept des psychobiologischen Modells im Ausdauersport dar. Es war meine Wahrnehmung von Anstrengung, die mich beim Field Day 1982 so schockierte und an der ich später in meiner Highschool-Läuferkarriere immer wieder scheiterte. Und es ist die Wahrnehmung von Anstrengung, so legen die neuesten wissenschaftlichen Erkenntnisse nahe, die einen Mountainbiker im Wettkampf am letzten Hügel einen Hungerast erleiden lässt, die einen Gelähmten, der einen Roboterarm mit seinen Gedanken führt, nach 30 Minuten gegen eine Wand laufen lässt, und die die Ausdauerleistung in allen möglichen Situationen begrenzt. Die wichtigste Entdeckung im Zuge der Gehirn-Revolution im Ausdauersport und die wichtigste Wahrheit, die Sie als Ausdauersportler kennen können, ist diese: Man kann als Ausdauersportler nur besser werden, wenn man seine Beziehung zur Anstrengungswahrnehmung ändert.

Sogar etwas, das so offensichtlich körperlich ist wie Training, unterliegt diesem Prinzip. Der Trainingsprozess erhöht die körperlichen Kapazitäten eines Athleten, aber gleichzeitig verändert sich das Verhältnis zur Anstrengungswahrnehmung. Je fitter der Athlet wird, desto leichter fühlt es sich für ihn an, zu schwimmen, Rad zu fahren, zu laufen oder was auch immer in jeder erdenklichen Geschwindigkeit zu tun. Und das ist der Grund, warum sich die Leistung verbessert. Wenn sich die körperlichen Fähigkeiten des Athleten verbessern würden, aber das Verhältnis zur Anstrengungswahrnehmung nicht entsprechend, würden sich die Rennergebnisse nicht verändern, weil der Athlet psychisch nicht in der Lage wäre, auf diese verbesserten körperlichen Kapazitäten zurückzugreifen.

In der Realität könnte das eben beschriebene Szenario niemals stattfinden. Anstrengungswahrnehmung ist in ihrer Essenz der

Widerstand des Körpers, sich dem Willen des Kopfs zu unterwerfen. Je fitter der Athlet wird, desto weniger Widerstand setzt der Körper dem Kopf entgegen. Deshalb kann man einen höheren körperlichen Leistungslevel immer fühlen.

Daneben gibt es noch eine ganze Reihe von Faktoren, die den Kopf betreffen, die ebenfalls die Anstrengungswahrnehmung eines Athleten verändern und damit seine Leistungsfähigkeit verbessern können. Einige dieser Faktoren erhöhen das, was aufgrund eines bestimmten Anstrengungsgrads »herauskommt« (zum Beispiel die Geschwindigkeit), genau wie Training auch. Ein solcher Faktor ist die »inhibitorische«, also hemmende Kontrolle oder die Fähigkeit, auf aufgabenrelevanter Ebene fokussiert zu bleiben (zum Beispiel auf den Gegner vor einem), wenn ein ablenkender Einfluss auftritt (etwa die Erinnerung daran, dass man gegen den gleichen Gegner schon einmal verloren hat). Eine im Jahr 2014 von Samuele Marcora durchgeführte Studie zeigt, dass ein kognitiver Test, der darauf ausgelegt war, den inhibitorischen Kontrollmechanismus des Gehirns zu ermüden, die Anstrengungswahrnehmung während eines darauffolgenden 5-Kilometer-Laufs erhöhte und die Leistung verringerte. Ein Jahr später berichteten Forscher der Universität von Padua in *PLOS ONE*, dass Läufer, die auf einer Messskala für inhibitorische Kontrolle höhere Ergebnisse erzielten, besser in einem Ultramarathon abschnitten.

Andere Faktoren erhöhen die Schwelle, wie viel wahrgenommene Anstrengung ein Athlet tolerieren kann (oder wird). Ein offensichtliches Beispiel dafür ist seine Motivation. Ich habe es hauptsächlich meiner größeren Motivation zu verdanken, dass ich inzwischen mehr wahrgenommene Anstrengung tolerieren kann und als Ausdauersportler kein Kopf-Fall mehr bin.

Nicht alle Ausdauersportler sind Kopf-Fälle, aber es liegt in der Natur des Sports, den sie betreiben, dass sie alle sich psychologischen Herausforderungen stellen müssen. Und sämtliche dieser Herausforderungen hängen entweder direkt oder indirekt mit der Anstrengungswahrnehmung zusammen. Wenn Wettkämpfe nicht so unglaublich hart wären, wären Athleten nicht mit Momenten des Selbstzweifels konfrontiert, hätten keine Angst vor einem Rennen, ärgerten sich nach dem Zieleinlauf nicht über den Wettkampf, fühlten sich nicht geistig ausgebrannt oder eingeschüchtert. Sogar die meisten Trainingsfehler, zum Beispiel Übertraining, resultieren aus dieser Angst vor dem Leiden.

Psychologen benutzen den Begriff »Bewältigung«, um die verhaltensbezogene, emotionale und kognitive Reaktion einer Person auf Unwohlsein und Stress zu beschreiben. Im Ausdauersport geht es hauptsächlich um Unwohlsein und Stress; deshalb geht es dabei auch hauptsächlich um Bewältigung. In einem Rennen ist es die Aufgabe der Muskeln zu leisten. Die Aufgabe des Kopfs ist es zu bewältigen. Aber es gibt einen Haken: Die Muskeln können nur Leistung bringen, wenn der Kopf in der Lage ist, die Situation auch zu bewältigen. Ausdauersport ist deshalb ein Spiel von »Kopf über Körper«.

Im Ausdauersport umfasst erfolgreiche Bewältigung jedes Verhalten, jede Emotion, jeden Gedanken oder jede Kombination aus diesen, womit eine bessere Leistung erzielt wird. Anders ausgedrückt bedeutet erfolgreiche Bewältigung im Ausdauersport jede Reaktion eines Athleten auf Unwohlsein und Stress, die sein Verhältnis zur Anstrengungswahrnehmung positiv beeinflusst, entweder indem sich die Belastbarkeit des Athleten verbessert oder indem der Athlet mehr aus der für ihn möglichen Anstrengung zieht.

Einige Bewältigungsstrategien sind effektiver als andere. Eine Verletzung vorzutäuschen, um das Leiden während des Rennens zu beenden, so wie ich es in der Highschool tat, ist ein Beispiel für eine nicht sehr effektive Bewältigungsstrategie. Sich von Spitzenathleten inspirieren zu lassen, um ein höheres Maß an Unwohlsein ertragen zu können, wie ich es im zweiten Abschnitt meines Lebens als Ausdauersportler tat, ist ein Beispiel für eine effektivere Bewältigungsstrategie.

Um der beste Athlet zu werden, der Sie sein können, müssen Sie richtig gut darin werden, mit den charakteristischen Arten von

Unwohlsein und Stress zurechtzukommen, die der Ausdauersport mit sich bringt – angefangen mit der Anstrengungswahrnehmung bis hin zu den vielen Herausforderungen, die damit zusammenhängen, wie beispielsweise die Angst vor dem Versagen. Sie müssen die Fähigkeiten zur Bewältigung, die beim Meistern dieser Herausforderungen am effektivsten sind, entdecken, üben und perfektionieren. Ich bezeichne diese hochentwickelte Fähigkeit zur Bewältigung im Ausdauersport als »mentale Fitness«.

Die traditionelle Sportpsychologie ist nur bedingt von Nutzen, wenn es darum geht, mentale Fitness zu entwickeln. Vor der Gehirn-Revolution, als Geist und Körper getrennt voneinander behandelt wurden und die Biologie fast alles erklärte (obwohl sie das nicht tat), musste sich die Sportpsychologie auf einen winzigen Teil am Rande der Sportsphäre beschränken. Sie bestand aus einem Sammelsurium von Techniken, die ganz offensichtlich nicht physisch waren, wie Visualisierung und Zielsetzung, und sie wurde überwiegend außerhalb des Sportkontexts selbst angewandt. Diese immer gleichen Tricks wurden den Athleten in allen Sportarten aufgedrängt – solchen, in denen Anstrengungswahrnehmung nur eine kleine Rolle spielt wie im Basketball, und solchen, in denen Anstrengungswahrnehmung alles ist: Ausdauersport.

Die Gehirn-Revolution hat zur Entstehung einer neuen Art der Sportpsychologie geführt. Einer, die sich auf dem psychobiologischen Modell der Ausdauerleistung gründet und daher speziell für diese Disziplinen anzuwenden ist. Die neue Psychologie unterscheidet sich von der alten in zwei entscheidenden Punkten: Erstens fokussiert sie sich ganz auf die Entwicklung mentaler Fitness oder darauf, Bewältigungsstrategien zu entwickeln, die direkt oder indirekt das Verhältnis eines Athleten zur wahrgenommenen Anstrengung so verändert, dass sich seine Leistung verbessert. Es ist eine Psychologie, die den Kopf über den Körper stellt. Zweitens übernehmen Sie selbst, der Athlet, in der neuen Sportpsychologie die Rolle des Sportpsychologen. Warum? Weil man nur dann wirklich gut darin wird, mit dem Unwohlsein und dem Stress umzugehen, die mit Ausdauersport einhergehen, wenn man sie am eigenen Leib erfährt. Visualisierungs- und Zielsetzungsübungen allein werden Ihrem Kopf nicht helfen, die Rebellion Ihres Körpers in den härtesten Augenblicken des Rennens zu unterdrücken. Um mentale Fitness zu erlangen, muss man sich diesen Herausforderungen ebenso stellen, wie man auch ums Training nicht herumkommt, wenn man physisch fit werden möchte. Bewältigung ist schließlich eine Reaktion auf Unwohlsein und Stress.

Sein eigener Sportpsychologe zu sein bedeutet aber mehr, als auf die harte Tour aus Erfahrungen zu lernen. Es besteht ein entscheidender Unterschied darin, sich blind in athletische Herausforderungen zu stürzen, und darin, ebendiesen mit Vorwissen über ihre Natur zu begegnen und zu wissen, welche Bewältigungsmethoden sich bei anderen Athleten als effektiv erwiesen haben. Die übergeordnete Mission der neuen Ausdauersportpsychologie ist es, die Athleten mit diesem Wissen auszustatten, damit sie »das Rad nicht neu erfinden« müssen bei ihren Versuchen, das Unwohlsein und den Stress in ihrem Sport zu bewältigen, sondern erfolgreich als ihr eigener Sportpsychologe fungieren können.

Die beste Wissensquelle für die effektivsten Methoden, mit den Herausforderungen im Ausdauersport umzugehen, ist das Beispiel, das Spitzenausdauersportler geben. Die Methoden, auf die die besten Athleten vertrauen, um die höchsten und am häufigsten auftretenden mentalen Barrieren zu überwinden und so mehr Leistung bringen zu können, sind quasi per Definition die effektivsten Bewältigungsstrategien für alle Athleten. Champions sind die ultimativen Vorbilder – das gilt für die Sportpsychologie ebenso wie für Training und Ernährung. Es ist unmöglich, auf Top-Niveau in irgendeinem relevanten Ausdauersportbereich erfolgreich zu sein, wenn man sich mit dem Zweitbesten zufrieden gibt. Kein Athlet, egal wie talentiert er ist, kann auf der internationalen Bühne gewinnen, ohne die gesamte Kraft seines Kopfs zu nutzen, um sowohl seine Belastungstoleranz zu maximieren als auch die Leistung, die er aus dieser Belastbarkeit generiert. Bedenken Sie, wie viel mehr Hunter Kemper im Vergleich zu mir erreicht hat mit vielleicht nur ein wenig mehr rohem physischem Talent.

Um von den Besten zu lernen, genügt es nicht, ihren Geschichten vom Bewältigen zu lauschen. Wir müssen auch wissen, wie wir diese Beispiele interpretieren. Was ist die grundlegende Natur der Herausforderungen, denen sich die erfolgreichsten Wettkämpfer gestellt und die sie überwunden haben? Wie können wir die Bewältigungsstrategien, die sie anwenden, um diese Herausforderungen zu meistern, so verstehen, dass wir sie auf unsere eigenen Erfahrungen übertragen können? Das sind die Fragen, die wir beantworten müssen, um vom Beispiel der Besten profitieren zu können. Das psychobiologische Modell des Ausdauersports hilft uns dabei. Indem wir diese neue Wissenschaft auf Fallstudien von Spitzenathleten anwenden, können wir daraus Lektionen für die Praxis ableiten, die sich dann auf unsere eigene sportliche Reise anwenden lassen.

Es war eine Kombination aus Nachempfinden und wissenschaftlicher Interpretation, die meinen Weg zur Erlösung im zweiten Abschnitt meines Lebens als Ausdauersportler ebnete. Als Läufer in der Highschool hatte ich nicht das geringste wissenschaftliche Verständnis für die Ängste, die mich zurückhielten. Ich erkannte auch nicht, dass Spitzenathleten die gleichen Ängste haben und ihre Ängste überwinden müssen. Als erwachsener Läufer und Triathlet bin ich diese Ängste direkt angegangen – in der Rolle als mein eigener Sportpsychologe, bewaffnet mit dem Wissen über ihre neuropsychologische Essenz und mit der Inspiration, die ich aus den Beispielen von Spitzenathleten zog, die die effektivsten Wege aufzeigten, damit umzugehen. Durch dieses Wissen allein habe ich die Herausforderungen, die ich bestehen wollte, nicht gemeistert. Aber es gab mir das, was notwendig war, um aktiv meine sportliche Erfahrung dafür einzusetzen, meine mentale Fitness zu verbessern.

Die Aufgabe dieses Buchs ist es, Sie dabei zu unterstützen, Ihr eigener Sportpsychologe zu werden – ein kompetenter und sich stets verbessernder Anwender der neuen Psychologie des Ausdauersports. Sie werden auf den folgenden Seiten keine Techniken oder Übungen finden, die gehören in die traditionelle Sportpsychologie. Stattdessen werden Sie mit wahren Geschichten über Bewältigung in Berührung kommen, die hauptsächlich aus dem Spitzenbereich des Ausdauersports stammen und als »Lehrmomente« dienen, wenn man sie aus Sicht des psychobiologischen Modells des Ausdauersports betrachtet.

In jedem Rennen stellt etwas, das wir nun als Anstrengungswahrnehmung spezifizieren können, einem Athleten eine einfache Frage: »Wie sehr willst du das?« Damit man das eigene Potenzial als Athlet umsetzen kann, muss man mit einer Version dieser Antwort reagieren: »Mehr.« Und dann muss man es beweisen. Es ist ein einfaches Prinzip, das unglaublich schwer in der Praxis umzusetzen ist – viel schwieriger als herauszufinden, wie man trainieren, was man essen und welche Schuhe man tragen sollte. Hier ist mein Versprechen an Sie: Wenn Sie dieses Buch gelesen haben, wird Ihre Antwort auf die wichtigste Frage im Ausdauersport nie mehr dieselbe sein.

KAPITEL 1

Ein Rennen ist wie über glühende Kohlen zu laufen

BEI EINER PRESSEKONFERENZ einen Tag vor dem Chicago-Marathon 2010 gestand Titelverteidiger Sammy Wanjiru, dass er aktuell nur zu 75 Prozent fit sei. Er bluffte nicht. Drei Wochen zuvor hatte sich Sammy einen Magenvirus eingefangen, aufgrund dessen er einige Schlüsseleinheiten hatte ausfallen lassen müssen. Während er das Bett hütete, überlegte er, ob er Chicago absagen und stattdessen einen Monat später in New York starten sollte.

Wäre die Krankheit sein einziges Problem gewesen, hätte Sammy keinen so drastischen Schritt in Erwägung gezogen. Aber 2010 war insgesamt ein schweres Jahr für den 23-jährigen Helden aus Kenia gewesen. In der Vorbereitung auf den London-Marathon im April, bei dem er ebenfalls Titelverteidiger war, war Sammy gestolpert und hatte sich am rechten Knie verletzt. Er startete trotzdem, aber die Verletzung brach wieder auf und er musste nach 15 Kilometern aufgeben. Tsegaye Kebede aus Äthiopien gewann das Rennen.

Wenn Sammy einen Rivalen hatte, dann war es dieser Mann. Kebede war im Vorjahr beim London-Marathon Zweiter hinter Sammy geworden und holte sich Bronze, als Sammy bei den Olympischen

Spielen 2008 in Peking im Marathon Gold gewann. Kebede stand auf der Starterliste für den Chicago-Marathon 2010, und das könnte der Grund gewesen sein, warum Sammy sich für eine Teilnahme entschied, obwohl er nicht ganz fit war. Die beiden Männer rangierten auf Platz eins und zwei in der World-Marathon-Majors-Serie, einem Zusammenschluss von Marathonveranstaltungen mit einer Auswertungsperiode von zwei Jahren und einem Preisgeld von einer halben Million US-Dollar für den Läufer, der in den teilnehmenden Rennen die meisten Punkte gesammelt hatte. Die Serie 2009–2010 sollte in New York enden. Keiner der anderen Mitbewerber um das Preisgeld würde dort jedoch starten, weshalb derjenige, der in Chicago zuerst ins Ziel käme – Sammy oder Kebede –, das Ding nach Hause holen würde.

Nach seinem Ausstieg in London flog Sammy mit seinem Trainer Federico Rosa nach Italien, wo sein ramponiertes Gelenk intensiv behandelt wurde. Im Juni startete er bei einem Halbmarathon in Sizilien, aber das Knie machte noch immer Probleme und Sammy stieg erneut aus. Das nächste Rennen im Kalender war der Berlin-Marathon im September. Er sagte ab und konzentrierte sich stattdessen auf Chicago. Trotz der zusätzlichen vier Wochen Vorbereitungszeit durfte jetzt nichts mehr dazwischenkommen.

Aber es gab weitere Rückschläge. Als das Knie endlich geheilt war, fing Sammys unterer Rücken an zu mucken. Er trainierte trotz der Schmerzen, so gut er konnte, und war kurz davor, in Form zu kommen, als der Magenvirus zuschlug.

Während seiner Genesung wurde Sammy klar, dass er trotz der holprigen Vorbereitung an den Start gehen wollte, und wenn er nur verhinderte, dass Kebede die halbe Million Prämie kassierte. Sein Trainer Rosa stimmte der Entscheidung widerstrebend zu, bestand aber darauf, dass Sammy es verhalten angehen und hinter den Führenden bleiben sollte, um zu versuchen, das Rennen langsam zu halten, und das, was er an Kraftreserven hatte, für einen späten Angriff aufzuheben.

Vorsichtige Renntaktiken waren nicht Sammys Ding. Sein Rennstil ließ sich am besten mit brutal aggressiv beschreiben. Bei den Olympischen Spielen hatte er bereits von der Startlinie aus die erste Überraschungsattacke gesetzt. Olympische Marathons sind dafür bekannt, taktisch und eher langsam gelaufen zu werden, selbst wenn sie nicht in der Pekinger Sommerhitze bei 28 Grad Celsius stattfinden. Sammy brannte die ersten 1,5 Kilometer in 4:41 Minuten in den Asphalt – Weltrekordgeschwindigkeit. Nur 19 Läufer schafften es bis dahin, mit ihm mitzuhalten. Bei der 10-Kilometer-Marke war die Führungsgruppe auf acht Läufer geschrumpft. Sammy ließ nicht locker. Ein Verfolger nach dem anderen musste abreißen lassen. Er rannte die letzten paar Kilometer komplett allein, überquerte die Ziellinie in 2:06:32 Stunden und unterbot, nein, pulverisierte den bisherigen olympischen Rekord um fast drei Minuten. Einige Beobachter bezeichneten es als die größte Marathonvorstellung, die es jemals gegeben hat. Sammy war 21 Jahre alt.

Der 10. Oktober 2010 war kein heißer Tag in Chicago, aber es war warm. Die Temperatur war bereits auf 19 Grad geklettert, als das Rennen um 7.30 Uhr morgens startete. Sammy sortierte sich brav am Ende der Führungsgruppe ein. Shadrack Kosgei, einer von zwei angeworbenen Hasen, führte eine 12-köpfige Gruppe, die nur aus Afrikanern bestand, in 15:03 Minuten zu Kilometer 5 – eine eher moderate Geschwindigkeit. Kebede, in Purpur und Schwarz gekleidet, blieb in Sammys Nähe.

Federico Rosa, der das Rennen aus dem VIP-Fahrzeug an der Spitze des Felds beobachtete, sah sofort, dass Sammy unruhig war. Der Olympia-Sieger mit der Zahnlücke war mit seinem kindlichen hüpfenden Schritt und den geraden, weit vom Körper abstehenden Armen und gespreizten Fingern, die auf Hüfthöhe in der Luft herumpendelten, in der Menge schnell auszumachen. Millimeterweise schob er sich nach vorn, erinnerte sich dann selbst an die Vorgabe und ließ sich unschuldig wieder zurückfallen.

»Tu es nicht«, dachte Rosa.

Es war umsonst. Nach 14 Kilometern zog Sammy davon. Er rannte an den Hasen vorbei und zog die Geschwindigkeit von 4:50 Minuten pro Meile auf 4:40 an. Alle außer einem Läufer in seiner Nähe gingen die Tempoverschärfung ohne große Mühe mit. Es war noch relativ früh im Rennen. Nur Robert Cheruiyot, der amtierende Sieger des Boston-Marathons, geriet unter Druck. Er hing kurz am Ende der Gruppe, bevor er abreißen lassen musste.

Obwohl Sammy der Anstifter war, fühlte er sich nicht besser als der Mann, den er gerade aus der Spitzengruppe geschubst hatte. Angstschübe schossen durch seinen Körper, als er feststellte, dass seine Beine und sein Instinkt an diesem Tag nicht gleichgeschaltet waren. Der junge Kenianer reduzierte das Tempo und übergab die Kontrolle den Hasen. Die Geschwindigkeit fiel, und Cheruiyot kämpfte sich zurück in die Gruppe.

Kebede, der vielleicht die Schwäche seines Kontrahenten erkannt hatte, schob sich nun nach vorn. Er griff nicht sofort an, aber seine Gegner wussten, dass das nur eine Frage der Zeit sein würde. Der erste große Angriff kam bei Kilometer 29. Cheruiyot musste erneut abreißen lassen, diesmal endgültig. Dann begann das Gemetzel.

Bei Kilometer 32 schlug Kebede nochmals zu, und die Spitzengruppe flog sofort auseinander. Fünf der verbleibenden acht Läufer – darunter Vincent Kipruto mit einer Marathonbestzeit von 2:05 Stunden und Deriba Merga mit einer Halbmarathonbestzeit von 59 Minuten – verschwanden wie durch eine Falltür. Wusch, weg waren sie.

Die einzigen Überlebenden waren Sammy und der 20-jährige Äthiopier Feyisa Lelisa, der im Frühjahr in Rotterdam 2:05:23 Stunden gelaufen war. Diese Männer verfolgten Kebede wie zu Evakuierende den letzten Zug, die Münder schmerzverzerrt. Im Gegensatz zum ersten Angriff hörte dieser nicht auf. Es hatte schon fast etwas von Hohn, wie der Äthiopier seine Verfolger mit versteinertem Gesichter hinter sich herzog und jeden noch so zaghaften Versuch einer Tempoverschärfung mit einer eigenen parierte, sodass der Abstand zwischen ihnen – etwa zwei Schritte – nicht kleiner wurde.

Als es auf Kilometer 37 zuging, bogen die drei Läufer, die nun wie an einer Perlenschnur aufgereiht hintereinanderliefen, in einer scharfen Linkskurve von der Wentworth Avenue ab auf die 33rd Street. Sammy verlängerte seinen Schritt in einem verzweifelten Versuch, dranzubleiben. Er hatte seinen Kopf in den Nacken gelegt und seine Schultern bis zu den Ohren hochgezogen, alles deutete auf eine unmittelbar bevorstehende Implosion hin. Er hatte den düsteren Ausdruck eine Kletterers, der an einem langsam reißenden Seil hängt. Seine gesamte Aufmerksamkeit war auf die knapp zwei Meter zwischen sich und Kebede gerichtet und in keinster Weise auf die noch fast fünf zu laufenden Kilometer bis ins Ziel. Alles hing ab vom Jetzt. Aber aus zwei Metern wurden vier Meter, aus vier Metern wurden sieben. Das Seil war gerissen. Sammy begann, die Hoffnung aufzugeben.

Auch Sammys zahlreiche Fans auf der ganzen Welt, die das Rennen live im Fernsehen oder im Internet verfolgten, gaben die Hoffnung langsam auf. Einige von denjenigen, die in interaktiven Foren unterwegs waren, während sie zuschauten, erklärten das Rennen zu diesem Zeitpunkt für zu Ende und beklagten sich über mangelnden Kampfgeist des Kenianers, der völlig untypisch für ihn war.

»Kebede gewinnt ... verdammt!«, schrieb ein enttäuschter Wanjiru-Fan auf *letsrun.com*.

Man kann den Zuschauern nicht vorwerfen, dass sie Sammy so schnell abschrieben. Schließlich laufen Kenianer nicht »für sich« oder »machen ihr eigenes Rennen« wie Läufer aus anderen Nationen. Diese Ansätze kennen sie nicht. Wenn ein kenianischer Läufer bei einem Rennen antritt, um zu gewinnen, übernimmt er entweder die Führung oder bleibt, so lange er nur irgendwie kann, bei demjenigen, der führt. Er wird jede Tempoverschärfung mitgehen, egal wie nahe er schon an seinem Limit läuft. Sogar wenn es mit ziemlicher Sicherheit bedeutet, dass er explodiert, auf den letzten zehn Kilometern fünf Minuten verliert und auf den achten Platz durchgereicht wird, er wird es tun. Denn wenn du nicht gewinnen kannst, kannst du auch gleich Achter werden.

Von einem amerikanischen Läufer, der 5 Kilometer vor der Ziellinie 20 Meter hinter einem immer stärker werdenden Führenden herläuft, könnte man denken, er teilt sich seine Kraft clever ein. Aber Sammy war Kenianer, und dass er nicht aufschloss, konnte nur eins heißen: Er hatte keine Kraft mehr, die er sich einteilen konnte.

Sammy wusste das besser als jeder andere. Als Kebede sich immer weiter von ihm absetzte, wanderten die Gedanken des Olympia-Siegers zu dem Mann drei Schritte hinter ihm. Sein Ziel wechselte abrupt davon, das Rennen (und einen dicken Scheck) gewinnen zu wollen, dahin, den zweiten Platz zu halten und das immer noch üppige Preisgeld zu bekommen, das es dafür gab. Aber genau in diesem Augenblick wurde Kebede etwas langsamer. Sammy konnte die atemberaubende Geschwindigkeit von Kebede nicht halten, aber der Äthiopier selbst konnte es auch nicht. Davon ermutigt, suchte Sammy in sich nach dem Willen, die Lücke zu schließen – und fand ihn. Lelisa schloss ebenfalls auf. Sie waren wieder zu dritt.

Aber nicht lange. Weil Kebede wusste, wie viel Selbstbewusstsein Sammy daraus zog zu führen, erhöhte er das Tempo und zwang seinen Rivalen zurück in seinen Schatten. Lelisa musste endgültig abreißen lassen. Ein intensiver Willenskampf tobte nun zwischen den beiden alten Gegnern. Sammy war entschlossen, die Führung zu übernehmen, und sei es nur ein Zentimeter. Kebede war entschlossen, Sammy diesen Zentimeter nicht zu überlassen. Sammy schaffte es trotzdem, sich einen minimalen Vorsprung zu erkämpfen. Er konnte ihn genau zwei Sekunden lang halten, bevor Kebede wieder aufholte. Auf den nächsten 400 Metern rannten die beiden Kontrahenten Ellbogen an Ellbogen, mit synchron rotierenden Schultern und wippenden Köpfen.

Beide Männer litten nun sichtlich, aber die Aura der Kontrolle waberte noch immer um den Äthiopier herum. Als sie an der Zeitnahme bei Kilometer 40 vorbeikamen, lag Kebede einen Schritt vor Sammy, also machte er Druck. Innerhalb von Sekunden war Sammy wieder 20 Meter abgeschlagen, im freien Fall. Seine Hoffnungen sanken auf ein neues Tief.

Aber dann sah er etwas: Kebede schaute sich immer wieder um. Nicht einmal, nicht zweimal – dreimal. Jedes Mal blickte er über die linke Schulter. Sammy wechselte sachte auf die rechte Straßenseite. Als Kebede sich wieder umsah, war Sammy nicht mehr zu sehen.

Im Glauben, ihm endlich den Gnadenstoß versetzt zu haben, wurde Kebede etwas langsamer. Sammy nicht. Er kämpfte sich noch einmal an seinen Rivalen heran. Als es noch etwa 1,5 Kilometer bis ins Ziel waren, begann Kebede Zurufe der Zuschauer zu hören, kurz nachdem er sie passiert hatte. Er blickte über seine rechte Schulter – und da war Sammy. Kebede richtete seinen Blick wieder nach vorn, nahm sein Kinn herunter und bereitete sich darauf vor, den Willen des Kenianers zu brechen. Einen Augenblick später schoss Sammy an seiner linken Schulter vorbei.

Der Herausforderer reagierte schnell und parierte Sammys Beinahe-Sprint. Trotz der Raffinesse war Sammys Plan nicht aufgegangen. Er hatte keine Wahl und musste das Tempo verlangsamen. Umgehend startete Kebede den Gegenangriff und zeigte sich damit ebenso gewieft. Irgendwie wurde der holprige Schritt des Äthiopiers wieder geschmeidig. Er flog die Michigan Avenue hinunter mit dem Vertrauen eines Mannes, der wusste, dass er die letzte Kugel seines Kontrahenten abgefangen und überlebt hatte. Sammy lag plötzlich drei Schritte zurück. Diesmal schien es – endlich – vorbei.

Es war nicht vorbei. Ohne jegliche Kraftreserven in den Beinen ruderte Sammy wild mit den Armen, als ob er sie benutzen wollte, um seine ausgelaugten unteren Extremitäten damit auf Touren zu bringen. Es sah nicht schön aus, aber es funktionierte. Er holte auf. Kebede fühlte ihn, blickte sich um und sah seinen bereits dreimal gestorbenen Gegner wieder auferstanden und auf seinen Fersen. Kebede gab gerade noch rechtzeitig Gas, um Sammy einen halben Schritt hinter sich zu halten. Für den Bruchteil einer Sekunde schien die Zeit still zu stehen, Sammy eingefroren einen Hauch entfernt von

Kebedes Schulter. Sammys unfokussierter Blick ließ darauf schließen, dass er innerlich rechnete. Im nächsten Moment peitschte Sammy seinen Körper zu einem ausgewachsenen Sprint – die Art von absoluter, keine Reserven schonender Anstrengung, die niemand länger als zehn oder zwölf Sekunden aushalten kann, nicht einmal mit ausgeruhten Beinen. Es war verrückt. Aber Kebede sah das nicht so. Auch er sprintete. Die beiden Männer rannten volles Tempo, Hüfte an Hüfte, als ob sie nur noch Meter von der Ziellinie entfernt wären – es war tatsächlich noch gut einen Kilometer zu laufen.

Sammy Wanjirus Fans auf der ganzen Welt schrien vor ihren Fernsehapparaten und Computermonitoren. Toni Reavis, einer der Sprecher, die die Fernsehübertragung vor Ort kommentierten, hatte sich schon heiser geschrien.

Diese Situation konnte nicht andauern, und das tat sie auch nicht. Als der selbstmörderische Sprint langsam auslief, lag Kebede wieder in Führung. Trotz Sammys unvorstellbarer Willensstärke war es bei jedem Schritt klar, dass Kebede der Stärkere war. Kebede hielt die Führung, als die Läufer die vorletzte Kurve des Rennens, eine Rechtskurve auf die Roosevelt Road, nahmen.

Es gibt nur einen Hügel im Chicago-Marathon, und der ist genau an dieser Stelle, knapp vor Kilometer 42. Vor dem Rennen hatten Sammy und sein Trainer beschlossen, dass Sammy hier seinen Angriff starten sollte, wenn sich die Möglichkeit ergab. Rosa hatte nicht erwartet, dass sie sich ergeben würde. Im Stillen hatte er schon beschlossen, dass angesichts der Umstände selbst ein dritter Platz noch hervorragend wäre.

Sammy lief auf den ersten zehn Metern des steilen Anstiegs hinter Kebede her. Er nutzte die Gunst, unsichtbar zu sein, und katapultierte seinen geschundenen Körper in einen letzten Sprint. Er schoss rechts an Kebede vorbei. Kebede konterte mit allem, was er hatte, aber konnte der Kraft seines Kontrahenten nicht standhalten. Mit einem grauenvollen Ausdruck in den Augen, der diese Kraft Lügen strafte, schaute sich Sammy verstohlen dreimal kurz um, bevor er sich von Kebede absetzte, der bereits aufgegeben hatte. Sammy kam 19 Sekunden vor dem zerstörten Äthiopier ins Ziel und kollabierte auf dem Bürgersteig wie ein Schlachtopfer.

»ES WAR DIE GRÖSSTE ÜBERRASCHUNG, die ich je erlebt habe«, gestand Federico Rosa später den Reportern.

Was Rosa im Gegensatz zum Publikum wusste: Die Knieverletzung und der Magenvirus waren die geringsten Probleme, die Sammy zu lösen hatte, um seinen Titel in Chicago zu verteidigen. Das größere Problem war sein selbstzerstörerischer Lebensstil, dem er verfallen war, nachdem sein Olympia-Sieg ihn zu einer kleinen Gottheit und einem echten Milliardär in seinem Heimatland gemacht hatte. Noch im Juni hatte Sammy jede Nacht getrunken, und wenn er sich körperlich betätigte, dann meistens im Bett irgendwelcher Groupies. Im Juli lag Sammy knapp fünf Kilo über seinem Wettkampfgewicht. Im August war er noch nicht in der Lage, mit schwächeren Läufern im Training mitzuhalten. Im September sagte Sammys Trainer in Kenia, Claudio Berardelli, zu Rosa, dass Sammy den Chicago-Marathon nicht zu Ende bringen würde, falls er dumm genug sein sollte, überhaupt anzutreten.

Wie schaffte es Sammy also, dass er das Rennen nicht nur beendete, sondern sogar gewann? Carey Pinkowski, der Rennleiter des Chicago-Marathons, hatte eine Theorie.

»Sammy hat heute sein Herz bewiesen«, sagte er bei der Pressekonferenz nach dem Rennen.

Im Sport ist »Herz« eine Metapher für mentale Fitness. Pinkowskis Theorie war, dass Sammy seine physische Schwäche durch psychische Stärke überwand. So muss es gewesen sein. Wäre das Rennen wie ein Boxkampf gewertet worden, hätte Kebede jede Runde gewonnen, außer der, die zählte, die letzte, in der Sammy ihn mit einem Schlag k. o. gehauen hatte. In vergangenen Marathonduellen mit ähnlicher Dynamik hatte der Läufer, der an Kebedes Stelle war – also derjenige, der in besserer Verfassung zu sein schien und die Attacken der anderen schneller parierte – immer gewonnen. Es war für jeden sachkundigen Beobachter klar, dass Sammy näher am Limit seiner körperliche Fähigkeiten war als Kebede.

Die physiologischen Faktoren, die die Leistung in einem Marathon limitieren, sind bekannt. Einer dieser Faktoren ist die Entleerung der Glykogenspeicher der arbeitenden Muskulatur. Wenn Pinkowskis Theorie richtig war, hätte eine Gewebeprobe aus der Beinmuskulatur von Sammy und Kebede im Ziel niedrigere Glykogenwerte beim Sieger ergeben müssen.

Ist das möglich? Kann der schwächere, stärker ermüdete Mann wirklich ein so hart umkämpftes Rennen, bei dem mit so hohem Einsatz gelaufen wurde, gewinnen? Bis vor Kurzem noch hätten Sportwissenschaftler gesagt, dass der physisch schwächere Athlet seinen stärkeren Rivalen nicht allein durch die Fähigkeit höherer mentaler Fitness besiegen könne. Von den 1920ern an bis in die 1990er-Jahre wurde das Gebiet der Sportwissenschaft von einem streng biologischen Modell der Ausdauerleistung dominiert, das Kopf und Gehirn komplett aus den Betrachtungen ausschloss. Diesem Modell zufolge wird die Ausdauerleistung einzig durch die Physiologie unterhalb des Halses bestimmt und von harten Restriktionen begrenzt, wie der maximalen Geschwindigkeit, die ein Läufer über eine bestimmte Strecke halten kann, bevor die Glykogenspeicher leer sind.

Ein neueres Modell der Ausdauerleistung bezieht den Körper und den Kopf beziehungsweise das Gehirn mit ein. Diese alternative Theorie wurde von seinem ursprünglichen Entwickler, Samuele Marcora, das »psychobiologische Modell« genannt. Diesem Modell zufolge findet Erschöpfung während eines echten Ausdauerwettkampfs nicht dann statt, wenn der Körper eine harte physische Grenze, zum Beispiel vollkommen leere Glykogenspeicher, erreicht hat, sondern wenn der Athlet das Maximum an wahrgenommener Anstrengung fühlt, das er willens oder in der Lage ist zu ertragen. Harte physikalische Grenzen existieren natürlich, aber kein Athlet erreicht sie jemals, weil er immer erst an das rein psychologische Limit der wahrgenommenen Anstrengungstoleranz kommt. Dass man scheinbar zwangsläufig irgendwann langsamer wird, wenn man ermüdet, ist kein mechanistisches Phänomen wie bei einem Auto, wenn das Benzin ausgeht, sondern eines des Willens.

Beweise dafür, dass Athleten immer eine physische Reserve haben, wenn sie den Erschöpfungspunkt erreichen, liefern verschiedene Studien. Darunter einige, bei denen die Probanden gebeten wurden, bis zur Erschöpfung zu trainieren, anschließend wurden ihre Muskeln elektrisch stimuliert, um zu testen, ob sie hätten weitermachen können, wenn die Athleten willens gewesen wären, sie zum Weitermachen zu bringen. Und jedes Mal kam heraus, dass sie hätten weitermachen können.

Das soll heißen: Anstrengungswahrnehmung ist, wie hart sich eine Belastung für einen Athleten anfühlt. Sie unterscheidet sich von Schmerz, Ermüdung, Propriozeption und anderen Wahrnehmungen, die Athleten während eines Rennens spüren, und sie ist die wichtigste Quelle von Unwohlsein, die dazu führt, dass Athleten langsamer werden oder aufgeben, wenn sie im Wettkampf den Mann mit dem Hammer treffen. Athleten nennen dieses Gefühl für gewöhnlich »Ermüdung«, aber Ermüdung ist eine andere Wahrnehmung und viel schwächer als Anstrengung. Wenn man die Ziellinie eines harten Wettkampfs erreicht hat und anhält, fühlt man sich sofort viel besser, selbst wenn das Anhalten keinen unmittelbaren Effekt auf den Ermüdungslevel hat. Warum fühlt man sich besser? Weil die Anstrengung aufgehört hat.

Wenn Sie ein Gefühl dafür bekommen möchten, wie sich ein hohes Maß wahrgenommener Anstrengung isoliert von Ermüdung anfühlt, suchen Sie sich einen steilen Hügel. Wärmen Sie sich auf und rennen Sie anschließend so schnell Sie können den Anstieg hinauf. Dieses Gefühl, am Anschlag zu sein, das sofort, früher als die Ermüdung, einsetzt, ist das Gefühl eines hohen Maßes wahrgenommener Anstrengung.

Vergleichen Sie nun die Situation, die ersten Meter eines Vollgas-Bergaufsprints hinter sich gebracht zu haben, mit der Situation, noch 1,5 Kilometer von der Ziellinie eines Marathons entfernt zu sein. Diese beiden Erlebnisse unterscheiden sich in vielerlei Hinsicht. Beim Bergaufsprint sind Ihre Muskeln angestrengt, aber schmerzen nicht, wohingegen im Marathon Ihre Muskeln eher schmerzen als angestrengt sind. Aber etwas ist bei beiden gleich: ein mächtiges Gefühl generellen Widerstands gegen Ihren Willen, sich zu bewegen, ein Gefühl, am Limit zu sein, das nirgends und gleichzeitig überall in Ihrem Körper ist (an sich so ähnlich wie Ermüdung, wenn man sie während einer Ruhephase fühlt, zum Beispiel, wenn man Grippe hat). Wenn man Sie in beiden Situationen fragen würde, wie sehr Sie sich anstrengen, würden Sie vermutlich sagen: »So sehr wie ich kann!« – und in beiden Fällen das Gleiche meinen.

Was sich die letzten 1,5 Kilometer eines Marathons genauso hart anfühlen lässt wie die ersten drei oder vier Schritte eines kurzen Bergaufsprints, ist der Effekt, den die Ermüdung auf die Anstrengungswahrnehmung hat. Die Neurophysiologie der Anstrengungswahrnehmung ist komplex und noch nicht gänzlich erforscht, aber sie scheint eng mit der Aktivitätsintensität bestimmter Hirnareale zusammenzuhängen, die für die Muskelkontraktion zuständig sind. Diese Hirnareale sind von Beginn an eines Vollgas-Bergaufsprints äußerst aktiv, sodass sich die Anstrengung sofort sehr hoch anfühlt. Dieselben Hirnareale sind auf den ersten Kilometern eines Marathons viel weniger aktiv, aber sie werden mit wachsender Renndauer immer aktiver, die Muskulatur ermüdet, reagiert also immer weniger auf das Peitschenschwingen des Gehirns, was wiederum das Gehirn zwingt, härter zu arbeiten, um die gleiche Leistung aus den Muskeln zu bekommen.

Es gibt aber einen Trick. Das Gehirn selbst wird während einer langen Belastung auch müde, und ein müdes Gehirn nimmt die Anstrengung als größer wahr. Samuele Marcora bewies dies in einer Studie, die im Jahr 2009 im *Journal of Applied Physiology* veröffentlicht wurde und in der er die Gehirne seiner Probanden ermüdete, bevor er sie einen Ausdauertest absolvieren ließ. Die Probanden bewerteten die wahrgenommene Anstrengung als höher und brachen früher ab, als wenn sie den gleichen Ausdauertest ohne vorherige Gehirnermüdung absolvierten. Ich habe Ausdauersport als Spiel von Kopf über Körper bezeichnet, aber es wäre wohl treffender, es ein Spiel von Geist über Gehirn und Muskulatur zu nennen.

Die Tatsache, dass Anstrengungswahrnehmung im Gehirn entsteht und nicht im Körper, erklärt, warum es eine lange Liste an Faktoren gibt, die die Ausdauerleistung verbessern, ohne dass man die physischen Fähigkeiten verbessert. Wenn ich Sie bitten würde, ein simuliertes Zeitfahren über 15 Kilometer auf einem Standrad zu absolvieren, und das Gleiche nochmals fünf Tage später verlangte, nachdem Sie Koffein zu sich genommen haben, würden Sie mit hoher Wahrscheinlichkeit beim zweiten Zeitfahren besser abschneiden. Wenn ich Sie bitten würde, in 30 Minuten so weit zu rennen, wie Sie können, und fünf Tage später wieder das Gleiche verlangte, während Sie schnelle Musik hören, würden Sie erneut beim zweiten Test besser abschneiden. Und wenn ich Sie bitten würde, so schnell wie möglich 700 Kilokalorien auf einem Ruderergometer zu verbrennen, und fünf Tage später wieder das Gleiche von Ihnen verlangte, nachdem Inselrinde und Temporallappen Ihres Gehirns elektrisch stimuliert wurden, würden Sie ebenfalls sehr wahrscheinlich beim zweiten Mal besser abschneiden.

Koffein, Musik und transkranielle Elektrostimulation konservieren weder Glykogen, noch neutralisieren sie Laktat oder erhöhen die physischen Fähigkeiten in irgendeiner Weise. Dennoch erhöhen sie die Ausdauerleistung tatsächlich. Sie beeinflussen das Gehirn, nicht die Muskulatur, und wirken, indem sie die Rennintensität sich leichter anfühlen lassen. Wenn Radfahren, Laufen oder Rudern in Rennintensität sich leichter anfühlt, können Athleten näher an ihre wahre physische Grenze kommen, bevor ihre maximale Leidenstoleranz erreicht ist. Aber selbst wenn Sie vor einem Ausdauertest Koffein zu sich genommen und eine Elektrostimulation für Ihr Gehirn bekommen hätten und Sie während des Tests Ihrer liebsten hochenergetischen Musik lauschten, würden Sie dennoch nicht 100 Prozent Ihres physischen Potenzials umsetzen können. Egal was Sie tun, Sie werden immer eine physische Reserve am Ende eines jeden Rennens oder Zeitfahrens haben, das länger als 30 Sekunden dauert. Die 30-Sekunden-Grenze werde ich in Kapitel 3 erklären.

Obwohl kein Athlet jemals sein absolutes physisches Limit in einem Wettkampf erreicht, kommen manche Athleten ihm näher als andere. Ein Athlet, der nur ein wenig näher an sein physisches Limit gehen kann im Vergleich zu einem anderen Athleten, der etwas stärker ist, könnte diesen in einem Kopf-an-Kopf-Rennen besiegen.

Es gibt zwei Arten, ein Rennen zu gewinnen. Man kann gewinnen, indem man die besseren physischen Fähigkeiten mit in den Wettkampf bringt, oder man kann gewinnen, indem man mehr aus etwas geringeren physischen Fähigkeiten herausholt. Nur sehr selten haben siegreiche Ausdauersportler ihren Erfolg ihren physischen Fähigkeiten zu verdanken. Viel öfter beharren sie darauf, dass ihr Vorteil nicht darin begründet liegt, mehr leisten zu können, sondern mehr von dem nutzen zu können, was sie zu leisten fähig sind. Frühere Generationen von Sportwissenschaftlern haben solche Aussagen als Wunschdenken abgetan. Aber das psychobiologische Modell der Ausdauerleistung schenkt der Weisheit der Sieger Glauben und geht davon aus, dass die Fähigkeit, seine physischen Fähigkeiten anzusteuern, ebenso wichtig ist wie die physischen Fähigkeiten selbst.

Ein Rennen ist wie über glühende Kohlen zu laufen. Wenn der Wettkampf beginnt, stehen Sie vor einem Feld glühender Kohlen, an dessen anderem Ende eine Wand in die Höhe ragt. Die Wand symbolisiert Ihr ultimatives physisches Limit. Sie werden es nie erreichen. Ihr Ziel ist lediglich, so nah wie möglich an die Wand heranzukommen, weil sie eine bessere Leistung bringen, je näher Sie ihr kommen. Mit fortschreitender Renndauer sinken Ihre nackten Füße immer wieder in die glühend heißen Kohlen ein. Jeder Schritt wird schmerzhafter als der vorige. (Vergessen Sie nicht: Schmerz ist etwas anderes als Anstrengungswahrnehmung. Dies ist eine Metapher.) Schließlich erreichen Sie das Limit Ihrer Schmerztoleranz und Sie sind gezwungen, aus der glühenden Kohle zu springen und das Feld zu verlassen. Der Abstand zwischen diesem Punkt und der Wand ist der Maßstab, welche Leistung Sie in Relation zu Ihrem vollen Potenzial erbracht haben.

Ihre physische Fitness bestimmt, wo die Wand steht, die Ihr physisches Limit symbolisiert. Ihre mentale Fitness bestimmt, wie nah Sie im Wetttkampf an dieses Limit herankommen können. Mentale Fitness ist eine Ansammlung von Bewältigungsstrategien – Verhalten, Gedanken und Emotionen–, die Athleten dabei helfen, das Unwohlsein und den Stress einer sportlichen Erfahrung zu meistern: indem sie die Toleranz für die wahrgenommene Anstrengung erhöht und die Höhe der Anstrengung, die bei jeder beliebigen Belastungsintensität wahrgenommen wird, verringert. Das, was ich die neue Psychologie des Ausdauersports nenne, zielt darauf ab, die mentale Fitness zu kultivieren. Und zwar indem sie den Athleten hilft, die Herausforderungen, denen sie aus psychobiologischer Perspektive gegenüberstehen, zu verstehen, und ihnen zeigt, wie sie die Taktiken der erfolgreichsten Athleten nachahmen können, um mit diesen Herausforderungen umzugehen.

Die neue Psychologie des Ausdauersports kann keine komplette Klassifizierung effektiver Bewältigungsstrategien für Ausdauersportler bieten. Jede Verhaltensweise, jeder Gedanke und jede Emotion, die es einem Athleten ermöglicht, bessere Leistung zu bringen, qualifiziert sich als effektive Bewältigungsstrategie. Das ist eine sehr lange – und tatsächlich endlose – Liste. Es gibt jedoch eine Handvoll herausstechender Bewältigungsstrategien, auf die die erfolgreichsten Wettkämpfer durchweg vertrauen, um die größten Herausforderungen, denen sich Ausdauersportler stellen müssen, zu meistern. Diese Strategien und Herausforderungen stehen im Fokus der folgenden Kapitel.

Wir wissen, dass körperliche Fitness nur zu einem Teil durch Training entsteht – der Rest liegt in den Genen. Sammy Wanjiru hatte hart trainiert, um fit genug dafür zu werden, Marathons zu gewinnen, aber dank seiner Genstruktur war er ohne Training schon fitter, als die meisten Läufer selbst mit dem härtesten Training je sein werden. Mentale Fitness ist ebenfalls teils angeboren. Einige Athleten sind von Natur aus darauf konditioniert, über heiße Kohlen zu gehen. Sammy Wanjiru war einer von ihnen. Er hatte die angeborene Fähigkeit, mit einer enormen Menge wahrgenommener Anstrengung umzugehen. Diese Fähigkeit schien in jeder Faser seiner Persönlichkeit verwoben zu sein.

Sammy hatte auch eine rücksichtslose Seite. Sie zeigte sich im Alltag, als er beispielsweise seine Frau mit einem AK-47-Sturmgewehr bedrohte und als er schließlich – nur sieben Monate nach dem Chicago-Marathon 2010 – betrunken von einem Balkon zu Tode stürzte. Er zeigte dieselbe Rücksichtslosigkeit auf der Rennstrecke, als er an einem heißen Tag die ersten 1,5 Kilometer des Olympia-Marathons in 4:41 Minuten rannte. Es war diese fest verankerte Rücksichtslosigkeit, die Sammy mental fitter machte als andere Läufer mit ähnlich viel Talent.

Aus psychologischer Perspektive ist Ausdauerleistung eine Art der Selbstregulierung oder der Prozess, durch den Organismen ihren inneren Status und ihr Verhalten beim Verfolgen ihrer Ziele kontrollieren. In einer Studie über Selbstregulierung wurde das Konzept der Persönlichkeit durch das des Bewältigungsstils ersetzt. Dieses alternative Konzept nimmt die Idee auf, dass das, was wir Persönlichkeit nennen, nicht nur bei Menschen existiert, sondern auch in Tieren, und dass es einen praktischen Zweck erfüllt. Ein Bewältigungsstil ist ein charakteristischer Satz individueller Verhaltensweisen, Emotionen und (im Fall von Menschen) Gedankenmuster, auf die zurückgegriffen wird, um auf die Herausforderungen des Lebens zu reagieren. Anders ausgedrückt: Ein Bewältigungsstil ist die Summe der charakteristischen Bewältigungsstrategien oder -merkmale einer Person. Wie alle Eltern bestätigen können, sind Bewältigungsstile weitestgehend angeboren. Ausgeprägte Persönlichkeitsmerkmale zeigen sich schon von Geburt an bei Babys, manchmal sogar früher. Wer von Natur aus jemand ist, der über glühende Kohlen geht, hat das Glück, mit einem Bewältigungsstil geboren worden zu sein, der sich in Form einer gut ausgeprägten mentalen Fitness im sportlichen Bereich manifestiert.

»Glück« ist aber nicht unbedingt das richtige Wort. Ein Bewältigungsstil, der im Sportbereich vorteilhaft ist, kann sich im Alltag als ungut erweisen. Wie im Fall von Sammy Wanjirus tödlicher Rücksichtslosigkeit, einem Charakterzug, der neuesten neuropsychologischen Untersuchungen zufolge auf eine abnorme Verdrahtung des serotonergen Systems seines Gehirns zurückzuführen sein könnte. Andere Bewältigungsstile sind sowohl auf als auch abseits der Rennstrecke vorteilhaft. Der ungezügelte, tief verwurzelte Optimismus von Louis Zamperini zum Beispiel ermöglichte es ihm, im Alter von 19 Jahren die 5000 Meter bei der amerikanischen Olympia-Qualifikation zu gewinnen. Dieser Optimismus half ihm später auch, 47 Tage lang schiffbrüchig auf hoher See und mehr als zwei Jahre Folter, Hungern und Krankheit als Kriegsgefangener in den Händen der Japaner zu überleben. Zamperinis natürlicher Optimismus könnte auch der Grund dafür gewesen sein, dass er selbst in seinen 80er-Jahren noch Skateboard fuhr und schließlich 97 Jahre alt wurde.

Es ist unmöglich, ein siegreicher Ausdauersportler zu werden, wenn man nicht von Natur aus in hohem Maße körperlich fit ist. Gilt das Gleiche für mentale Fitness? Wenn es so wäre, wäre es sinnlos, die Bewältigungsstrategien – oder -stile – der Sieger nachzuahmen. Es ist ganz offensichtlich, dass die Rücksichtslosigkeit eines Sammy Wanjiru und der ungetrübte Optimismus eines Louis Zamperini nicht nachgeahmt werden können. Glücklicherweise sind solche Menschen, die von Natur aus dafür gemacht sind, über glühende Kohlen zu gehen, auch im Spitzensport die Ausnahme. Es gibt viele großartige Ausdauersportler mit »normalen« angeborenen Bewältigungsstilen, die im Laufe der Zeit mentale Fitness entwickeln und damit einen Weg vorgeben, den der Rest von uns auf seiner sportlichen Reise zu einem gewissen Grad nachahmen kann.

NEUN MONATE NACHDEM SAMMY Wanjirus Herz ihn zum Sieg beim Chicago-Marathon getragen hatte, sah ich eine Spitzenläuferin bei den USA Track and Field Outdoor Championships in Eugene, Oregon, das Herz verlieren.

Es waren noch zweieinhalb Runden des Frauenrennens über 5000 Meter zu laufen und Alissa McKaig hatte sich auf Position neun festgebissen, als die amerikanische Rekordhalterin Molly Huddle vorn einen harten Angriff ansetzte. Alissas Mannschaftskollege David »Janko« Jankowski stand in einer Traube Zuschauer hinter einem Maschendrahtzaun an Kurve vier. Als Alissa dort vorbeilief, setzte er die Hände an den Mund.

»Gib Gas!«, schrie er. *»Wie sehr willst du das hier?«*

Genau das war das Problem. Alissa wollte es zu diesem Zeitpunkt nicht – nicht so sehr wie Molly Huddle zumindest. Wenn Alissa hätte stehen bleiben und Jankos Frage beantworten können, hätte sie darauf beharrt, dass sie unbedingt unter den Top 3 ins Ziel kommen und ihr Ticket zur Weltmeisterschaft lösen wollte – und sie hätte das auch wirklich so gemeint. Aber die Art und Weise, wie sie lief, sprach eine andere Sprache. Der einzige Beweis dafür, dass man etwas mehr will, ist, mehr zu leiden. Und auf diesen 1000 Metern, die sie im größten Rennen, das sie je gelaufen war, noch zurückzulegen hatte, war Alissa schon mit einem Fuß von den glühenden Kohlen gestiegen. Und sie hasste sich dafür.

Am Anfang der vorletzten Runde schaltete Molly Huddle geschmeidig in den nächsten Gang – einen Gang, den zwei der drei Frauen direkt hinter ihr nicht hatten. Sie mussten so schnell abreißen lassen wie Rennautos mit Motorschaden. Die einzige Läuferin, die Huddles Tempo mitgehen konnte, war Angela Bizzarri, eine bisher recht unauffällige 23-Jährige, die das Rennen ihres Lebens machte – das Rennen, das Alissa McKaig eigentlich hätte machen sollen. Als die Glocke die letzte Runde einläutete, legte Huddle die Karten auf den Tisch. Sie zog Bizzarri mit Leichtigkeit davon und holte sich den Sieg.

Mehr als 20 Meter dahinter war Alissas Sturm auf das Ziel weniger von wettkämpferischem Feuer getrieben als von dem tiefen Wunsch, ihren Qualen endlich ein Ende zu setzen. Sie schloss zu Elizabeth Maloy auf und überholte sie, aber nur, weil diese einbrach. Dann machte Lauren Fleshman das Gleiche mit Alissa. Nicht mehr in der Lage, sich darüber Gedanken zu machen, versuchte Alissa nicht einmal mehr zu reagieren und blieb an neunter Stelle, bis sie, zum Glück, endlich über die Ziellinie lief.

Mit gesenktem Kopf schlich sie von der Bahn, holte ihre Tasche von einer Aufbewahrungsstation unter der Haupttribüne West ab und ging hinüber zur Aufwärmbahn dahinter. Janko hatte sie dort bald gefunden. In dem Moment, in dem sich ihre Blicke trafen, brach Alissa zusammen. Janko tat nicht viel, um sie zu trösten. Er wusste, dass sie das nicht wollte. Schweigend bis auf ihr Schniefen zog sich Alissa Tights und ein langärmliges Aufwärmtop an und begann zu joggen. Janko lief neben ihr her. Während sie so dahinliefen, stellte Alissa fest, dass ihr Körper sich erstaunlich frisch anfühlte, nicht so, als hätte sie eben einen Wettkampf gemacht. Ihr Selbsthass wurde stärker.

Alissa war eine talentierte Läuferin, die hart an sich arbeitete. Allein im letzten Jahr war sie Sechste bei den amerikanischen Cross-Country-Meisterschaften geworden und Fünfte bei den amerikanischen Marathon-Meisterschaften der Frauen. Aber es war ihr schon öfter passiert, dass sie in einigen der größeren Rennen nicht ihr Potenzial abrufen konnte. Ein paar Stunden vor diesem jüngsten Vorfall hatte Alissa gerade letzte taktische Instruktionen von ihrem Trainer, Pete Rea, bekommen, als sie in Tränen ausbrach. Rea rekonstruierte diese Szene später für mich.

»Alissa, was ist los?«, fragte er.

»Ich weiß nicht!«, antwortete sie. »Ich glaube, es ist das Lampenfieber. Der Druck ist so groß!«

Auf dem Rückflug fasste Alissa einen Entschluss. Das war das letzte Mal gewesen, dass sie nicht abgeliefert hatte. Das Bedauern und die Wut auf sich selbst waren nichts Neues, aber etwas war anders. Dieses Mal hatte sie das Scheitern endgültig satt.

Alissas nächstes großes Rennen war ein noch wichtigeres: die Olympia-Qualifikation im Marathon. Sie wurde am 14. Januar 2012 in Houston ausgetragen, und am Start stand das stärkste Feld amerikanischer Marathonläuferinnen, das sich jemals zusammengefunden hatte. Alissas oberstes Ziel war es nicht, sich für die Olympia-Mannschaft zu qualifizieren, unter den Top Ten zu finishen oder persönliche Bestzeit zu laufen (obwohl sie all das natürlich wollte). Ihr Ziel war, alles zu geben und den Rest einfach auf sich zukommen zu lassen. Nach knapp 16 Kilometern lag Alissa auf dem 13. Platz. Anstatt jedoch ihr Herz zu verlieren und sich zurückfallen zu lassen, erinnerte sie sich daran, dass sie sich nach dem Rennen viel schlechter fühlen würde, wenn sie nicht weiterkämpfte, als sie sich im Rennen je fühlen könnte, wenn sie weiter Druck machte. Also machte sie weiter Druck, während die anderen um sie herum wegbrachen. Alissa überholte auf den letzten 16 Kilometern fünf Läuferinnen und kam als Achte ins Ziel. Ihre Zeit von 2:31:56 Stunden lag um fast sechs Minuten unter ihrer bisherigen persönlichen Bestzeit. Wäre sie die gleiche Zeit vier Jahre früher gelaufen, wäre sie zu den Olympischen Spielen gefahren.

Nach dem Rennen gab Alissa ein Fernsehinterview für *FloTrack*. Es dauerte fünfeinhalb Minuten, und während der gesamten Frage-Antwort-Zeit konnte sie nicht aufhören zu lächeln.

»Das löst in mir eine solche Vorfreude auf die Zukunft aus«, sagte sie über ihre Leistung. »Ich hatte viele Probleme mit meinem Selbstvertrauen in der Vergangenheit. Jetzt kann ich das alles hinter mir lassen.«

Athleten können also lernen, besser über glühende Kohlen zu gehen. Alissa McKaigs Geschichte beweist es. Sie erlaubt auch einen

Einblick in die Art und Weise, wie der Prozess funktioniert. Die Standardformel lautet folgendermaßen: Unterentwickelte Bewältigungsfähigkeiten lassen einen Athleten sich auf irgendeine Weise abmühen. Die Erfahrung dieses Ringens mit sich ruft eine adaptive Antwort seitens des Athleten hervor. Diese Antwort lässt früher oder später die Bewältigungsfähigkeiten effektiver werden. In Alissas Fall führte mangelndes Selbstvertrauen dazu, dass sie bei einem wichtigen Rennen nicht abliefern konnte. Ihr Versagen führte zu dem Entschluss »nie wieder«, und dieser Schwur brachte sie dazu, einen hilfreichen Trick zu entdecken. In entscheidenden Augenblicken des Rennens verglich sie ihr aktuelles körperliches Leiden mit dem emotionalen Leiden, das sie erwarten würde, wenn sie sich selbst erlaubte, wieder einmal nicht alles zu geben. Diese spezielle Bewältigungsstrategie ist eine spezifische Manifestation einer umfassenderen Fähigkeit, der wütenden Entschlossenheit, auf die ich in Kapitel 6 näher eingehen werde.

Weil die angewandten Bewältigungsstrategien den Bewältigungsstil einer Person oder ihre Persönlichkeit ausmachen, könnte man sagen, dass Alissa McKaig in der olympischen Marathon-Qualifikation 2012 nicht die Person war, die 2011 bei den USA Track and Field Outdoor Championships nicht abliefern konnte. Die »Probleme mit dem Selbstvertrauen«, die sie überwand, beschränkten sich nicht auf den Sport, sondern beeinflussten auch alle anderen Bereiche ihres Lebens. Diese Probleme haben nur zufällig im Sport den größten Schaden angerichtet, weil die Verfolgung ihrer sportlichen Träume ihr Selbstvertrauen vor eine größere Prüfung stellte als irgendetwas sonst, das sie im Leben tat. Aus dem gleichen Grund eröffnete das Laufen Alissa aber auch die besten Möglichkeiten, allgemein eine Person mit mehr Selbstvertrauen zu werden. Wenn man sie in diesem Interview nach der Olympia-Qualifikation sprechen hört, hört man mehr als eine Frau, die gerade einen hilfreichen neuen Trick gelernt hat. Man hört eine Frau, die sich auf einer tiefen Ebene verändert hat, die sich anders sieht als vorher.

Einige Bewältigungsstrategien sind kontextspezifisch, und man kann sie sich aneignen, ohne dass der übergeordnete Bewältigungsstil einer Person angetastet wird. Ein Beispiel für eine ausdauersportspezifische Bewältigungsstrategie ist, seine gesammelte Rennerfahrung zu nutzen, um sein Tempogefühl zu verfeinern – die Kunst, die aggressivste Geschwindigkeit zu finden, die man bis ins Ziel halten kann, ohne die Schwelle der maximalen Toleranz wahrgenommener Anstrengung zu überschreiten. Aber ein Athlet wird niemals seine mentale Fitness maximieren können, wenn er nur kontextspezifische Bewältigungsstrategien erwirbt. Er muss seinen allgemeinen Bewältigungsstil verbessern, indem er sich – zu einem gewissen Grad – als Person verändert.

Psychologen unterscheiden zwischen Fähigkeiten und Charakterzügen. Ein Charakterzug ist im Grunde eine verallgemeinerte oder nicht kontextspezifische Bewältigungsfähigkeit. Beispiele für Charakterzüge, die für die Bewältigung relevant sind: grundsätzliche Selbstwirksamkeit (oder der Glaube an die eigene Kompetenz) und ein innerer Kontrollmechanismus (oder der Glaube, dass man der Kapitän seines Schiffs ist und nicht nur eine Marionette des Schicksals). Kein Athlet kann seine mentale Fitness maximieren, wenn er nicht auch Charakterzüge wie grundsätzliche Selbstwirksamkeit oder Kontrollmechanismen verbessert, und zwar zusätzlich zum Erwerb kontextspezifischer Fähigkeiten wie ein feines Tempogefühl.

Experimentelle Forschung bestätigt das, was Alissa McKaig im wahren Leben bewiesen hat: dass es dem Menschen möglich ist, durch den Erwerb kontextspezifischer Bewältigungsstrategien umfassendere, für Bewältigung relevante Charakterzüge zu entwickeln. Einer der führenden Forscher auf diesem Gebiet ist Ronald Smith, ein Sportpsychologe an der Universität von Washington. In einer 1989 veröffentlichten Studie, die im Zuge eines Selbstverteidigungsprojekts für Frauen durchgeführt und im *Personality and Social Psychology Bulletin* veröffentlicht wurde, fand Smith heraus, dass Selbstverteidigungstraining nicht nur die Fähigkeiten der Frauen verbesserte, sich zu wehren, sondern auch »umfassendere Aspekte der Persönlichkeit wie physische Selbstwirksamkeit und Durchsetzungsvermögen«. Das funktioniert auf die gleiche Art und Weise im Ausdauersport. Manchmal ist die einzige Möglichkeit, ein Hindernis zu überwinden, das der eigenen Entwicklung als Athlet im Weg steht, eine spezifische Fähigkeit zu erwerben, die es erfordert, sich als Person weiterzuentwickeln. Ein Schritt vorwärts auf der Charakterzug-Ebene.

Einfach nur Sport zu treiben führt jedoch nicht zwangsläufig dazu, dass ein Athlet einen reiferen und effektiveren Bewältigungsstil entwickelt. Das geschieht nur in dem Maße, in dem der Athlet sich selbst in den Sport investiert und in dem er bewusst das innere Ringen als Herausforderung für das eigene Selbst wahrnimmt. Der sechsmalige Ironman-Sieger Mark Allen traf den Nagel auf den Kopf, als er Ausdauerwettkämpfe beschrieb als »einen Test seiner selbst *als Person* zusätzlich zu einem Test seiner selbst als Athlet«. Doch er war nicht immer so weise gewesen. Allen verlor den Ironman sechsmal aufgrund mentaler Selbstsabotage, bevor er es seinem inneren Ringen erlaubte, sich zu verändern, und er anfing zu gewinnen.

Die Frage, die ein Teil unseres Selbst in den entscheidenden Augenblicken eines Rennens stellt (»Wie sehr will du das?«*)*, ist eigentlich eine Einladung dazu, sich selbst zu erkunden. Nicht alle Athleten nehmen diese Einladung an. Wenn Sie beim »Lauf über glühende Kohlen« der Beste werden möchten, der Sie sein können, mehr noch, wenn Sie alles aus dem sportlichen Erleben herausholen möchten, was möglich ist, dann werden Sie diese Einladung annehmen. Die Reise mit dem Ziel, ein mental fitter Athlet zu werden, ist größtenteils auch eine Reise persönlicher Entwicklung.

Wir sehen dies besonders deutlich am Beispiel von Alissa McKaig. Vor der Krise, die ihren Durchbruch herbeiführte, hatte sie zwei Jahre lang mit einem Sportpsychologen an ihrem Selbstbewusstseinsproblem gearbeitet. Die Werkzeuge, die er ihr an die Hand gegeben hatte, waren jedoch nutzlos gewesen, bevor sie diese Erfahrung machte. Die Techniken allein, die Sportpsychologen traditionell lehren, gehen einfach nicht tief genug, um Athleten in kritischen Momenten zu retten, wenn ihre Seele dazu herausgefordert wird zu reagieren. Keine Methode des mentalen Trainings oder der Therapie, die in Alltagskleidung durchgeführt wird, kann es mit der Kraft erlebter Erfahrungen aufnehmen, wenn es darum geht, effektive Bewältigungsstrategien zu entwickeln.

Alissa erinnerte sich selbst daran, dass sie viel lieber litt, weil sie sich bis ins Ziel gekämpft hatte, als dass sie die Schande aushielt, aufgegeben zu haben. Doch diese Methode hätte für sie nicht funktioniert, wenn sie nicht so oft die Erfahrung gemacht hätte, wie schlimm es war, nicht abgeliefert zu haben. So fokussiert und spezifisch diese Bewältigungsstrategie auch war, ihr Erwerb und Einsatz veränderten Alissa auf der Charakterzug-Ebene und verliehen ihr einen selbstbewussteren allgemeinen Bewältigungsstil.

Es wird nie eine Fünf-Schritte-Strategie geben, die mentale Fitness in dem Maße zu einem vorhersagbaren Ergebnis macht, wie eine bessere körperliche Leistungsfähigkeit ein vorhersagbares Ergebnis sinnvollen Trainings ist. Mentale Fitness muss man sich im chaotischen Kontext eines Athletenlebens verdienen. Das Einzige, was ein Athlet kontrollieren kann, ist, wie er mit dem umgeht, was das Leben ihm gegeben hat. So oder so muss ein Athlet, der seine mentale Fitness verbessern möchte, irgendwie die Erfahrungen nutzen, die das Potenzial haben, ihn durch Grenzen brechen zu lassen.

Alle Athleten sehen sich Herausforderungen gegenüber, die Möglichkeiten bieten, die mentale Fitness auf spezifische Art und Weise zu verbessern. In den folgenden Kapiteln werden wir uns Beispiele von Athleten anschauen, die ihre mentale Fitness verbessert haben, indem sie Probleme überwunden haben – wie beispielsweise in Rennen nicht die bestmögliche Leistung abrufen oder überhaupt nicht abliefern zu können, sich schwer zu verletzen, immer wieder an einem wichtigen Ziel zu scheitern und sich einer körperlich überlegenen Konkurrenz gegenüber zu sehen. Ob ein Athlet es schafft, solche Herausforderungen zu meistern, hängt von seiner grundlegenden Einstellung gegenüber dem Sport ab. Athleten, die bewusst vorhaben, ihre Erfahrungen zu nutzen, um ihre mentale Fitness zu entwickeln, neigen dazu, schneller bessere Bewältigungsstrategien zu erwerben als Athleten, für die es kein explizites Ziel ist, besser über glühende Kohlen gehen zu können. Ich führe noch einmal das Beispiel von Alissa McKaig an, die ihren Durchbruch durch einen bewussten Entschluss dazu und das Hinarbeiten darauf schaffte, mental fitter zu werden.

Die Kraft eines Vorsatzes im Ausdauersport ist gut dokumentiert. Eine Studie von Jacob Havenar von der Universität von San Francisco, die 2006 beim Jahrestreffen des American College of Sports Medicine vorgestellt wurde, zeigte zum Beispiel Folgendes: Die Wahrscheinlichkeit, dass Marathonneulinge aus einem Gruppen-Trainingsprogramm aussteigen, variierte mit der jeweiligen Zielsetzung. Diejenigen, deren Hauptmotivation das Erreichen des persönlichen Ziels war, die ihr Selbstwertgefühl steigern oder einen Lebenssinn finden wollten, stiegen seltener aus als diejenigen, deren Hauptmotivation darin bestand, Gewicht zu verlieren oder soziales Ansehen zu erlangen. Sämtliche Läufer sahen sich derselben Herausforderung gegenüber – ob sie sie bestanden, hing größtenteils von der Intention ab, mit der sie diese Herausforderung angingen.

Das übergreifende Vorhaben, das allen Ausdauersportlern gemein ist, ist die Leistung zu verbessern. Aber die eigene mentale Fitness zu maximieren, ist für das Erlangen dieses Ziels entscheidend. Deshalb sollte man sich das Vorhaben, seine mentale Fitness zu verbessern, so bewusst machen wie den Vorsatz, schneller zu werden.

Wenn Sie glauben, dass Sie sich als Ausdauersportler nur dann verbessern können, wenn Sie Ihre Einstellung zur wahrgenommenen Anstrengung verändern, werden Sie auch erfolgreicher dabei sein, dies umzusetzen. Wenn Sie den Gedanken verinnerlichen, dass Sie Ihr eigener Sportpsychologe sein sollten und dass es Ihr Hauptziel in dieser Funktion ist, Ihre gesamte Geisteskraft darauf zu verwenden, die Anstrengung, die Sie als Athlet ertragen können, zu erhöhen und mehr herausholen zu können, wenn Sie Ihr Bestes geben, werden Sie Ihre mentale Fitness schneller verbessern. Wenn Sie es als Tatsache hinnehmen, dass die einzigen Grenzen, an die Sie in Ihrem Sport jemals stoßen werden, mentale sind, werden Sie besser darin werden, über glühende Kohlen zu laufen und Ihrem unerreichbaren körperlichen Limit ein wenig näherkommen, als Sie es sonst getan hätten. Kurz: Wenn Sie die neue Psychologie des Ausdauersports annehmen, wird sich Ihre Leistung stärker verbessern, als wenn Sie es nicht tun.

Auch wenn es niemals ein Fünf-Schritte-Programm geben wird, mit dem man mentale Fitness aufbauen kann, gibt es immerhin einen sinnvollen ersten Schritt. Und vielleicht haben Sie den gerade getan.

KAPITEL 2

Wappnen Sie sich

AM 20. NOVEMBER 2009 saß der Mitherausgeber von *competitor.com*, Sean McKeon, an seinem Schreibtisch inmitten eines Labyrinths aus Bürozellen, die sich in einem Bürogebäude in San Diego verteilten, öffnete ein Word-Dokument und begann eine Vorschau auf die NCAA Cross Country Championships zu schreiben, die drei Tage später stattfinden sollten. Er hatte keine Schwierigkeiten damit, die Gewinnerin für das Frauenrennen auszuwählen.

»Warum geben wir Jenny Barringer nicht einfach den Pokal, ersparen den anderen die Peinlichkeit und lassen die Frauen um die restlichen Plätze laufen?«, schrieb er. »Okay, das könnte ein bisschen übertrieben sein«, ergänzte McKeon, »aber meiner Meinung nach lautet die Frage nicht, ob die Studentin aus Colorado gewinnen wird, sondern wie viel Vorsprung sie haben wird.«

McKeons Vertrauen in Jenny war nicht verkehrt. Sie war bereits die am meisten ausgezeichnete weibliche College-Läuferin der Geschichte. Sie war dank eines vollen Athletik-Stipendiums an die Universität von Colorado gekommen, nachdem sie acht Highschool-Staatsmeisterschaften gewonnen und in ihrer Heimat Florida auf vier Distanzen einen Staatsrekord aufgestellt hatte. In ihrem ersten Jahr hatte Jenny einen Titel im 3000-Meter-Hindernislauf bei den

NCAA-Meisterschaften gewonnen. Im Jahr darauf, als sie bereits gegen Profis antrat, gewann sie das gleiche Rennen bei den U. S. National Championships und qualifizierte sich für die Weltmeisterschaft in Osaka. Nach ihrer Saison als Nachwuchsläuferin bekam sie einen Platz im amerikanischen Olympia-Team und wurde beim Hindernislauf bei den Sommerspielen in Peking 2008 Neunte.

Selbst wenn Jenny nur diese Erfolge vor den NCAA Cross Country Championships vorzuweisen gehabt hätte, wäre sie als unschlagbare Favoritin ins Rennen gegangen. Aber das war erst der Anfang. Nachdem sie die Sommer-Crosslaufsaison ausgelassen hatte, kehrte Jenny im Winter ins Wettkampfgeschehen zurück, setzte neue NCAA-Rekorde über 3000 und 5000 Meter in der Halle. Im Frühjahr brach sie weitere drei Rekorde über 1500 Meter, 3000 Meter Hindernis und über 5000 Meter. Im Juni wurde Jenny zum zweiten Mal Landesmeisterin im Hindernislauf in der Elite-Kategorie. Sie nahm diesen Schwung mit durch den Sommer, in dem sie bei der Weltmeisterschaft in Berlin einen amerikanischen Rekord von 9:12:50 Minuten im Hindernislauf aufstellte, wo sie Fünfte wurde.

Jenny hatte zwar die vorherige Sommer-Crosslaufsaison ausgelassen, sie war aber trotzdem berechtigt, nach Boulder zurückzukehren und im Herbst 2009 für die Lady Buffalos anzutreten. Sie entschied sich, ihren Worten nach aus Loyalität, für diese Option, obwohl sie mit Eintritt ins Profitum das große Geld erwartet hätte.

»Ich kann der Universität niemals zurückzahlen, was sie mir gegeben hat, die Ressourcen und das Geschenk dieser vier Jahre hier«, sagte Jenny, als sie ihre Entscheidung verkündete. »Wenn ich mich überhaupt irgendwie revanchieren kann, dann damit, dass ich mein Versprechen halte [meine Startberechtigung wahrzunehmen]. Ich bleibe auf jeden Fall.«

Darüber hinaus hatte sie aber noch eine Rechnung offen. Als Jenny mit 18 Jahren an die Universität von Colorado kam, hatte sie Trainer Mark Wetmore gesagt, ihr oberstes Ziel für ihre akademische Karriere sei, den NCAA-Titel im Crosslauf zu gewinnen. Doch auch fünf Jahre später war dieses Ziel noch nicht erreicht, trotz allem, was sie sonst geschafft hatte. Sie war 2007 schon einmal nah dran gewesen, als sie Zweite hinter Sally Kipyego aus Kenia geworden war, die inzwischen ihren Abschluss gemacht hatte. Jenny machte es nichts aus, ihre Profi-Karriere noch für ein paar Monate hinauszuzögern, um ihre Mission zu erfüllen.

Sie eröffnete ihre letzte akademische Wettkampfsaison am 3. Oktober beim Rocky Mountain Shootout, einer großen Veranstaltung, die auf der Hausstrecke der Buffaloes ausgetragen wurde. Jenny gewann das Rennen über 5,8 Kilometer mit 58 Sekunden Vorsprung und pulverisierte auch gleich noch einen neun Jahre alten Streckenrekord. Jennys nächstes Rennen war ein Vorlauf zu den nationalen Meisterschaften. Dort traf Jenny auf Susan Kuijken von der Florida State, die als Jennys größte Konkurrentin um den NCAA-Titel galt. Jenny schlug sie um 30 Sekunden.

Zwei Wochen später reiste Jenny mit ihren Mannschaftskollegen zur Big 12 Championship nach Columbia, Missouri. Es spielte ein fast schon entschuldigendes Lächeln um ihre Lippen, als sie die 96 besiegten Läuferinnen, die hinter ihr herhechelten, um 46 Sekunden abhängte. Danach räumte Trainer Mark Wetmore das ein, was für Linda Sprouse, die stellvertretende Leiterin der Sportinformationsabteilung der Universität von Columbia, ohnehin offensichtlich war. »Das war ein Spaziergang für sie«, sagte er. »Ein entspannter Lauf, und sie hatte den ganzen Tag über Spaß.«

Am 14. November bekam Jenny einen letzten Wettkampfschliff bei den NCAA Mountain West Conference Championships in Albuquerque. Dieses Mal machte Jenny auf den ersten 4 Kilometern das Tempo für ihre Mannschaftskollegin Allie McLaughlin – für den Kick. Dann zog sie mit Leichtigkeit davon und gewann mit 12 Sekunden Vorsprung.

Mit all diesen Informationen im Hintergrund verkündete Sean McKeon nur einen Fakt, als er in seiner Vorschau auf die NCAA Cross Country Championships schrieb: »Wenn sie nicht gewinnt, wird das der größte Aufreger der NCAA-Geschichte.« Er hatte recht – mehr als er hätte ahnen können – dass nur ein »epischer Zusammenbruch« sie davon würde abhalten können, den Titel, den sie so sehr wollte, zu holen.

DIE CROSS-COUNTRY-STRECKE der Lavern Gibson Championship ist eingebettet in 113 grasbedeckte Hektar östlich von Terre Haute. Am Renntag herrschte dort fast perfektes Laufwetter – mild und trocken. Als die Sonne gegen halb eins hinter einem Wolkenschleier hervorkam, neigte sich das Männerrennen dem Ende zu und Jenny und ihre Teamkolleginnen machten sich für ihr Rennen fertig. Die Lufttemperatur stieg auf um die 13 Grad, für den Monat November überdurchschnittlich hoch, und die Läuferinnen zogen ihre Langarmshirts aus und stopften ihre Handschuhe in die Sporttaschen.

Während Jenny mit ihren Mannschaftskolleginnen über das Gelände joggte, wurde ihr schwindelig. Das Gefühl war nach dem Warm-up samt Beweglichkeitsübungen und Sprints noch immer nicht verschwunden. Anschließend versammelte sich das Team um den Trainer, um letzte Instruktionen zu erhalten. Jenny dachte darüber nach, Assistenztrainerin Heather Burroughs wegen ihres Schwindels Bescheid zu sagen, entschied sich aber dann doch dagegen. Sie wusste, dass es wahrscheinlich ein Symptom von Nervosität war, nicht mehr, außerdem war es bereits am Abklingen.

Um 12.35 Uhr wurden die Läuferinnen an die Startlinie gerufen. Jeweils drei hintereinander stellten sich hinter dem Kreidestrich auf, der sich scheinbar endlos über die weite, frisch gemähte Wiese zog. Die Startpistole knallte, und als Jenny losrannte, war der letzte Rest Lampenfieber verschwunden. 254 Frauen rumpelten über eine 900 Meter lange Auftaktgerade und formierten sich langsam in Form einer gedrungenen Träne, an deren Spitze Jenny (wer sonst?) lief. Susan Kuijken, die keine zehn Meter links von Jenny gestartet war, lief bald direkt neben ihr. Trotz ihrer Niederlage gegen Jenny bei den Vorläufen zu den Staatsmeisterschaften hoffte die Läuferin aus

Florida zu gewinnen. Ihr Plan war, sofern möglich, an Jenny dranzubleiben und ansonsten in Reichweite zu bleiben und zu versuchen, sie am Ende einzufangen.

Als Jenny ihren Rhythmus gefunden hatte, horchte sie in ihren Körper hinein und stellte fest, dass sie sich gut fühlte – stark und entspannt –, wie sie es schon die ganze Saison lang getan hatte. Es gab keinen Grund, warum sie sich anders hätte fühlen sollen. Ihr Training in den letzten Wochen war fast perfekt verlaufen. Im Vorfeld zu den Mountain West Conference Championships hatte sie bei den Schlüsseleinheiten ihre bisher besten Zeiten geschafft. Nach diesem Rennen hatte Mark Wetmore das Training stark zurückgefahren und ihre Beine hatten mit ganz neuer Kraft reagiert. Jenny hatte es auch geschafft, sich nicht den Erkältungsvirus einzufangen, der auf dem Campus der Universität von Colorado die Runde gemacht hatte. Sie war körperlich nie bereiter für Wettkämpfe gewesen, und die inneren Sensoren ihres Körpers bestätigten das. Das kurze Schwindelgefühl war nur ein winziges Wackeln gewesen.

Jenny ließ sich an den rechten Rand der Geraden treiben, nahe an die Absperrung, die die Zuschauer von der Strecke hielt, und bereitete sich auf die erste Kurve der gewundenen Strecke vor. Das Feld hinter ihr blieb dicht zusammen, direkt hinter ihr liefen Kuijken, Kendra Schaff von der Washington und Angela Bizzarri von der Illinois.

In der Kurve erhöhte Jenny das Tempo leicht und legte damit sofort etwas Abstand zwischen sich und ihre Verfolgerinnen. Kuijken traf innerhalb von Sekunden die Entscheidung mitzugehen und schloss die Lücke. Sie lief aber respektvoll einen halben Schritt hinter Jenny, damit sie die Favoritin nicht dazu verlockte, nochmals schneller zu werden. Der lange, goldfarbene Pferdeschwanz der Norwegerin wippte synchron zu Jennys honigfarbener Mähne, als das Paar den Abstand zwischen sich und den anderen LäuferInnen immer weiter vergrößerte. Sie passierten die erste Kilometer-Marke des 6-Kilometer-Rennens nach 3:04 Minuten. Jenny registrierte die

Splitzeit mit Genugtuung. Sie war mit einem zweiten Ziel nach Terre Haute gekommen: Sally Kipyegos Streckenrekord von 19:28 Minuten zu unterbieten. Und sie war auf dem besten Weg, das zu tun.

Jenny lief den ersten Hügel hinauf. Sie rannte in dem für sie typischen Gladiatorenstil, der Sicherheit und Aggression ausstrahlte: mit nach vorn gerecktem Kinn, nach vorn gelegtem Torso, weiten Ellbogen und zu Fäusten geballten Händen. Dennoch schien in ihren Augen auch Ungeduld aufzublitzen, als Kuijken, die in Interviews vor dem Rennen gesagt hatte, dass sie Jenny nicht fürchte, ihr weiterhin an den Fersen klebte.

Oben auf dem Hügel bogen die Führenden in eine enge Linkskurve ein, wo sie nur Zentimeter entfernt an den anfeuernden Zuschauern vorbeirannten, die gegen den Maschendrahtzaun gepresst am Streckenrand standen. Die meisten Rufe waren für Jenny bestimmt, die neben zahlreichen Schulkameraden, Freunden und Familienmitgliedern, die mitgekommen waren, auch eine nationale Fangemeinde hatte.

Jenny und ihr flachsblonder Schatten liefen die ersten 1,6 Kilometer in 5:02 Minuten. Kipyego war bei ihrem Rekordlauf zwei Jahren zuvor genauso schnell gewesen. Jenny schien immer noch die Kontrolle zu haben, aber ihre Augenbrauen zogen sich ungewöhnlich zusammen.

Sechs Schritte dahinter rannte Kendra Schaff allein, sie hatte sich von der ersten Verfolgergruppe abgesetzt beim Versuch, die Führenden zu stellen. Sie hatte sich entschieden, dieses Risiko einzugehen, nachdem sie festgestellt hatte, dass Jennys Tempo nicht so straff war, wie sie erwartet hatte. Zehn Meter hinter Schaff hatte Angela Bizzarri am Kopf des Hauptfelds eine andere Rechnung aufgemacht. Ihr Plan lautete, ihr eigenes Rennen zu machen. Sie hoffte, dass jeder, der versuchen würde, mit Jenny mitzulaufen – wenn nicht gar Jenny selbst – sich ins Aus laufen und schlussendlich zu ihr zurückfallen würde. Dieser Plan fühlte sich immer noch richtig an.

An der 2-Kilometer-Marke erspähte Jenny die nächste Zeitnahme-Uhr und heftete ihren Blick fest darauf: 6:15, 6:16, 6:17 Minuten … Sie war ein wenig langsamer geworden, aber nicht viel, und das Tempo war immer noch schneller als das, was Kuijken jemals in einem Rennen über diese Distanz gelaufen war. Alles, was Jenny tun musste, war, gleichmäßig weiterzulaufen, dann würde ihre nervtötende Verfolgerin irgendwann schon einbrechen.

Sie gingen gemeinsam in den nächsten Anstieg. Kuijken blieb wie festgeklebt an Jennys rechter Schulter. Der Abstand zwischen den beiden Frauen und Schaff sowie zwischen Schaff und Bizzarris Gruppe war gleich geblieben. Ein flehender Unterton schlich sich in die für Jenny bestimmten Anfeuerungsrufe der Fans am Streckenrand.

Nach der Hälfte des Rennens, die nach 9:38 Minuten erreicht war, bemerkte Kuijken, dass es sich nicht mehr so anfühlte, als würde Jenny sie mitziehen. Tatsächlich war sie ein bisschen im Leerlauf und rannte etwas langsamer, als sie es getan hätte, wenn sie allein gewesen wäre. Also machte sie etwas Druck und zog umgehend mit Jenny gleich, die sofort schneller wurde, um ihren halben Schritt Vorsprung zu sichern. Nur Augenblicke später drängelte Kuijken erneut von hinten und wurde zunehmend kribbeliger.

Jennys Kopf begann zu wippen. Erst kaum merklich, dann immer stärker. Das Wippen wurde zu einem Wackeln. Das Wackeln setzte sich fort auf ihre Schultern, ihren Rumpf, ihre Hüfte, bis Jenny torkelte wie ein Preisboxer, der mit zugeschwollenen Augen nach seiner Ecke tastet. Ihr Tempo brach jäh ein, Kuijken lief federnd weiter und konnte ihr Glück kaum fassen. Jenny schien nun mit sich selbst zu sprechen, ihr Mund machte labbrige Bewegungen, während sie vorwärts stolperte. Ihre Augenlider waren auf Halbmast.

Kendra Schaff, Angela Bizzarri und Sheila Reid von der Villanova zogen in einer erbarmungslosen Perlenschnur an Jenny vorbei. Sekunden später hatte das Feld sie eingeholt. Amanda Marino von der Villanova überholte Jenny mit Leichtigkeit. Dann folgte Paca Cheruiyot von der Florida State und Jennys eigene Mannschaftskollegin, Uni-Neuling Allie McLaughlin, die Jenny noch verwirrt etwas Ermutigendes zurief.

Jenny war ein verlorenes Kalb, gefangen in einer Stampede wütender Rinder. Sie fiel zurück auf den 10. Platz, dann auf den 20., 30. Platz. Jennys frühere Highschool-Rivalin Erin Bedell, nun in ihrem letzten Jahr an der Baylor, lief auf sie auf und fühlte sich bemüßigt, ihr zu helfen.

»Lauf mit mir mit!«, rief Bedell.

Jenny gehorchte, aber die nächste zerstörerische Welle der Schwere rollte kurz darauf über sie hinweg. Das Wackeln kam zurück. Mit jedem Schritt wurden Jennys Bewegungen ungenauer, weniger koordiniert. Ihr Kopf kippte nach vorn und blieb dort, als ob sie nach einem verlorenen Ring suchen würde. Sie fühlte sich merkwürdig entfernt von den Anblicken und Geräuschen um sich herum. »Träume ich?«, fragte sie sich. Ihr Traben wurde zu einem Schlurfen, ihr Schlurfen zum Gehen. Sie machte noch drei letzte wackelige Schritte und fiel dann wie von einem Scharfschützen getroffen zu Boden. Die Zuschauer sahen in verblüffter Stille dabei zu, wie die anderen Läuferinnen zu Dutzenden an Jennys zusammengekrümmtem Körper vorbeirannten.

So still wie Jenny dalag, mit dem Gesicht nach unten, war nicht davon auszugehen, dass sie bald oder ohne fremde Hilfe aufstehen würde. Aber nur wenige Sekunden später bewegte sie sich, als ob sie versuchen würde, noch vor Ende eines Zehner-Countdowns, wie dem beim Boxen, wieder auf die Füße zu kommen. Sie schaffte es in drei Etappen – von allen Vieren auf halb kniend auf gerade so vertikal –, stützte sich ab und fing an, steif zu joggen. Es überholten sie immer noch Läuferinnen, aber nicht mehr so schnell wie vorher. Emma Coburn, eine weitere Teamkameradin von Jenny, lief auf sie auf, und Jenny, nun völlig klar und gedemütigt, dachte, »hoffentlich sieht sie mich nicht« (»verrückt«, wie sie später gegenüber *FloTrack* sagte).

Ganz langsam wurden Jennys Schritte wieder geschmeidiger und ihr Tempo höher. Der Fluss an Läuferinnen, der sie überholte, wurde zu einem Rinnsal. Als Jenny um die weite Kurve lief, die sie auf die 400-Meter-Gerade zum Ziel brachte, war sie genauso schnell wie die Läuferinnen, die in einem dichten Pulk um sie herum liefen.

Vor dem Rennen hatte Jenny ihren Teamkolleginnen gesagt, sie sollten die Augen offen halten nach Läuferinnen in den Shirts von Villanova, Washington und West Virginia. Das waren die Schulen, die Colorado den Sieg in der Teamwertung am ehesten streitig machen konnten. Jetzt sah Jenny eine Läuferin in Washingtons Farben Purpur und Gold vor sich. Sie erhöhte das Tempo und fing sie ein, wobei sie unterwegs noch eine ganze Reihe weiterer Läuferinnen überholte.

Das Zielbanner schon in Sichtweite, entdeckte Jenny eine weitere Läuferin von der Washington vor sich. Sie beschleunigte, ruderte mit den Armen und schoss vorwärts, lief geschickt Slalom um die Läuferinnen herum, die sie gerade noch überholt hatten, die Augen auf die Beute geheftet. Sie schien in großartiger Form. Es fehlte ihr absolut nichts. Zwei Meter vor dem Ziel sprintete Jenny an Kayla Evans von der Washington vorbei, einem Uni-Neuling, deren Bestzeit über 3000 Meter 93 Sekunden langsamer war als Jennys. Die beste Collegeläuferin aller Zeiten überquerte in ihrem letzten Hochschulrennen die Ziellinie als 163.

DIE NCAA NATIONAL CHAMPIONSHIPS 2009 wurden live im Fernsehen übertragen. Ein Kamerateam wartete ungefähr zehn Meter hinter der Ziellinie auf Jenny Barringer. Sie rang immer noch nach Atem, als Reporterin Cat Andersen ihr ein Mikrofon unter die Nase hielt und fragte, was passiert sei.

»Ich habe mich nach der Hälfte der Strecke nicht so gut gefühlt«, antwortete sie unter Tränen.

Am nächsten Tag nahm Jenny ein 24-minütiges Videointerview für *FloTrack* in ihrem Hotelzimmer in Terre Haute auf. Ihrer ersten, sehr untertriebenen Erklärung für ihren Einbruch fügte sie nicht viel mehr hinzu.

»Es kam wie eine Welle«, sagte sie. »Aus dem Nichts war da plötzlich der Gedanke: Ich weiß nicht, ob ich laufen kann. Ich weiß nicht, ob ich gegenhalten kann.«

Vielleicht verriet das, was Jenny nicht sagte, mehr über ihren Zusammenbruch als das, was sie sagte. Sie sagte nicht, dass sie sich einen Muskel gezerrt oder einen Asthmaanfall erlitten hatte, oder dass sie quälende Bauchkrämpfe bekommen hatte, die durch eine gleitende Rippe verursacht worden waren, die in ihr Zwerchfell stach (was Susan Kuijken passiert war, die Dritte wurde). Jennys knappe Beschreibung ihrer Implosion schien vielmehr nahezulegen, dass sie nicht von etwas Physischem zu Fall gebracht worden war, sondern von einem Gefühl.

Ist diese Erklärung überhaupt plausibel? Laut dem psychobiologischen Modell des Ausdauersports ist sie das.

In Ausdauerwettkämpfen steuern die Athleten ihre Geschwindigkeit größtenteils durch ihr Gefühl. Rückmeldung von außen wie Splitzeiten oder die eigene Position im Vergleich zu anderen Athleten können das sogenannte Pacing beeinflussen. Aber es ist ein innerer Sinn für die Angemessenheit des Tempos von Augenblick zu Augenblick, der das erste und letzte Wort darüber hat, ob ein Athlet sich dafür entscheidet, schneller zu werden, das Tempo zu halten, langsamer zu werden oder zu einem leblosen Häufchen zusammenzufallen. Die wissenschaftliche Bezeichnung für diesen Pacing-Mechanismus lautet »vorwegnehmende Regulation«. Sie erzeugt ein fortdauerndes Gefühl, ähnlich einer Intuition, dafür, wie die jeweilige Anstrengung angepasst werden muss, um das Ziel so schnell wie möglich zu erreichen. Ihre Eingaben sind Anstrengungswahrnehmung, Motivation, Kenntnis der Distanz, die noch zu überwinden ist, und Erfahrungen in der Vergangenheit.

In einer Zusammenfassung von Samuele Marcoras psychobiologischem Modell des Ausdauersports, die 2013 veröffentlicht wurde, schrieben brasilianische Physiologen, dass »Anstrengungswahrnehmung die bewusste Wahrnehmung der Befehle ist, die der zentrale

Motor an die aktiven Muskeln aussendet«. Anders ausgedrückt ist Anstrengungswahrnehmung das Gefühl der Aktivität im Gehirn, die die Muskeln zur Arbeit anregt; es ist nicht das Gefühl der eigentlichen Muskelarbeit. Abgesehen von Reflexen beginnt jede Muskelarbeit mit einem bewussten Willensentschluss dafür. Dieser Befehl entsteht in der motorischen Rinde des Gehirns und dem supplementär-motorischen Bereich. Wissenschaftler können die Intensität dieser Befehle messen, und diese Messung wird als bewegungskorreliertes kortikales Potenzial (MRCP) bezeichnet. Marcora hat aufgezeigt, dass MRCP und Anstrengungswahrnehmung bei maximaler Intensität hoch sind und auch, dass sie kovariant steigen, wenn man über einen längeren Zeitraum bei niedriger Intensität trainiert. Das ist ein zwingender Beweis dafür, dass Anstrengungswahrnehmung tatsächlich mit der Hirnaktivität, nicht mit der der Muskeln, verknüpft ist.

Wenn erfahrene Ausdauerathleten einen Wettkampf über eine gewohnte Strecke absolvieren, tendiert die wahrgenommene Anstrengung dazu, linear anzusteigen, bis sie kurz vor der Ziellinie ihren Höhepunkt erreicht. Aber die wahrgenommene Anstrengung ist etwas Subjektives und deshalb etwas, das sich je nach den Umständen drastisch verändern kann. Wenn Athleten es wirklich wollen, sind sie in der Lage, mehr wahrgenommene Anstrengung auszuhalten, als wenn sie vergleichsweise unmotiviert sind. Folglich ändert sich ihre Pacing-Strategie. Wahrgenommene Anstrengung gleicher Intensität kann dazu führen, dass sie die Geschwindigkeit zu einem bestimmten Zeitpunkt in einem Rennen, für das sie nicht motiviert sind, beibehalten, während sie am entsprechenden Punkt eines Rennens, das ihnen wichtig ist, das Tempo erhöhen.

Sich bewusst zu sein, wie weit es noch bis ins Ziel ist, beeinflusst ebenfalls, wie eine bestimmte Intensität wahrgenommener Anstrengung interpretiert und genutzt wird. Ein Läufer, der bei Kilometer 4 eines 10-Kilometer-Rennens eine bestimmte Intensität wahrgenommener Anstrengung spürt, könnte Panik bekommen und langsamer werden, während ein Läufer, der die gleiche Intensität bei

Kilometer 7 eines 10-Kilometer-Rennens spürt, einen Selbstbewusstseinsschub bekommen und schneller werden könnte.

Diese Berechnungen werden wiederum stark beeinflusst durch die vorhandenen Erfahrungen. Durch sie lernen Athleten, wie sie sich an verschiedenen Punkten von Rennen unterschiedlicher Länge fühlen sollten. Ein erfahrener Athlet geht in jeden Wettkampf mit vorprogrammierten Erwartungen daran, wie er sich an verschiedenen Punkten erwartungsgemäß fühlen könnte. Jede Abweichung zwischen der Erwartung und dem tatsächlichen Gefühl wird dazu führen, dass die Geschwindigkeit entsprechend angepasst wird. Ein Athlet, der regelmäßig vor einem Zeitfahren Nitrate einnimmt, wird sich wahrscheinlich besser fühlen als erwartet und schneller fahren als sonst, während ein Athlet, dem Interleukin-6 (ein zellsimulierender Faktor, der in Verbindung mit Ermüdung gebracht wird) verabreicht wird, bevor er ein Zeitfahren absolviert, wird sich vermutlich schlechter als erwartet fühlen und folglich langsamer als sonst fahren.

Die wahrgenommene Anstrengung hat zwei Schichten. Die erste ist, wie sich der Athlet fühlt. Die zweite, wie er das, was er fühlt, empfindet. Die erste Schicht ist rein körperlich, während die zweite emotional oder affektiv ist. Grob gesagt kann ein Athlet entweder eine gute oder eine schlechte Einstellung zu jedem beliebigen Niveau von Unbehagen haben. Wenn er eine gute Einstellung dazu hat, wird ihn das Gefühl weniger stören und er wird wahrscheinlich mehr Druck machen. Studien haben gezeigt, dass Athleten, wenn sie sich während eines Wettkampfs schlechter als erwartet fühlen, dazu neigen, eine schlechte Einstellung gegenüber ihrem Unbehagen zu entwickeln und infolgedessen das Tempo noch mehr reduzieren, als sie eigentlich müssten. Natürlich bräuchten sie von einem rein körperbezogenen Standpunkt aus betrachtet das Tempo überhaupt nicht zu reduzieren.

Im Jahr 2005 untersuchte Alan St. Clair Gibson den Effekt nicht erfüllter Erwartungen auf die Wahrnehmung von Anstrengung anhand einer Gruppe von 16 gut trainierten Läufern. Das Experiment bestand aus zwei Teilen. Im ersten Teil sollten die Probanden 20 Minuten lang gleichmäßig auf einem Laufband laufen. Nach jeder Minute sollten sie angeben, wie hoch sich die wahrgenommene Anstrengung anfühlte, und ihren »positiven Affekt« bewerten, also einschätzen, wie sehr sie das, was sie gerade taten, genossen. Im zweiten Teil des Experiments sollten die Probanden nur zehn Minuten lang bei gleicher Geschwindigkeit laufen, ihnen wurde aber am Ende dieser zehn Minuten gesagt, dass sie noch weitere zehn Minuten laufen sollten. Der zweite Lauf war im Prinzip also mit dem ersten identisch, aber die Probanden hatten erwartet, dass er kürzer sein würde und deshalb leichter. Die tatsächliche Anordnung der beiden Läufe war randomisiert.

Als St. Clair Gibson die Daten durchsah, die er gesammelt hatte, stellte er fest, dass die Bewertung der wahrgenommenen Anstrengung sprunghaft nach oben ging und der positive Affekt in den Keller rauschte, gleich nachdem den Läufern gesagt worden war, dass sie zehn Minuten länger laufen müssten, als sie erwartet hatten. Die Läufer fühlten sich auf rein physischer Ebene nicht schlechter, aber sie entwickelten eine schlechte Einstellung dazu, wie sie sich fühlten, und fühlten sich folglich schlechter.

Untersuchungen zur Psychologie des Gehirns haben Ähnliches ergeben. Einige Studien haben den Effekt zweier kontrastierender antizipierender Haltungen – Akzeptanz und Unterdrücken – auf die Schmerzwahrnehmung verglichen. Einige Menschen neigen von Natur aus dazu, auf die Wiederholung bekannter Schmerzstimuli mit Akzeptanz zu reagieren. Sie sagen sich: Das wird wehtun, aber nicht mehr als vorher. Andere Menschen versuchen, die gleiche Situation durch Unterdrücken zu bewältigen, also einer Form von Verleugnung. Sie sagen sich: Ich hoffe wirklich, dass es diesmal nicht so wehtun wird wie beim letzten Mal. Psychologen sind zu der Erkenntnis gelangt, dass im Vergleich zum Unterdrücken die Akzeptanz Schmerz weniger unangenehm werden lässt, ohne dass der

Schmerz als solcher nachlässt. Deshalb ist Akzeptanz eine effektivere Bewältigungsstrategie.

Die gleiche Strategie reduziert auch die wahrgenommene Anstrengung. In einer Studie aus dem Jahr 2014 betrachtete die Psychologin Elena Ivanova die Auswirkungen einer bestimmten Art der Psychotherapie namens Akzeptanz- und Commitment-Therapie auf die Ausdauerleistung einer Gruppe unsportlicher Frauen. Die Akzeptanz- und Commitment-Therapie beinhaltet zu lernen, unangenehme Gefühle als unvermeidliche Begleiterscheinung bestimmter Erfahrungen – in diesem Fall sportliche Betätigung – zu akzeptieren. Ivanova stellte fest, dass die Therapie die wahrgenommene Anstrengung bei hoher Intensität um 55 Prozent reduzierte und den Erschöpfungszeitpunkt bei gleicher Intensität um 15 Prozent hinauszögerte.

Der Volksmund bezeichnet eine annehmende Haltung gegenüber einer bevorstehenden unangenehmen Erfahrung als »sich zu wappnen«. Viele von uns setzen diese Bewältigungsstrategie instinktiv ein, um im Alltag Dinge wie einen Zahnarztbesuch weniger unangenehm erscheinen zu lassen. »Tatsächlich«, so die Beobachtung der Psychologen Jeff Galak und Tom Meyvis in einem Artikel von 2011, »entscheiden sich Leute oft dafür, bei einer bevorstehenden Erfahrung das Schlimmste zu erwarten in der Hoffnung, einen vorteilhafteren Kontrast zwischen Erwartung und Realität zu schaffen.«

Im Kontext von Ausdauerwettkämpfen kann dieser »vorteilhafte Kontrast« die Leistung verbessern. Je unangenehmer es in der Erwartung des Athleten wird, desto mehr kann er aushalten, und je mehr Unbehagen er aushalten kann, desto schneller kann er sich vorwärtsbewegen. Es ist also kein Wunder, dass Top-Ausdauersportler sich für wichtige Wettkämpfe grundsätzlich wappnen. Der großartige britische Läufer Mo Farah sagte einem Reporter des *Daily Mirror* vor seinem ersten Marathon: »Das wird das härteste Rennen meines Lebens.« Er war nicht negativ, er wappnete sich.

Man weiß nie, wie sehr das nächste Rennen schmerzen wird. Die Wahrnehmung der Anstrengung ist ein Rätsel. Man kann sich in zwei Rennen ähnlich anstrengen und dennoch bei dem einen Rennen »über dem Schmerz stehen«, während man von ihm in dem anderen Rennen überwältigt wird. Weil man nie weiß, was auf einen zukommt, bis es so weit ist, gibt es immer die verlockende Hoffnung – vielleicht nicht ganz bewusst – dass der nächste Wettkampf keiner von der zermürbenden Sorte sein wird. Diese Hoffnung ist eine schlechte Bewältigungsstrategie. Sich zu wappnen – also stets zu erwarten, dass das nächste Rennen das härteste werden wird – ist ein wesentlich reiferer und effektiverer Ansatz, um sich mental für den Wettkampf zu rüsten.

Jenny Barringer hatte sich nicht gegen das Unbehagen gewappnet, das sie bei den NCAA Cross Country Championships 2009 hätte erwarten sollen, und dies hat sie ins Verderben gestürzt. Ihr erster Fehler war, dass sie ihren Blick auf die Zeit nach dem Wettkampf gerichtet hatte. Die Veranstaltung in Terre Haute sollte ihr Abschied als Hobbyläuferin sein. Bald danach wollte sie einen Agenten verpflichten, einen hoch dotieren Vertrag unterschreiben und eine Karriere als professionelle Athletin beginnen. Obwohl Jenny sich dafür entschieden hatte, für die Cross-Country-Saison 2009 nach Colorado zurückzukehren, um ihr Versprechen zu halten und sich einen Traum zu erfüllen, war sie bereit, den nächsten Schritt zu gehen – und auf ganz entscheidende Weise war sie diesen Schritt schon vor ihrem albtraumhaften letzten Wettkampf im Trikot der Buffaloes gegangen.

Sie erzählte Ryan Fenton von *FloTrack* am Tag nach der Katastrophe: »Ich habe einen oder zwei Monate vor dem Wettkampf angefangen, mir zu sagen: ›Ich kann es nicht erwarten, bis die Meisterschaften vorbei sind.‹ Das habe ich noch nie gedacht. Ich habe mich wirklich immer auf diese Veranstaltungen gefreut.«

Zusätzlich dazu, dass sie ihren Blick auf die Zeit nach dem Rennen gerichtet hatte, hatte sie auch nicht auf die Konkurrenz geschaut.

»Das war ein weiterer Fehler«, sagte sie zu Fenton. »Ich bin gestern nicht einfach nur angetreten, um zu gewinnen. Ich musste unbedingt Sallys Streckenrekord brechen und mit 30 Sekunden Vorsprung gewinnen.«

Egal wie sehr sich ein Athlet in einem Rennen pusht, mit 30 Sekunden Vorsprung zu gewinnen bedeutet, mit Leichtigkeit zu gewinnen. Jennys Ziele spiegelten die Erwartung wider, das Rennen locker zu gewinnen – im doppelten Wortsinn. Diese Erwartung war nicht unangemessen, da sie zuvor jeden Wettkampf dieser Saison gewonnen hatte, ohne richtig gefordert worden zu sein. Aber als Konsequenz dieses Spaziergangs hatte Jenny nicht nur aufgehört zu erwarten, dass sie gegen die College-Konkurrenz leiden würde, sondern auch die Übung darin verloren.

Erfahrene Athleten verlieren leicht das Gefühl dafür, wie intensiv das Leiden, das sie im Rennen fühlen, wirklich ist. Sie gewöhnen sich daran, was eine gute Sache ist, denn sich ans Leiden zu gewöhnen härtet sie ihm gegenüber ab. Aber diese Toleranz besteht nur so lange, wie ein Athlet ausreichend gewappnet ist. Jeder Athlet, der einer Wettkampfbelastung außerhalb dieses Kontexts ausgesetzt wäre, würde sofort wieder vollen Respekt dafür bekommen, wie schrecklich sie ist. Wenn ein Läufer beispielsweise beim Treppensteigen zu Hause plötzlich eine ähnlich hohe Belastung fühlen würde wie auf dem letzten Kilometer seines härtesten Marathons, würde er vermutlich zusammenbrechen und um Hilfe schreien, weil er glaubte, er würde sterben.

Zugegeben, Jenny Barringer wurde vom Leiden bei den NCAA Cross Country Championships nicht ganz so kalt erwischt. Aber Susan Kuijkens Kampfansage und das Unbehagen, das sie in Jenny hervorrief, kamen überraschend genug, um sie in Panik geraten zu lassen. Zwar waren einige Aspekte ihres »epischen Zusammenbruchs« (um es mit Sean McKeons prophetischer Formulierung auszudrücken) bizarr. Sich dermaßen plötzlich »nicht so gut zu fühlen« und sich nach dem Zusammenbruch wieder komplett zu erholen, das hatte es zuvor noch nie gegeben. Vielleicht werden wir nie ganz verstehen, warum alles so gekommen war. Aber dennoch ist die einzige Erklärung, die Sinn ergibt, die von Jenny selbst.

»Ich habe mir selbst eine Falle gestellt«, sagte sie.

AM 3. DEZEMBER 2009, nur ein paar Wochen nach Terre Haute, verpflichtete Jenny Barringer den Leichtathletik-Superagenten Ray Flynn, der sie in beruflichen Belangen vertreten sollte. Flynn zettelte alsbald einen heftigen Bieterkrieg zwischen den führenden Laufschuhmarken an. Jennys Einbruch bei den NCAAs hatte das Glänzen in den Augen der Marketingverantwortlichen nicht verschwinden lassen. Im Januar unterschrieb Jenny einen Mehrjahresvertrag mit New Balance. Drei Wochen später verpflichtete sie einen neuen Trainer und legte die Entwicklung ihrer Leistung in die Hände von Juli Benson, einer ehemaligen Olympia-Mitteldistanzläuferin, die nun Cross-Country-Läufer und Leichtathleten an der U.S. Airforce Academy in Colorado Springs trainierte.

Benson und Jenny kamen überein, dass Jenny sich eine längere Wettkampfpause gönnen würde, um ihre mentalen und körperlichen Akkus aufzuladen und sich aufs Training zu konzentrieren. Ihr erstes Rennen als Profi waren die 1500 Meter beim Payton Jordan Invitational, das am 1. Mai 2010 an der Stanford Universität ausgetragen wurde. Sie hatte in ihrem Interview mit *FloTrack* am Morgen nach der Katastrophe mit Nachdruck geschworen, dass sich so ein Debakel wie in Terre Haute nicht wiederholen würde. Aber als ihr Debüt näher rückte, drückte die Erinnerung schwer auf ihr Gemüt. Trotz ihrer Aufregung gewann sie locker. Nachdem sie die Ziellinie überquert hatte, feierte Jenny, als hätte sie gerade Olympia-Gold gewonnen. Ein paar Tage später hatte ich die Gelegenheit, Jenny zu fragen, ob ihre Erleichterung etwas mit dem Trauma ihres letzten Rennens zu tun gehabt hätte.

»Die Freude, die am Ende meines Rennens aus mir herausgebrochen ist, war tatsächlich der Triumph über dieses Trauma«, antwortete sie mir. »Allein nur durch dieses erste Rennen zu kommen war schon ein mentaler Sieg.«

Mit dieser Last von den Schultern konnte Jenny sich nun auf ihr großes Ziel, auf der Weltbühne zu gewinnen, konzentrieren. Im Februar 2011, sie war inzwischen verheiratet und trug den Nachnamen Simpson, gewann sie die Rennen über 1500 und 3000 Meter bei den USA Track and Field Indoor Championships. Vier Monate später wurde sie über die 1500 Meter Zweite hinter Morgan Uceny bei den USA Track and Field Championships und qualifizierte sich für die Weltmeisterschaft in Daegu, Südkorea. In Daegu kam Jenny von den Vorläufen ins Semifinale und schließlich ins Finale.

Das Frauen-Finale mit zwölf Teilnehmerinnen fand unter den Lichtern des Daegu-Stadions am Abend des 1. Septembers um 20.55 Uhr statt. Die besten Kurzstrecklerinnen der Welt gingen hinter der gebogenen Startlinie in Position, Jenny stand auf der äußersten Bahn. Sie sah nervös aus und war es auch – so nervös, wie sie an der Startlinie der NCAA Cross Country Championship 2009 vor 21 Monaten gewesen war. Aber ihre Gedanken waren andere.

Jennys erster Gedanke war, dass 25 Prozent der Frauen in diesem Rennen eine Medaille mit nach Hause nehmen würden – ziemlich gute Gewinnchancen also. Ihr nächster Gedanke war, dass sie sich nicht wirklich auf ihr Glück verlassen wollte; sie wollte um einen Platz in den Top 3 kämpfen. Ihr letzter Gedanke war, dass die amerikanische Nationalhymne ihr zu Ehren gespielt werden würde, wenn sie das Rennen gewinnen sollte, und dass ihre Schwester Emily, die gerade der Armee beigetreten war, die Zeremonie später sehen und hören würde. Alle elf Frauen zu ihrer Linken zu schlagen würde härter werden als alles, was Jenny zuvor gemacht hatte – es würde ihr alles abverlangen und vielleicht würde nicht einmal das gut genug sein. Aber sie war entschlossen, sich nicht mit weniger zufrieden zu geben.

Der Startschuss knallte und die Läuferinnen schossen über die schlumpfblaue Bahn auf der Suche nach einer taktisch vorteilhaften

Position – nicht in Führung, aber in der Nähe der Führenden. Jenny kam nicht schnell genug aus ihrem Startblock und durchlief die erste Kurve als Vorletzte.

Wie so oft in 1500-Meter-Rennen der Fall, geriet das Tempo im Feld nach dem ersten wilden Gefecht um die Positionen schnell ins Stocken. Jenny nutzte die reduzierte Geschwindigkeit, um auszuscheren und nach vorn zu laufen, wo sie sich rechts von der früh in Führung gegangenen Mimi Belete aus Bahrain einordnete. Maryam Jamal, ebenfalls aus Bahrain, fand Jennys Idee ziemlich gut und tat es ihr gleich. Sie zog nach vorn und setzte sich direkt vor Jenny, bevor sie langsamer wurde und den Neuling einen Platz nach hinten zwang.

Belete blieb jedoch ganz vorn und führte das Feld über 400 Meter in einer recht langsamen Zeit von 1:08,78 Minuten. Die Spurtstarken im Feld, besonders Natalia Rodriguez aus Spanien, hätten nicht glücklicher sein können. Wenn das Trödeln weiterging, wären diejenigen, die am Schluss richtig Gas geben können, gut positioniert, um das Rennen in der letzten Runde an sich zu reißen.

Es war im Interesse aller anderen, ein ehrliches Rennen zu machen, dennoch traute sich niemand, die Bürde der Führung von Belete zu nehmen, die ihrerseits das Tempo moderat anzog, aber nicht genug, um irgendjemanden unter Druck zu setzen. Die gedrängte Pulkformation, in der die Läuferinnen unterwegs waren, führte dazu, dass sich viele Ellbogen in Rippen bohrten und Spikes mit Schienbeinen in Kontakt kamen.

Belete passierte die 800-Meter-Marke nach 2:13,94 Minuten. Es waren noch 300 Meter, bevor die letzte Runde eingeläutet werden würde, und die Läuferinnen begannen, verstärkt zu drängeln. Die Läuferinnen von hinten drückten nach vorn. Diejenigen, die am Rand eingeklemmt waren, erzwangen sich ihren Weg nach außen. Die Frauen, die bereits gut positioniert waren, kämpften um ihren Platz. Jenny gewann einen Platz und rutschte von Position 12 auf 11, wo sie zumindest außer Reichweite von Ellbogen und Spikes war.

Rodriguez war die Erste, die Beletes Führung anfocht. Das setzte eine Kettenreaktion in Gang: Alle warfen sich auf einmal nach vorn in dem Versuch, der Spanierin an den Fersen zu bleiben. Obiri touchierte Rodriguez' Ferse von hinten und die Kenianerin stürzte auf die Bahn. Morgan Uceny konnte nicht mehr rechtzeitig reagieren und ging ebenfalls zu Boden. Jenny fand eine schmale Lücke zwischen den Gestürzten. Das Gedränge unter den verbleibenden Läuferinnen wurde nur noch schlimmer: Einige Athletinnen schoben sich auf die dritte und vierte Bahn in dem panischen Versuch, nach vorn zu kommen, während diejenigen, die in der Mitte eingekeilt waren, versuchten, über die Läuferinnen vor sich hinwegzurennen.

Als die letzte Runde eingeläutet wurde, war Jenny an letzter Stelle einer achtköpfigen Führungsgruppe, in der auch eine kämpfende Jamal – die fast gestürzt war – direkt rechts neben ihr lief. Jenny musste nach vorn, und um das zu schaffen, musste sie von der Bahninnenseite wegkommen. Sie wurde gerade so viel langsamer, dass Jamal einen Schritt vor ihr rannte, zog nach rechts und flog an Jamal und Karakaya vorbei, während die nun führende Rodriguez die Gruppe aus der zweiten Kurve in die Gerade führte.

Das Tempo wurde immer schneller, als sie auf Kurve drei zurannten. Jenny war jetzt nur noch einen Schritt hinter Rodriguez, steckte aber hinter der Norwegerin Ingvill Bovim auf Bahn zwei fest und musste ein paar Extrameter zurücklegen.

Beim Einbiegen auf die Zielgerade machte Jenny einen noch größeren Bogen bis auf Bahn drei. Rodriguez hatte sich nun von ihrer direkten Verfolgerin Kalkidan Gezahegne aus Äthiopien abgesetzt.

Mit schwingenden Armen schoss Jenny an Bovim vorbei. Jeder ausgreifende Schritt schluckte zweimal so viel Bahn, so schien es, wie die kürzer werdenden Schritte von Rodriguez. Vierzig Meter vor der Ziellinie setzte sich Jenny an die Spitze.

Die Britin Hannah England kämpfte wie eine Löwin hinter ihr, aber mit nur noch 20 verbleibenden Rennmetern konnte sie keinen

Boden mehr gut machen. Jenny lief nach 4:05,40 Minuten als Erste über die Ziellinie. Sie war die neue Weltmeisterin über 1500 Meter.

Jenny legte die Hände auf den Kopf und schüttelte ihn in ekstatischem Unglauben. Sie lachte und weinte gleichzeitig. Sie sprang mit ihren Fäusten in der Luft auf und ab, zog ihre Knie hoch wie ein Cheerleader am höchsten Punkt eines Sprungs. In einem Interview Minuten später gab Jenny das zu, was diese Sequenz merkwürdigen Verhaltens bereits offenkundig gemacht hatte: Sie hatte das wirklich nicht erwartet. Sie hatte lediglich erwartet, dass sie härter laufen würde als jemals zuvor und dass sie sich dem Kampf ihres Lebens würde stellen müssen bei dem Versuch, dorthin zu kommen, wo sie jetzt war. Und was genau der Grund dafür war, dass sie war, wo sie war.

Jenny wurde von einer großen amerikanischen Flagge aus ihrem Delirium, in dem sie sich seit ihrem Finish befand, gerettet, die sie sich umwickelte wie einen Umhang, als sie auf die Siegesrunde ging.

In weniger als zwei Jahren hatte sich Jenny Barringer (Simpson) von einem 163. Platz bei einer College-Meisterschaft auf den ersten Platz in einem Weltmeisterschaftsfinale katapultiert. Sie war gefallen. Aber sie war wieder aufgestanden – und hatte gelernt, dass man sich, egal wie talentiert und erfolgreich man ist, immer gegen das Schlimmste wappnen muss, um im Wettkampf sein Bestes geben zu können.

KAPITEL 3

Die Zeit spielt für Sie

GREG LEMOND WACHTE in einem fremden Bett auf. Für eine Sekunde oder zwei wusste er nicht, wo er war, sein Verstand mäanderte irgendwo an der Grenze zwischen Schlaf und Erwachen. Dann erinnerte er sich. Er war in einem Hotelzimmer in Versailles, Frankreich. Es war Sonntag, der 23. Juli 1989. Um 16.14 Uhr desselben Tages würde er die letzte Etappe der Tour de France starten. Es sollte das wichtigste Rennen seines Lebens werden.

Er zog sich ein gelbes T-Shirt und ausgebeulte blaue Shorts an und ging hinunter ins Erdgeschoss, wo er sich an einen langen Tisch setzte und mit seinen Kollegen des Team ADR ein herzhaftes Frühstück aus Pasta, Brot, Frühstücksflocken, Eiern und Kaffee zu sich nahm. Eine Stunde später saßen sie auf ihren Rädern, pedalierten entspannt vor sich hin und machten die Beine locker für später. Der Himmel über ihnen war bewölkt, als sie vom Hotel wegfuhren, aber als sie von der Ausfahrt zurückkamen, waren die Wolken verschwunden und die Temperatur war in den hohen 20er-Bereich geklettert.

Später erzählte Greg dem Journalisten Sam Abt, was er seinem Trainer, Otto Jácome, gesagt hatte: »Meine Beine sind gut. Ich werde einen sehr guten Tag haben.«

Es gab noch jede Menge Zeit totzuschlagen. Als Zweitplatzierter der Gesamtwertung (G. C.) würde Greg beim abschließenden Einzelzeitfahren über 24,5 Kilometer als Vorletzter der 134 noch übrigen Teilnehmer starten, zwei Minuten vor dem Franzosen Laurent Fignon, dem Führenden. Fignon hatte die Tour de France schon zwei Mal gewonnen, lag nach 20 Etappen und mehr als 2000 Kilometern aber nur 50 Sekunden vor Greg. Greg war der stärkere Zeitfahrer, aber er hätte unwahrscheinliche zwei Sekunden pro Kilometer zwischen Versailles und Paris gut machen müssen, um Fignon im G. C. zu überholen und seinen eigenen zweiten Tour-de-France-Sieg zu holen. Wie auch immer es ausgehen würde, es würde das engste Finale in der 76-jährigen Geschichte der Veranstaltung werden.

Gregs zahlreiche Fans in Amerika und auf der ganzen Welt betrachteten es als Sieg genug, dass er überhaupt auf dieser Position lag. Zwei Jahre zuvor hatte Gregs Schwager Pat Blades ihm aus einer Entfernung von 30 Metern in den Rücken geschossen. Der Unfall ereignete sich am 20. April 1987 auf dem Anwesen von Gregs Onkel Rod LeMond in Lincoln, Kalifornien. Greg hätte in Europa sein, mit dem Team La Vie Claire Rennen fahren und sich auf die Verteidigung seines Tour-Titels vorbereiten sollen, den er im vergangenen Juli gewonnen hatte. Aber bei einem Sturz in Italien hatte er sich einen Knochen in der linken Hand gebrochen und war in die Staaten zurückgeschickt worden, um wieder gesund zu werden. Gegen Ende seiner sechswöchigen Genesungsphase überredete Gregs Onkel ihn dazu, eine kurze Auszeit vom Training zu nehmen und auf die Jagd nach wilden Truthähnen zu gehen. Greg erinnert sich an jedes Detail dieses lebensverändernden Morgens und hat diesen in Interviews unzählige Male in der Öffentlichkeit wiedergegeben.

Greg und Rod LeMond waren beide erfahrene Jäger. Pad Blades nicht. Sie machten sich um 7.30 Uhr morgens auf und trennten sich, um ein größeres Gebiet abzudecken. Greg ging nach links, Onkel Rod nach rechts und Blades geradeaus, alle drei trugen Tarnkleidung. Greg kauerte sich unter einen Beerenbusch und wartete. Nach einer

Weile hörte er Blade pfeifen. Weil er das Wild in seiner Nähe nicht auf sich aufmerksam machen wollte, entschied er sich dafür, nicht zu antworten. Stattdessen stand er auf und hatte eigentlich vor, nach vorn in ein neues Versteck zu kriechen. Seine Bewegungen ließen den Beerenbusch wackeln. Als Blades die Bewegung sah, zielte er schnell, drückte ab und jagte seinem Schwager eine Ladung Schrot in den Rücken.

Greg fand sich auf dem Boden wieder, ohne zu wissen, wie er dort hingekommen war. Sein ganzer Körper war taub. Er versuchte aufzustehen, ihm wurde schwindelig und er fiel zurück in den Dreck. Er versuchte zu sprechen, aber er konnte nur krachzen, ein eingefallener Lungenflügel ließ allein schon das Atmen zu einem Kampf werden – ganz zu schweigen davon, nach Hilfe zu rufen. Erst jetzt wurde Greg mit blankem Entsetzen bewusst, dass er angeschossen worden war.

»Was ist passiert?«, rief Blades aus seinem Versteck heraus.

Greg konnte nicht antworten. Er hörte krachende Schritte und sah dann seinen Schwager über sich stehen. Blades' Gesichtsausdruck zeigte keine Überraschung – ein reflexartiger Versuch, seinen Schrecken zu verbergen, um sein versehentliches Opfer nicht in Panik zu versetzen. Es klappte nicht, Greg begann zu stammeln.

»Ich werde sterben! Ich werde meine Frau nie wiedersehen! Ich werde nie wieder Rennen fahren!«

Bald schon schrie auch Blades. Rod LeMond hörte den Krawall und rannte herbei. Der Anblick des blutüberströmten, zusammengekrümmten Körpers seines Neffen traf ihn wie ein Schlag in die Magengrube. Blades und Onkel Rod berieten sich flüsternd und kamen schnell überein, dass sie Greg auf die Füße und aus dem Wald bringen mussten – so schnell wie möglich. Aber sie waren sich nicht einig, wie sie das anstellen sollten. Vor Gregs innerem Auge rannen die Körner aus der Sanduhr seines Lebens, während die beiden Männer diskutierten.

»Ruft einfach den Krankenwagen!«, unterbrach er.

Onkel Rod rannte zum Haus und wählte den Notruf. Minuten später war er zurück an der Unglücksstelle. Kein Krankenwagen würde dorthin gelangen, wo Greg lag, also versuchten Blades und Onkel Rod ihn hochzuheben, aber die Bewegung löste ein Schmerzinferno in Gregs rechter Schulter aus, die den Großteil der Ladung abbekommen hatte.

»Hol dein Auto«, sagte Greg.

Onkel Rod rannte nochmals zum Haus und rumpelte mit seinem Pickup zurück. Mit Unterstützung der anderen hievte sich Greg in den Wagen, wo er auf Hilfe wartete. Zehn Minuten vergingen. Kein Krankenwagen in Sicht. Fünfzehn Minuten. Gregs Shirt war nun blutdurchtränkt. Zwanzig Minuten. Es wurde langsam knapp für ihn.

Nach 25 Minuten startete Onkel Rod den Wagen und fuhr an die Grundstücksgrenze. Sie kamen an das verschlossene Tor, hinter dem ein Krankenwagen, ein Feuerwehr- und ein Polizeiauto untätig herumstanden, als ob sie sich für eine Parade am Unabhängigkeitstag aufgestellt hätten.

Ein Team von Sanitätern verfrachtete Greg auf eine Trage, schnitt sein Shirt auf und begann mit der Arbeit. Das nächste Krankenhaus war 35 Minuten entfernt, die Straßen waren schlecht. Greg wusste, dass er vermutlich verblutet sein würde, bevor er dort ankam. Erschüttert von seinen dunklen Gedanken hörte Greg das unverwechselbare Geräusch eines Hubschraubers. Es war ein Helikopter der California Highway Patrol, der zufällig gerade über die Gegend geflogen war, die Funkgespräche gehört hatte und schnurstracks zum Anwesen von Rod LeMond geflogen war. Greg wurde schnell eingeladen und zum Krankenhaus der Universität von Kalifornien-Davis gebracht, die sich auf die Behandlung von Schusswunden und anderen Traumen spezialisiert hatte. Der Flug dauerte elf Minuten.

Er verbrachte fünf Stunden im Operationssaal. Der Chirurg konnte nur die Hälfte der 60 Schrotkugeln entfernen, die in ihm steckten; der Großteil der anderen würde für den Rest seines Lebens in Greg bleiben, zwei von ihnen eingenistet neben seinem Herzbeutel.

Als Greg aufwachte, wurde ihm gesagt, dass er tatsächlich verblutet wäre – mit 26 Jahren –, wenn nicht das Wunder mit dem vorbeifliegenden Hubschrauber geschehen wäre, er sich aber nun vermutlich wieder ganz erholen würde. Allerdings würde das sehr lange dauern, und in der Zwischenzeit würde er fast seine gesamte Leistungsfähigkeit verlieren, die er in zwölf Jahren Radrennen erlangt hatte. Bei seinem Comeback würde er bei null anfangen müssen.

Greg verlor in den ersten zehn Tagen seiner Reha fast fünf Kilo Gewicht. Seine längste Trainingseinheit in dieser Phase war ein Spaziergang von sechs Meter Länge. Erst sechs Wochen nachdem er aus dem Krankenhaus entlassen worden war, stieg er wieder auf ein Rad. Er fing mit fünf Kilometern an und steigerte sich mit jeder Ausfahrt. Zwei Monate nach dem Unfall war Gregs Blutvolumen endlich auf normalem Stand.

Im September nahm Greg wieder an Rennen teil. Seine Ergebnisse waren wenig beeindruckend (er wurde 44. bei der Irland-Rundfahrt), aber das war zu erwarten in so einer frühen Phase seines Wettkampf-Comebacks. Der Grund, warum er schon am Renngeschehen teilnahm, war lediglich, dass er seine Wettkampfbeine wiederbekommen und den Grundstock legen wollte, um für die Saison 1988 in Form zu kommen. Alarmierend war jedoch, dass Gregs Form im November nicht besser war als noch vor zwei Monaten. Er sagte sein letztes Rennen der Saison, die Mexiko-Rundfahrt, ab, weil er die Hügel nicht hinaufkam.

Gregs erstes Rennen 1988, die Ruta del Sol in Spanien, verlief nicht besser. Diesmal mussten seine Teamkollegen ihn die Anstiege hinaufschieben. Einige Wochen später verunglückte Greg erneut. Er verletzte sich nur leicht an einem Muskel in seiner rechten Wade, aber als er nach zwei Wochen Pause zu aggressiv wieder ins Training einstieg, wurde das Problem chronisch. Statt im Juli die Tour de France zu fahren, wurde er operiert.

Im Herbst stieg Greg wieder in den Rennzirkus ein, aber wenig erfolgreich, und er hatte Mühe, den für ihn typischen Optimismus zu wahren. »Ich fühle mich besser, fange aber wieder einmal ganz von vorn an«, sagte er der *New York Times.*

Dass Greg keine guten Ergebnisse einfuhr, belastete das Verhältnis zwischen ihm und seinem neuen Arbeitgeber, dem Team PDM. Die Spannung führte zum Bruch, als die Teamleitung ihren kämpfenden Starfahrer unter Druck setzte, sich Testosteron spritzen zu lassen, ein verbotenes, leistungssteigerndes Mittel, und er sich weigerte. So oder so war Doping immer ein Teil des Straßenradsports gewesen, aber 1988 war die Situation kurz davor, außer Kontrolle zu geraten. Im Vorjahr war eine Dopingprobe von Laurent Fignon positiv auf Amphetamine getestet worden. Einige Wochen später, während der Tour de France, wurde der Spanier Pedro Delgado mit einer steroid-verschleiernden Substanz im Körper erwischt, durfte aber das Rennen beenden – und gewann –, weil die Substanz offiziell nicht verboten war. Greg glaubte, vielleicht etwas naiv, dass solche Betrügereien eher die Ausnahme seien, aber immer normaler wurden und die Methoden immer ausgefeilter.

Nach Gregs Bruch mit PDM erzählte sein Anwalt Ron Stanko einem Reporter der *Los Angeles Times:* »Ich habe ihnen erklärt, dass wir kein Interesse daran haben, der Leistung mittels Chemie auf die Sprünge zu helfen. Das ist Gregs Einstellung, zu 100 Prozent.« Diese Haltung gründete sich nicht nur auf Gregs Abneigung gegen Betrügereien, sondern auch auf der Überzeugung, dass er talentiert genug sei, um ohne Abkürzungen zu gewinnen. Schließlich habe er das vorher auch geschafft.

Zu Silvester 1988 unterschrieb Greg einen Vertrag bei einem neuen Team, ADR. Er hatte ADR zuvor als Team zweiter Klasse belächelt und behauptet, die Fahrer seien zu schwach, um einen Sieganwärter bei der Tour de France zu unterstützen. Aber es war nun mal das einzige Team, das ihn bezahlen wollte – wohl deshalb, weil er ein noch junger ehemaliger Tour-de-France-Sieger war und weniger aufgrund seiner zweitklassigen Erfolge als Radprofi in der jüngsten Vergangenheit.

Greg eröffnete die Saison 1989 mit einigen vielversprechenden Ergebnissen, wurde Sechster in der Gesamtwertung des italienischen Radrennens Tirreno–Adriatico und Zweiter auf einer Etappe beim Critérium International. Aber das Versprechen dieser Erfolge erfüllte sich nicht. Im Mai nahm Greg bei der ersten Tour de Trump in den USA teil. Eine Veranstaltung, die durch die knackige Namensgebung, die Spektakel verhieß, im Vergleich zum sonstigen Interesse der Amerikaner am Straßenradsport große öffentliche Aufmerksamkeit erregte. Sie wäre eine ideale Bühne für den ersten amerikanischen Tour-de-France-Gewinner gewesen, um sein Können zu zeigen – wenn er nicht 27. geworden wäre.

Der nächste Stopp für Greg und seine Kollegen vom Team ADR war der Giro d'Italia, eine dreiwöchige Rundfahrt wie die Tour de France. Greg fühlte sich auf dem Rad immer noch nicht ganz wohl, und das schlug sich auch in den Ergebnissen nieder. Beim ersten Anstieg des Rennens verlor er acht Minuten auf die Führenden. Als er in den folgenden Tagen immer weiter zurückfiel, begann es in Greg zu bröckeln. Nach einer Etappe saß er auf seinem Bett in einem schäbigen Hotelzimmer und weinte. Bitterkeit und Frust ergossen sich aus ihm wie Dampf aus einem geplatzten Rohr. Er sagte seinem Zimmergenossen Johan Lammerts, dass er als Radprofi am Ende wäre. Er könne nicht weiterhin so viel leiden für etwas, das im Vergleich zu früher so wenig sei. Es sei Zeit aufzuhören und nach vorn zu schauen.

Lammerts drängte Greg dazu, zumindest den Giro zu beenden, bevor er irgendwelche überstürzten Entschlüsse für seine Zukunft fasste. Greg gab nach, saß am nächsten Morgen wieder im Sattel und krebste erneut am Ende des Felds herum. Am letzten Tag des Giro lag er 55 Minuten hinter dem Führenden, Laurent Fignon, der selbst nach drei Jahren mit Verletzungen und anderen Rückschlägen in Folge sein Comeback gab. Aber etwas hatte sich seit Gregs Krise im Hotelzimmer geändert: Bei ihm war eine schwere Anämie diagnostiziert worden – vermutlich eine bleibende Folge seines Unfalls – und er hatte eine (völlig legale und medizinisch tatsächlich notwendige) Eisenkur begonnen. Er fühlte sich sofort besser. Die letzte Etappe des Giro war ein 53 Kilometer langes Einzelzeitfahren. Von dem Augenblick an, an dem er die Startrampe verließ, wusste Greg, dass er wieder da war. Zumindest fast. Nach 6 Kilometern holte er einen Fahrer ein, der 90 Sekunden vor ihm gestartet war, und ließ ihn hinter sich. Weitere 15 Kilometer später überholte er den nächsten Fahrer, der einen Vorsprung von drei Minuten gehabt hatte. Greg beendete das Zeitfahren mit der zweitbesten Zeit des Tages und war sogar schneller als Fignon, der den Gesamtsieg um 78 Sekunden retten konnte.

Greg war so lange Zeit so weit unten gewesen, dass diese Leistung nicht viel an den Einschätzungen für seine Chancen bei der Tour de France, die in drei Wochen stattfinden sollte, veränderte. Alle Augen waren auf den Titelverteidiger Pedro Delgado und den wieder auferstandenen Fignon gerichtet. Greg selbst sagte, für ihn wäre ein Platz unter den Top 20 ein Erfolg, da sein Körper noch immer nicht ganz verlässlich funktionierte. Auf seinen Kopf traf das aber ganz und gar nicht zu.

Die Tour begann am Samstag, dem 1. Juli, in Luxemburg, mit einem Prolog in Form eines 7,8 Kilometer langen Einzelzeitfahrens. Greg schaffte die Strecke in genau zehn Minuten, einer Zeit, die nur ein anderer Fahrer unterbot und mit der zwei gleichzogen, darunter Fignon. Gregs gutes Ergebnis wurde überschattet von einem Debakel um den amtierenden Sieger, der seine Startzeit verpasst und 2:40 Minuten auf den Rest des 198 Fahrer umfassenden Felds verloren hatte, bevor er überhaupt von der Startrampe gerollt war. Aber während die Medien in dem ganzen Theater über die unerklärliche Selbstsabotage von Pedro Delgado Greg übersahen, tat dies zumindest einer seiner Rivalen nicht. Nachdem er die Ergebnisse des Prologs gesehen hatte, war für Fignon der Amerikaner derjenige, der ihm auf dem Weg zu seinem dritten Tour-Sieg am ehesten in die Quere kommen könnte.

Greg selbst war überglücklich über seine Leistung, aber er versuchte die Euphorie mit allen Mitteln zu unterdrücken. Zwei lange

Jahre über hatte Hoffnung nie zu etwas anderem geführt als zu niederschmetternder Enttäuschung. »Ich muss vorsichtig sein, nicht zu schnell zu selbstsicher zu werden«, sagte er der Presse.

Der erste große Test für das ADR-Team als Gruppe kam zwei Tage später mit dem Teamzeitfahren über 48 Kilometer. Greg und die acht gänzlich unbekannten Fahrer, die das gleiche Trikot trugen, übertrafen die Erwartungen mit einem fünften Platz und verloren nur 51 Sekunden auf Fignons Team Super U. Greg lag damit im Gesamtklassement auf Rang 14, elf Plätze hinter dem Favoriten aus Frankreich.

Auf der fünften Etappe hieß es alle gegen jeden in einem Zeitfahren über 73 Kilometer bei nassen Bedingungen. Greg hatte sich auf den vorherigen Etappen stark genug gefühlt, um neue Ausrüstung auszuprobieren: einen Aero- bzw. Triathlonlenker, wie sie heute häufiger genannt werden. Er war eher funktional als technisch innovativ. Das Teil bestand aus einem lang gezogenen, u-förmigen Stück Metallrohr, auf das der Fahrer seine Unterarme legte, in eine Position kam, die den Rücken flach und die Stirnfläche schmaler werden ließ und so die Aerodynamik verbesserte. Aerolenker waren das erste Mal bei der Tour de Trump in Erscheinung getreten, wo sie eine Handvoll amerikanische Fahrer benutzten. Die europäischen Fahrer verachteten sie, aber Greg glaubte, sie seien einen Versuch wert.

Das waren sie. Greg gewann das Zeitfahren, schlug Delgado um 24 Sekunden und Fignon um 56. Letzterer Abstand genügte, um Greg im Gesamtklassement auf Platz eins zu katapultieren. Bei der Siegerehrung nach dem Rennen streifte er das erste Mal seit seinem Tour-Sieg 1986 wieder das Gelbe Trikot des Führenden über. Er sagte der Menge: »Das ist der schönste Augenblick meines Lebens«, und er meinte es auch so. Ganz oben zu sein fühlte sich so viel besser an, wenn man von ganz unten dorthin gekommen war.

Als die Tour auf der neunten Etappe in die Berge führte, hatte Delgado, der immer noch für seinen verspäteten Start büßte, keine andere Wahl als anzugreifen. Am ersten von zwei harten Tagen in den Pyrenäen holte der Spanier 29 Sekunden auf Fignon und Greg auf, die mehr damit beschäftigt waren, sich gegenseitig zu beobachten. Am nächsten Tag nutzte Delgado die Nichtbeachtung seiner Rivalen noch ein wenig mehr aus und überquerte die Ziellinie auf dem Gipfel des Ski-Resorts Superbagnères mit fast dreieinhalb Minuten Vorsprung auf Fignon, der die späte Attacke nutzte, um Greg zwölf Sekunden abzunehmen und sich das Gelbe Trikot zurückzuholen.

Auf den nächsten Etappen passierte nicht viel. Sie waren größtenteils flach, was zu Massensprints vor der Ziellinie und Ausreißversuchen von Fahrern führte, die für die Spitzenfahrer im Gesamtklassement keine Gefahr darstellten. Dann kam Etappe 15 und mit ihr ein weiteres Einzelzeitfahren. Greg setzte wieder den Triathlonlenker ein, aber er lag nicht sehr viel auf ihm, weil der 39 Kilometer lange Kurs über weite Strecken bergauf führte und so den Faktor Aerodynamik aus der Leistungsgleichung nahm. Er wurde Fünfter, verlor sieben Sekunden auf Delgado und gewann 47 auf Fignon. Greg hatte das Gelbe Trikot zurück.

Nach einem Ruhetag, den Greg mit seiner Familie verbrachte, ging es in die Alpen. Die verbliebenen ADR-Fahrer waren keine starken Kletterer. Greg war auf den langen Anstiegen der 16. Etappe auf sich allein gestellt, eine Verwundbarkeit, die die anderen Siegesanwärter nutzten, um ihn abwechselnd zu attackieren. Als Träger des *Maillot Jaune* musste Greg jeden neuen Angriff parieren, und das tat er auch erfolgreich. Er beendete die Etappe zusammen mit Delgado und 13 Sekunden vor Fignon, was seinen Vorsprung auf den Franzosen auf 53 Sekunden vergrößerte. Danach sprach Greg gegenüber Reportern das erste Mal offen über die Möglichkeit, die Tour zu gewinnen.

»Wenn ich morgen wieder einen guten Tag habe«, erlaubte er sich zu orakeln, »würde ich sagen, dass ich in einer guten Ausgangsposition für den Sieg bin.«

Leider hatte er keinen weiteren guten Tag. Greg brach auf dem letzten Anstieg der 17. Etappe ein, der Mann mit dem Hammer schlug in den legendären Kehren von L'Alpe d'Huez zu. Delgado und Fignon strampelten davon und stahlen dem Amerikaner 69 Sekunden. Das Gelbe Trikot gehörte wieder Fignon. Auf der 18. Etappe hängte der neue Führende Greg und Delgado in der Anfahrt auf ein weiteres Gipfel-Finish ab und baute seinen Vorsprung um 24 Sekunden aus.

Die Berge hatten Greg gelehrt, dass er trotz seiner großen Hoffnungen noch nicht wieder so stark war wie 1986, als er die Tour gewonnen hatte, oder auch – wie er nach seinem Rücktritt gestand – nie wieder sein würde. Er radelte immerhin mit 30 Schrotkugeln in seinem Körper herum. Außerdem kämpfte er gegen zwei ehemalige Tour-Sieger, die beim Doping erwischt worden waren und vielleicht noch immer betrogen. Wenn Greg sie schlagen wollte, musste sein Kopf einen Weg finden, um aus weniger mehr zu machen – um in gleichem Maße stärker zu werden, wie sein Körper schwächer war.

Es gab keine Bergetappen mehr, die man überleben musste. Greg wusste, dass er es sich nicht leisten konnte, noch mehr Zeit auf Fignon zu verlieren, sonst wäre alle Hoffnung, diesen in einem letzten Showdown auf Etappe 21 zu überholen, dahin. Fignon, Delgado und Greg legten alle ihre Karten auf der 19. Etappe auf den Tisch, einem 125 Kilometer langen Teilstück von Villard-de-Lans nach Aix-les-Bains, das über drei große Anstiege führte. Die drei Konkurrenten initiierten eine »königliche Flucht« mit den viert- und siebtplatzierten Fahrern des Gesamtklassements und ließen den Rest des Felds weit hinter sich, als sie sich abwechselnd attackierten. Greg gewann die Etappe in einem Sprint gegen Fignon. Er machte keine Zeit gut, aber er errang einen moralischen Sieg.

Etappe 20 war flach und recht einfach, das Gesamtklassement veränderte sich nicht. Sie endete in L'Isle-d'Abeau, wo die Teilnehmer in einen Zug nach Versailles, dem Startpunkt der 21. Etappe, stiegen. Am darauffolgenden Nachmittag würde Greg eine letzte Chance haben, 50 Sekunden auf Fignon gutzumachen. Wenn er das in diesem 24,5 Kilometer langen Einzelzeitfahren nicht schaffen sollte – und wenn er es nicht schaffen sollte, dann wahrscheinlich nur um ein paar Sekunden –, würde er am Boden zerstört sein. Er war nicht mehr derselbe Mann, der gesagt hatte, dass er glücklich darüber wäre, in die Top 20 zu kommen.

Trotz der einschüchternden Herausforderung, der er sich stellen musste, war Greg im Zug nach Versailles ganz sein übliches, sympathisches Selbst und unterhielt sich entspannt mit Journalisten. Währenddessen beschimpfte und bespuckte Fignon, auch ganz er selbst, ein spanisches Kamerateam, das versuchte, sich ihm zu nähern. Vielleicht fühlten beide Männer im tiefsten Inneren ihres Herzens, dass das Unmögliche möglich schien.

EIN ZEITFAHREN ÜBER 24,5 KILOMETER ist eine Pacing-Übung. Genau wie alle Rennen, die länger als 30 Sekunden dauern. In Rennen, die kürzer sind als 30 Sekunden, geben die Athleten alles, sie pedalieren, rennen oder schwimmen von Anfang bis Ende am absoluten Anschlag. Sie sparen sich keine Reserve auf und nutzen ihre vollen körperlichen Kapazitäten. In Rennen, die länger dauern als 30 Sekunden, halten die Athleten sich dagegen zurück. Sie pedalieren, rennen oder schwimmen während der gesamten Dauer nicht mit maximaler Intensität, außer vielleicht ganz am Schluss. Anstatt alles zu geben, bleiben sie auf der höchsten Intensitätsstufe, von der sie denken, dass sie sie über die gesamte Renndistanz halten können.

Warum 30 Sekunden? Weil Menschen eine maximale Belastung nicht länger als 30 Sekunden aushalten können, ohne das Höchstmaß an wahrgenommener Anstrengung, das sie tolerieren können, zu überschreiten. Natürlich sind sich die Athleten ihrer Anstrengung in kürzeren Rennen bewusst, aber weil sie wissen, dass ihr Leid nur von kurzer Dauer sein wird, setzen sie diese Wahrnehmung nicht dazu ein, um ihre Geschwindigkeit zu kontrollieren, die nur durch ihre körperlichen Kapazitäten beschränkt wird. Aber wenn ein Athlet in einem Rennen antritt, von dem er weiß, dass es länger als 30 Sekunden dauern wird, wird er sich genauso viel Reserve lassen, dass er die Grenze seiner höchstmöglichen wahrgenommenen Anstrengung nicht überschreitet, bis er im Ziel ist. Das ist die Kunst des Pacings.

Was passiert, wenn sich ein Athlet über längere Zeit als 30 Sekunden mit maximaler Intensität belastet? Anna Wittekind von der Universität von Essex beantwortete diese Frage in einer 2009 veröffentlichten Studie. Neun Probanden wurden gebeten, auf mit Wattmessgeräten ausgestatteten Fahrradergometern zu verschiedenen Zeitpunkten 5, 15, 30 und 45 Sekunden lang so hart zu treten, wie sie konnten. Als sie die Ergebnisse durchsah, erkannte Wittekind, dass die Probanden in den ersten 15 Sekunden des 45-Sekunden-Tests etwas weniger Leistung gebracht hatten als im 15-Sekunden-Test. Mit anderen Worten hatten sie am Anfang der langen Sequenz nicht so kräftig getreten wie sie gekonnt hätten, obwohl sie angewiesen worden waren, es zu tun. Stattdessen hatten sie sich unterbewusst gepaced.

Wittekind spekulierte, dass die Probanden auf der Grundlage früherer Erfahrungen erkannten, dass sie die wirkliche maximale Belastung nicht über 45 Sekunden halten konnten, ohne ihre Toleranzschwelle für die wahrgenommene Belastung zu überschreiten, also hielten sie sich etwas zurück, ohne es überhaupt zu merken. Diese Ergebnisse lassen darauf schließen, dass die Toleranzschwelle für das Maximum an wahrgenommener Anstrengung so unüberwindbar ist, dass Athleten psychologisch nicht in der Lage sind, auch nur zu versuchen, eine maximale Anstrengungsintensiät länger als ungefähr 30 Sekunden zu halten.

Die Tatsache, dass Pacing notwendig ist, um die Leistung in allen Rennen zu maximieren, die länger sind als eine halbe Minute, lässt interessante Schlussfolgerungen zu. Ein Sprinter beendet jedes Rennen in dem Wissen, dass er so schnell gerannt ist, wie er konnte (ungeachtet technischer Fehler). Längere Rennen sind anders. Da der Athlet sich während der gesamten Zeit zu einem gewissen Grad zurückhalten muss, ist es ihm unmöglich, im Ziel zu wissen, ob er hätte schneller sein können – auch nur um eine oder zwei Sekunden –, wenn er irgendwo auf der Strecke nur ein klein wenig mehr Reserve gelassen hätte.

Die meisten Autos haben eine Reserveanzeige, die angibt, wie viele Kilometer man noch fahren kann, bevor der Tank leer ist. Diese Zahl ist gesetzt. Wenn die Reserve 50 Kilometer anzeigt, findet man besser innerhalb der nächsten 50 Kilometer eine Tankstelle. Der Mechanismus regulierender Vorwegnahme, den Athleten nutzen, um ihre Geschwindigkeit in Rennen zu kontrollieren, ist ein anderer. Er ist keine Zahl, sondern ein Gefühl. Und wie alle Gefühle lässt es sich interpretieren. Eine der wichtigsten und wertvollsten Bewältigungsstrategien im Ausdauersport ist die Fähigkeit, die Wahrnehmungen zu interpretieren, die Pacing-Entscheidungen auf leistungsmaximierende Weise beeinflussen. Als Ausdauersportler möchte man stets besser darin werden, diese Wahrnehmungen so zu lesen, dass der innere Pacing-Mechanismus immer mehr wie die Reserveanzeige eines Autos funktioniert. Man möchte so richtig liegen wie möglich, wenn man die schnellste Geschwindigkeit festlegt, die man bis ins Ziel halten kann, ohne die Toleranzschwelle für die wahrgenommene Anstrengung zu überschreiten.

Zeitbasierte Wettkampfziele zu setzen und zu verfolgen ist für den Kalibrierungsprozess vorwegnehmender Regulierung sehr hilfreich. Diese Übung erlaubt es Athleten, ihre Anstrengungswahrnehmung leistungssteigernder zu interpretieren, indem sie die Rennerfahrung, zu versuchen so schnell wie möglich zu sein, in einen Versuch umwandeln, schneller als jemals zuvor zu sein. Bestätigt wurde dieser Ansatz in einer Studie aus dem Jahr 1997, durchgeführt von Wissenschaftlern der israelischen Ben-Gurion-Universität. Highschool-Schüler wurden auf ihre muskuläre Ausdauer getestet und trainierten dann acht Wochen lang, um die Zeit bis zur Erschöpfung zu verlängern. Einigen wurde das nicht quantitative Ziel »Gebt euer Bestes« gesetzt. Andere bekamen das quantitative Ziel, ihre Leistung im Eingangstest um einen gewissen Prozentsatz zu verbessern.

Obwohl die Schüler alle das gleiche Training absolvierten, hatten diejenigen, die ein quantitatives Ziel verfolgten, ihre Leistung bei der Wiederholung des Muskelausdauertests nach acht Wochen signifikant mehr verbessert.

Jüngst fand ein Team von Wissenschaftlern unter Leitung von Eric Allen von der University of California heraus, dass sich die Finisherzeiten in Marathons tendenziell um die glatten Zeiten (zum Beispiel 4:30 und 4:00 Stunden) ballen, die Läufer meist als Ziel verfolgen. Dieses Muster wäre nicht sehr relevant, wenn Allen und seine Kollegen nicht auch festgestellt hätten, dass die Läufer, die diesen glatten Zeiten im Ziel am nächsten kamen, auf den letzten Marathonkilometern weniger langsam wurden als andere Läufer – ein Anzeichen dafür, dass es die Leistung verbessert, wenn man sich eine solch glatte Zeit zum Ziel gesetzt hat. Ungeachtet dessen, für welches Training sich der Athlet entscheidet, wird selbiges zu einer größeren Verbesserung der Rennzeit führen, wenn das Verbessern der Rennzeit ein explizites Ziel des Trainingsprozesses ist.

Laut des psychobiologischen Modells des Ausdauersports von Samuele Marcora wird die Anstrengung, die ein Athlet für ein Rennen aufwendet, davon beeinflusst, für wie erreichbar er das Ziel erachtet – ein Konzept, das von Jack Brehms Theorie der Motivationsintensität entliehen ist. Wenn das Ziel zu irgendeinem Zeitpunkt im Rennen außer Reichweite zu sein scheint, wird der Athlet die Anstrengung eher reduzieren. Wenn das Ziel erreichbar scheint, aber nur durch vermehrte Anstrengung, wird der Athlet eher die Anstrengung intensivieren, vorausgesetzt, er ist nicht schon am Limit. Indem sie ihre persönlichen Bestzeiten über eine bestimmte Distanz aufzeichnen und darauf hinarbeiten, sie zu verbessern, können Athleten dieses Phänomen für sich nutzen, um sich mehr anzustrengen, als sie ansonsten in der Lage gewesen wären. Das Ziel, seine Zeit über eine bestimmte Distanz um nur eine winzige Sekunde zu verbessern, scheint immer erreichbar. Und wenn das Ziel erreichbar ist, dann erscheint auch der minimal höhere Grad wahrgenommener Anstrengung, den ein Athlet aushalten muss, um es zu erreichen, erträglicher, als er erscheinen würde, wenn der Athlet nur nach Gefühl gehen würde. Es ist nicht das Zeitziel selbst, das die Leistung verbessert, sondern der Effekt, den dieses Ziel darauf hat, wie der Athlet seine Wahrnehmung der Anstrengung interpretiert.

Sich Zeitziele zu setzen, die gerade so das bisherige Limit überschreiten, ist wie eine Fähnchen neben einem Bett glühender Kohlen aufzustellen, um den weitesten Punkt, den man bisher in seinem besten Lauf über die Kohlen erreicht hat, zu markieren. Dieses Fähnchen sagt Ihnen: »Das ist möglich und du weißt es. Also warum sollte es nicht möglich für dich sein, das nächste Mal noch einen Schritt weiter zu gehen?«

Ein reales Beispiel für diesen Prozess, Zeitziele dazu zu nutzen, um die Anstrengungswahrnehmung auf leistungssteigernde Art und Weise neu zu kalibrieren, ist die Karriereentwicklung der südafrikanischen Läuferin Elana Meyer auf der Halbmarathondistanz. Im Jahr 1980, als sie 13 Jahre alt war, versuchte sich Meyer das erste Mal an den 21,1 Kilometern und gewann den Foot-of-Africa-Halbmarathon in der unglaublichen Zeit von 1:27:10 Stunden. Neun Jahre später gab Meyer ihr Debüt als Profi über die gleiche Distanz und rannte in Durban 1:09:44 Stunden. Im Jahr 1991 stellte sie mit 1:07:59 Stunden einen neuen Halbmarathonrekord in London auf. Zwischen 1997 und 1999 brach Meyer den Rekord noch dreimal, indem sie 1:07:36, 1:07:29 und schließlich in Tokio, mit 32 Jahren, 1:06:44 Stunden lief.

Offensichtlich war Meyers Entwicklung als Athletin für den Großteil dieser Verbesserung verantwortlich. Aber es spielte auch eine Rolle, dass sie Zeitziele verfolgte. Es ist interessant zu sehen, dass die Verbesserungsmargen im Laufe ihrer Karriere kleiner wurden. Ihre großen Sprünge von 1:27 auf 1:09 und von 1:09 auf 1:07 waren zweifellos vorwiegend auf ihre bessere Leistungsfähigkeit zurückzuführen. Meyer dachte vermutlich nicht einmal an ihren ersten Halbmarathon, als sie ihr Profi-Debüt gab, so viel stärker war sie zu diesem Zeitpunkt. Aber ihre letzten beiden Weltrekorde stellte sie auf vertrauten Kursen auf, auf denen sie bereits schnelle Zeiten gelaufen war, und jedes Mal wollte sie bewusst schneller laufen als jemals zuvor. Es ist wahrscheinlich, das Meyer 1999 beim Halbmarathon in Tokio, bei dem sie 1:06:44 Stunden lief, nicht fitter war als ein Jahr zuvor in Kyoto, wo sie 1:07:29 rannte, aber sie hatte den entscheidenden Vorteil, dass sie 1:07:29 schon einmal gelaufen war.

Moment mal: Wenn Meyer genauso fit (und dazu noch ein Jahr jünger) war, als sie eine langsamere Zeit lief, heißt das dann nicht, dass die Zeitkontrolle sie im Halbmarathon in Kyoto *zurückgehalten* hat, selbst wenn sie dadurch schneller war, als bei ihrem Weltrekord mit 1:07:36 Stunden, den sie 1997 auf dem gleichen Kurs aufstellte? Es gibt tatsächlich Hinweise darauf, dass Zeitkontrolle bei Ausdauerleistungen ein zweischneidiges Schwert ist. Das gleiche Ziel, das die Leistung erhöht, wenn es als Ziel wahrgenommen wird, kann die Leistung begrenzen, wenn es als Limit angesehen wird.

Die Möglichkeit, dass Zeitziele die Leistung beschränken, tritt am offensichtlichsten im Spitzenbereich des Ausdauersports auf. Es gab viele bemerkenswerte Fälle, in denen ein Leistungsdurchbruch eines Athleten eine umfassende Leistungsrevolution hervorrief und so offenkundig werden ließ, dass die vorherigen Standards den Sport zurückgehalten hatten. Zwischen 1994 und 2008 zum Beispiel hatte sich der Triathlonweltrekord über die Ironman-Distanz bei den Frauen bei 8:50:53 Stunden festgefahren. In diesen 14 Jahren unterboten nur sieben Frauen die 9-Stunden-Marke. Als Yvonne van Vlerken schließlich den Ironman-Weltrekord im Juli 2008 auf 8:45:48 Stunden reduzierte, waren die Schleusen geöffnet. Sechs weitere Frauen finishten in den folgenden Monaten unter neun Stunden. Van Vlerkens Rekord bestand ein Jahr lang, genau wie der folgende Rekord. Am Ende der Saison 2011 lag der Ironman-Weltrekord bei den Frauen bei 8:18:13 Stunden, und Leistungen unter 8:50 Stunden waren nichts Besonderes mehr. War die neue Generation Triathletinnen so viel talentierter als die vorherige? Nein. Die früheren

Generationen wurden nur davon zurückgehalten, die Zeit von 8:50:53 Stunden tendenziell als unüberwindbares menschliches Limit zu betrachten.

Angesichts der Zweischneidigkeit des Zeiteffekts in Bezug auf die Ausdauerleistung ist es verführerisch zu fragen, welche Art Zeitziel den bestmöglichen Effekt auf die Leistung haben würde. Ein solches Ziel müsste erreichbar scheinen, aber nur gerade noch so. Tatsächlich verbesserten sich in der zuvor genannten Studie der Ben-Gurion-Universität die Probanden, die ein »schwieriges, aber realistisches« Ziel gesetzt bekamen, mehr, als diejenigen mit einem entweder »leicht« oder »kaum/nicht erreichbaren« Ziel. Dieses ideale Ziel müsste auch präzise genug definiert sein, um den Athleten über bisherige Grenzen hinwegzuziehen, aber dennoch vage genug, um die Leistung des Athleten nicht künstlich zu deckeln.

Greg LeMonds Situation beim Start der 21. Etappe der Tour de France 1989 erfüllte diese Voraussetzungen perfekt. Greg musste Laurent Fignons Zeit auf den 24,5 Kilometern des Zeitfahrens um 50 Sekunden unterbieten. Aber Fignon würde *nach* ihm starten, weshalb Greg das Rennen nicht mit einer bestimmten Zeit im Kopf angehen konnte wie bei den 27:30 Minuten, die Thierry Marie früher an diesem Tag gefahren war und die als Bestzeit stand, als Greg an den Start ging. Stattdessen wusste Greg nur, dass er 50 Sekunden schneller fahren musste, als Fignon – einer der besten Zeitfahrer der Welt neben Greg selbst – möglicherweise an seinem besten Tag fahren könnte.

Greg sagte den Reportern vor dem Rennen, dass er glaube, die Aufgabe, vor der er stehe, sei am äußersten Rand des Erreichbaren. Er war sich nicht sicher, ob er es schaffen würde – selbst wenn er mehr gab, als er jemals gegeben hatte an einem Tag, an dem er mehr zu geben gehabt hatte als jemals zuvor. Er war sich auch nicht sicher, dass er es nicht schaffen würde. Es ist schwer, sich ein Zielkonstrukt vorzustellen, das aus Greg LeMond im wichtigsten Rennen seines Lebens eine bessere Leistung herausgeholt haben könnte.

NACH DEM MITTAGESSEN CHECKTE GREG aus dem Hotel aus und machte sich auf den Weg Richtung Schloss Versailles, vor dem eine temporäre Startrampe unter einem weißen Dach aufgebaut worden war. Eine große Zuschauermenge hatte sich dort versammelt, um den Showdown zwischen den beiden Männern an der Spitze des Gesamtklassements mitzuerleben. Hinter der Startlinie gab es ein kleines Aufwärmareal. Dort zirkelten eine Handvoll Fahrer in engen Kreisen herum. Greg gesellte sich zu ihnen und traf schon bald auf Fignon. Greg wich seinem Blick aus. Trotzdem fand Fignon, dass der Amerikaner entspannt aussah. In Wirklichkeit hatte Greg riesige Angst, sein Magen zog sich zusammen aus Furcht vor dem bevorstehenden Leid, das er sich gleich selbst antun würde.

Um 16.12 Uhr rollte Pedro Delgado, der im Gesamtklassement 1:38 Minuten hinter Greg lag, von der Startrampe und beschleunigte die Avenue de Paris hinunter. Jetzt war Greg damit an der Reihe, auf die Plattform zu kommen. Fernsehkameras surrten, als ein grauhaariger Rennkommissar mit schwarz umrandeter Brille Gregs knallrotes Bottecchia-Zeitfahrrad festhielt und über die Lautsprecher der Countdown ertönte.

»Cinq … quatre … trois … deux … un … allez!«

Greg ging in den Wiegetritt und begann, kräftig zu treten, seine Beine wirbelten wie die Stahlarme einer beschleunigenden Lokomotive. Als er 100 Umdrehungen pro Minute erreicht hatte, setzte er sich auf den Sattel und legte seine Unterarme in die Aufnahmeschalen seines Aerolenkers. Zwei Polizeimotorräder begleiteten ihn den laufstegartigen Boulevard hinab, hinter ihm ein Grüppchen Fahrzeuge, darunter ein weißer Peugeot mit ADR-Teamchef José de Cauwer.

Gregs Plan war einfach: ein wenig schneller fahren, als jemals zuvor, sich etwas weniger zurückhalten, als er es je unter ähnlichen Umständen gewagt hatte. Greg nahm den Kopf herunter und fuhr mit dem Blick starr nach unten gerichtet, als ob es ihm egal wäre, wo er hinfuhr. Nur alle paar Sekunden schaute er kurz hoch, um den Kurs zu überprüfen. Sein kräftiger Quadrizeps blähte sich bei jedem Tritt nach unten.

Greg war schon gut 1,5 Kilometer in Richtung der Pariser Vorstadt Viroflay gefahren, als Fignon hinter ihm auf die Strecke ging. Mit seiner Brille und dem blonden Pferdeschwanz sah er eher aus wie der Lehrer der Highschool-Theatergruppe als wie ein Radprofi. Fignon war dabei gesehen worden, wie er früher am Tag mit einem Aerolenker herumprobiert hatte, aber er hatte sich dazu entschieden, ihn nicht einzusetzen. Sein Rad hatte jedoch den Vorteil, dass es mit einem Aero-Laufradsatz ausgestattet war, während Greg, der mehr Seitenwind erwartete, als tatsächlich auf der Strecke herrschen würde, sich für ein normales Speichenrad vorn entschieden hatte.

Nach etwas mehr als drei Rennkilometern schlingerte Greg plötzlich, sein Rad wackelte für den Bruchteil einer Sekunde bedrohlich von links nach rechts. Als er von der Straße hochgeblickt hatte, hatte er bemerkt, dass er eine S-Kurve auf der längeren Durchfahrtslinie angefahren hatte. Er war erschrocken und unruhig geworden. Ins Schlingern zu geraten gehört zu den Dingen, die ein Radfahrer niemals tun sollte, wenn er mit den Armen in Aerolenkerschalen liegt, in denen das kleinste Zucken bei hoher Geschwindigkeit zu einem scharfen Ausscheren des Vorderrads führt. Aber Greg war einer der Fahrer mit der besten Radbeherrschung überhaupt und ein tollkühner Draufgänger, der manchmal etwas angab, indem er mit wie ein Skispringer hinter dem Rücken verschränkten Armen einen steilen Abhang hinunterschoss. Innerhalb eines Wimpernschlags hatte er seinen Reflex unter Kontrolle und verwandelte das Beinahe-Unglück in eine effiziente Kurskorrektur. Das Malheur war sofort vergessen, als Greg seinen Kopf wieder senkte und weiter in einem großen Gang auf einem 55-Zahn-Kettenblatt pedalierte, was sich für die meisten Radfahrer wie Gewichtheben angefühlt hätte.

Hinter ihm fühlte sich Fignon stark und selbstsicher. Er schoss durch Viroflay und näherte sich Chaville, die Menge lichtete sich, als er kam. Nach 5 Kilometern rief ihm sein Teamchef Cyrille Guimard von hinten aus dem Auto etwas zu, das Mikrofon einer Kamera in der Nähe erfasste die Worte.

»Six secondes!«, brüllte Guimard. »Vous avez perdu six secondes!«

Er hatte bereits sechs Sekunden auf LeMond verloren. Fignon drehte seinen Kopf und starrte Guimard ungläubig an. Greg gewann noch nicht die zwei Sekunden pro Kilometer, die er brauchte, um den Franzosen zu besiegen, aber angesichts dessen, wie gut Fignon selbst unterwegs war, konnte er nicht glauben, dass der Amerikaner so viel schneller war.

Weiter vorn auf der Straße erhielt Greg die gleiche Nachricht von José de Cauwer. Vor dem Rennen hatte Greg Cauwer gebeten, ihm keine solchen Informationen zu geben, und er erinnerte seinen Chef nun barsch an diesen Wunsch. Für den Rest des Zeitfahrens würde sein Kopf ganz auf das Bild fokussiert sein, zwischen sich und dem Mann hinter sich einen Abstand zu legen – und auf die einzige Zahl, die zählte: 50 Sekunden.

Bei der Durchfahrt durch Sèvres, am Westufer der Seine, kam Greg an eine Überführung. Er legte seine Hände auf den Basislenker und kurbelte im Wiegetritt, um bergauf keine Geschwindigkeit zu verlieren. Wenn der Polizist, der dicht hinter ihm auf seinem Motorrad fuhr, in diesem Augenblick auf seinen Tacho geschaut hätte, hätte er die Nadel bei 54 Stundenkilometern gesehen.

Minuten später überquerte Greg die Pont de Sèvres, eine Brücke über die Seine, an deren Ende er eine scharfe Rechtskurve auf den Quai Georges Gorse machte, wobei er die Biegung so tollkühn knapp nahm, dass seine rechte Schulter die Zuschauer, die hinter einer Absperrung an der Innenseite der Kurve standen, um nur wenige Zentimeter verfehlte.

Nach 11,5 Kilometern passierte Greg eine offizielle Zeitnahme. Sein Split von 12:08 Minuten war mit einem Abstand von 20 Sekunden der schnellste des Tages. Fignon erreichte den gleichen Punkt zwei Minuten und 21 Sekunden später, nun mit einem Rückstand von

21 Sekunden auf Greg seit dem Start. Wenn Fignon weiterhin in gleichem Maße Zeit verlieren würde, wäre er im Ziel 45 Sekunden langsamer als Greg und hätte damit die Tour de France mit 5 Sekunden Vorsprung gewonnen.

Der Quai war flach und gerade wie ein Ziehweg. Greg hatte nun fast 14 Kilometer hinter sich, der Eiffelturm kam in Sichtweite. Fignons Rückstand war auf 24 Sekunden angewachsen. Greg gewann immer noch nicht genügend Zeit, aber so heftig er sich selbst auch pushte, er fühlte sich immer noch stark, während Fignons Schultern angefangen hatten zu wackeln, ein Zeichen für einsetzende Ermüdung. Ein klarer Unterschied der relativen Zeiten der beiden Männer wurde den Radsportfans, die den Kampf am heimischen Fernseher verfolgten, offenkundig: Alle 10 bis 15 Sekunden wechselte die Einstellung von Fignon zu Greg, und wenn dies geschah, zog die Landschaft deutlich schneller vorbei.

Der letzte Teil der Strecke führte am berühmten Jardin des Tuileries vorbei und spuckte die Fahrer auf die Champs-Élysées, wo sie den letzten Abschnitt bis ins Ziel zu absolvieren hatten. Zehntausende Zuschauer, die dort am Straßenrand standen, brachen in Jubel aus, als Greg in Sichtweite kam. Sein französischer Nachname, seine Französischkenntnisse und sein amerikanischer Charme hatten ihm viele Bewunderer in der Gastgebernation beschert. Er fuhr unter einem Banner hindurch, das die letzten 4 Kilometer ankündigte. Sein Vorsprung betrug nun 35 Sekunden. Greg hatte Fignon auf den letzten 6,5 Kilometern genau 2 Sekunden pro Kilometer abgenommen; um die Tour zu gewinnen, würde er diese Rate auf den Champs-Élysées fast verdoppeln müssen.

Gregs letzte Chance, den Vorsprung zu vergrößern, lag vor ihm, mit noch 3 Kilometern bis ins Ziel, wo ein vermeintliches Flachstück ganz sanft vom Place de la Concorde zum Arc de Triomphe hin anstieg. Es war nach Tour-Maßstäben kein Anstieg, aber für einen erschöpften Fahrer – zu dem Fignon schnell wurde – würde es sich anfühlen, als würde er in die Pyrenäen zurückkatapultiert. Greg fuhr mit voller Geschwindigkeit hinein und redete sich ein, seine Karriere hinge davon ab. Als er sich dem höchsten Punkt näherte, begann sein Oberkörper auf- und abzupumpen wie der Arm eines Ölförderturms. Was jetzt zählte, war nicht mehr die Form als solche, sondern sich anzustrengen – komme, was wolle.

Am Arc de Triomphe machte Greg eine scharfe Rechtskurve und bog in die letzte Gerade zum Ziel ein. Als er das gleiche »falsche Flachstück«, das er eben hinaufgefahren war, hinunterschoss, erreichte er fast 65 Kilometer pro Stunde und damit beinahe die auf den Champs-Élysées vorgeschriebene Höchstgeschwindigkeit für Motorfahrzeuge. Er zischte unter dem 1-Kilometer-Banner hindurch. Über das Rennradio kam die Information, dass Greg noch 10 Sekunden brauchte.

Vor sich auf der Straße sah Greg das wippende Hinterteil von Pedro Delgado, der zwei Minuten vor ihm gestartet war. Greg fühlte eine magnetische Anziehung und er nutzte sie, um auf den letzten Metern noch ein bisschen mehr aus sich herauszuholen. Er beendete das Rennen in 26:57 Minuten, also 33 Sekunden schneller als die vorherige Tagesbestzeit. Greg ließ den Kopf hängen, als hätte er gerade schlechte Nachrichten erhalten, als er ausrollte. Einen Augenblick zuvor hatten sich seine Beine angefühlt, als würden sie explodieren. Jetzt fühlte er sich auf einmal so, als könne er noch mal 15 Kilometer fahren. Hatte er genug gegeben?

Das Warten begann. Greg stieg ab und drehte sich Richtung Rennstrecke und Zeitnahmeuhr. Er wusste, dass er die Tour de France gewonnen haben würde, wenn die Uhr 27:47 anzeigte, bevor Fignon im Ziel war. Als Fignon in Sichtweite kam, hielt Greg sich reflexartig die Augen zu und schaute weg – aber nur kurz.

Fignon war fix und fertig, er konnte keine gerade Linie mehr fahren und wäre fast in eine Absperrung am Rand der 70 Meter breiten Straße gekracht bei seinem wackeligen Versuch, seine Maschine Richtung Ziel zu steuern. Die Uhr stoppte bei 27:55 Minuten. Greg LeMond hatte die Tour mit acht Sekunden Vorsprung gewonnen.

Gregs Durchschnittsgeschwindigkeit über die 24,5 Zeitfahrkilometer hatte knapp 55 Kilometer pro Stunde betragen – lange Zeit ein Rekord für ein Tour-de-France-Zeitfahren. Greg (der im Jahr 1990 seine dritte Tour de France gewinnen sollte) konnte es nicht wissen, aber in diesem Augenblick befand sich der Sport an der Schwelle zu einer Ära nie zuvor da gewesenen technischen Fortschritts. In den nächsten Jahren sollten Fahrräder komplett umgebaut werden, mit steiferen, leichteren Materialien, Computer- und Windkanal-gestützten Aerodynamik-Messungen und effizienteren und verlässlicheren Komponenten und Accessoires. Auch eine Ära des flächendeckenden und ausgeklügelten Dopings begann in diesem Sport. Die meisten Top-Fahrer der 1990er- und 2000er-Jahre sollten beträchtliche Leistungsvorteile aus Mitteln wie Erythropoietin (EPO) ziehen. Dennoch sollte bis 2005 keiner dieser pharmazeutisch optimierten Athleten auf ihren Raumfahrttechnologie-Rädern Greg LeMonds Zeitfahr-Geschwindigkeitsrekord brechen können. Bis zu diesem Tag hat es kein Fahrer bei der Tour geschafft, schneller als Greg zu fahren, außer auf kürzeren Strecken und mit frischen Beinen am ersten statt am letzten Renntag.

Es scheint so, als ob eine altmodische Stoppuhr – richtig eingesetzt – unter den richtigen Umständen die Ausdauerleistung stärker beeinflussen kann als die beste Ausrüstung und die wirkungsvollsten Medikamente – ganz zu schweigen davon, einen Athleten zur besten Stunde seines Lebens zu verhelfen, sogar als seine beste Zeit schon hinter ihm lag.

KAPITEL 4

Die Kunst, loszulassen

ALS SIRI LINDLEY 23 Jahre alt war, konnte sie nicht schwimmen, sie besaß kein Fahrrad und sie war nie weiter gelaufen als knappe zwei Kilometer. Ein Jahr später, im Sommer 1994, gab das Internationale Olympische Komitee bekannt, dass bei den Spielen in Sydney im Jahr 2000 Triathlon erstmals olympisch werden sollte. Als Siri das hörte, beschloss sie sofort, alles in ihrer Macht Stehende zu tun, um Mitglied der ersten amerikanischen Triathlon-Olympiamannschaft zu werden. Sie hatte sechs Jahre lang Zeit, um sich zu einer der besten Dreikämpferinnen im Schwimmen, Radfahren und Laufen der Welt zu machen.

Siri war nicht allein mit diesem Traum. Hunderte, wenn nicht Tausende Männer und Frauen auf allen fünf Kontinenten reagierten ähnlich auf die Ankündigung des IOC. Aber bei nur wenigen war das unwahrscheinlicher als bei Siri. Damals hatte sie nur ein paar Kurztriathlons absolviert und ihre vorherige sportliche Karriere war komplett im Bereich Teamsport gewesen – Feldhockey, Eishockey und Lacrosse. Sie war zwar talentiert genug gewesen, alle drei Sportarten auf College-Niveau zu spielen, aber mit Stöcken nach Bällen und Pucks zu schlagen ist nicht gerade die ideale Vorbereitung auf Ausdauerwettkämpfe, die aus 1,5 Kilometern Schwimmen, 40 Kilometern Rad fahren und 10 Kilometern Laufen (das offizielle olympische Format) bestehen.

Die Saat für Siris unwahrscheinlichen Triathlontraum wurde an einem Wochenende gesät, an dem sie ihrer Freundin Lynn Oski bei einem kleinen Triathlon in Worcester, Massachusetts, zusah, wo Siri einen Job in einem Hostel angenommen hatte, nachdem sie 1992 ihren Abschluss an der Brown University gemacht hatte. Irgendetwas daran packte sie. Gleich am nächsten Tag besuchte Siri das Schwimmbad der Herberge, um ihre Angst, ihr Gesicht unter Wasser zu tauchen, zu überwinden. Bald darauf kaufte sie sich ein Paar Laufschuhe und ein rostiges 10-Gang-Rad mit einem Korb am Lenker. Sie war drauf und dran und wild entschlossen, Triathletin zu werden.

Ihre Karriere begann nicht gerade vielversprechend. Selbst als sie nicht mehr permanent Gefahr lief zu ertrinken, konnte sie kaum mit den betagten Brustschwimmern im Becken mithalten, und bei Gruppenausfahrten mit Oski und anderen fiel sie in Anstiegen jedes Mal nach hinten aus der Gruppe. Siri hatte solche Angst davor, sich bei ihrem Triathlondebüt vor Freunden und Bekannten zu blamieren, dass sie einen unbedeutenden Sprintwettkampf in Colorado, mehr als 3000 Kilometer von ihrem Zuhause entfernt, dafür auswählte, wo sie sich vor Fremden blamieren konnte.

Das Rennen begann mit einem Schwimmen im Becken. Während sich die Teilnehmer am Beckenrand versammelten, lief der Organisator zwischen ihnen herum und fragte die »100er-Zeiten« ab, damit Athleten mit ähnlichen Geschwindigkeiten für die gleiche Bahn eingeteilt werden konnten. Siri wusste nicht einmal, was eine 100er-Zeit war. Sie nannte eine willkürliche Zahl und endete in einer Gruppe mit acht jungen Männern, die wie Torpedos aussahen. Sie zerfleischten sie auf den 750 Schwimmmetern und bewältigten diese in etwa der Hälfte ihrer Zeit. Danach wurde es noch schlimmer.

Trotz alledem war Siri total begeistert – so sehr, dass sie ein Jahr später nach Colorado zurückkehrte, ihren Hauptwohnsitz dorthin verlegte und in einer der Triathlon-Hochburgen diesen Sport nun mit ganzer Hingabe betreiben konnte. Ihr Verlangen, diesen Sport zu meistern, erschien sogar ihr selbst seltsam, aber sie vertraute dem Instinkt, der sie leitete, voll und ganz.

Siris Eltern hatten sich scheiden lassen, als sie vier Jahre alt war. Diese Trennung hatte in ihr das tiefe Gefühl der Unzulänglichkeit hervorgerufen. Ihrer kindlichen Überzeugung nach hätten sich ihre Mutter und ihr Vater nicht getrennt, wenn Siri ihnen wichtig genug gewesen wäre. Beide Eltern heirateten bald wieder, wodurch sich Siri noch mehr abgeschoben fühlte. Ihr Vater verabschiedete sich fast vollständig aus ihrem Leben, während ihre Mutter ihrem neuen Ehemann mehr Zeit und Aufmerksamkeit widmete als ihrem jüngsten Kind. Und natürlich wollte Siris große Schwester Lisa nichts mit ihr zu tun haben. Später sollte sich Siri ihrem Vater, ihrer Schwester und besonders ihrer Mutter Astrid wieder annähern, aber die inneren Zweifel blieben.

Im Sport suchte Siri die Wertschätzung, die sie zu Hause nicht bekam. Aber sie schaffte immer einen Tick zu wenig, um die Leere in sich zu füllen. Sie gewann eine Auszeichnung, die von den Trainern verliehen wird, aber nicht die der wertvollsten Spielerin. Sie wurde für ein Testspiel für das Weltcup-Lacrosse-Team eingeladen, aber schaffte es nicht in die Mannschaft. Triathlon zog Siri in erster Linie an, weil es ein Individualsport ist, in dem sie unabhängig vom Urteil eines Trainers war, was Auszeichnungen und Auswahlen betraf. Und auch, wenn sie anfangs furchtbar schlecht darin war, wusste sie einfach irgendwie, dass sie gut werden könnte. Ein unerschütterliches Gefühl in ihr bekräftigte Siri darin, dass sie, an ihren eigenen Standards gemessen, das erste Mal in ihrem Leben etwas ganz Besonderes erreichen würde, wenn sie sich mit Herz und Seele dem Triathlon verschrieb. Etwas, durch das sie sich gut fühlen würde auf eine Art und Weise, wie sie es noch nie getan hatte.

Tatsächlich war sie nicht lange schrecklich schlecht im Triathlon. Siri wurde 1994 Dritte in ihrer Kategorie bei der Triathlon-

Weltmeisterschaft der Agegrouper und wurde anschließend Profi. Sie wurde immer besser, das Schwimmen immer weniger eine Last und das Laufen immer mehr zur Waffe. Im Jahr 1998 gewann Siri die U.S. Pro National Championship in Oceanside, Kalifornien. Danach sagte sie den Reportern mit dem gewinnenden Lächeln, das ihr helfen würde, eine der beliebtesten und am besten vermarktbaren Persönlichkeiten in ihrem Sport zu werden: »Dies ist der glücklichste Moment meines Lebens!«

Siri konnte sich aber einen noch glücklicheren Moment vorstellen, und sie sehnte sich noch immer nach ihm: die Olympischen Spiele in Sydney. Der erste Vorgeschmack auf bedeutende Erfolge im Triathlon diente nur dazu, ihren Hunger größer zu machen, wie ein Appetithäppchen nach einer langen Fastenperiode.

Das Jahr 1999 war ein entscheidendes für Olympia-Aspiranten. Ihre Leistung in den sieben Weltcup-Rennen der Triathlonserie würden entscheiden, ob sie zu den olympischen Auswahlrennen eingeladen werden würde, die im darauffolgenden Frühjahr stattfinden sollten. Siri brachte es auf fünf Top-5-Ergebnisse in diesen Rennen, mehr als jeder andere Amerikaner. Diejenige, deren Zulassung vorher als unwahrscheinlich galt, wurde zur »sicheren Sache«.

Am Ende der Triathlonsaison 1999 machte Siri einen großen Schritt: Sie packte ein paar Sachen und ihr Fahrrad und zog nach Sydney, Australien. Sie hatte vor, dort die vier Monate, die vor dem Weltcup in Sydney am 16. April noch verblieben, zu leben und zu trainieren. Denn dort würde die beste amerikanische Finisherin das erste von drei für die amerikanischen Frauen reservierten Olympiatickets bekommen. Sydney bot einiges an Vorteilen. Zum Beispiel würde Siri genau rechtzeitig ankommen, um den subäquatorialen Sommer mitzuerleben. Zudem wohnte ihr Trainer Jack Ralston in der Nähe. Und, nicht weniger wichtig, Sydney war weit weg von ihren Freunden, ihrer Familie und anderen »Ablenkungen«. Siri hatte beschlossen, die Olympia-Qualifikation nicht nur zum Mittelpunkt ihres Lebens zu machen, sondern sie zu ihrem Leben zu machen – so lange, bis sie es geschafft hatte.

Sie mietete ein kleines Apartment im hübschen Vorort Cronulla, direkt am Meer. Jeden Morgen frühstückte sie allein, bevor sie zum Schwimmtraining an den Pool fuhr. Sie kam zum Mittagessen zurück, bevor sie sich an die Nachmittagseinheiten machte – eine Radausfahrt und ein Lauf –, die sie, wann immer möglich, allein absolvierte. Sie aß früh in ihrem Apartment zu Abend und stieg dann in eine blasenartige Höhensimulationskammer, um zu lesen, bis es Zeit war, zu Bett zu gehen. Bevor sie einschlief, stellte sie sich vor, wie es sein würde, im Triathlon bei Olympia zu starten. Ihre Visualisierung folgte jedes Mal dem gleichen idealen Skript: ein perfekter Start, gefolgt von einem geschmeidigen Mittelteil, der zu einem triumphalen Ende führte. Siri hatte mit dieser nächtlichen Übung am 16. September 1999 angefangen, genau ein Jahr, bevor die eigentliche Veranstaltung stattfinden würde, und sie hatte vor, sie bis zum 15. September 2000 weiterzuführen – vorausgesetzt, sie qualifizierte sich.

Siri erklärte ihre Einstellung in einer Kolumne, die sie für *Triathlete* nach ihrer selbst auferlegten Quarantäne schrieb. »Ich hatte viele Möglichkeiten für ein besseres Sozialleben«, schrieb sie, »aber ich hatte das Gefühl, dass ich jetzt etwas anders machen müsste, um meine Ziele zu erreichen. Ich versuchte, so viel wie möglich allein zu sein. Das würde es mir besser ermöglichen, eins mit mir selbst zu werden und wirklich auf meine Bedürfnisse und meinen Fortschritt zu achten. In gewisser Weise war es so, als würde ich versuchen, meine menschliche Natur zu entmenschlichen. Ich versuchte, unempfänglich gegenüber Schmerz, Wärme, Liebe und Schmeicheleien zu werden. Tief in mir vermisste ich meine Familie, meine Freunde, meine Haustiere, mein Zuhause und mein normales, erfülltes Leben, aber ich ignorierte das alles, härtete mich selbst ab und erinnerte mich daran, wie wichtig es war, dass ich das allein durchzog. Es würde mich stärker machen, es würde eine richtige Leistung sein, es würde die ultimativen Bedingungen erfüllen, mich mir selbst zu beweisen. Ich fühlte mich so stark, als ob ich auf einer spirituellen Mission wäre, unterwegs, um das innerste Geheimnis, die innerste Essenz meines Daseins zu finden. Mein Glaube war ein großartiger Begleiter, ich habe mich nicht allein gefühlt. Ich zog aus mir selbst Energie – und viel Kraft und Trost daraus zu wissen, dass ich alles ›richtig‹ machte.«

Siri war so fokussiert auf ihre quasi-spirituelle Suche, dass sie nicht bemerkte, wie sie alle Freude daran, eine Triathletin zu sein, erstickte. Zu Hause in Boulder hatte sie zwei Hunde, einen Bernhardiner namens Billy und einen Mischling namens Whoopi. Siri absolvierte ihr gesamtes Lauftraining mit Whoopi, sogar Einheiten auf der Bahn. Es war Whoopis unersättliche Freude am Laufen, die Siri selbst gelehrt hatte, diese Disziplin zu lieben, und die sie ihr Talent dafür hatte entdecken lassen. Whoopi war immer zu einem Lauf bereit und zeigte niemals Anzeichen dafür, dass sie anhalten wollte. Ihr sabbernder Eifer für die einfache Tätigkeit des Laufens war ansteckend – und Siri fing sich das Virus ein.

In Sydney fehlte unter anderem Whoopis positiver Einfluss. Sie hatte das alles bewusst und vorsätzlich aufgegeben, weil sie es für eine tolle Idee hielt. Die Beziehung, aus der sie in ihrer Zeit in Australien am meisten zog, war die mit einem klapprigen Mitsubishi Colt, Baujahr 1980, den sie für 400 US-Dollar gekauft hatte, um mobil zu sein.

Trotzdem lief das Training gut, und als mit dem 16. April der Schicksalstag gekommen war, wachte Siri auf und fühlte sich fitter als je zuvor. Um 10 Uhr morgens stand sie Schulter an Schulter mit 40 der weltbesten Kurzdistanzlerinnen auf einem Ponton, der auf dem salzigen Wasser der Farm Cove, mit der berühmten Oper im Hintergrund. Siri war zuversichtlich – zumindest dachte sie, sie wäre es. Aber sie vergaß immer wieder zu atmen und stand wie ein Marmorblock auf der Startplattform, während die Frauen um sie herum ihre Arme und Beine schüttelten, um locker zu bleiben. Der Startschuss fiel, und Siri sprang in das wogende Wasser, wo sie schnell die Füße der zweimaligen Weltmeisterin Michellie Jones fand, genau wie sie es jede Nacht in ihrer Visualisierung vor dem Einschlafen getan hatte.

Eine Boje markierte den Wendepunkt der 1500-Meter-Strecke. Die Athletinnen drängten sich zusammen, als sie um diese Haarnadelkurve schwammen. Das Rennen wurde zum Vollkontakt-Sport. Siri wurde von einer Konkurrentin unter Wasser gedrückt, die direkt über sie hinwegschwamm. Als sie wieder hochkam, schnappte sie nach Luft und – viel schlimmer – war zwei Meter hinter der Gruppe um Jones. In Panik pflügte Siri durch die Wellen in einem verzweifelten Versuch, die Gruppe einzuholen, aber die Frauen in dieser Gruppe schwammen ebenfalls so schnell, wie sie konnten – und sie waren die besseren Schwimmerinnen. Siri taumelte zehn entscheidende Sekunden hinter dem Jones-Pulk aus dem Ozean. Sie sprintete zu ihrem Rad, setzte sich den Helm auf, schob das Rad ans Ende einer schwammigen blauen Matte, die die Wechselzone bedeckte, stieg auf und setzte ihre verzweifelte Jagd fort.

Siri musste nicht gewinnen. Sie musste nur die vier anderen Amerikanerinnen im Rennen schlagen, um ihr Ticket für Olympia auf ebendiesem Kurs zu lösen. Das Problem war, dass ihre Landsfrau Barb Lindquist das Rennen mit über einer Minute auf sie und einem guten Vorsprung auf Jones und Co. anführte. Siri trieb sich an die Grenze, um Lindquists Verfolger zu erwischen, wohl wissend, dass sie, wenn sie sie rechtzeitig erreichte, in deren Windschatten fahren und Kraft für den Lauf sparen konnte, wo sie Lindquist überlegen war. Aber zu ihrem endgültigen Unglück spürte Siri, dass sich ihre Beine wie Gelee anfühlten, fast träge, als ob sie nach fünf Sätzen Langhantel-Kniebeugen und einem einstündigen Tennis-Match durch Schlamm kurbeln würde. Unfähig ihre normale Leistung abzurufen, erreichte Siri nicht nur Jones' Gruppe nicht, sondern wurde auch noch von einem Pulk langsamerer Schwimmer eingeholt und durchgereicht.

Die Radstrecke war ein Rundkurs mit etwas weniger als sieben Kilometern, den die Athletinnen sechsmal umfahren würden. Am

Anfang der zweiten Runde war Siri fast die Letzte. Als sie die dritte Runde hinter sich hatte, begann es zu regnen. Das wirkte fast wie ein Zeichen. Sie bremste, klickte ihre Schuhe aus den Pedalen und stieg ab. Sie stieg aus.

In einem sich selbst zerfleischenden Rückblick, den sie für *Triathlete* schrieb, analysierte Siri den Grund für ihren albtraumhaften Einbruch sehr ehrlich. »Ich war voll und ganz verantwortlich für meine Taten und habe absolut keine Entschuldigung für meine furchtbare Leistung, außer dass ich versagt habe«, schrieb sie.

Es war aber noch nicht alles verloren. Zwei Plätze im US Triathlon-Olympia-Team waren noch zu haben. Jennifer Gutierrez hatte sich den ersten geschnappt, nachdem Barb Lindquist ihr Rad auf den regennassen Straßen Sydneys demoliert hatte. Diese letzten Plätze sollten den beiden Athletinnen gehören, die als die beiden Besten das zweite Qualifikationsrennen am 27. Mai in Dallas beenden würden.

Siris größte Angst war, dass es an diesem Tag sehr heiß sein würde. Und es wurde sehr heiß. Als das Rennen um 9 Uhr morgens startete, betrug die Außentemperatur 27 Grad Celsius und stieg kontinuierlich. Wie erwartet setzte sich die ehemalige Olympia-Schwimmerin Sheila Taormina mit Barb Lindquist an ihren Füßen vom Rest des 27-köpfigen Felds ab. Die beiden sprinteten 40 Sekunden vor einer Verfolgergruppe aus dem Lake Carolyn, in der auch Siri und einige andere starke Läuferinnen wie Joanna Zeiger und Laura Reback waren.

Auf den fünf Runden des 40 Kilometer langen Radkurses arbeiteten Taormina und Lindquist zusammen, um ihre Führung auszubauen. In Überzahl, hätten ihre Verfolgerinnen im Vorteil sein müssen, aber keiner wollte die Arbeit machen. Auf frustrierende Weise unorganisiert, verloren sie auf jeder Runde Boden. Als sie in der zweiten Wechselzone ankamen, lagen sie mehr als drei Minuten hinter dem Führungsduo zurück.

Siri schoss aus der Wechselzone, als bestünde sie aus Dynamit, das auf einen 10-Sekunden-Countdown gesetzt ist. Nur Zeiger und

Reback konnten ihre Wahnsinnsgeschwindigkeit mitgehen. Die Sonne hatte ihren Morgenmantel aus Wolken abgelegt und hing nun nackt über ihnen. Siri bahnte sich durch die suppige Hitze, ihr gesamter Fokus lag darauf, zumindest eine der beiden Frauen vor sich einzuholen. Schlecht für sie war, dass dieser Fokus nicht beinhaltete, Wasser an den Verpflegungsstationen entlang der Strecke aufzunehmen, und infolgedessen dehydrierte Siri mehr und mehr.

Als Zeiger angriff, konnte Siri nicht mitgehen. Dennoch machte sie Druck in der Hoffnung, dass Zeiger den Mann mit dem Hammer traf, wie es Barb Lindquist schon passiert war, die etwas weiter hinten in einen ausgewachsenen Hitzekollaps gestolpert war. Mit noch etwa drei Kilometern zu laufen saß Siri auf dem dritten Platz fest, nur Sekunden von einer Position entfernt, mit der sie sich für Olympia qualifiziert hätte. Aber es war schon vorbei, Siris Körper war im Krisenmodus. Während sie gegen die immer übermächtiger werdende Erschöpfung ankämpfte, schrumpfte ihr Bewusstsein auf einen Punkt zusammen und verabschiedete sich schließlich ganz. Siri rannte die letzte Runde komplett geistesabwesend, wusste weder, wo sie war, noch, was sie tat. Sie wusste nur, dass sie immer weiterlaufen sollte, so schnell sie konnte.

Siri kam auf dem dritten Platz ins Ziel und fiel zu Boden, ihr Traum war ausgeträumt. Der medizinische Dienst brachte sie schnell in ein Zelt und pumpte drei Beutel Salzlösung in ihre Venen, um sie wiederzubeleben. Als sie zu sich kam, starb ihr Traum ein zweites Mal.

DER FACHBEGRIFF FÜR VERSAGEN ist »Versagen«. Psychologen ist bisher nichts eingefallen, das klinischer klingt. Sian Beilock, ein Psychologe und einer der führenden Experten auf dem Gebiet des Versagens, definierte dieses Phänomen in ihrem Buch *Choke* als »schwache Leistung, die als Antwort auf den wahrgenommenen Stress einer Situation erfolgt«. Die Quelle der Stresswahrnehmung ist, welche Bedeutung man der fraglichen Situation beimisst – besonders, wie wichtig es einem ist, mit einem bestimmten Ergebnis aus ihr herauszugehen. Versagen ist deshalb eine Art ironische Selbstsabotage. Der Wunsch, seine Leistung zu maximieren und ein bestimmtes Ziel zu erreichen, erzeugt ein Druckgefühl. Dieses Druckgefühl beeinträchtigt die Leistung und stellt so sicher, dass das Ziel *nicht* erreicht wird.

Einige Menschen sind anfälliger für Versagen als andere, aber niemand ist ganz davor gefeit. Das Allumfassende dieser Schwäche lässt darauf schließen, dass Versagen einem bestimmten Zweck dient – dass es eine Bewältigungsstrategie ist, die sich entwickelt hat, um das Überleben zu sichern. Aber welche Vorteile fürs Überleben sollte es haben, in wichtigen Situationen seine Leistung nicht abrufen zu können?

Versagen ist vermutlich ähnlich nützlich wie Akrophobie (Höhenangst) und Glossophobie (Angst, vor Publikum zu sprechen). Wie die Neigung zum Versagen ist auch Höhenangst bei einigen ausgeprägter als bei anderen, aber zu einem gewissen Grad bei allen Menschen vorhanden. Eines der Symptome von Akrophobie ist Schwindel, der die Wahrscheinlichkeit erhöht, dass jemand stürzen wird, wenn er am Rand eines langen Abhangs steht. Es scheint ein etwas kontraproduktiver Instinkt zu sein, aber dieses Symptom hält uns zunächst einmal davon ab, zu nahe an den Abgrund zu gehen, und sichert so das Überleben.

Die Angst, vor Publikum zu sprechen, ist auch auf ironische Weise hilfreich. Die Wurzel der Glossophobie ist die Furcht, sozial beurteilt zu werden. Obwohl die Angst vor öffentlichem Reden heute absurd erscheint angesichts dessen, dass man sich schlimmstenfalls zum Deppen machen kann, glauben Soziobiologen, dass die Ausgrenzung, mit der Versagen vor Publikum geahndet wurde, oftmals fatal endete. Diese Angst erhöht also die Wahrscheinlichkeit nur, dass jemand eine schwache Leistung abliefert, wenn er öffentlich spricht, und so zur Zielscheibe negativer Beurteilung wird. Ihr wahrer Sinn ist jedoch, uns gleich von Anfang an davon abzuhalten, uns in eine solche Situation zu begeben.

Mit dem Versagen verhält es sich ähnlich. Am wahrscheinlichsten ist es, dass dieses Phänomen seinen Ursprung in Situationen hatte, in denen viel auf dem Spiel stand (zum Beispiel Leben oder Tod). Es dient uns, indem es uns daran hindert, uns in eine Wettkampfsituation zu begeben, in der wir sehr wahrscheinlich den Kürzeren ziehen werden. Aber es ist als Bewältigungsstrategie wenig hilfreich, wenn wir die Wettkampfsituation nicht vermeiden können oder wir uns dieser trotz der Risiken stellen. Der Psychologe Abraham Maslow nannte Versagen auch »Jonah-Komplex«, für ihn war es im Wesentlichen die Angst vor dem Erfolg. Im Sportkontext trifft diese Definition den Nagel auf den Kopf.

Die jüngste Revolution der Hirnforschung hat gezeigt, das es nicht Druck per se ist, der Menschen in wichtigen Wettbewerben schwache Leistung bringen lässt. Vielmehr ist es die Selbstwahrnehmung. Sian Beilocks Forschungen haben gezeigt, dass eine eingeschränkte Leistung in Sportsituationen, auf denen viel Druck lastet, mit erhöhter Aktivität in Gehirnarealen in Verbindung steht, die mit der Selbstwahrnehmung verknüpft sind: Das Gefühl des Athleten, unter Druck zu stehen, lenkt seine Aufmerksamkeit auf interne Prozesse wie Körperbewegungen und ängstliche Gedanken. Und diese Aufmerksamkeitsverlagerung schwächt die Leistung auf verschiedene Art und Weise.

Unsicherheit lenkt Athleten zunächst einmal von der gerade zu erledigenden Aufgabe ab, und zwar, so drückt es Beilock in »Choke« aus, auf solche Art und Weise, dass sie »dem, was sie gerade tun, nicht genügend Aufmerksamkeit schenken und sich auf einfache, falsche Routinen verlassen«. Das ist genau das, was Siri bei ihrer letzten Chance auf eine Olympia-Qualifikation in Dallas passiert war, wo sie vergaß, eine rudimentäre Maßnahme zu ergreifen, nicht trank und deshalb an einem sehr heißen Tag nicht hydriert blieb – ein Anfängerfehler, den sogar die meisten Anfänger nicht begehen.

Durch Druck hervorgerufene Unsicherheit mindert auch die Leistung, indem sie die Effizienz der Bewegung reduziert. Athleten bewegen sich effizienter, wenn ihre Aufmerksamkeit auf Schlüsselstellen ihrer Bewegung fokussiert ist, als wenn sie auf dem eigenen Körper liegt. Eine Studie, die 2005 an der University of Nevada, Las Vegas, durchgeführt wurde, ergab Folgendes: College-Studenten warfen Freiwürfe im Basketball akkurater, wenn sie gebeten wurden, sich auf die Hinterseite des Rings zu konzentrieren, als wenn sie sich darauf konzentrieren sollten, das Handgelenk abzuklappen, in dem Moment, in dem der Ball ihre Hand verließ (ein Bestandteil »guter Technik«). Psychologischer Druck hat einen ähnlichen Effekt, der auch einen Zustand von Unsicherheit beinhaltet, der die Aufmerksamkeit des Athleten effektiv vom »Ring« zum »Handgelenk« wandern lässt.

Ausdauersport verlangt nicht die gleiche Koordination wie Spielsportarten und Basketball, aber es ist bekannt, dass Unsicherheit auch die Bewegungseffizienz beim Laufen, Schwimmen und anderen fortbewegenden Aktivitäten verringert. In einem 2011 durchgeführten Experiment beobachteten Wissenschaftler der Universität Münster in Deutschland, dass Läufer mehr Energie bei einer bestimmten Geschwindigkeit verbrauchten, wenn sie über ihre Körperbewegung oder ihre Atmung nachdachten, als wenn sie sich auf das äußere Umfeld konzentrierten.

Eine andere Art und Weise, wie durch Druck entstandene Unsicherheit die Leistung sabotiert, ist nur im Ausdauersport zu finden, und das ist nur durch das psychobiologische Modell der Ausdauerleistung zu erklären. Einfach ausgedrückt, erhöht Unsicherheit die wahrgenommene Anstrengung. Mit druckinduzierter Unsicherheit ein Rennen zu bestreiten, ist wie über glühende Kohlen zu gehen, während man sich ganz auf die schmerzende Hitze unter seinen Füßen konzentriert, anstatt darauf, wohin man geht. Als Athlet ist es besser, seine Aufmerksamkeit nach außen zu richten, auf die zu bewältigende Aufgabe, was einen zu einem gewissen Grad vom Leiden ablenkt und es einem erlaubt, ein bisschen mehr aus sich herauszuholen.

Der negative Effekt eines inneren Aufmerksamkeitsfokus, der sich auf die Anstrengungswahrnehmung und die Ausdauerleistung richtet, wurde in einer schlauen Studie demonstriert, die von Lars Mc Naughton an der englischen Edge-Hill-Universität durchgeführt wurde. Trainierte Radfahrer absolvierten unter drei verschiedenen Bedingungen jeweils ein 16,1 Kilometer langes Zeitfahren auf Fahrradergometern. Bei einem Zeitfahren schaute jeder Radfahrer auf einen Videobildschirm mit einer virtuellen Figur, die ihn selbst darstellte und zeigte, wie weit es noch bis ins Ziel war. Beim zweiten Durchgang schauten die Probanden auf einen Bildschirm, auf dem ihr Avatar gegen einen virtuellen Gegner antrat. Und im letzten Durchgang blieb der Bildschirm leer. Mc Naughton fand heraus, dass die Radfahrer die beste Leistung brachten, wenn sie ein virtuelles Rennen absolvierten, und die schlechteste, wenn nichts auf dem Bildschirm zu sehen war.

Diese Leistungsunterschiede korrespondierten mit Unterschieden im Aufmerksamkeitsfokus der Athleten. Diese gaben an, dass sie sich am stärksten nach *innen* fokussiert hätten, als der Bildschirm leer blieb und keine visuelle Stimulation bot. Ihr Aufmerksamkeitsfokus richtete sich am meisten nach *außen*, als sie in den Wettstreit mit einem anderen Avatar gingen, was die Athleten sich selbst vergessen und sie ganz in ihrer Aufgabe aufgehen ließ. Sie bewerteten die wahrgenommene Anstrengung beim Rennen Avatar gegen Avatar und mit leerem Bildschirm als gleich hoch, obwohl es einen dreiprozentigen Unterschied in der erbrachten Leistung gab, was darauf schließen lässt, dass ein Aufmerksamkeitsfokus nach innen die Leistung minderte, indem er die gleiche Intensität härter erscheinen ließ, während ein Fokus nach außen den gegenteiligen Effekt hatte.

Versagen war in dieser Studie kein Faktor, weil die Teilnehmer kaum Druck verspürten. Aber sie bewies, dass Unsicherheit die Ausdauerleistung reduziert, und wir wissen aus anderen wissenschaftlichen Untersuchungen, dass die Anstrengungswahrnehmung Unsicherheit fördert, besonders bei bestimmten, empfindlichen

Persönlichkeiten. Diese Empfindsamkeit ist nicht unbedingt angeboren, sie kann auch von einem traumatischen Erlebnis herrühren. So ist beispielsweise bei Menschen, die an einer posttraumatischen Belastungsstörung leiden, die Aktivität der dorsolateralen präfrontalen Hirnrinde, auch bekannt als der innere Kritiker des Gehirns, erhöht, wenn sie unter Druck Leistung bringen sollten.

Siri Lindley hatte keine solche Belastungsstörung, aber sie hatte einen hyperaktiven inneren Kritiker, der vermutlich auf das Trauma durch die Scheidung ihrer Eltern zurückzuführen war und mit ziemlicher Sicherheit der Grund dafür war, dass sie dazu neigte, unter Druck zu versagen. Die Ironie kann man kaum ignorieren. Siri hatte sich das Ziel gesetzt, als Triathletin an den Olympischen Spielen teilzunehmen, weil sie glaubte, dass sie das von ihren Selbstzweifeln befreien würde, die sie so lange verfolgt hatten. Aber es war genau diese Schwäche, die sie die Olympia-Qualifikation verpassen ließ. Um sich von ihrer Niederlage zu erholen und etwas Großes im Triathlon zu erreichen, das ihren inneren Kritiker zum Schweigen brachte, musste sie … ihren inneren Kritiker zum Schweigen bringen. Um zu bekommen, was sie brauchte, musste sie es bereits haben – oder zumindest etwas Ähnliches. Ziemlich kniffelig.

NACH DEM KUMMER, die Olympia-Qualifikation nicht geschafft zu haben, beschloss Siri, den Trainer zu wechseln. Ihre Freundin Loretta Harrop, die sich für das australische Olympia-Team qualifiziert hatte, ermutigte Siri, mit ihrem eigenen Trainer, Brett Sutton, zu arbeiten, der eine ausgewählte Gruppe von Athleten in einem Bergcamp im Schweizer Leysin trainierte. Alles, was Siri über Sutton wusste, war, dass er berüchtigt war für seine Härte und dass er sich aufgrund eines Sexskandals, in den eine minderjährige Schwimmerin verwickelt war, freiwillig aus seinem Heimatland Australien ins Exil begeben hatte. Aber sie wusste auch, dass er eine beeindruckende Bilanz hatte, was die Ausbildung von Weltklasseathleten anging. Sie beschloss, es mit ihm zu versuchen.

Siri lieferte 2013 in der *Competitor Radio Show* eine detaillierte Beschreibung ihrer unvergesslichen ersten Tage in Suttons Camp ab. Sie flog im Juli 2000 nach Genf. Sie wartete und wartete an der Gepäckausgabe, aber ihre Habseligkeiten kamen nicht an. Nur ihr Fahrrad tauchte auf. Nachdem sie die notwendigen Papiere ausgefüllt hatte, fuhr sie zwei Stunden nach Leysin. Sobald sie dort angekommen war, forderte Sutton sie auf, ihr Rad auf einen Rollentrainer zu spannen und ein dreistündiges Training zu absolvieren.

»Aber ich habe keine Radklamotten!«, protestierte sie.

»Das ist okay, du kannst das anlassen, was du trägst«, sagte Sutton.

Siri schaute ungläubig auf ihre Jeans und ihren Pulli hinunter. Sutton nickte. Ohne weiteren Protest spannte Siri ihr Rad ein, stieg auf und begann zu kurbeln. Neben ihr, auf einem anderen Fahrrad, saß Loretta Harrop, die mit gesenktem Kopf vor sich hin pedalierte und kein Wort zu ihrer Freundin sagte, die sie dazu überredet hatte, den ganzen langen Weg hierherzukommen.

Am nächsten Morgen traf sich Siri (deren Gepäck über Nacht nachgeliefert worden war) mit Harrop und den anderen Athleten des Camps, und sie fuhren mit den Rädern 20 Kilometer an den Fuß des Berges, wo sich das nächstgelegene Schwimmbad befand und wo Sutton auf sie wartete. Er gab Siri ein Blatt Papier und erklärte ihr ihr Schwimmprogramm für den Tag. Sie zählte die einzelnen Abschnitte zusammen und stellte fest, dass sie insgesamt sechs Kilometer schwimmen sollte. Siri war innerhalb einer Trainingseinheit nie mehr als vier Kilometer geschwommen. Eineinhalb Stunden später kroch sie mit vor Erschöpfung schon gummiartigen Schultern aus dem Becken. Während sie sich abtrocknete, schaute sie sich nach Trainer Brett Sutton um, konnte ihn aber nirgends entdecken. Er war verschwunden.

»Wo ist der Trainer?«, frage sie Harrop.

»Zurück im Camp.«

»Was? Sollte er uns nicht nach Hause fahren?«

Harrop sah Siri mitleidig an.

»Nein, wir fahren mit dem Rad.«

Siri hatte noch nicht einmal etwas gegessen. Lediglich ein Schluck Kaffee war seit dem Vortag durch ihre Lippen geflossen. Harrop schlug vor, dass Siri mit Jane Fardell den Berg hinauffahren sollte, die die vermutlich schwächste Radfahrerin der Gruppe war. Jane hängte Siri auf halbem Weg zum Gipfel ab und ließ die Neue sich allein zurück ins Camp kämpfen, wo sie 20 Minuten nach allen anderen ankam. Siri torkelte in ihr Apartment, fiel ins Bett und schlief ein. Vermeintliche Minuten später wurde sie von einem Klopfen an der Tür wieder geweckt. Es war Sutton.

»Es ist Zeit, laufen zu gehen«, sagte er. »Pack deine Sachen.«

Siri sammelte ihre Sachen zusammen und stieß draußen zu den anderen. Als sie merkte, dass sie etwas vergessen hatte, stellte sie ihre volle Wasserflasche auf Suttons Auto und flitzte zurück zu ihrem Apartment. Als sie zurückkam, war nur noch ein Schluck Wasser in der Flasche. Sie öffnete den Mund, um zu protestieren, aber Sutton schnitt ihr das Wort ab.

»Das ist genug«, sagte er. »Das wird dir reichen.«

Sie fuhren den Berg hinunter. Unten angekommen verkündete Sutton den Athleten, dass sie aussteigen und nach Hause zurücklaufen sollten. Siri klappte die Kinnlade herunter. Hatte sie richtig verstanden? Sollte sie wirklich denselben 20-Kilometer-Anstieg hinauflaufen, den sie gerade nach dem härtesten Schwimmtraining ihres Lebens hochgeradelt war? Wut trieb Siri hinauf, aber gerade so.

Am Abend rief Siri ihre Mutter an. Sie hatte keine drei Worte gesagt, bevor sie zusammenbrach.

»Ich habe solche Angst, Mama!«, heulte sie.

Am nächsten Tag bat Sutton Siri, ihre Ziele zu umreißen. Siri zählte sie auf. Sie wollte ein Weltcup-Rennen gewinnen und noch mal eine amerikanische Meisterschaft und eine Medaille bei der Weltmeisterschaft. Während sie sprach, spannte sich Siris Körper an, ihre Stimme wurde gepresst und ihr Atem flach. Das blieb nicht unbemerkt.

»Weißt du was, Siri?«, sagte Sutton. »Vergiss das alles. Ab heute bist du im Ruhestand. So, wie du diesen Sport siehst und wie viel Druck du dir machst, ist das ganz falsch. Du hast mit Triathlon angefangen, weil du diesen Sport geliebt hast. Lass uns wieder dahin zurückkommen. Lass uns einfach einmal schauen, wie fit, wie schnell und wie stark Siri Lindley sein kann – und Spaß dabei hat.«

Ein unsichtbares Gewicht wurde plötzlich von Siris Schultern genommen, und es blieb eine Leichtigkeit des Seins, die sie lange nicht gefühlt hatte. Suttons Einladung, loszulassen und es einfach zu genießen, eine Triathletin zu sein, fühlte sich so natürlich und richtig an. Seltsamerweise erschien ihr die Aussicht, genauso weiterzutrainieren, wie sie am Vortag gezwungen worden war, es zu tun, viel weniger angsteinflößend, sobald Siri aufgehört hatte, darüber hinaus zu denken.

Das Training wurde allerdings nicht leichter, sondern noch härter. Es war tatsächlich so, dass Siri trotz des intensiven Verlangens, als Triathletin etwas Großes zu erreichen, bisher nicht sehr hart trainiert hatte – nicht im Vergleich zu einigen der Frauen, Suttons Athletinnen eingeschlossen, die ihren Zielen im Weg standen. Siri wusste es nicht, aber es gibt jede Menge psychologischer Untersuchungen, die belegen, dass Menschen sich weniger anstrengen, ihre Ziele umzusetzen, je mehr Zeit sie investieren, über gewünschte Ergebnisse zu fantasieren – egal ob es eine Schulprüfung zu bestehen oder Gewicht zu verlieren gilt. Sie werden deswegen weniger wahrscheinlich Realität. Anders als beim Mentaltraining oder wenn man einen Sport im Ruhezustand im Kopf durchgeht, was nachweislich die Leistung steigert, ist das Fantasieren von einem ersehnten Ergebnis eine maladaptive Bewältigungsstrategie. Eine Strategie, die man assoziieren könnte mit dem mangelnden Vertrauen in die eigenen Fähigkeiten, dieses Ergebnis durch eigene Anstrengung zu erzielen. Siris nächtliche Visualisierung der Olympischen Spiele in Sydney waren als Mentaltraining gedacht, wirkten aber aufgrund der unrealistischen Perfektion der Leistung, die sie sich vorstellte, wie eine Fantasie.

Unter Brett Sutton war Siri gezwungen, ihre Energie ins Tun statt ins Träumen zu stecken. Jeden Tag präsentierte ihr der Trainer eine Herausforderung, von der sie nicht glaubte, dass sie sie bewältigen könne. Aber jedes Mal überraschte sie sich selbst und fand einen Weg. Aus Tagen wurden Wochen, und Siri spürte, wie ihr Selbstvertrauen wuchs. Ihr früheres Verlangen, etwas Großes zu erreichen, verwandelte sich langsam in einen ruhigen, auf Nachweisen begründeten Glauben.

Im August flogen Siri und Harrop nach Ungarn zu einem Weltcup-Rennen. Es sollte Siris erstes sein, seit sie nach Suttons Methode trainierte. Sie erwartete wenig. Sutton hatte ihr Trainingspensum vor dem Rennen nicht auch nur ein winziges bisschen reduziert. Ihre Beine fühlten sich an wie Holz. Sie lebte in einem Nebel und sehnte sich permanent nach Schlaf. Zwei Tage vor dem Rennen rief Siri ihre Mutter an, um sich noch einmal Luft zu machen.

»Das ist bescheuert«, sagte sie zu Astrid. »Ich sollte gar nicht hier sein. Ich kann mich kaum bewegen.«

Weniger als 48 Stunden später war Siri Zweite geworden, 34 Sekunden hinter Harrop. Nach nur sechs Wochen mit Suttons Programm war eines ihrer wichtigsten Ziele in greifbare Nähe gerückt – ein Ziel, das, wie ihre anderen Ambitionen, durch die Anforderungen, die jeder Augenblick seit ihrer Ankunft in der Schweiz an sie stellte, aus ihren Gedanken verdrängt worden war.

Siri hatte ihre Lektion gelernt. Sutton hatte sie bewusst mit müden Beinen nach Ungarn geschickt, um sicherzustellen, dass sie ohne Erwartungen an den Start ging – nur zur Sicherheit, falls sie ihre selbstsabotierende Zielobsession noch nicht ganz losgelassen hatte. Frei, um sich auf den Wettkampf, anstatt aufs Gewinnen zu fokussieren, hatte Siri gezeigt, dass sie auf müden Beinen schneller war, als sie zuvor mit ausgeruhten Beinen und ihrer Unsicherheit gewesen war.

Am darauffolgenden Wochenende nahm Siri an einem weiteren Weltcup-Rennen teil, diesmal in Lausanne in der Schweiz. Sie gewann. Hinter ihr, auf dem zweiten Platz, lag die Schweizerin Brigitte McMahon, die fünf Wochen später die erste Goldmedaille gewann, die je bei den Olympischen Spielen im Triathlon verliehen wurde.

Siri schloss die Saison mit einem Weltcup-Rennen in Cancun ab. Sie gewann wieder. Inzwischen war sie komplett von Suttons »Kopf über Körper«-Ansatz überzeugt. Nachdem sie sich über die Feiertage freigenommen hatte, kehrte Siri in die Schweizer Alpen zurück, um sich für die Saison 2001 vorzubereiten. Sie begann selbige relativ gemächlich mit einem sechsten Platz in Gamagori, Japan. Darauf folgte ein dritter Platz in Ishigaki, bevor sie in Schwung kam und ihre nächsten beiden Weltcup-Rennen gewann. Siri lag nun auf Rang zwei der besten Triathletinnen der Welt.

Ihre Erfolgsserie wurde jedoch in Rennes, Frankreich, unterbrochen: Als sie barfuß über den Strand zwischen den beiden Schwimmrunden lief, trat Siri auf einen spitzen Stein und riss sich die Faszie ihres rechten Fußes. Sie biss die Zähne zusammen, bis sie im Ziel war, aber konnte danach zwei Wochen lang nicht laufen. Das Timing hätte schlechter nicht sein können. Drei Wochen nach dem Weltcup in Rennes standen die amerikanischen Meisterschaften der Profis in Shreveport an, ein Qualifikationsrennen für die Weltmeisterschaft 2001. Um einen Platz im amerikanischen Team zu bekommen, musste Siri sich unter den Top 6 platzieren – eine leichte Aufgabe, wenn sie gesund gewesen wäre, aber auf ihrem kaputten Fuß konnte sie nur einen der insgesamt zehn Rennkilometer laufen, bevor die Schmerzen unerträglich wurden und sie ausstieg. Eine weitere niederschmetternde Enttäuschung.

Siri nahm sich eine fünfwöchige Auszeit, um sich auszukurieren und ihre Leistung wieder aufzubauen, und kehrte am 7. Juli in den Weltcup-Zirkus zurück. Sie machte das Schwimmen ihres Lebens und kletterte in Spuckweite von Barb Lindquist und Sheila Taormina aus dem Lake Ontario. Die drei Amerikanerinnen arbeiteten mit Teresa Macel auf dem Rad zusammen, um einen riesigen Vorsprung auf die 22 Verfolgerinnen herauszufahren. Siri hängte ihre Kolleginnen sofort nach dem Wechsel vom Rad aufs Laufen ab und rannte die zehn Kilometer in 34:37 Minuten, einer Zeit, die sie im Männerrennen später an diesem Tag wettbewerbsfähig gemacht hätte. Sie gewann mit mehr als zwei Minuten Vorsprung und hatte fast schon geduscht und gegessen, als Lindquist endlich als Zweite die Ziellinie überquerte.

Siris erstaunliche Leistung in Toronto stellte die Internationale Triathlon Union (ITU), die die Weltmeisterschaft organisiert, vor ein Dilemma. Siri Lindley war nun zweifellos die beste Kurzdistanztriathletin der Welt, aber sie hatte sich nicht für die wichtigste nicht olympische Bühne dieses Sports qualifiziert. Die Weltmeisterschaft 2001 sollte in Edmonton stattfinden, nur 21 Tage nach dem Weltcup in Toronto. Einige ITU-Offizielle wollten Siri per Wildcard einen Startplatz geben, während andere die ehrenwerte Maxime zitierten: »Regeln sind Regeln.« Bis wenige Tage vor dem Rennen gab es noch keine Entscheidung, also fuhr Siri hin, nur für den Fall.

Die Festivitäten rund um die Weltmeisterschaft beinhalteten auch einen »Aquathlon« – einen kurzen Wettkampf, bestehend aus Schwimmen, Laufen, Schwimmen, den viele Athleten zum Warmmachen für das Hauptevent nutzten. Siri durfte mitmachen und sie gewann, was die ITU-Leute noch mehr unter Druck setzte, sie bei der Weltmeisterschaft teilnehmen zu lassen. Aber am Vorabend des Rennens waren die Offiziellen immer noch unentschlossen. Siri versuchte, sich abzulenken, und ging mit ihrer Mutter zum Abendessen. Sie hatte gerade ihr zweites Glas Wein vor sich stehen, als sie einen Anruf bekam. Sie war dabei.

Wenn irgendeine Gefahr bestanden hätte, dass Siri angesichts der Wichtigkeit der Weltmeisterschaft alles vergessen würde, was sie über die Kunst des Loslassens gelernt hatte, und in ihr früheres Muster der Unsicherheit zurückfallen würde, beseitigte Siri sie mit der Art und Weise, wie sie an die Startlinie ging. Obwohl sie immer noch hoffte zu gewinnen, beherrschte diese Hoffnung in den letzten

Stunden vor dem großen Tag nicht ihre Gedanken. Diesen Raum füllte stattdessen die Dankbarkeit dafür, auch nur die Chance zu haben, es zu versuchen.

Am Rennmorgen war es nass und kühl. Siri aß eine Banane und ein Stück Vollkorntoast mit Erdnussbutter, machte sich fertig und ging zum Wettkampfareal am Hawrelak Park, wo sie sich in eine Reihe mit 60 Frauen in Neoprenanzügen stellen sollte. Seltsam unzusammenhängende Musik plärrte über das Lautsprechersystem, als die Teilnehmerinnen nacheinander vor dem durchnässten Publikum aufmarschierten und vorgestellt wurden. Da Siri die Nummer 60 hatte, wurde sie als Letzte vorgestellt und war erst wenige Augenblicke vor dem Startschuss auf ihrem Platz an der Startlinie.

Siri sprang in den See und sprintete. Ihre Position ganz rechts, am Rand des Felds, machte es ihr unmöglich, die Füße einer der schnellen Schwimmerinnen zu erwischen, die auf der gegenüberliegenden Seite unterwegs waren. Als sie nach vorn blickte, um die Boje zu suchen, stellte sie entsetzt fest, dass sie nicht nur hinter der Führungsgruppe lag, sondern auch hinter dem ersten Verfolgertrupp. Aber diesmal bekam Siri keine Panik. Stattdessen blieb sie im Augenblick, nahm den Kopf herunter und verdoppelte ihre Anstrengungen. Auf der zweiten Runde hängte sie sich hinten an die Verfolgergruppe, die sie 40 Sekunden hinter den Führenden an Land zog.

Siri schoss mit ihrem schwarz-weißen »Litespeed Vortex« auf die Radstrecke. Sie verschwendete keinen Gedanken daran, ihre Beine fürs Laufen zu schonen. Sie bretterte ungebremst über den regennassen Asphalt, auf der Jagd nach der sechsköpfigen Führungsgruppe mit den drei Amerikanerinnen, die Siri beim Kampf um einen Platz im amerikanischen Olympia-Team geschlagen hatten, sowie ihre Freundin Loretta Harrop. Nach der Hälfte der ersten von sechs Runden arbeitete Siri mit drei Athletinnen zusammen, die willens waren, so hart zu fahren wie sie: Kathleen Smet aus Belgien sowie Joelle Franzmann und Christiane Pilz aus Deutschland. Zusammen arbeiteten sie sich langsam in Richtung der Führenden vor.

Der Himmel öffnete seine Schleusen, schüttete einen harten, kalten Schauer über die Athletinnen und ließ tückische Pfützen in den vielen scharfen Kurven des Rennkurses entstehen. Noch ein Sydney-Déjà-vu. Siri durchfuhr die Kurven so schnell und eng, wie sie es auch auf trockenem Boden getan hätte.

Auf der zweiten Runde kurbelte ihre Vierergruppe an den Überresten eines Sturzes vorbei: Nicole Hackett und Sheila Taormina sowie ihre Räder lagen über die nass glänzende Straße verteilt. Der Sturz hatte die gemeinsamen Bemühungen der verbleibenden vier Mitglieder der Führungsgruppe gestört und Siris Gruppe eine Chance eröffnet. Siri schaltete in einen größeren Gang und hielt auf die altbekannten Namen zu, die auf den Rücken der Frauen vor ihr gedruckt waren: Lindquist, Gutierrez, Harrop, Reback, Zeiger. Noch vor Ende der nächsten Runde hatte Siris Gruppe die von Harrop eingeholt und sich mit ihr vereint. In den verbleibenden drei Runden sah der Führungstrupp keinen Grund mehr zu pushen, weshalb andere Verfolgergruppen aufschlossen und der Pulk auf 19 Athletinnen anwuchs.

Als sie sich der Wechselzone näherten, drängte sich Siri von hinten nach vorn, sie wusste, dass sie aufgrund ihrer hohen Startnummer den Nachteil hatte, dass sie mit ihrem Rad durch die komplette Wechselzone rennen musste, um zu ihrem Wechselplatz zu kommen, an dem ihre Laufschuhe auf sie warteten, während andere gute Läuferinnen wie Michellie Jones ihr Rad nahe des Eingangs abstellen und ungehindert weiterrennen konnten. Siri stieg als Erste vom Rad und flitzte über den Teppich, ihr Rad schob sie neben sich her, während Jones, Harrop und die anderen schon in die Laufschuhe schlüpften. Als Siri endlich an Wechselplatz Nummer 60 ankam, schlüpfte sie blitzschnell in ihre flachen Rennschuhe und zog eine weiße Kappe mit einem Polo-RLX-Logo über den Kopf. Sie schnappte sich ihr Startnummernband und schloss es auf dem Weg aus der Wechselzone, einen halben Schritt vor der verdatterten Michellie Jones und immer noch auf dem ersten Platz.

Siri lief in einem mörderischen Tempo los, das nur Michellie Jones halten konnte. Innerhalb von wenigen Metern reduzierte sich das Rennen von einem Kampf zwischen 19 Athletinnen auf ein Duell zwischen zwei Frauen. Kaum aus der Wechselzone, passierte das Führungsduo eine Verpflegungsstation. Siri schnappte sich eine Flasche vom Tisch, trank und warf den leeren Behälter in Richtung eines der Mülleimer. Sie traf genau. Siri dachte: *Das könnte mein Tag werden!*

Das Gefühl, dass hier etwas vorbestimmt war, nahm zu. Siri fühlte sich überraschend gut, aus einer bisher unentdeckten Quelle floss Kraft in sie. Jones war inzwischen ziemlich kaputt. Siri machte weiter Druck, sie lief ein Tempo, das für die anderen Frauen nicht zu halten war, und war sich sicher, dass Jones diejenige von ihnen beiden war, die eher einbrechen würde. Tatsächlich musste die Olympia-Zweite nach einer halben Runde, die sie hinten an Siris Schulter geklebt hatte, abreißen lassen.

Nach der ersten von drei Runden hatte die Amerikanerin mehr als zehn Sekunden Vorsprung. Möglich, dass Siri sich ein wenig entspannte, aber sie lief dennoch weiter, als sei Jones oder sonst wer direkt bei ihr. Nach zwei Runden war der Vorsprung auf 30 Sekunden angewachsen. Trotzdem wurde sie immer noch nicht langsamer. Siris Schnitt von weniger als 3:30 Minuten pro Kilometer zusammen mit ihren geballten Fäusten, ihren zusammengezogenen Augenbrauen und ihrer hochgezogenen Oberlippe machte den Zuschauern klar, dass sie alles, was sie hatte, auf der Rennstrecke lassen wollte. Was eine sichere Siegesrunde hätte werden können, wurde zur furchterregenden Darbietung ihres unbändigen Willens, alles zu geben. So hart Siri aber auch lief, sie fühlte sich noch immer fantastisch. Es war nicht wirklich Freude, nicht einmal Trost, was sie fühlte, sie war eins mit ihrer enormen Anstrengung.

Siri peitschte sich selbst so lange vorwärts, bis sie kurz vor der Ziellinie war. Dann hielt sie abrupt an, einen Meter von ihrem großen Ziel entfernt, und griff mit beiden Händen nach dem Plastik-Zielbanner. Sie hielt es über ihren Kopf und schritt über die Ziellinie, mit einem Lächeln voll von totaler, ekstatischer Erfüllung.

»Das ist der großartigste Moment in meinem Leben!«, verkündete Siri Minuten später, womit sie die Worte wiederholte, die sie gesagt hatte, nachdem sie vor drei Jahren Amerikanische Meisterin geworden war. Aber diesmal wusste Siri, dass kein großartigerer Moment möglich war – oder nötig.

Sie hatte recht. Mehr als zehn Jahre später betrachtet Siri ihren Triumph in Edmonton noch immer als unübertrefflichen Zenit persönlicher Glückseligkeit. In jenem Augenblick hatte sie die Leere ausgefüllt, die sie seit ihrer Kindheit in sich getragen hatte. Mit dem letzten Schritt einer langen, beschwerlichen Reise hatte sie den Frieden und die Selbstakzeptanz gefunden, die sie mit ihrem Streben, etwas Großes im Triathlon zu erreichen, gesucht hatte.

Es war nicht so, dass Siri den Weltmeistertitel brauchte, um sich selbst zu lieben; sie hatte sich dadurch, dass sie sich komplett einem Traum verschrieben hatte, bereits in die Person verwandelt, die sie sein wollte. Paradoxerweise, so mag es scheinen, musste Siri einen Traum aufgeben und sich damit zufrieden geben, ihn von Moment zu Moment zu jagen, um die innere persönliche Wandlung zu erreichen, die sie zutiefst herbeisehnte. Und es war genau dieses Loslassen, das es ihr ermöglichte, sich ihren äußerlichen Traum zu erfüllen. Die Ziellinie zu überqueren war nur ein symbolischer Akt dafür, dass die Reise nun zu Ende war.

WENN VERSAGEN DURCH erhöhte Unsicherheit hervorgerufen wird und sich dadurch die wahrgenommene Anstrengung intensiviert sowie die Ausdauerleistung gehemmt wird, dann wäre das Gegenteil davon eine Geisteshaltung, bei der die Unsicherheit verschwindet und so die Anstrengungswahrnehmung reduziert und die Leistung erhöht wird. Gibt es so etwas? Ja.

Der Psychologe Mihály Csíkszentmihályi nannte es »Flow« und definierte es als einen Zustand kompletten Aufgehens in einer bestimmten Tätigkeit. Ausdauersportler beschreiben den Flow-Zustand als einen, in dem sie eins zu werden scheinen mit dem, was sie tun. Der Teil des Gehirns, der normalerweise den Teil überwacht, der sich auf die momentane Aufgabe konzentriert, verschwindet. Somit wird das Bewusstsein des Athleten von außen gelenkt, und zwar so, dass sich die Tätigkeit richtig anfühlt und zu außergewöhnlichen Leistungen führt. Siri Lindleys Versagensproblem war im Grunde eine Neigung zur Ängstlichkeit, die sie davon abhielt, die Rennen, in denen der größte Druck auf ihr lastete, im Flow-Zustand zu bestreiten.

Neurowissenschaftler haben festgestellt, dass verschiedene Veränderungen in der Gehirnfunktion tendenziell von einem Flow-Zustand begleitet werden. Die elektrische Aktivität des Gehirns entlädt sich immer in Wellenmustern. Normales Bewusstsein wird mit einem hochfrequenten Beta-Wellen-Muster in Verbindung gebracht. Im Flow-Zustand fallen die Hirnrhythmen an die Grenze zwischen niedrigfrequenten Beta- und Theta-Wellen. Der Flow steht auch mit einer stark reduzierten Aktivität des präfrontalen Kortex in Verbindung, dem Teil des Gehirns, durch den der Mensch sich seiner selbst bewusst ist, und zu dem auch der zuvor schon genannte dorsolaterale präfrontale Kortex gehört – der innere Kritiker des Gehirns. Auf Molekularniveau werden während des Flows diverse Neurotransmitter (Botschafter-Chemikalien) ausgeschüttet. Dazu gehörten Noradrenalin oder auch Norepinephrin, das den mentalen Fokus erhöht, und Endorphine, die Quelle des berühmten »Runner's High«.

Es ist nicht nötig, die Hirnwellen oder den Neurotransmitter-Level zu messen, um festzustellen, ob ein Athlet sich im Flow-Zustand befindet. Man kann ihn einfach fragen. Athleten wissen, wann sie im Flow sind, denn das Gefühl kann man nicht fehlinterpretieren – es ist das Gefühl der absoluten Einheit mit der eigenen Anstrengung, ein Gefühl, das Siri Lindley bei der ITU Triathlon-Weltmeisterschaft 2001 gehabt hat. Die Anstrengungswahrnehmung verschwindet nicht, während man sich im Flow befindet. Und harte Arbeit fühlt sich in diesem Zustand immer noch hart an, aber das Gefühl wird zu einem schönen, auf eine Art und Weise, die sich nur schwer in Worte fassen lässt.

Eine Handvoll Studien belegen, dass ein Athlet umso besser in einem Ausdauertest abschneidet, je stärker er im Flow-Zustand ist. Eine dieser Studien wurde 2012 von Alan St. Clair Gibson und seinen Kollegen durchgeführt. Acht trainierte Radfahrer sollten hintereinander zwei Zeitfahren über 20 Kilometer auf Fahrradergometern absolvieren. Es ist ziemlich unwahrscheinlich, dass ein Athlet jemals mehrere gleich lange Einzelzeitfahren in genau der gleichen Zeit hintereinander machen wird, und sicherlich hatte es auch keiner dieser Athleten je getan. Einige der Radfahrer waren im ersten Zeitfahren etwas besser, andere im zweiten. Gibson und seine Kollegen sammelten physiologische und psychologische Daten während beider Zeitfahren, um herauszufinden, warum die Radfahrer besser ablieferten – egal in welchem Zeitfahren. Sie fanden keine nennenswerten Unterschiede bei den physiologischen Variablen. Aber sie fanden heraus, dass die Radfahrer bei ihrem besseren Durchgang einen größeren positiven Affekt zu Protokoll gaben – ein Zeichen des Flows.

Diese Studie lässt darauf schließen, dass der Flow nicht komplett kontrollierbar ist und deshalb nicht als Bewältigungsstrategie angesehen werden kann. Es scheint so, als ob eine gewisse Anzahl Faktoren in der richtigen Konstellation zusammenkommen müssen, um einen Flow-Zustand entstehen zu lassen. Die Entstehung steuern kann man mit allem, was hilft, den Athleten im Wettkampf weniger unsicher sein zu lassen. Und der Flow ist im Gegenzug die ultimative Prophylaxe gegen Selbstsabotage und Versagen. Zu lernen, wie man die Faktoren nutzt, die einen Flow-Zustand wahrscheinlicher werden lassen, ist deshalb eine wichtige Bewältigungsstrategie für alle Ausdauersportler.

Körperlich bereit zu sein, ist zum Beispiel ein solcher Faktor. Die Wissenschaft hat gezeigt, dass Menschen leichter in den Flow-Zustand kommen, wenn sie Tätigkeiten nachgehen, die sie sehr gut beherrschen. Andere Studien haben gezeigt, dass gut trainierte

Athleten in den Hirnarealen eine geringere Aktivität aufweisen, die für körperliche Unsicherheit zuständig sind. Diese Dinge stehen in Verbindung miteinander. Gut trainierte Athleten haben es leichter, in den Flow zu kommen, weil sie physisch weniger unsicher sind.

Jeder Faktor, der die Unsicherheit in einem Wettkampf eher verstärkt, macht es schwieriger, in den Flow-Zustand zu kommen. Einer dieser Faktoren sind negative Gedanken. In einer Studie aus dem Jahr 2014 bat ein Team aus Wissenschaftlern unter Leitung von Samuele Marcora einige Freiwillige, bis zur Erschöpfung mit hoher Intensität auf Fahrradergometern zu radeln, und zwar zweimal im Abstand von zwei Wochen. Zwischen den Tests wurde einer Hälfte der Probanden beigebracht, wie man positive Selbstgespräche einsetzt, eine Bewältigungsstrategie, die viele Athleten instinktiv nutzen, um negative Gedanken und Wahrnehmungen während eines Wettkampfs zu neutralisieren. Die andere Hälfte bekam diese Einweisung nicht. Als der Ausdauertest wiederholt wurde, verbesserten diejenigen, die das positive Selbstgespräch einzusetzen wussten, die Zeit bis zur Erschöpfung um 17 Prozent. Obwohl beide Tests bei gleicher Intensität durchgeführt wurden, gaben diese Probanden an, die Anstrengung im zweiten Test als geringer wahrgenommen zu haben. Die Probanden der anderen Gruppe hatten sich im zweiten Test nicht verbessert und die Einschätzung ihrer Anstrengung hatte sich auch nicht verändert.

Einige Athleten sind besonders anfällig für negatives Denken im Wettkampf. Athleten, die nicht an sich selbst glauben, wie Siri Lindley früher, haben es schwerer, ihren inneren Kritiker im Rennen zum Schweigen zu bringen. Viele dieser negativen Gedanken, die solchen Athleten durch den Kopf gehen, entstehen durch die exzessive Fokussierung auf das gewünschte Ergebnis. Alle Athleten gehen mit dem Vorsatz in Wettkämpfe, ihr Ziel erreichen zu wollen. Aber diejenigen, die nicht an sich selbst glauben, sind so ängstlich, was ihre Ziele betrifft, dass diese Angst ihre Aufmerksamkeit von der in diesem Moment zu erledigenden Aufgabe ablenkt. Sie glauben, dass sie nur dann mit Selbstvertrauen ins nächste Rennen gehen könnten, wenn sie ihr Ziel erreichen. So funktioniert das jedoch nicht. Das Selbstvertrauen muss zuerst da sein.

Nur wo kommt es her? Es entsteht, wenn man loslässt, wie geschehen, als Siri sich Brett Suttons Methodik unterordnete. So seltsam das klingen mag: Wenn man sich nur etwas weniger um das Ergebnis eines Rennens schert, erlangt man ein besseres Ergebnis. Ein Athlet, der an sich glaubt, egal ob er Erfolg hat oder nicht, kann sein Ziel aus seinen Gedanken verbannen und den Wettkampf ganz im Moment bestreiten. Und im Moment zu sein – im Flow – bedeutet, dass man ein besseres Rennen abliefert. Der Athlet, der nicht an sich glaubt, kann diesen Zustand hervorrufen, indem er bewusst seine Ziele und Sorgen, die selbige umgeben, aus seinem Kopf verdrängt. Zudem muss ersich beibringen, im gesamten Trainingsprozess, der auf das nächste große Rennen hinführt, auf die Aufgabe fokussiert zu bleiben. Der Fortschritt, der aus diesem »Mach es einfach«-Ansatz entsteht, fördert das Selbstvertrauen so, wie es keine noch so großartige Visualisierung des perfekten Rennens je könnte.

Siri lernte diese Lektion durch ihre Arbeit mit Brett Sutton. Selbstvertrauen kann nicht durch obsessives Sehnen nach einem Ziel entstehen oder durch die Eliminierung aller »Ablenkungen«. Tatsächlich ist dafür das Gegenteil notwendig: ein leerer Kopf und das totale Aufgehen in dem Prozess, der zum Beweis für das vorhandene Potenzial wird, das wiederum die einzige solide Grundlage für wahres Selbstvertrauen ist.

»Echtes Selbstvertrauen kommt von echten Ergebnissen und echtem Training«, sagte Siri dem Journalisten Timothy Carlson im Jahr 2014. »Es muss echt sein.«

FAST JEDER ANDERE ATHLET, der im Juli 2001 an Siri Lindleys Stelle als frisch gekrönte Triathlon-Weltmeisterin gewesen wäre, hätte zumindest noch bis zu den nächsten Olympischen Spielen mit dem Sport weitergemacht. Siri nicht. Obwohl sie noch ein weiteres Jahr an Wettkämpfen teilnahm, nur um zu sehen, ob sie sich an der Spitze, wo sie jetzt war, auch halten konnte, wusste sie, dass sie schon alles bekommen hatte, was der Sport ihr geben konnte.

Als Siri im November 2002 ihren Rücktritt bekanntgab, war sie immer noch die beste Triathletin der Welt. Ein paar Monate später war sie als Trainerin zurück. Siri lieh sich Brett Suttons Modell aus und baute in Boulder ein Elite-Trainingscamp auf. Ihre erste Athletin, die Kanadierin Jill Savege, gewann 2003 den Pan-Am-Games-Triathlon. Ein anderer früherer Schützling, die Amerikanerin Susan Williams, gewann 2004 die Bronzemedaille bei den Olympischen Spielen in Athen. Viele weitere Erfolge folgten, darunter einige Siege von Mirinda Carfrae bei der Ironman-Weltmeisterschaft. Heute ist Siris Ansehen als Trainerin sogar besser als das als Athletin.

Vielleicht überrascht es nicht, dass das, was Siri von anderen Trainern unterscheidet, ihre starke Betonung der mentalen Seite des Sports ist. Sie hat sich durch die psychologischen Probleme gekämpft, die sie als Athletin zurückgehalten haben, und deshalb glaubt Siri, dass sie die Formel hat, um anderen Athleten zu helfen, das Gleiche zu schaffen. Jeweils nur ein einziges Wort ist auf ihre beiden Handgelenke tätowiert: »DANKBARKEIT« auf dem linken, und »GLAUBE« auf dem rechten. Diese beiden Worte beschreiben die Essenz von Siris Trainingsphilosophie. Bei der Dankbarkeit geht es darum, ersehnte Ergebnisse loszulassen und sich ganz auf das Privileg und den Prozess einzulassen, Ziele und Träume zu verfolgen. Glaube bezieht sich auf das Selbstvertrauen, das ganz natürlich durch diesen Prozess entsteht, eine Selbstsicherheit, die die Antithese der vom Zweifel getriebenen Fixierung auf Ziele und Träume ist, die sich in Siris nächtlichen Fantasien vom perfekten Rennen bei Olympia 2000 manifestierte.

Siris Ruf als »Triathleten-Flüsterin« zieht viele Athleten an, die mit sich kämpfen. Ein auffälliges Beispiel ist Leanda Cave, eine britische Triathletin, die als Kurzstreckenspezialistin sehr erfolgreich war, bevor sie zur Langdistanz wechselte, wo sie sich sehr schwertat.

Ihr großer Traum war es, die Ironman-Weltmeisterschaft zu gewinnen, aber das Rennen machte ihr Angst. Nach einem vielversprechenden Debüt im Jahr 2007, bei dem sie Achte wurde, stieg Leanda beim Rennen 2008 aus, woraufhin sie später ihre Profi-Kollegin Dede Griesbauer fragte: »Wird es irgendwann leichter?«. Leanda wurde darüber in Kenntnis gesetzt, dass es das nicht werden würde – und das stimmte wirklich. Dann ging sie zu Siri.

Leanda Cave ist schüchtern. Als Mädchen hatte sie immer Schwierigkeiten, Augenkontakt zu halten. Ihr Selbstvertrauen war gering, und sie hatte nur wenige Freunde. Natürlich ist Schüchternheit eine Form der Unsicherheit, ein Zeichen eines hyperaktiven inneren Kritikers, der auf andere projiziert wird. Leandas innerer Kritiker hielt sie als Kurzdistanzlerin nicht zurück, wohl aber auf der schmerzhafteren und mental fordernderen Langdistanzstrecke. »Manchmal redet man mit sich selbst, während man damit kämpft, fokussiert und im Rennen zu bleiben«, sagte sie *slowtwitch.com.* »Es ist etwas in meinem Kopf, das sagt: Stopp! Du hast solche Schmerzen!«

Das erste Mal, als sie sich unterhielten, sagte Siri zu Leanda: »Ich glaube, du kannst den Ironman gewinnen.« Siri wiederholte diese Worte in den folgenden Monaten wieder und wieder. Zwischendurch forderte sie Leanda im Training permanent so heraus, wie Brett Sutton sie selbst damals gefordert hatte.

Zuerst war Leanda verblüfft davon, dass Siri stur auf ihrem Glauben bestand, dass Leanda den Ironman gewinnen könne, und vom harten Training, das ihr Siri auflud. Nach und nach bemerkte Leanda aber, dass Siri die Last des Glaubens für sie trug, sodass Leanda sie loslassen und sich auf den Prozess konzentrieren konnte. Das harte Training trug seinen Teil dazu bei, dass in Leanda echter Glaube entstand. Nach einem Jahr Zusammenarbeit mit Siri wurde Leanda bei der Ironman-Weltmeisterschaft 2011 Dritte. Wenig später fragte ein Reporter, was ihre neue Trainerin für sie getan hätte.

»Siri hat das Vertrauen in mir geweckt, aus mir herauszukommen«, sagte sie.

Dieser Prozess dauerte bis 2012. Wenige Tage vor dem Ironman in jenem Jahr, Leandas siebtem Versuch bei diesem Rennen, setzte sich Siri zu einer letzten Strategiesitzung mit ihr hin – einem Treffen, das Siri 2014 für mich noch einmal beschrieben hat. Am Ende des Meetings sagte Leanda zu ihrer Trainerin: »Ich glaube jetzt, Siri.«

Siri spürte einen Kloß im Hals und ihr Blick verschwamm. Zwei Tage später gewann Leanda den Ironman 2012, was viele überraschte. Aber nicht alle.

KAPITEL 5

Der Ausweicheffekt

DER JAHRGANG 1980 der Langley High School in McLean, Virginia, war gerammelt voll mit talentierten Athleten. Sowohl das Cross-Team der Jungs als auch die Tennismannschaft der Mädchen hatte im Schuljahr 1979/80 die nationalen Titel geholt. Aber der Top-Sportler auf dem Campus war Willie Steward, dessen Hauptsport Rugby war. Um einen Eindruck davon zu bekommen, wie gut Willie im Rugby war, muss man nur wissen, dass er in seiner Zweitsportart, dem Wrestling, in seinem Abschlussjahr unbesiegt geblieben war und die Virginia State Championship in der Gewichtsklasse 145 Pfund gewonnen hatte.

Nachdem er im Juni seinen Abschluss gemacht hatte, nahm er einen Sommerjob bei einem Dachdecker an, bei dem sein älterer Bruder Steve als Vorarbeiter tätig war. Es war eine temporäre Sache, um Willie zu beschäftigen, während er weiterhin Rugby spielte und daran arbeitete, aufs College zu kommen und seine Wrestling-Karriere wieder aufzunehmen. Weder erwartete er, dass der Job ein lebensveränderndes Erlebnis sein würde, noch wollte er das.

Das Schicksal hatte andere Pläne.

Die Handwerker-Crew hatten gerade mit einem Projekt angefangen, bei dem das Dach des Watergate-Gebäudes in Washington, D. C.

erneuert werden sollte. Eines Morgens arbeitete Willie unten im massiven Kühlturm auf dem Dach des Gebäudes. Willie und ein Kollege benutzten ein Seil, um den Schutt von dem alten Dach zu entfernen. Der Kollege warf Willie von einer Plattform, die ein paar Meter über ihm war, ein Seil zu. Willie griff nach dem Seil, und das ausgefranste Seilende schlang sich knapp über seinem Ellbogen um seinen linken Arm. Im selben Augenblick verfing sich das andere Ende des Seils in den gigantischen Rotorblättern eines Ventilators, der am Rand des Kühlturms stand. Das Ende, das um Willies Arm geschlungen war, wurde mit einer solchen Wucht Richtung Ventilator gerissen, dass es Willie in die Luft schleuderte. Als er gegen die Decke prallte, wurde sein Körper gebremst, sein Arm aber bewegte sich weiter, und die Seilschlinge schälte das Fleisch von Willies Arm, wie zusammengebissene Zähne das Kebabfleisch von einem Spieß abziehen. Das gewaltsame Brechen von Knochen und das Zerbersten von Sehnen verschmolz zu einer abscheulich lauten Kakofonie, die Willie niemals vergessen würde. Die Hand wurde sauber abgetrennt und der gesamte Unterarmmuskel weggerissen. Zurück blieb ein nackter weißer Knochen.

Willie fiel zu Boden und landete auf der Seite. Er sah seinen Handschuh ganz in der Nähe auf dem Boden liegen. Seine Hand war noch immer darin. Blut schoss aus dem zerfetzten Gewebe an Willies Unterarm. Sein Bizeps, am unteren Ende abgerissen, baumelte lose herum. Er krabbelte aus dem Turm heraus, fiel, als er versuchte, seinen linken Phantom-Arm zu benutzen, um sich auf der Dachoberfläche abzustützen. Er rappelte sich hoch, kroch ein paar Meter weiter und fiel wieder hin. Diesmal blieb er liegen. Ein anderer Kollege nahm seinen Gürtel ab und schlang ihn eng um Willies zerfleischten Oberarm. Der notdürftige Druckverband konnte die Blutung nicht stoppen, sondern verursachte nur noch mehr Schmerzen. Instinktiv drückte Willie das lose Ende seines Bizeps mit zwei Fingern zurück unter die Hautdecke. Augenblicke später versiegte das Bluten zu einem Tropfen.

Bei alldem blieb Willie klar im Kopf – klar genug, um zu merken, dass er Hilfe suchen sollte, anstatt darauf zu warten, dass die Hilfe ihn fand. Er stand auf und gab seinem Bruder seine abgetrennte Hand, dann humpelte er hinüber zum Rand des Dachs, von wo aus er einem Kranführer auf dem Boden Zeichen gab. Ein Korb wurde auf Dachhöhe gefahren. Willie kletterte hinein und wurde auf die Straße abgesenkt. Er rannte mehrere Blocks die New Hampshire Avenue zum George Washington Medical Center hinunter, seine grausige Wunde mit einem T-Shirt vor den Augen der Öffentlichkeit – und seinen eigenen – verborgen.

Im Krankenhaus wurde Willie schnell in einen Operationssaal geschoben, musste dort aber warten, bis er sein Frühstück verdaut hatte, bevor er eine Narkose bekommen und operiert werden konnte. Währenddessen wurde ein Tuch über Willies Kopf gezogen, damit er seine verstümmelte Gliedmaße nicht ansehen musste. Als die Schoko-Crispies endlich aus Willies Magen verschwunden waren, wurde ein Narkosearzt geholt. Es gab nicht viel, was die Chirurgen tun konnten, außer das tote Oberarmfleisch mit dem noch lebenden zu verbinden und die Wunde zu schließen.

34 Jahre später, als Willie mir diese Geschichte noch einmal erzählte, konnte er sich absolut klar daran erinnern, was damals passiert war. Als er darauf wartete, dass die Narkose wirkte, hörte er zufällig, wie ein Arzt und eine Krankenschwester über ihn redeten.

»Ich glaube, er ist jetzt endlich weg«, sagte der Doktor.

»Hat auch lange genug gedauert«, meinte die Schwester.

»Ich kann Sie hören«, sagte Willie unter seinem Tuch.

Sekunden später konnte er sie nicht mehr hören. Er war zwei Tage lang bewusstlos und erwachte dann in einem neuen Leben.

Der neue Willie hasste Fleisch. Aber viel schlimmer als seine neue Abneigung war die schwere Depression, die von ihm Besitz ergriff. Willie glaubte, es gäbe nichts mehr, wofür es sich zu leben lohnte. Er war überzeugt, dass er nie wieder eine Freundin haben würde und dass seine Tage als Sportler vorbei seien. Willies Familie und seine

Freunde versicherten ihm, dass es jede Menge Mädchen gebe, die angesichts eines kräftigen Kerls wie ihm, mit dem Lächeln eines Abschlussball-Königs und dem Charme eines Klassensprechers, dem halt zufällig ein Arm fehle, gar nicht anders konnten, als in Verzückung zu geraten. Aber sie blieben stumm, was seine Sportkarriere betraf und kamen still überein, dass ein einarmiger Mann kein Athlet sein konnte.

Wer sollte ihnen das vorwerfen? 1980 gab es kaum Unterstützung oder gar Anerkennung für Para-Athleten. Die wenigen Möglichkeiten, die es gab, fanden wenig Aufmerksamkeit. Auch Physiotherapie-Spezialisten ermutigten behinderte Menschen nicht, zu trainieren und intensiv Sport zu treiben, wie sie das heute tun.

Willie erhielt etwas Geld aus seiner Arbeitsunfallversicherung und wohnte bei seinen Eltern, weshalb er keinen Druck verspürte, sich einen anderen Job zu suchen. Party machen wurde seine neue Beschäftigung. Er verbrüderte sich mit genau den Unruhestiftern und Aussteigern, die er in der Schule gemieden hatte. Sich mit diesen neuen Freunden zu besaufen, ließ ihn kurz seine Trauer vergessen. Aber immer öfter endeten Willies Partynächte in Prügeleien mit Leuten, die ihn falsch angeschaut hatten.

Nachdem es einige Monate lang so gegangen war, überredeten Willies Eltern ihn, zu einem Psychologen zu gehen. Obwohl Willie sich der Behandlung nicht versperrte, führte sie dennoch zu keinerlei Veränderung seines Verhaltens. Schließlich hatten seine Eltern genug von der Faulheit und dem Verfall ihres Sohns und baten ihn auszuziehen. Er fand ein günstiges Haus, das er mietete, und gammelte weiter herum, machte Party, verwickelte sich in Schlägereien.

Zwei Jahre nach seinem Unfall lud ein Freund seiner Mutter den nun 20-jährigen Willie dazu ein, mit ihm an einem 5-Kilometer-Lauf teilzunehmen. Ein zweites Leben als Athlet zu beginnen war das Letzte, an das er dachte, aber er überraschte sich selbst und nahm das Angebot an. Früh am darauffolgenden Samstag kam der Freund der Familie vorbei und holte Willie ab. Er konnte nicht sagen, ob der junge Mann einen Kater hatte oder noch immer betrunken war. Dennoch erwachte in Willie der Wettkämpfer, als der Startschuss fiel, und er rannte, so schnell er konnte. Obwohl seine Leistung nichts Außergewöhnliches war, durchflutete ihn beim Überqueren der Ziellinie ein Gefühl, das er lange nicht gehabt hatte: der Kick, etwas erreicht zu haben. Es war die erste gesunde Gefühlsregung, die er seit einer Ewigkeit gehabt hatte.

So belebend das auch war – diese Begebenheit hätte nirgendwo hingeführt, wenn nicht kurze Zeit später, am Nachmittag des 21. Februar, einem Sonntag, noch etwas anderes geschehen wäre. Willie saß an seinem Stammplatz – im Fernsehsessel in seinem Wohnzimmer – als ABC eine Sendung über den Ironman-Triathlon im Fernsehen brachte, der kürzlich stattgefunden hatte. Ehrfürchtig sah er dabei zu, wie Julie Moss in schmutzigen Shorts über die Ziellinie kroch, um Zweite in der Frauenwertung zu werden. Irgendwo tief in Willie entfachte das ein Feuer. Inspiriert – und impulsiv – ging er sofort los und kaufte sich einen rot-weiß gestreiften Scott-Tinley-Triathloneinteiler. Er zog ihn an, fuhr zum Lake Elsa (heute: Lake Audubon) und sprang hinein.

Mit einem Arm zu schwimmen ist nicht unmöglich. Professionelle Schwimmer machen es sogar ständig als Technikübung. Obwohl Willie nie Wettkampfschwimmer war, hatte er viele Sommertage mit Planschen in offenen Gewässern verbracht und keine Angst. Er nahm einfach seinen Kopf runter und machte unbeholfene, aber zielführende Kraulbewegungen. Aber selbst wenn einarmiges Schwimmen nicht unmöglich ist, so ist es doch für Ungeübte ineffizient und zunehmend energieraubend. Nach ungefähr 100 Metern Gekeule war Willie erschöpft – und 100 Meter vom Ufer entfernt. Er ließ sich Zeit damit, langsam ans sichere Ufer zu gleiten, wo er auf sein Rad sprang und ein paar Kilometer fuhr. Dann warf er das Rad zur Seite und rannte knapp einen Kilometer bis zum nächsten McDonald's, kaufte zwei »Big Macs« und verschlang sie. Er mochte das Gefühl, das er dabei hatte.

Willies Einstellung begann sich zu ändern. Er beschloss, wieder seinem alten Rugby-Verein Northern Virginia RC beizutreten, aber nicht sofort – er bereitete sich ein ganzes Jahr lang darauf vor. Während dieser Zeit brachte Willie seinen Körper mit ungekanntem Eifer in Form, er startete bei 10-Kilometer-Läufen und steigerte sich bis hin zum Marathon. Als er bei seinem ersten Rugby-Training auftauchte, war er fitter als je zuvor.

Sollten Willies neue Teamkameraden und Gegner jemals vorgehabt haben, ihn mit Samthandschuhen anzufassen, bekamen sie dazu nie die Chance. Er schlug sie als Erster und er schlug hart zu, er zeigte mehr Können und Wildheit, als er es zu Highschool-Zeiten je getan hatte. Es waren einige Anpassungen nötig, aber Willie durfte sich großer Anpassungsfähigkeit rühmen. Einige seiner typischen Wrestling-Bewegungen hatte er sich selbst ausgedacht, er hatte immer schon mit jedem Gegner anders gekämpft und seinen Wrestling-Stil den Schwächen, die er in seinem jeweiligen Gegner erkannt hatte, angepasst. Willie benutzte dieselbe Strategie, um einen neuen Rugby-Stil zu entwickeln. Er konnte zum Beispiel keine Tackles mit dem dafür üblichen steifen Arm durchführen. Stattdessen machte er sie, indem er das verbliebene Gliedmaß als Knüppel einsetzte.

Seine Geheimwaffe war jedoch seine neu gewonnene Ausdauer. Das außergewöhnliche Durchhaltevermögen, das Willie durch seine außerlehrplanmäßigen Aktivitäten entwickelt hatte, ließ seine Rugby-Gegner ihm hinterherhecheln. In seinem ersten Turnier gewann er die Trophäe des wertvollsten Spielers. Bald stieg er von North Virginias D- in die C- und anschließend in die B-Mannschaft auf.

Der Trainer der A-Mannschaft war ein mürrischer Engländer namens Chris Brook. Über den Team-Buschfunk hatte Willie erfahren, dass Coach Brook geschworen hatte, Willie würde niemals für ihn spielen. Willie konnte sich den Grund denken – und es traf ihn. Er erzielte in jedem Spiel Punkte durch vier oder fünf Versuche, er war ohne Frage der beste Spieler des gesamten Vereins. Willie war immer noch dabei, über diese Beleidigung hinwegzukommen, als Billy

Smith, Coach beim gegnerischen Washington Rugby Club, den frustrierten Athleten nach einem Spiel zur Seite nahm und ihn einlud, für seine A-Mannschaft zu spielen. Willie nahm die Einladung an und ging auf die andere Seite des Potomac River. Als Washington und North Virginia das nächste Mal auf dem Rugby-Feld aufeinandertrafen, machte Willie das Spiel seines Lebens und führte sein Team zu einem sehr eindeutigen Sieg. Als er das Spielfeld verließ, lief er seinem früheren Trainer über den Weg.

»Vermisst du mich?«, fragte er.

Der Wechsel über den Fluss zahlte sich auch auf andere Weise aus. Einer von Willies Teamkameraden bot ihm einen Job als Fahrradkurier in D.C. an. Fünfhundert Bares pro Woche, schwarz. *Was soll's*, dachte Willie. Er kaufte sich ein billiges Ross-Mountainbike, und ein paar Tage später kurbelte er mit einer Tasche voller Briefe über der Schulter durch die geschäftigen Straßen der Innenstadt. Das Schwierigste am Radfahren mit nur einem Arm war das Bremsen. Die sicherste Methode anzuhalten war, sich fallen zu lassen, was Willie oft tat. Einmal krachte er hinten in einen Bus. Eine ältere Dame schrie von der Haltestelle herüber: »Du solltest besser nicht hier draußen sein!«

Willie spürte, wie Wut in ihm hochstieg, aber das Gefühl wurde durch einen Gedanken verdrängt, der ihm plötzlich durch den Kopf schoss. *Sie könnte recht haben.* Vielleicht sollte er wirklich nicht hier draußen sein. Willie machte es nichts aus, sich selbst wehzutun, aber er konnte es nicht ertragen, andere zu verletzen. Und er wollte nie, dass seine Behinderung der Grund für einen Schlamassel oder ein Versagen war. Vielleicht war es das Beste, sich selbst nicht in Situationen zu bringen, die ihn nur an seine Unvollkommenheit erinnerten. Aber gleichzeitig wollte er auch nicht, dass sein fehlender Arm der Grund dafür war, dass er etwas nicht tun konnte (wie ein Rad sicher zu steuern), und er brauchte einen Job. Also beschloss Willie, sich noch 30 Tage zu geben. Wenn er nach einem Monat Übung noch immer eine öffentliche Gefahr darstellen sollte, würde er aufhören.

30 Tage später fuhr Willie auf dem Hinterrad und rauschte die Treppen des Lincoln Memorial hinunter wie jeder andere Fahrradkurier auch. Diesen Fortschritt verdankte er einzig seinem blinden Trial-and-Error-Ansatz: hinfallen und wieder aufstehen und wieder hinfallen (nur nicht ganz so bald) und so weiter, genau wie er als Kind auch Fahrradfahren gelernt hatte. So entwickelte Willie langsam ein Repertoire an Techniken fürs einarmige Radfahren wie den Balance-Mittelpunkt zu verlagern, wenn er mit seiner rechten Hand die Hinterradbremse betätigte, damit er nicht zum unfreiwilligen Grund für Erheiterung wurde. Willie wurde vom Radfahren dermaßen gepackt, dass er manchmal nach einem abendlichen Rugby-Training in den Sattel sprang und die Nacht durchfuhr bis zum Strand in Ocean City, Maryland, um dort den Sonnenaufgang anzuschauen. Nach einem riesigen Frühstück drehte er um und radelte zehn Stunden zurück nach Hause.

Willies sportliche Wiedergeburt ließ ihn über die Zukunft nachdenken. Als sein Unfall passierte, hatte er noch keine Ahnung gehabt, welchen Karriereweg er einschlagen sollte. Jetzt fühlte er das starke Verlangen, anderen Menschen mit Behinderung zu helfen. 1986 zog Willie nach Breckenridge, Colorado, um einen Job bei Disabled Sports USA anzunehmen. Seine Hauptaufgabe dort war, Kinder in einen Sessellift zu heben. Es war kein glamouröse Tätigkeit, aber es war ein erster Schritt in die Richtung, die er in seinem Berufsleben einschlagen wollte. Den ganzen Tag im Schnee zu verbringen inspirierte Willie dazu, mit Langlaufen zu beginnen, um sich im Winter für die Rugby-Saison in Form zu halten. Aber bald wurde es zu etwas, das er für sich selbst tat. Er ging vor und nach der Arbeit langlaufen und nahm gelegentlich sogar an Rennen teil.

Bei einem Wettkampf kam Kendall Butts auf Willie zu, der Cheftrainer des amerikanischen Para-Skiteams (U. S. Disabled Ski Team) und lud ihn ein nach Park City, Utah, um einen VO_2max-Test zu absolvieren. Willie willigte ein. Das Ergebnis, ein Wert von 60 Milliliter Sauerstoffaufnahme pro Kilogramm Körpergewicht pro Minute, war astronomisch für einen 83-Kilo-Rugbyspieler. Butts konnte seine Aufregung nicht verbergen, stellte Willie einen Trainingsplan zusammen und sagte ihm, dass, wenn er diesem folgte, er vielleicht eines Tages bei den Paralympics starten und eventuell sogar eine Medaille gewinnen könnte. Innerhalb eines Jahres hatte Willie seinen VO_2max-Wert um zehn Punkte erhöht und seine Marathonzeit von 3:40 auf 2:42 Stunden reduziert (und 18 Kilo verloren, womit er sein Highschool-Wrestling-Gewicht wieder erreicht hatte). 1998 qualifizierte er sich für die Paralympischen Winterspiele in Nagano, Japan. Vier Jahre später, in Salt Lake City, gewann er eine Silbermedaille im Skilanglauf.

So sehr er genoss, was er erreicht hatte, trat Willie doch lieber gegen nicht behinderte Athleten an. Er zog wenig Befriedigung daraus, gut zu sein »für einen Kerl mit nur einem Arm«. Er wollte nach denselben Standards gut sein, die bei den Athleten mit vier gesunden Gliedmaßen angelegt wurden.

Willies Gedanken wanderten oft zurück zu dem schicksalhaften Tag, an dem er Julie Moss über die Ironman-Ziellinie hatte kriechen sehen. Obwohl er vor seinem Unfall nie großes Interesse an Ausdauersportarten gehabt hatte, hatte dieser elektrisierende Moment ein Körnchen Verlangen in ihm gesät. Es hatte ihm nicht nur zu einer stetig nach oben strebenden Sportkarriere nach seinem Unfall verholfen, sondern ihn auch unaufhörlich in Richtung eines ultimativen Ziels gezogen: der Ironman-Weltmeisterschaft auf Hawaii. Hier versammelten sich jedes Jahr 1600 der besten Profi- und Amateurtriathleten der Welt – nur ein halbes Dutzend von ihnen mit Behinderung –, um vor einer unwirtlichen Kulisse gegeneinander anzutreten. Willie betrachtete das Überqueren dieser speziellen Ziellinie als symbolisches Ende seiner Reise zurück ins volle Leben.

Willie kam diesem Ziel einen Schritt näher, als er ein Event der Challenged Athletes Foundation, einer Organisation, die Para-Athleten finanziell unterstützt, in San Diego besuchte, wo er Jim MacLaren kennenlernte, der den Ironman mit einem amputierten Bein gefinisht hatte. MacLaren drängte Willie dazu, mit dem Träumen aufzuhören und es wirklich mit dem Ironman zu versuchen. Zu dieser Zeit war Willie verheiratet. Seine Frau Lynnsey hatte 1985 am Ironman teilgenommen und brannte darauf, nach Big Island zurückzukehren. Außerdem lebte das Paar nun in Südkalifornien, wo es eine lebendige Triathlongemeinde gab. Alles fügte sich. Es war Zeit für Willie, die Reise zu Ende zu bringen.

Zuerst jedoch musste Willie herausfinden, ob er schwimmen konnte – nicht nur sein Kinn 100 Meter lang über Wasser halten, sondern richtig schwimmen. Sein erster Test war entmutigend. Nach nur einer Runde im Schwimmbad des Loma Linda Medical Center hyperventilierte er und hatte den Magen voller Chlorwasser. Aber das rüde Wachrütteln machte Willies Entschlossenheit, diese Herausforderung zu meistern, nur noch stärker.

Er wandte die gleiche 30-Tage-Regel an, die ihn zu einem Meister des einarmigen Radfahrens gemacht hatte, er schwamm einen Monat lang jeden Tag. Wieder verließ Willie sich auf das ungesteuerte Trial-and-Error-Prinzip, um sich seinen Weg hin zum Können zu erfühlen, und entwickelte mit der Zeit eine individuelle Technik mit sehr viel Beinschlag und Körperrotation. Als der Monat herum war, war er zuversichtlich, dass er 3,8 Kilometer – die Ironman-Schwimmdistanz – innerhalb des Zeitlimits von zwei Stunden schaffen konnte. 2002 bewarb er sich für einen der sechs Ironman-Slots, die Para-Athleten jedes Jahr per Lotterie zugelost wurden. Nur vier weitere bewarben sich noch außer ihm.

Sechs Monate vor dem Rennen tauchte ein Fernsehnachrichten-Team am Pool auf, als Willie gerade sein Training beendet hatte, und überbrachte ihm die guten Neuigkeiten wie in einer Überraschungs-Show. Aber anstelle eines Schecks über zehn Millionen US-Dollar bekam Willie die Startnummer 306.

Sein erster Gedanke war: *Wo habe ich mich da nur reingeritten?*

DIE GESCHICHTE VON WILLIE STEWART ist bemerkenswert, aber nicht außergewöhnlich. Heute ist es für Amputierte ziemlich normal, dass sie Ausdauersport betreiben. Ärzte und Physiotherapeuten ermutigen Patienten mit verlorenen Gliedmaßen aktiv dazu, ambitioniert zu schwimmen, Rad zu fahren und andere Ausdauerdisziplinen zu betreiben. Aber die Ärzte und Physiotherapeuten können es sich nicht ans Revers heften, Sport als Mittel zur Genesung entdeckt zu haben. Lange bevor die Schulmedizin Sport in ihr Behandlungsrepertoire aufnahm, fühlten sich die Betroffenen aus sich selbst heraus von Ausdauersportarten angezogen.

Die Psychologie hinter dieser Anziehung ist nicht schwer zu begreifen. Was einem Großteil der Amputierten am meisten zu schaffen macht, ist, dass sie Dinge nicht tun können, die »normale« Menschen tun können. Die Bandbreite normaler Tätigkeiten ist nicht auf Alltagsaufgaben beschränkt wie Gläser zu öffnen oder ein Auto zu fahren. An Marathons, Triathlons und Radrennen teilzunehmen ist für eine bestimmte Bevölkerungsgruppe ebenfalls eine normale Tätigkeit. Es gibt keine bessere Möglichkeit für einen Amputierten, sich normal zu fühlen, als erfolgreich die physisch anspruchsvollsten Dinge zu schaffen, die nicht behinderte Menschen tun. Deshalb fangen manche Männer und Frauen, die vorher kein Interesse am Ausdauersport gehabt haben, nach dem Verlust einer Gliedmaße damit an. Vor dem Unfall war es ihnen genug, Gläser zu öffnen und Auto zu fahren und zu wissen, dass sie einen Marathon laufen könnten, wenn sie jemals Lust darauf bekommen sollten. Nach dem Unfall verspüren viele das starke Bedürfnis danach, rauszugehen und es zu beweisen.

Willie Stewart fasste diese Geisteshaltung in einem Gespräch mit Bob Babbitt, dem Gründer der Challenged Athletes Foundation, prägnant zusammen. »Sport macht mich ganz«, sagte er.

1985 untersuchten Psychologen der kanadischen Laurentian-Universität den psychologischen Einfluss von Sport auf behinderte Menschen, indem sie eine große Anzahl behinderter Sportler und

Nichtsportler Fragebögen ausfüllen ließen und dann die Ergebnisse verglichen. Die Forscher kamen zu dem Schluss, dass Para-Athleten »mehr Selbstwertgefühl haben, zufriedener mit und glücklicher in ihrem Leben sind, nach außen gewandter sind und eine bessere Bildung haben als Nichtathleten. Das psychosoziale Funktionieren der behinderten Personen könnte durch die aktive Teilnahme an Sportveranstaltungen erhöht werden.«

Andere Studien haben gezeigt, dass Sport das eigene Körperbild und die funktionelle Kapazität bei Amputierten verbessert. Auf der Basis solcher Erkenntnisse wurde es zum Standard unter Medizinern, Amputierte dazu zu ermutigen, Sport zu treiben. Vor allem amputierte Soldaten werden nun zum Sport motiviert, und sie nehmen diese Motivation gern an. In den Vereinigten Staaten gibt es fast schon eine Standleitung vom Schlachtfeld auf die Rennstrecke. Organisationen wie Ride 2 Recovery und das Wounded Warrior Project haben Tausende verwundeter amerikanischer Veteranen zu Ausdauersportlern gemacht.

Es ist nicht überraschend, dass einige von diesen Männern und Frauen schon vor ihrer Verletzung Sport gemacht haben. In einer Studie aus dem Jahr 1993 mit Teilnehmern des fünften nationalen Triathlons für Para-Athleten ergab, dass die Mehrheit länger Athlet als behindert war. Wir sprechen hier also über die berühmte Henne-Ei-Problematik. Behinderte Menschen werden nicht nur psychisch gesünder durch Sport, sondern der Sport gibt ihnen – teils durch das sportliche Streben – auch das, was psychologisch notwendig ist, um nach dem Verlust einer Gliedmaße das Beste aus ihrem Leben zu machen.

Viele Athleten stellen fest, dass ihre Einschränkung sie eigentlich zu besseren Athleten macht – zumindest mental. Willie Stewart war eindeutig ein besserer Rugby-Spieler mit einem Arm, als er es mit zwei Armen gewesen war. Jeder Wettkämpfer möchte sich selbst beweisen, aber als Willie nach seinem Unfall aufs Spielfeld zurückkehrte, war er in seinem Bestreben unbeirrbar. »Meinen Arm zu verlieren hat mich unglaublich fokussiert werden lassen«, sagt er. Er meint das ziemlich wörtlich. Während der Spiele blendete »Ein-Arm-Willie« (als der er bekannt wurde) alle Umgebungsdetails aus bis auf die, die er nutzen konnte, um den Ball hinter die Torlinie zu bringen, zum Beispiel eine winzige Lücke zwischen den Verteidigern.

Es wäre falsch zu sagen, dass Willie durch den Verlust seines Arms ein besserer Ausdauersportler geworden war, da er vor dem Unfall nie Ausdauersport betrieben hatte. Aber es gibt keinen Zweifel daran, dass er denselben Fokus, der ihn zu einem besseren Rugby-Spieler gemacht hatte, mit in den Ausdauersport brachte, und diese geistige Einstellung war auf der Rennstrecke ebenso wertvoll wie auf dem Spielfeld. In Wettkämpfen manifestierte sich Willies hoher Fokus als inhibitorische Kontrolle, eine Bewältigungsstrategie, die ich bereits in der Einleitung erwähnt habe. Sie ermöglicht es Athleten, sich hilfreicher Stimuli zu bedienen und negative Stimuli auszublenden und so bei gleichbleibender Anstrengungswahrnehmung höhere Geschwindigkeiten realisieren zu können.

Viele Athleten, die sich verletzen oder andere körperliche Rückschläge erleiden, finden darin Möglichkeiten, ihre mentale Fitness zu verbessern. Wenn ein Wettkampf wie ein Lauf über glühende Kohlen ist, dann ist ein körperlicher Rückschlag so, als würde man auf dem Kohlenbett zurückgezogen. Der Verlust physischer Fähigkeiten erhöht die Distanz, die ein Sportler überwinden muss, um den am weitesten entfernten Punkt zu erreichen, an dem er vor dem Rückschlag war. Es liegt in der Natur eines Athleten, dass er trotz der weiteren Strecke an diesen Punkt zurück möchte. Der offensichtlichste Weg, um dieses Ziel zu erreichen, ist, sich noch mehr anzustrengen als jemals zuvor. Wenn er damit Erfolg hat, stellt der Athlet vielleicht irgendwann fest, dass die besseren physischen Fähigkeiten, über die er vor seinem Rückschlag verfügte, nur eine Krücke waren, die ihn davon abgehalten hat, seine volle mentale Kapazität zu nutzen.

Es ist tatsächlich so, dass der Geist umso schwächer und fauler werden kann, je leistungsfähiger der Körper ist. In einem Interview mit *FloTrack* im Jahr 2014 gestand Chris Solinsky, der einmal den amerikanischen Rekord über 10.000 Meter gehalten hatte: »Ich habe in den letzten paar Jahren herausgefunden, dass ich nicht weiß, ob ich so hart war, wie ich dachte.« Zu dieser Feststellung kam er, als eine Verletzung ihn all seiner Fitness beraubte und er zum ersten Mal in seinem Leben kämpfen musste, um im Training mit seinen Teamkameraden mithalten zu können. Dies ließ Solinsky realisieren, dass seine frühere physische Dominanz ihn der Chance beraubt hatte, mentale Fähigkeiten zu entwickeln, um mit solchen Widrigkeiten umzugehen.

Einige Athleten gewinnen durch eine Verletzung oder andere körperliche Rückschläge nicht nur an mentaler, sondern auch an körperlicher Fitness – nachdem sie diese eingebüßt haben. Dies geschieht durch einen Prozess, den ich den »Ausweicheffekt« nenne. Wenn der Körper die Fähigkeit verliert, auf gewohnte Art und Weise die gewünschte Leistungsstufe zu erreichen, reagiert das Gehirn, indem es neue Wege sucht, den Körper auf dasselbe Leistungsniveau zu bringen, Wege, die der Athlet sonst vielleicht nie entdeckt hätte. Das ist der Ausweicheffekt.

Dieses Phänomen ist nicht auf den Sport beschränkt. Ein Beispiel des Ausweicheffekts im künstlerischen Bereich ist Django Reinhardt, der legendäre Jazz-Gitarrist. Als er zwölf war, bekam Reinhardt seine erste Gitarre. Mit 18 war er ein Virtuose auf seinem Instrument. Aber dann erlitt er bei einem Hausbrand schwere Verbrennungen am Mittel- und Ringfinger seiner linken Hand, sie blieben gelähmt. Anstatt die Musik aufzugeben, lernte Reinhardt das Gitarrespielen neu. Der Lohn seiner Arbeit war ein einzigartiger Solo-Stil, der als Hot Jazz bekannt wurde. Musikkritiker bewerteten seinen neuen Stil besser als seinen alten, und er wäre ziemlich sicher nie entstanden, wenn nicht eingeschränkte körperliche Fähigkeiten Reinhardt dazu herausgefordert hätten, aus weniger mehr zu machen.

Der Ausweicheffekt hat viele Facetten. Einige davon werden wir in späteren Kapiteln behandeln. Die Facette, über die wir hier sprechen, ist unter Wissenschaftlern bekannt als Neuroplastizität. Das Gehirn ist sehr plastisch: Es hat die fast unbegrenzte Fähigkeit, sich als Reaktion auf Hindernisse, die seinen normalen Betrieb beeinflussen, neu zu organisieren. Beispielsweise verdrahtet sich das Gehirn eines Menschen, der seine Sehkraft verliert, dahingehend neu, dass die anderen Sinne geschärft werden. Ähnliches geschieht, wenn ein Sportler nach einer Verletzung mit bleibender körperlicher Einschränkung das Training wieder aufnimmt. Da das Gehirn die Körperbewegungen nicht mehr so abrufen kann, wie es das früher getan hat, sucht es nach Alternativen und bedient sich schlussendlich der effektivsten.

In einem 2014 durchgeführten Experiment untersuchte Anita Haudum von der Universität Salzburg den Ausweicheffekt beim Laufen. Um eine Verletzung zu simulieren, die die Beine beeinträchtigt, spannte sie ein elastisches Band zwischen Hüfte und Knöchel eines jeden der teilnehmenden Freiwilligen und ließ sie damit laufen. Die Elektromyografie (EMG) zeigte, dass für das Laufen mit dem elastischen Band im Vergleich zum ungehinderten Laufen viel mehr Muskelaktivierung notwendig war. Aber Haudum beobachtete, dass die Freiwilligen nach sieben Wochen Training mit dem elastischen Band eine merklich verbesserte Effizienz an den Tag legten. Durch die Magie der Neuroplastizität hatten ihre Gehirne eine neue Art gefunden zu laufen, die kaum mehr Muskelaktivierung benötigte als die ohne Einschränkung. Dieser unbewusst erlernte neue Laufstil unterschied sich nicht sichtbar vom natürlichen des jeweiligen Probanden, aber er kam mittels anderer Muster der Hirn- und Muskelaktivierung zustande. Die Probanden hatten einen neuen Weg gefunden, so zu laufen wie früher.

Wie es Willie Stewart auch erfahren hat, als er einarmig Rad fahren und schwimmen lernte, ist das kontinuierliche Trial-and-Error-Prinzip (oder wie er es nennt: »geführte Entdeckung«) die einzige

Möglichkeit, eine gewohnte Tätigkeit zu meistern, die durch eine aufgezwungene Einschränkung wie eine Verletzung wieder zu einer neuen gemacht wurde. Es ist unmöglich für einen Sportler, der sich mit einer solchen Situation konfrontiert sieht, bewusst zu schlussfolgern, wie er seine Technik am besten anpasst, und sich dann programmatisch das neue Muster anzueignen. Er muss stattdessen einfach Möglichkeiten zur Entwicklung schaffen, und der Rest erledigt sich von selbst.

Ein anderes Beispiel für den Ausweicheffekt im Ausdauersport ist die Läuferin Serena Burla. Sie wuchs in Wisconsin auf und begann in der dritten Klasse mit dem Laufen. Schon von Anfang an hasste sie es zu verlieren und weinte jedes Mal bitterlich, wenn ein anderes Mädchen vor ihr über die Ziellinie rannte. Sie verlor nicht oft, bis sie in die Highschool kam. Beim regionalen Midwest-Qualifikationsrennen für die Foot Locker National High School Cross Country Championships schaffte sie den Sprung von landesweiter Dominanz zu nationaler Bekanntheit nicht, da sie nur einen 12. Platz machte.

Von 2003 bis 2006 lief Serena mit einem Stipendium der Universität von Missouri, wo sie wieder sehr gute, aber nicht wirklich außergewöhnliche Leistungen brachte und in ihrem letzten Jahr Sechste in der NCAA Championship über 10.000 Meter wurde. Da sie keinerlei Aussicht auf eine Karriere als professionelle Läuferin hatte, hörte sie nach dem Abschluss mit dem Sport auf. Wenig später jedoch lernte sie Isaya Okwiya kennen, die kenianisch-amerikanische Trainerin eines neuen post-universitären Laufteams, die sie überredete, wieder in Form zu kommen.

Serena machte gute Fortschritte bei ihrem Comeback, bis eine Stelle in ihrem rechten hinteren Oberschenkel zu schmerzen begann. Die üblichen Behandlungsmethoden brachten keine Besserung, also ließ sie sich untersuchen und erfuhr, dass sich auf ihrem Bizeps femoris, einem von drei Muskeln, aus denen sich die ischiocrurale Muskulatur zusammensetzt, ein Krebstumor von der Größe eines Golfballs gebildet hatte. Anfang 2010 legte sich Serena unters Messer.

Der Chirurg, Dr. Patrick Boland vom New Yorker Memorial Sloan Kettering Cancer Center, nahm schließlich nicht nur den Tumor, sondern fast den gesamten Muskel heraus.

Als Boland Serena erklärte, warum das notwendig gewesen war, fragte sie ihn, ob ihre Laufkarriere beendet sei. Er wollte keine Einschätzung abgeben. »Wir müssen abwarten«, sagte er. Aber insgeheim hatte er nicht viel Hoffnung.

»Ich dachte, sie würde vielleicht in der Lage sein zu gehen«, erzählte Boland später der *Runner's World*, »aber ich war ziemlich sicher, dass sie nie wieder ein Rennen würde laufen können.«

Wenn es für Serena möglich sein sollte, wieder zu einer Top-Läuferin zu werden, würde ihr Gehirn einen Weg finden müssen, den fehlenden Muskel auszugleichen. Durch intensive Reha und einer vorsichtigen, aber hartnäckigen Rückkehr zum Laufen begann die Neuroplastizität in Gang zu kommen. Als Serena mit der Reha fertig war, konnte sie mit dem »schlechten« Oberschenkelmuskel mehr Gewicht heben als mit dem anderen. Die beiden verbliebenen Muskeln hinten in ihrem rechten Oberschenkel machten wortwörtlich die Arbeit von dreien.

Als Serenas Trainerin sie das erste Mal seit ihrer Operation laufen sah, bemerkte sie, dass die für sie typische Auswärtsbewegung ihres rechten Unterschenkels verschwunden war. Ohne bewusstes Eingreifen hatte ihr Gehirn dem Bein eine neue Art zu Laufen beigebracht. Und mit fortlaufendem Training stellte Serena fest, dass sie an Stellen Muskelkater bekam, die sich zuvor noch nie bemerkbar gemacht hatten – ein weiteres Zeichen für einen Ausweicheffekt.

Serena bemerkte aber nicht nur körperliche Veränderungen, sondern auch psychische. Während ihre Leidenschaft fürs Laufen größer als jemals zuvor war, hatte sich die Art, diese auszudrücken, geändert. Ihr brennender Ehrgeiz, unbedingt gewinnen zu müssen, wurde ersetzt durch eine tiefe Dankbarkeit und Wertschätzung dafür, einfach nur laufen zu können – Gefühle, die unter Sportlern gängig sind, die karrieregefährdende Verletzungen überstanden haben.

Sie verplemperte keine Zeit mehr mit Kleinigkeiten wie suboptimalem Training und akzeptierte die fordernden Aspekte ihres Sports besser, zum Beispiel das Unwohlsein bei schnellen Einheiten, wenn man extrem erschöpft ist. Der Krebs hatte in ihr das Verlangen ausgelöst zu leben, ohne zu bereuen, und dieses Verlangen motivierte sie dazu, mehr aus den wichtigen Einheiten zu holen als das, womit sie sich bisher begnügt hatte. Alles in allem war ihr Kopf für sie als Läuferin wichtiger geworden.

Acht Monate nach der Operation lief Serena den New-York-City-Marathon, ihr Debüt auf dieser Distanz, und überraschte alle, indem sie als vierte Amerikanerin nach 2:37:06 Stunden den Zielstrich überquerte. Während des Wettkampfs lief sie an dem Krankenhaus vorbei, in dem sie operiert worden war. Sie zeigte auf ihren rechten Oberschenkel und sagte: »Danke!« In den folgenden drei Jahren reduzierte Serena ihre Marathonbestzeit noch drei Mal und schaffte den Amsterdam-Marathon 2013 schließlich in 2:28:05 Stunden. Im Jahr darauf wurde sie amerikanische Meisterin im Halbmarathon.

Zahlen lügen nicht. Serena war mit zwei Muskeln in ihrem Oberschenkel eine bessere Läuferin, als sie es mit drei gewesen war. Es war keine Zauberei. Viele Athleten haben Wege gefunden, aus weniger mehr zu machen. Alle Beispiele zusammengenommen beweisen, dass Rückschläge, die auf eine Einschränkung der körperlichen Fähigkeiten hinauslaufen – ob temporär oder dauerhaft –, eine Chance sein können, durch den Ausweicheffekt kompensatorische physische Vorteile daraus zu ziehen und mental fitter zu werden. Schlimme Verletzungen, kleinere Verletzungen, Krankheit, nach einer langen Abstinenz wieder mit dem Training zu beginnen, älter werden – diese verhassten Rückschläge und andere sind allesamt potenzielles Glück im Unglück.

Die Neuroplastizität ist eine Bewältigungsstrategie, die automatisch dann zu arbeiten beginnt, wenn ein Sportler eine alte Fähigkeit unter neuen Einschränkungen ausführt. Aber um vom Ausweicheffekt zu profitieren, muss ein Athlet zuerst eine andere, psychologische Bewältigungsstrategie anwenden, eine, die einen bewussten Entschluss voraussetzt und auf die Willie Stewart intuitiv vertraut hat: Anpassungsfähigkeit.

Für einen Sportler, der einen körperlichen Rückschlag erlitten hat, beginnt diese Anpassungsfähigkeit mit dem Glauben, dass eine alte Fähigkeit es wert ist, wiederbelebt zu werden, obwohl es eine neue Einschränkung gibt. Anpassungsfähigkeit bedeutet, eine Gliedmaße zu verlieren und zu denken: *Ich glaube, dass ich immer noch Rad fahren und schwimmen kann – vielleicht schneller als die meisten anderen Leute.* Anpassungsfähigkeit bedeutet, einen Muskel aus dem hinteren Oberschenkel entnommen zu bekommen und zu denken: *Ich glaube, ich kann noch immer laufen – vielleicht besser als jemals zuvor.* Anpassungsfähigkeit bedeutet mit einer ähnlichen mentalen Einstellung zu reagieren, wann immer man einen körperlichen Rückschlag erleidet. Wenn man das tut, werden Körper und Kopf folgen. Der Körper wird sich anpassen, indem er neue Leistungsfähigkeit findet, und der Kopf, indem er die mentale Fitness verbessert durch einen erhöhten Fokus oder inhibitorische Kontrolle (wie im Fall von Willie Stewart), durch mehr Wertschätzung für das Geschenk, sich bewegen zu können (Serena Burla), oder irgendeine andere positive Veränderung.

Behindertensport ist auch als adaptiver Sport bekannt. Willie Stewart würde sagen, dass alle Sportarten adaptive Sportarten sind – oder sein sollten.

DIE IRONMAN-WELTMEISTERSCHAFT sieht für behinderte Teilnehmer keine speziellen Anpassungen vor, außer dass ein paar Startplätze für sie reserviert sind. Para-Athleten starten zur gleichen Zeit wie alle anderen auch, sie absolvieren dieselbe Strecke und müssen die gleichen Cut-off-Zeiten einhalten, sie erhalten dabei keine Hilfe – mit der Ausnahme, dass nicht mobile Teilnehmer vom Schwimmausstieg in die Wechselzone gebracht werden.

Willie Stewart hätte es nicht anders haben wollen. Er kostete es voll aus, einfach ein Teilnehmer unter vielen zu sein. Und so platzierte er sich in der Mitte der ersten Startreihe, wo die Sportler hinter dem Startbanner im Wasser traten, das kurz nach Sonnenaufgang über der Bucht von Kailua-Kona hing an diesem 19. Oktober 2002. Eine Stunde zuvor war ein monsunartiger Regen niedergegangen. Der Regen hatte inzwischen aufgehört, aber die über einen Meter hohen Wellen, die der Schauer mitgebracht hatte, waren immer noch da und hoben und senkten die Wettkampfteilnehmer in einem trägen Rhythmus.

Jeder Triathlet hat Schwächen und Stärken. Laufen war Willies stärkste Disziplin, weil sein fehlender Arm sie am wenigsten beeinträchtigte. Läufer, die beide Arme auf dem Rücken verschränken, so zeigte eine Studie, laufen nur drei Prozent weniger ökonomisch als mit schwingenden Armen. Das Radfahren war für Willie schon etwas eingeschränkter als das Laufen, weil er – obwohl Radfahren eine beinlastige Sportart ist – keine so aerodynamische Position einnehmen konnte wie die Athleten mit zwei Armen. Schwimmen war Willies schwächste Disziplin aufgrund der offensichtlichen Herausforderung des Schwimmens mit nur einem Arm. Für ihn würde es auf den 3,8 Kilometern des Vollkontaktschwimmens bei diesem Ironman schlicht ums Überleben gehen.

Um 7 Uhr ertönte die traditionelle Startkanone und die ungefähr 1600 Athleten begannen, den Pazifik schaumig-weiß zu schlagen. Willies Plan war es, so lange wie möglich im Wasserschatten der schnelleren Schwimmer vor ihm zu bleiben und dann sein eigenes Tempo zu schwimmen. Kaum hatte er sich entspannt, wurde er von einem nicht enden wollenden Strom von Schwimmern überholt, von denen ihn einige unabsichtlich schlugen, kickten oder unter Wasser drückten, als sie vorbeikraulten. Als Kontaktsportveteran machte Willie das nichts aus. Er verlor auch seinen Fokus nicht, als er aus dem Schutz der Bucht hinausschwamm und die höchsten Wogen in der 24-jährigen Geschichte des Ironman ihm entgegenschlugen. Alle paar Armschläge schluckte er einen Schwall des Salzwassers, das in seinem Hals brannte. Er würgte und machte weiter.

Willies Finger berührten den Asphalt des Anlegestegs am Ende des Kona-Piers, als die Rennuhr 1:16:54 Stunden anzeigte. 1124 Athleten waren bereits vor ihm aus dem Wasser gestiegen, 479 lagen hinter ihm. Willie überholte bei seinem wilden Lauf über die Rampe zum Wechselzelt mindestens ein Dutzend Konkurrenten. Es war ebenfalls ein Teil seines Plans, jede Möglichkeit auszunutzen, eine Sekunde oder Platzierung zu gewinnen.

Geschickt setzte Willie mit der rechten Hand seinen Fahrradhelm auf, nahm sein Rad, schob es hinaus aus der Wechselzone und ging auf die 180 Kilometer lange Radstrecke. Die Strecke war im Vergleich zum letzten Jahr geändert worden. Zuvor waren die Fahrer direkt aus Kailua-Kona hinausgeführt worden in die Lavafelder an der Westküste von Big Island am Queen Kaahumanu Highway. Nun begann der Kurs mit einer Schleife, die die Fahrer zur Old Kona Airport State Recreation Area am nördlichsten Rand von Kailua leitete und dann zurück nach Kailua, bevor es auf den Queen K. ging. Die Änderung brachte mehrere enge Kurven mit sich, steile Anstiege und Abfahrten – die Art technischen Fahrens, die mit einem Arm am schwierigsten ist. In künftigen Rennen würde Willie die Hilfe einer Prothese haben, aber an dem Tag hatte er noch keine.

Wenn es etwas gibt, das für einen einarmigen Mann schwieriger ist, als scharfe Kurven zu fahren und mit steilen Anstiegen und Abfahrten zurechtzukommen, dann ist es, mit Seitenwind zu fahren. Der Ironman ist berühmt für seine Seitenwinde, und als Willie durch die Lavafelder fuhr, machte er umgehend ihre Bekanntschaft. Lediglich aufrecht zu bleiben war eine ebensolche Herausforderung wie mit etwas mehr als 30 Kilometer pro Stunde vorwärtszukommen. Willie befürchtete fast noch mehr, mit einem anderen Fahrer zusammenzustoßen und ihn von der Strecke zu fegen, als dass er fürchtete, selbst von der Stecke geweht zu werden. Er wusste, dass man es auf seine Behinderung schieben würde, und das durfte nicht passieren.

Um das Risiko, in einen Konkurrenten geschubst zu werden, zu minimieren, hielt Willie an, um aus seiner Flasche am Rahmen zu trinken, anstatt das freihändig während der Fahrt zu tun. Er hasste es, auf diese Weise Zeit zu verlieren, also stoppte er nur etwa alle 30 Minuten – ungefähr halb so oft, wie wenn er allein unterwegs gewesen wäre. Als es wärmer wurde, dehydrierte Willie zunehmend.

Trotz der unzureichenden Flüssigkeitszufuhr und einem Dutzend Stopps überholte Willie mehr Fahrer, als Fahrer ihn überholten. Er beendete den Radpart in 5:48:55 Stunden, schob sich fast 100 Plätze nach vorn und war nun knapp außerhalb der Top 1000. Wieder schoss Willie durch die Wechselzone und brauchte weniger als zwei Minuten, um vom Rad in die Laufschuhe zu steigen und auf die 42,2 Kilometer lange Laufstrecke zu gehen.

Vor dem Rennen hatte Willie sich kühn vorgenommen, den Marathon in weniger als drei Stunden zu laufen. Das schafften bei diesem Ironman jedes Jahr nur eine Handvoll Athleten – fast allesamt Profis. Willie ging den Marathon mit einer entsprechenden Geschwindigkeit an. Er fühlte sich gut und überholte einen Athleten nach dem anderen. Er wurde euphorisch. *Ich kann nicht glauben, dass ich wirklich hier bin,* dachte er, als er auf dem Alii Drive an der Küste entlangrannte und die sagenhaften Ausblicke in der Realität sah, die er von so vielen Fotos und Videos aus den Jahren kannte, in denen er davon geträumt hatte, dieses Rennen zu machen.

Nach etwas mehr als 12 Kilometern wurde es Willie sehr heiß. Das lag daran, dass es heiß war – 30 Grad. Nach rund 16 Kilometern war er fix und fertig. Er dachte daran, dass er noch mal gut 26 Kilometer würde laufen müssen, um ins Ziel zu kommen, und er hätte heulen können. Seine Geschwindigkeit fiel von 4:21 Minuten pro Kilometer auf 5 Minuten und von 5 Minuten auf 5:35. Einige Läufer, die Willie überholt hatte, zahlten es ihm jetzt heim. Sein preisgekrönter mentaler Fokus war machtlos gegen den unaufhaltsamen Tempoverlust. Dennoch weigerte er sich zu gehen. Komme was wolle, schwor er sich, er würde nicht gehen. Dann überholte ein älterer Herr Willie, er ging.

Sekunden später brach Willie seinen Schwur und ging ebenfalls, aber nur, weil er dachte, er könne so schneller vorankommen. Als er sich der 30-Kilometer-Marke näherte, sah er, wie sich auf dem flirrenden Queen K Highway ein Trupp Fahrzeuge in der Ferne auf ihn zubewegten. Sie begleiteten die führende Frau, Natascha Badmann, die drauf und dran war, ihren dritten Ironman-Sieg in Folge klarzumachen. Als Badmann Willie passierte, lächelte sie und zwitscherte: »Hi!«

Willie war niemand, der sich von Prominenz beeindrucken ließ. Aber in diesem Moment, so erinnert er sich, fand eine Art Energietransfer statt. Obwohl Badmann auf dem Weg zu Ruhm und einem dicken Preisgeld war, schien sie glücklich zu sein, einfach hier zu sein und in der Lage, das zu tun, was sie tat. Dieses Gefühl war ansteckend. Willie bekam Aufwind. Hatte er auf den vorherigen Kilometern gerade noch zwischen langen Geh- und kurzen Laufpassagen gewechselt, konnte er nun wieder kontinuierlich laufen. Er begann wieder zu überholen. Je näher er dem Kailua Village kam, desto schneller rannte er. Als er den berühmten letzten Teil des Alii Drive hinunterstürmte, fühlte er sich so, als hätte er noch einmal zehn Kilometer rennen können. Willie finishte in einer Zeit von 10:48:15 Stunden, den Marathon hatte er in 3:36:49 Stunden geschafft. Während des Marathons hatte er fast 500 Konkurrenten überholt, wurde 532. und lag damit im obersten Drittel des Felds. Und obwohl das nicht sein Hauptziel gewesen war, hatte er die Para-Kategorie gewonnen.

Willie kehrte noch dreimal zum Ironman zurück, bevor er sich neue Herausforderungen suchte. Diese beinhalteten knapp 200 Kilometer lange Mountainbike-Rennen, 100-Kilometer-Läufe, 24-Stunden-Abenteuerläufe und Kajakfahren im Grand Canyon. Im Jahr 2006 gewann Willie den Catalina-Marathon – nicht die Para-Kategorie oder seine Altersgruppe, sondern das gesamte Rennen.

Immer mal wieder sagen Fans oder Freunde zu Willie: »Mann, stell dir mal vor, was du mit zwei Armen hättest erreichen können!«

Seine Antwort ist immer die gleiche: »Ich hätte nichts von alledem erreicht.«

KAPITEL 6

Das Geschenk des Scheiterns

MAURO »SANTO« SANTAMBROGIO BLICKTE in die falsche Richtung, als er sich der Ziellinie der neunten Etappe der Tour de France 2010 im Alpendorf Saint-Jean-de-Maurienne näherte. Anstatt nach vorn auf die Rennuhr zu schauen, um zu sehen, wie viele Fahrer vor ihm ins Ziel gekommen waren (40) oder wie viel Zeit er auf den Etappensieger verloren hatte (8:09 Minuten), fuhr der in Rot und Schwarz gekleidete Fahrer des BMC-Racing-Teams mit nach hinten gerichtetem Blick, seine Augen auf seinen grimassierenden Teamkapitän Cadel Evans gerichtet, den Santo quasi über die letzten 30 Kilometer der 204,5 Kilometer langen Etappe gezogen hatte, nachdem der Australier auf dem letzten großen Anstieg des Tages eingebrochen war.

Nachdem Cadel die Etappe beendet hatte, fuhr er neben Santo, legte seinen knochigen Arm um dessen Schulter, rollte neben ihm aus, Helm an Helm, und flüsterte erschöpft ein paar Worte des Danks in Santos Ohr. Dann entschuldigte Cadel sich dafür, dass er sein Team enttäuscht hatte – er versuchte es zumindest, aber seine Stimme versagte. Plötzlich ließ er seinen Kopf auf Santos Brust fallen und begann, hemmungslos zu schluchzen. Santo umklammerte seinen

Teamkollegen, dessen Augen glänzend vor Mitgefühl. Sekunden zogen sich wie Minuten, Cadels Körper zuckte unter dem Stakkato seiner emotionalen Krämpfe.

Schnell versammelte sich eine Traube Fotografen um die dramatische Szene. Die erfahrenen unter ihnen waren erstaunt, den bekanntermaßen stoischen Australier bei einem solchen Gefühlsausbruch zu erleben. Eigentlich konnte sich niemand von ihnen daran erinnern, jemals irgendeinen Radprofi im Ziel einer Tour-de-France-Etappe so erbärmlich weinen gesehen zu haben. Aber sie verstanden es. Cadel hatte mehr als nur eine Etappe des größten Radrennens der Welt verloren. Ein Traum hatte sich auf der Straße nach Saint-Jean-de-Maurienne in Luft aufgelöst.

In dieser harten Welt sterben jeden Tag Träume, und das ist immer schmerzhaft, aber Cadels platzte auf besonders brutale Weise. Fast sein ganzes Leben lang begleitete Cadel die Aura des Auserwählten, eines Manns, der dazu geboren war, das größte Radrennen der Welt zu gewinnen. Seit er sich einen Schraubenschlüssel aus dem Werkzeugkasten seines Vaters stibitzt und ihn dafür benutzt hatte, die Stützräder seines ersten Fahrrads abzuschrauben, war Cadel kontinuierlich auf dem Weg nach oben in Richtung Gipfel des Radsports, dem er mit jedem Jahr einen Schritt näher kam. Der Aufstieg war für Cadel immer weitergegangen bis auf einen letzten kleinen Schritt bis zum Gipfel. Dann war Schluss, und das war frustrierend. Danach ging es rückwärts – zum Verrücktwerden. Jetzt befand er sich im freien Fall, es war kaum zu ertragen.

Um überhaupt hoffen zu dürfen, einmal die Tour de France zu gewinnen, muss ein Mensch bestimmte Voraussetzungen mitbringen. Cadel besaß alle.

Früh mit dem Radfahren angefangen? Hatte er. Das Erste, was der vierjährige Cadel tat, nachdem er die Stützräder seines Fahrrads abgeschraubt hatte, war, damit gewaltige Touren über die unbefestigten Straßen um das bescheidene Haus seiner Familie im winzigen Dorf Barunga zum machen, in einer abgeschiedenen Aborigines-

Gemeinde in Australiens Northern Territory. Für gewöhnlich radelte er nach dem Mittagessen weg vom Haus und kam nicht vor Einbruch der Dunkelheit zurück, was seine Eltern regelmäßig dazu veranlasste, nach ihm zu suchen. Jahre später, als Radprofi, schrieb Cadel diesen frühen Abenteuern eine wichtige Rolle in seiner Entwicklung als Sportler zu. Was er für ein Spiel gehalten hatte, hatte sich als Vorbereitung erwiesen.

Möglichkeiten? Hatte er. Cadel wuchs in einer Zeit auf, in der der junge Sport des Mountainbikens, der ihm besonders lag, in Australien boomte. Seine Frühreife auf breiten Reifen brachte ihm bald eine Einladung ein, sich am Australian Institute of Sport (AIS) in Canberra einzuschreiben. Am AIS konnte Cadel mit den besten Trainern zusammenarbeiten und mit talentierten jungen Sportlern und der besten Ausrüstung trainieren. Nur ein Jahr nachdem Cadel an die AIS gekommen war, wurde Mountainbiken olympisch. Cadel qualifizierte sich und wurde Neunter in Atlanta. Er war noch ein Teenager.

Talent? Hatte er. Am AIS wurde Cadels Leistungsfähigkeit umfangreich untersucht, und auch die aerobe Kapazität, das Verhältnis von Leistung zu Gewicht und das Lungenvolumen wurden getestet. Er hatte die besten Werte in der 14-jährigen Geschichte des Instituts. Cadels maximale Sauerstoffaufnahme (VO_2max) war mehr als doppelt so hoch wie die eines durchschnittlichen gesunden jungen Manns, und das Verhältnis von Leistung zu Gewicht war bereits besser als das der meisten Tour-de-France-Sieger.

Cadel gab sein Tour-Debüt zehn Jahre später, im Jahr 2005. Sein Wechsel zum Straßenradsport wurde eingeläutet durch eine Teilnahme an der Zeitfahr-Weltmeisterschaft der Junioren, wo er auf einem geliehenen Rad die Bronzemedaille gewann. Wie es der Zufall so wollte, war Cadels erste Tour de France die letzte Lance Armstrongs (bis dieser vier Jahre später aus dem Ruhestand zurückkommen würde). Jeder wusste, dass der Amerikaner das siebte Mal in Folge gewinnen würde. Die interessantere Frage war, wer sich selbst als mutmaßlicher Nachfolger ins Gespräch bringen würde. Drei Wochen später gab es eine klare Antwort auf diese Frage: Cadel. Er wurde Achter vor allen anderen Erstteilnehmern. Außerdem war er jünger als alle anderen Fahrer vor ihm im Klassement. Wenn er sich in den nächsten Tour-Rennen verbessern würde, was zu erwarten war, standen seine Chancen, die »Große Schleife« mindestens einmal zu gewinnen, sehr gut.

Er verbesserte sich. Bei der Tour 2006 mischte Cadel bei allen wichtigen Bergetappen mit und fuhr zwei solide Zeitfahren, was ihm Platz fünf bescherte. Als der Gewinner, Floyd Landis, wegen eines Dopingvergehens suspendiert wurde, rutschte Cadel auf Platz vier.

Nur wenige Radsportexperten glaubten, dass Cadel bei der Tour 2007 direkt vom vierten auf den ersten Platz schießen würde, aber der außergewöhnlich talentierte Australier war auf fast jeder Bestenliste zu finden. Er hielt den Druck von sich fern, indem er sich das Podium als Ziel setzte. Das war ein schlauer Schachzug. Indem er sich erlaubte, noch ein letztes Mal der Mann von morgen zu sein, kletterte Cadel besser als jemals zuvor und zeigte stark verbesserte Zeitfahrfähigkeiten. In der dritten Rennwoche machte er einen abrupten Satz vom vierten auf den zweiten Gesamtplatz, als der Träger des Gelben Trikots, Michael Rasmussen, und der Zweitplatzierte, Alexander Winokurow, wegen Dopings disqualifiziert wurden.

Am Morgen vor dem entscheidenden Zeitfahren auf Etappe 19 lag Cadel 1 Minute und 50 Sekunden hinter dem neuen Führenden, Alberto Contador. Er war schon auf dem Podium. Cadel konnte es sich erlauben, das Zeitfahren verhalten anzugehen, um seine Platzierung zu sichern, oder er konnte angreifen und versuchen, sich den Gesamtsieg zu holen. Er entschied sich für Letzteres. Cadel wuchs über sich hinaus, fuhr das beste Rennen seiner Karriere und wurde Zweiter hinter Levi Leipheimer und später Etappensieger, als der Amerikaner wegen – Sie können es sich denken – eines Dopingvergehens disqualifiziert wurde. Der Sieg war jedoch bittersüß. Cadel fehlten nur 23 Sekunden, um Contador zu überholen, und er kam als Zweiter in Paris an.

Cadels Beinahe-Sieg sorgte zu Hause für Furore. Er wurde von einem Augenblick zum anderen zu einem Nationalhelden und in einer wichtigen Media-Abstimmung zum beliebtesten Sportler Australiens gewählt. Als klassischer Introvertierter, dessen Verschlossenheit oft als Verdrießlichkeit oder Zickigkeit missinterpretiert wurde, erschreckte Cadel die Aufmerksamkeit. Das ganze Land erwartete nun von ihm, dass er die nächste Tour gewann. In Cadels gesamter Karriere war es bisher immer nach oben gegangen. Jedes Jahr hatte er einen Schritt auf den Gipfel zu gemacht. Jetzt war nur noch ein Schritt zu gehen. Die einzige Möglichkeit für Cadel, weiter voranzukommen, war, die Krone des Sports für sich zu beanspruchen. Das war schon Druck genug, ohne dass alle Augen auf ihm ruhten.

Es waren nicht nur seine eigenen Erwartungen, die auf ihm lasteten, die Hoffnung der gesamten Nation waren in ihn gesetzt. So ziemlich die ganze Radsportwelt erwartete, dass er die Tour de France 2008 gewinnen würde. Wie auf jedes große Sportevent wird auch auf die Tour de France gewettet. Und als die Wettbüros schlossen, standen die Wetten drei zu eins für Cadel als Favorit. Nach der zehnten Etappe schien das Geld, das auf ihn gesetzt worden war, gut investiert zu sein, denn Cadel streifte das erste Mal in seiner Karriere das Gelbe Trikot des Gesamtführenden über. Er konnte es fünf Tage lang verteidigen, dann brach er auf dem letzten Anstieg der 15. Etappe ein und verlor das »Maillot Jaune« an den Luxemburger Fränk Schleck.

Cadel fiel in den folgenden Tagen bis auf Rang vier zurück. Nach der 16. Etappe kochte seine Frustration über, als ein übereifriger Kameramann sein Vorankommen vom Start bis zum Teambus behinderte. Cadel nahm den Kopf herunter und rammte den Kameramann mit seinem Helm. Das Video wanderte direkt auf YouTube, wo es Cadel ein paar Fans, aber vor allem einige Kritiker einbrachte.

Cadel sammelte sich so weit wieder, dass er auf Etappe 20 ein weiteres heldenhaftes Zeitfahren ablieferte, das ihn in Paris auf den zweiten Platz hievte, 58 Sekunden hinter dem Spanier Carlos Sastre.

Das zweite Jahr in Folge hatte Cadel die Tour de France um weniger als eine Minute verloren.

Was für einen Unterschied ein Jahr machen kann: Cadel hatte sich gefreut, als er 2007 Zweiter geworden war. Das gleiche Ergebnis widerte ihn 2008 an. Mit 31 Jahren und vier Starts bei der Tour de France war er nun ein Veteran. Er konnte nicht anders, als sich zu fragen, ob er seine Chance verpasst hatte.

Ein weiteres Jahr ging vorüber. Cadel kam mit einer knallharten Haltung zur Tour 2009. »Für mich«, sagte er anschließend, »war das Ziel zu gewinnen, sonst nichts. Zweiter oder Dritter zu werden, wäre eine schlechte Tour gewesen.«

Er wurde 30ster. Die Tour 2009 war für Cadel vorbei, bevor sie überhaupt richtig angefangen hatte. Auf der vierten Etappe verlor Cadels Silence-Lotto-Team im Mannschaftszeitfahren fast unaufholbare zwei Minuten und 35 Sekunden auf das siegreiche Astana-Team, für das auch Cadels größter Rivale, Alberto Contador, fuhr. Es war ein völlig unerwartetes Desaster, für das die gesamte Mannschaft die Schuld trug.

Auf Etappe 15, der schwersten Bergetappe der damaligen Tour, auf der er weitere 86 Sekunden auf Contador verlor, konnte Cadel aber niemandem außer sich selbst die Schuld geben. Dieser Rückstand war jedoch nichts im Vergleich zu den vier Minuten, die er auf der 16. Etappe kassierte.

Die Kritiker waren gnadenlos. Mehr als nur ein paar Kommentatoren interpretierten Cadels desaströse Leistung 2009 als Offenbarung, nicht als Ausnahme. Cadel sei wohl doch nicht für den Tour-Sieg bestimmt, sagten sie. Stattdessen repräsentiere er einen ganz anderen Archetypen: den tragischen Sportler mit grenzenlosem Potenzial, dem das letzte Quäntchen fehlt, das »Je ne sais quoi«, das nötig war, um den Gipfel zu erklimmen.

»Evans ist ein toller Fahrer«, schrieb ein Blogger. »Aber meiner Meinung nach hat bei ihm immer schon etwas gefehlt, er war nicht stark genug – oder zu schwach – wenn er beim Klettern Druck machte.«

Allgemein wurde Cadel unterstellt, dass er zu vorsichtig sei und ihm Elan fehle. Echte Gewinner, sagten die Leute, wüssten, wann sie zuschlagen müssen.

Cadel schaffte mit dem dritten Platz bei der Spanienrundfahrt im September und dem Sieg im WM-Straßenrennen einen versöhnlichen Saisonabschluss 2009. Aber da hatte er schon beschlossen, dass er etwas ändern musste. Ein amerikanisches Rennteam, das vom belgischen Fahrradhersteller BMC gesponsert wurde, hatte Interesse an Cadels Verpflichtung gezeigt. Und es reizte Cadel, zuzusagen, da er wusste, dass er die Tour ohne ein stärkeres Team nie gewinnen würde. Zwei Wochen vor der Weltmeisterschaft traf Cadel sich mit dem BMC-Fahrer George Hincapie, einem der angesehensten Fahrer im Profi-Zirkus, in einem Hotel in Zürich. Hincapie rekonstruierte das Treffen in einem 2011 erschienenen Buch über Cadel.

»Ich glaube wirklich, dass du dieses Team mögen wirst«, sagte Hincapie. »Ich glaube wirklich, dass ich dir aufs Podium der Tour de France helfen kann.«

Cadel sah Hincapie wütend an.

»Da war ich schon«, knurrte er. »Ich war zweimal bei der Tour auf dem Podium. Ich will sie gewinnen!«

Als Cadel sich bei seiner sechsten Tour de France im folgenden Juli für den Prolog aufstellte, trug er das schwarz-rote Trikot des BMC-Racing-Teams. Seine Ergebnisse waren in der Saison 2010 bisher solide gewesen – unter anderem ein Etappensieg beim Giro d'Italia und der Sieg beim Wallonischen Pfeil, einem Eintagesklassiker – und die Tour begann gut für ihn. Auf der dritten Etappe war er zufällig in der richtigen Gruppe, als sich das Peloton unerwartet teilte, und wurde an diesem Tag Gesamtdritter. Fünf Tage später holte er sich das Gelbe Trikot, obwohl er stürzte und unsanft auf seiner linken Seite landete.

Es war jedoch ein Pyrrhussieg, da er sich beim Sturz den Ellbogen brach. Cadel fuhr die Bergetappe am folgenden Tag mit entsetzlichen Schmerzen. Er konnte nicht seine volle Kraft auf die Pedale bringen, wurde im letzten Anstieg von seinem Teamkollegen Mauro Santambrogio aufgesammelt und beendete die Etappe mehr als acht Minuten hinter den Führenden und fernab jeglicher Siegeschancen. Nachdem Cadel im Ziel war, vergrub er seinen Kopf in Santambrogios Schulter und weinte so, wie ein Mann weint, wenn sein größtes Ziel ihm aus den Händen gerissen und ins Feuer geworfen wird. Er beendete die Tour auf dem 25. Platz.

Ein Traum hatte sich in Luft aufgelöst. Oder?

IM JAHR 2013 TESTETE MARK SEERY, ein Psychologe von der State University of New York in Buffalo, die Schmerztoleranz von College-Studenten, indem er sie bat, eine Hand in Eiswasser zu halten und sie dort so lange zu lassen, wie sie es aushielten. Danach füllten die Studenten einen Fragebogen aus, der auch abfragte, ob sie in ihrer Kindheit mit Widrigkeiten konfrontiert worden waren. Die Ergebnisse zeigten, dass die Probanden, die die wenigsten Widrigkeiten erfahren hatten, die niedrigste Schmerztoleranz aufwiesen. Doch auch bei den Studenten, die viele Kindheitstraumata erlitten hatten, war die Schmerzgrenze ähnlich gering. Die Probanden, die ihre Hand am längsten im Eiswasser hielten, waren diejenigen, die in ihrer Kindheit weder Himmel noch Hölle erfahren hatten, sondern irgendetwas dazwischen.

Diese Ergebnisse waren für Seerys Psychologenkollegen wenig überraschend. Ähnliches hatten auch Untersuchungen zum Phänomen der Resilienz ergeben. Die Mutter aller Bewältigungsstrategien, Resilienz, wird definiert als die allgemeine Fähigkeit, auf Widrigkeiten zu reagieren. Resilienz ist die Fähigkeit, die eine Person lange genug in fordernden Situationen ausharren lässt, um spezifische Bewältigungsstrategien zu entwickeln, mit denen sie sie meistern kann. Und wie die Schmerztoleranz ist auch Resilienz am besten bei Menschen ausgeprägt, die als Kinder mit einigen, aber nicht zu vielen Widrigkeiten zu kämpfen hatten. Insgesamt lassen Studien zu diesem Phänomen darauf schließen, dass jemand mit einer hohen

Schmerztoleranz mit hoher Wahrscheinlichkeit auch überdurchschnittlich gut mit Stress wie einer Kündigung oder einer Krebsdiagnose umgehen kann, und dass solche Personen auch mit größerer Wahrscheinlichkeit eine moderate Menge psychologischer Traumata in ihrer Vergangenheit erlitten haben. Es scheint so, dass ein gewisses Maß an Unglück notwendig ist, um den Kopf gegen Leid und Elend abzuhärten, eine starke Traumatisierung allerdings Narbengewebe hinterlässt.

Zum Spitzensport gehören im Wettkampf Herausforderungen, die eine große Resilienz von den Sportlern erfordern, und Resilienz erfordert wiederum, in der Vergangenheit mit Widrigkeiten zu tun gehabt zu haben. Es ist also nicht überraschend, dass Menschen mit psychischen Traumata in ihrer persönlichen Geschichte in vielen Disziplinen ganz oben sind und fast schon überrepräsentiert zu sein scheinen. In einem 2012 veröffentlichten Artikel mit dem Titel »The Rocky Road to the Top: Why Talent Needs Trauma« (Der steinige Weg nach oben: Warum Talent Trauma braucht) argumentierten die Sportpsychologen Dave Collins und Aine MacNamara, dass »das Wissen und die Fähigkeiten, [die] sich Sportler durch ›Lebens‹-Traumata aneignen, und das Übertragen des in diesem Kontext Gelernten auf neue Situationen definitiv die anschließende sportliche Entwicklung und Leistung beeinflussen.« Wenn das stimmt, dann kann ein zu leichtes Leben für einen sich entwickelnden Athleten tatsächlich von großem Nachteil sein.

Einige Experten gehen davon aus, dass Resilienz besonders für Ausdauersportler vorteilhaft sein könnte. Widrigkeiten gibt es in jeder Disziplin, aber ein Radrennen ist einer Hand im Eiswasser viel ähnlicher als – sagen wir – ein Basketballspiel. Alle Athleten erfahren, wie es ist zu versagen, und man braucht Resilienz, um wieder aufzustehen. Aber die Resilienz eines Ausdauersportlers wird in jedem Wettkampf auf die Probe gestellt, in den Augenblicken großen Leidens, wenn etwas im Sportler zu fragen scheint: *Wie sehr willst du es?*

Beispiele von sehr erfolgreichen Ausdauersportlern, die signifikante psychische Traumata in ihrer Kindheit durchlebt haben, sind auffällig häufig. Frank Shorter, der den Marathon bei Olympia 1972 für die USA gewann, wurde von seinem Vater als Kind schwer missbraucht. Später bestätigte Shorter, dass diese Erfahrung ihn vielleicht zu einem besseren Läufer gemacht hatte. 2011 sagte er in einem Interview: »Ich habe herausgefunden, dass man, solange man weiß, dass der Schmerz kommt … und man eine Ahnung davon hat, wie schlimm es werden wird und wie lange es [dauern] wird, man die Fähigkeit entwickelt, es auszuhalten. Und ich glaube, auf irgendeine Weise könnte sich das ein bisschen auf mein Laufen übertragen haben.«

Wissenschaftler müssen noch viel mehr darüber lernen, wie diese Art von Transfer zustande kommt, aber sie haben mithilfe von Hirnbildgebung (Brain Imaging) ein paar interessante Hinweise herausgefiltert. Zum Beispiel ergaben Studien mit Überlebenden des zerstörerischen Tsunamis und Erdbebens in Japan, dass diejenigen weniger posttraumatische Belastungsstörungen zeigten, bei denen ein Hirnareal, das anteriorer cingulärer Cortex (ACC) genannt wird, besonders voluminös ist (was auf eine größere funktionelle Kapazität schließen lässt). Der ACC spielt eine entscheidende Rolle in Situationen internen Konflikts, wie etwa bei dem Verlangen, langsamer zu werden, versus dem Verlangen, im Rennen weiter Druck zu machen. Ausdauertraining selbst ist bekannt dafür, dass es den ACC stärkt. Es ist möglich, dass die Bewältigungsstrategien, die sich eine Person beim Überwinden einer bestimmten traumatischen Erfahrung aneignet, ebenfalls den anterioren cingulären Cortex stärken und einen resilienteren Ausdauersportler hervorbringen.

Ob erfolgreiche Athleten in ihrer Vergangenheit mehr Widrigkeiten erlebt haben als andere oder nicht – viele betrachten sich selbst als durch Leiden abgehärtet. Bei Olympia 2012 führten der Psychologe Mustafa Sarkar und seine Kollegen von der Universität von Gloucestershire Interviews mit acht Goldmedaillengewinnern und suchten dann nach Themenkreisen in ihren Aufzeichnungen. In einer

Zusammenfassung ihrer Ergebnisse berichteten die Wissenschaftler, dass »die Probanden mit einer Reihe Widrigkeiten im und außerhalb des Sports konfrontiert waren, die sie als essenziell für den Gewinn ihrer Goldmedaillen betrachteten, darunter Dinge wie wiederholt nicht ausgewählt worden zu sein, beträchtliche sportliche Niederlagen, schwere Verletzungen, politische Unruhen und der Tod eines Familienmitglieds. Die Probanden beschrieben die Rolle, die diese Erfahrungen in ihrer psychischen Entwicklung und ihrer Leistungsentwicklung spielten, mit speziellem Fokus auf ihr persönliches, daraus resultierendes Trauma, ihre Motivation und ihre Lernkurve.«

Auffallend war, dass viele der Widrigkeiten, die die Athleten anführten, im Sportkontext standen. Diese Ergebnisse legen nahe, dass Athleten nicht im Alltag relevante Traumata erfahren müssen, um resilient zu werden. Der Sport selbst hat Mittel und Wege, um mentale Stärke zu kultivieren. Aber das heißt auch, dass Sportler, die eine vergleichsweise traumafreie Kindheit hatten, wirklich darauf angewiesen sein könnten, es im Sport mit Widrigkeiten zu tun zu bekommen, um die Resilienz zu entwickeln, die für den Spitzensport notwendig ist. Sportler, die mit einem außergewöhnlichen Talent oder anderen Geschenken gesegnet sind, die es ihnen ermöglichen, in ihrem Sport ganz nach oben zu kommen, Sportler wie Cadel Evans, könnten deshalb doppelt benachteiligt sein, wenn Resilienz gefragt ist. Sie sind nicht unbedingt mental schwach – keiner, der Cadel kannte, hätte behauptet, dass es ihm an Härte fehle –, aber sie sind vielleicht nicht ganz so resilient, wie sie sein müssten, um, sagen wir, Erster bei der Tour de France zu werden statt Zweiter.

Sind solche Athleten also dazu verdammt, einen Schritt vom Gipfel entfernt auszuharren? Die Geschichte zeigt: Nein. Es gibt bemerkenswerte Beispiele für »überdurchschnittlich glückliche« Sportler, die dennoch resilient genug waren, um den letzten Schritt zu gehen. Besonders die unerträgliche Frustration wieder und wieder ein gestecktes Ziel nicht zu erreichen, hat vielen »verwöhnten« Sportlern, die jeden Vorteil auf ihrer Seite hatten, schon zu einem Durchbruch mitten in ihrer Karriere verholfen.

Der amerikanische Mitteldistanzläufer Nick Symmonds ist ein interessantes Fallbeispiel für dieses Phänomen. Als Sohn eines Chirurgen und einer Lehrerin genoss Nick eine typisch amerikanische Kindheit in Boise, Idaho, wo er Pfadfinder (Eagle Scout) wurde und mehrere nationale Leichtathletikmeisterschaften gewann. Trotz seiner sportlichen Erfolge lehnte Nick Stipendien von renommierten Schulen ab, um auf die Willamette University zu gehen. Als eine Einrichtung der Kategorie III bot Willamette Sportlern keine finanzielle Unterstützung an, aber der Wohlstand seiner Familie erlaubte es Nick, sich für die Schule zu entscheiden, die er am meisten mochte, ohne andere Aspekte abwägen zu müssen. Nachdem er 2006 seinen Abschluss gemacht hatte, unterschrieb Nick einen Vertrag mit Nike und sammelte danach fünf nationale Meistertitel in Folge über 800 Meter. Nebenbei perfektionierte er seine bald für ihn typische Rennstrategie des Von-hinten-Anschleichens, bei der er sich auf der ersten Rennrunde hinten im Feld aufhielt und dann auf der zweiten jeden in Grund und Boden rannte.

Aber während ihm in den USA niemand ebenbürtig war, schaffte es Nick bei wichtigen internationalen Meisterschaften nicht aufs Treppchen. Er qualifizierte sich nicht für das 800-Meter-Finale bei der Weltmeisterschaft 2007 und auch nicht für Olympia 2008. Jedes Mal blieb er einen Schritt vor dem Gipfel stecken.

In ihrem Artikel über die Resilienz von Athleten beobachteten die Wissenschaftler Dave Collins und Aine MacNamara, dass »Tiefpunkte« oft zu »Wendepunkten« wurden, was die Entwicklung von Resilienz angeht. Nick hatte seinen Tiefpunkt beim Finale über 800 Meter bei Olympia 2012, was weithin als das großartigste Rennen der Welt über diese Distanz angesehen wird. Der Sieger, David Rudisha aus Kenia, brach den Weltrekord. Nick rannte die schnellste Zeit seines Lebens und eine der schnellsten Zeiten, die je von Amerikanern gelaufen worden waren. Aber er wurde nur Fünfter, und er war noch nicht einmal der beste Amerikaner in diesem Rennen – Duane Solomon wurde Vierter.

Ein Foto von Nick, das direkt nach dem Rennen gemacht worden war, zeigt ihn mit den Händen auf dem Kopf, in seinem Gesicht der Ausdruck staunender Ungläubigkeit. Hinter der kläglichen Miene spielte sich eine mächtige psychische Veränderung ab. Genau in diesem Moment beschloss Nick, dass er genug davon hatte, es nie ganz zu schaffen. Er *hatte es satt*, immer an den Medaillen vorbeizuschrammen.

Nächste Saison, so schwor sich Nick, würde er seine bekannte Taktik, sich von hinten anzuschleichen, aufgeben und einfach alles geben. Dieses Versprechen zu halten würde so einfach, aber genauso furchteinflößend werden, wie beim Sprung aus einem Flugzeug auf einen Fallschirm zu vertrauen, der noch nie benutzt worden war. Es war alles eine Frage des Loslassens. Bei den USA Track and Field Outdoor Championships gewann die Angst. Nick kam langsam los, wurde am Bahnrand eingekeilt und wieder von Solomon geschlagen.

Nur eine Woche später in London traf Nick erneut auf ihn. Dieses Mal schwor Nick, dass er sich an Solomon, der das Tempo immer gleich zu Beginn sehr hoch zog, hängen und ihm die erste Zeit auf den Fersen bleiben würde. Aber um das zu tun, musste Nick die größte Angst eines jeden 800-Meter-Läufers überwinden: die, gegen eine Wand zu laufen.

»Ich wusste, dass ich es als Erfahrung würde abschreiben müssen, wenn ich explodieren und eingehen würde«, sagte er nach dem Showdown in London.

Als das Rennen begann, sprintete Solomon an die Spitze und Nick folgte direkt hinter ihm, mit einem Ausdruck fast theatralischer Entschlossenheit in seinem Gesicht.

»Nick Symmonds läuft sehr früh sehr aggressiv«, stellte der Fernsehkommentator Tim Hutchings fest. »Das kennen wir nicht von ihm.«

Nick blieb an Solomons Fersen, bis die beiden Männer aus der letzten Kurve liefen. Weit entfernt davon zu explodieren, entdeckte Nick, dass er stark genug war, um sein Tempo zu erhöhen und Solomon davonzulaufen, um in 1:43:67 Minuten zu gewinnen – mit der zweitbesten Zeit seiner Karriere.

Bei der Weltmeisterschaft 2013 war Nick sogar noch aggressiver und drängte sich mit einer noch vollen zu laufenden Runde im 800-Meter-Finale nach ganz vorn, in seinem Kopf schallte ein neues Mantra: *Verschenke diese Chance nicht.* Er blieb in Führung bis kurz vor dem Ziel, als sich der Äthiopier Mohammed Aman an ihm vorbeidrängte. Dennoch hatte Nick sich seine erste internationale Medaille – die silberne – erkämpft, und er hatte dem früheren Versagen dafür zu danken. Es bei dieser Veranstaltung wiederholt nicht ganz nach oben zu schaffen, gab ihm das, was ihm fehlte, um genau hier erfolgreich zu sein.

Wieder und wieder zu scheitern ist, wie wenn man auf glühenden Kohlen auf eine Wand zugeht, die immer weiter zurückweicht – ein Sisyphus-Albtraum. Irgendwann lässt dieser Frustrationskreislauf den Sportler entweder aufgeben oder wütend werden. Letztere Reaktion wird den Kreislauf viel eher durchbrechen als erstere und es dem Sportler ermöglichen, sein Ziel zu erreichen. Robert Wicks, Psychologe und Autor des Buchs *Bounce: Living a Resilient Life* (zu Deutsch in etwa: Zurückfedern: Ein resilientes Leben leben), bezeichnet diese Art wütender Entschlossenheit als »positives Angewidertsein«. Dieser Begriff transportiert gut den Gedanken, dass es so etwas wie gesunden Zorn in einem Kopf gibt, der keine Lust mehr hat. Und dieser Zorn ruft eine positive Veränderung hervor. Positives Angewidertsein ist tatsächlich das Gegenteil von Niederlage. Es ist die Entschlossenheit zurückzuschlagen, etwas, das ohne Wut nur schwer möglich ist. Wenn alles andere gleich ist, gewinnt derjenige einen Kampf, der wütender ist. Psychobiologisch ausgedrückt, erhöht positives Angewidertsein die Leistung, indem es die potenzielle Motivation oder die maximale Intensität der wahrgenommenen Anstrengung erhöht, die ein Athlet bereit ist zu ertragen.

2001 führten Sabine Janssen und ihre Kollegen an der niederländischen Universität von Leiden einen Schmerztoleranztest bei zwei Probandengruppen durch. Bei der einen Gruppe hatten sie zuvor Ärger erzeugt, die andere Gruppe absolvierte den Test in einem neutralen emotionalen Zustand. Janssens Team berichtete, dass die Schmerztoleranz der Probanden deutlich höher war, wenn sie wütend waren. Neun Jahre später schrieben Henk Aarts und seine Kollegen von der Universität Utrecht in *Psychological Science*, dass in einem Greiftest die Probanden mehr Kraft aufbrachten, wenn vorher in ihnen Wut erzeugt wurde. Schmerz ist nicht völlig gleichzusetzen mit Anstrengungswahrnehmung, und Kraft ist nicht das Gleiche wie Ausdauer, aber sie sind ähnlich genug, um davon ausgehen zu können, dass Wut die Anstrengungswahrnehmung und Ausdauerleistung auf sehr ähnliche Weise beeinflusst.

Heißt das, dass ein Ausdauersportler zu einem wütenden Menschen werden sollte? Bestimmt nicht. Aber es zeigt, dass man Versagen als Motivator nutzen kann, wenn auch als einen »dunklen« Motivator, der mit Wut gewürzt ist. Diese konstruktive Form der Wut ist eine nützliche Bewältigungsstrategie, die allen Ausdauersportlern zur Verfügung steht, die immer wieder scheitern.

Als Cadel Evans es zum sechsten Mal in Folge nicht schaffte, die Tour zu gewinnen, reichte es ihm. Nach seinem 25. Gesamtrang 2010 war er am Boden zerstört, die Niederlage verfolgte ihn danach wie nichts, was er zuvor erlebt hatte, weder innerhalb des Sports noch außerhalb. Aber Cadel fühlte, dass dieses Versagen – und alle Enttäuschungen, die dem vorangegangen und mit dazu geführt hatten – das Beste sein könnte, was ihm passieren konnte. Er sagte Rupert Guinness gegenüber in Bezug auf seinen Sieg bei der Straßen-Weltmeisterschaft 2009: »All die Male, die ich gescheitert bin, haben mich hungrig gehalten. Je öfter ich im Lauf meiner Karriere zurückblicke, desto glücklicher bin ich, dass ich nicht früher gewonnen habe. Das ist das Szenario, das den Hunger in mir erhalten hat.« Würde er jemals das Gleiche über die Tour de France sagen können?

ALS ER SICH AUF DIE Tour de France 2011 vorbereitete, nutzte Cadel nicht nur das positive Angewidertsein, das seine gesammelten Enttäuschungen in ihm hervorgerufen hatten, sondern er setzte auch einige konkrete Lektionen um, die er auf die harte Tour bei seinen sechs Frankreich-Rundfahrten gelernt hatte. Dieses Verhalten ist auch gängig bei Sportlern, die es satthaben zu scheitern. Die Resilienz, die aus dem Scheitern erwächst, manifestiert sich in Kreativität und mehr Anstrengung. Es sattzuhaben kann Sportler dazu bringen, neue Dinge auszuprobieren, wie Nick Symmonds seinen Strategiewechsel im Rennen. Mit anderen Worten stimuliert Scheitern eine Art Ausweicheffekt, wenn auch einen anderen als den neuroplastischen, jene fest verdrahtete Bewältigungsstrategie, die angesichts des Verlustes körperlicher Fähigkeiten Anpassungsvermögen hervorruft (wie in Kapitel 5 beschrieben).

Cadel würdigte diesen Silberstreif am Horizont ebenso wie dessen motivierenden Effekt. »In solchen Phasen wirst du stärker und lernst so viel«, sagt er im Buch *Close to Flying* (zu Deutsch: Fast wie Fliegen). »Du musst noch mal zur Basis dessen, was du tust, zurück. Selbst wenn man nur mit gebrochenem Ellbogen Rad fährt, muss man die Sitzhaltung verändern, und diese Veränderung kann sich unerwartet als eine gute für deine Effizienz erweisen.«

Eine dieser Lektionen, die Cadel gelernt hatte, war, wie wichtig es ist, mit ausgeruhten Beinen ins Rennen zu gehen. Er hatte das Gefühl, dass er es 2010 vor der Tour mit den Renneinsätzen übertrieben hatte, und seine Trainer und Manager vom Team BMC waren derselben Ansicht, als sie sich in Italien trafen, um die Saison 2011 zu planen. Sie kamen überein, ihn mit 30 bis 33 Renntagen in den Beinen zur Tour zu schicken, etwa zehn weniger als im Vorjahr.

Der Plan ging wunderbar auf. Im Juni fuhr Cadel das Critérium du Dauphiné, ein einwöchiges Etappenrennen, das vielen der Favoriten als letzter Schliff für die Tour de France dient. Er wurde Zweiter nach dem Engländer Bradley Wiggins und fühlte sich am Ende stärker als zu Beginn des Rennens.

Ungeachtet dieser Leistungsentwicklung standen die Wetten, die im Vorfeld der Tour geschlossen wurden, bei 25 : 1 für einen Sieg von Cadel. Die Redakteure von *roadcycling.com* schätzten, dass er Fünfter werden würde. In ein paar kurzen Jahren war er von Mr. Unvermeidlich zu Cadel *Wer?* geworden. Er war immerhin schon 34 Jahre alt. Nur ein Fahrer, der älter als er war, hatte jemals die Tour de France gewonnen, und niemand hatte je gewonnen, nachdem er sechsmal verloren hatte.

Die erste Etappe des Rennens 2011 bestand aus 191 überwiegend flachen Kilometern, begann an der Atlantikküste und führte durchs Binnenland zu einem kurzen Anstieg hinauf ins Ziel. Als noch acht Kilometer zu fahren waren, teilte ein Sturz das Feld in zwei Gruppen. Cadel war in der vor dem Unfall. Als das BMC-Team erfuhr, dass Alberto Contador, großer Favorit, für den die Wetten 4:6 standen, in der hinteren Gruppe aufgehalten worden war, zogen sie das Tempo an, um so viel Zeit wie möglich auf ihn herauszufahren. Es gab kein besseres Ventil für Cadels angestaute Frustration als den Spanier, der ihm öfter als jeder andere Fahrer den Weg zum Gipfel blockiert hatte. Auf dem kurzen Stück bergauf zum Ziel setzte Cadel eine heftige Überraschungsattacke und konnte drei wertvolle Sekunden auf diverse andere Rivalen, einschließlich Fränk Schleck und Alexander Winokurow, herausholen. Cadel hatte selten zuvor bei der Tour solch aggressiven Opportunismus an den Tag gelegt. Nachdem er die Tour 2007 um weniger als eine halbe Minute verloren hatte, hatte er nun vor, jede Sekunde mitzunehmen, die er kriegen konnte.

Die zweite Etappe war ein Team Zeitfahren. Um eine Wiederholung der desaströsen Vorstellung von Cadels früherem Team Silence-Lotto bei der Tour 2007 zu vermeiden, hatten Cadel und seine BMC-Teamkameraden das Mannschaftszeitfahren einen Monat vor dem Start der Tour 2011 auf einem Formel-1-Kurs geübt. Trotz dieses Trainings mussten bereits zwei Kilometer nach dem Start zwei Fahrer, Manuel Quinziato und Marcus Burghardt, abreißen lassen, sodass nur noch sieben Fahrer übrig blieben, die sich die Rennlast nun teilen mussten. Die Übriggebliebenen sammelten sich jedoch und beendeten als Gruppe das Zeitfahren auf Platz zwei, 28 Sekunden hinter Contadors Team Astana. Cadel rückte auf Platz drei im Gesamtklassement vor, nur eine Sekunde hinter dem Führenden, Thor Hushovd.

Auf der dritten Etappe, einem 198 Kilometer langen Ziehstück von Olonne-sur-Mer in den Norden nach Redon, gab es noch mehr Stürze. Cadel, der vorn im Feld mitfuhr und von Teamkollegen umringt war, blieb davon verschont. Cadels BMC-Gehilfen waren so darauf bedacht, ihren Kapitän im Rennen vorn zu halten und vor Schaden zu bewahren, dass sie sich den Zorn der Top-Sprinterteams zuzogen, die ihre eigenen Gründe hatten, sich auf flachen Etappen wie dieser ganz vorn aufzuhalten. George Hincapie, der vielleicht an das Gespräch mit Cadel 2009 in Zürich dachte, erinnerte die BMC-Jungs daran, dass sie nicht hier waren, um Freundschaften zu schließen, sondern um die Tour de France zu gewinnen.

Auf Etappe vier schlug das Pech dann zu. Als nur noch 15 Kilometer zu fahren waren, beschädigte ein anderer Fahrer Cadels Schaltauge, sodass es nicht mehr richtig funktionierte. Cadel war versucht, einfach weiterzufahren und das Problem zu ignorieren, aber Hincapie wusste aus Erfahrung, dass es nur schlimmer werden würde. Er bestand darauf, anzuhalten und die Räder zu tauschen. Nach dem Tausch war Cadel abgeschlagen, weit hinter den anderen 195 Fahrern im Rennen. Marcus Burghardt, der darauf erpicht war, sich nach seiner glanzlosen Leistung im Mannschaftszeitfahren zu rehabilitieren, ließ sich zurückfallen, um seinen Kapitän zurück an die Spitze zu führen. Innerhalb von Minuten hatte der Deutsche den Australier wieder in Kontakt mit seinen ärgsten Rivalen gebracht. Wie bei der ersten ging es auch auf dieser Etappe abrupt bergauf ins Ziel. Contador, der seinen Rückstand um ein paar Sekunden verringern musste, attackierte in der Anfahrt auf die Ziellinie. Mit gefletschten Zähnen jagte Cadel seinem Widersacher nach und gewann die Etappe in einem Fotofinish. Auf knapp 15 Kilometern hatte Cadel sich vom letzten auf den ersten Platz vorgeschoben und seinen ersten Tour-de-France-Etappensieg geholt, den er nicht erst nachträglich zugesprochen bekam.

Die nächsten drei Etappen waren maßgeschneidert für Sprinter, aber dennoch kam Cadel in diesen Tagen im Schnitt als 15. ins Ziel – eine sehr gute Platzierung für einen Fahrer, der weder bei den Sprints mitmischte noch einen Teamkollegen unterstützte, der das tat. Die Strategie des Teams, Cadel nahe an der Spitze des Felds und fern von Ärger zu halten, war eindeutig erfolgreich.

Die achte Etappe hatte vier veritable Anstiege vorzuweisen, darunter ein Anstieg der Kategorie III, der hinauf zum Ziel führte. Sie gab den Kletterern die erste Möglichkeit, gegenseitig ihre Form auszuloten. Cadel schlug Contador und einige andere im Sprint vor der Ziellinie, um sich an diesem Tag den dritten Platz zu holen, 15 Sekunden hinter dem Sieger. Endlich begannen die Medien anzuerkennen, dass Cadel eine Gefahr war. »Cadel Evans war der vielleicht eindrucksvollste Fahrer in diesem Anstieg«, räumte der Reporter Barry Ryan in einem Liveticker auf *cyclingnews.com* ein. Am folgenden Tag führte die Strecke über acht klassifizierte Anstiege, und wieder war Cadel vor den »großen Jungs« im Ziel, obwohl er keine Zeit gewann.

Am Montag, dem 11. Juli, machte die Tour in Saint-Flour Pause, einer Stadt im Zentralmassiv. Bei einer Pressekonferenz, die im Hotel abgehalten wurde, in dem das BMC-Team untergebracht war, erzählte ein gut gelaunter, entspannter Cadel den Reportern: »Mein Trainer und ich haben sehr hart für diese Tour gearbeitet, und wir haben sie sehr genau geplant, mit vielen Monaten Training und vielen Jahren Erfahrung. Ich bin wirklich glücklich darüber, wie es läuft.« Seine Situation war tatsächlich ideal: Er lag immer noch auf Platz drei, trug noch nicht die Bürde des Gelben Trikots und wusste aber, dass er die beiden Fahrer vor sich in den anstehenden Bergetappen in Stücke reißen konnte.

Der Grund für Cadels frohen Mut lag jedoch tiefer als in der günstigen Situation, in der er sich befand. Die Journalisten bemerkten, dass den zweimaligen Tour-Zweiten eine neue Aura der Ruhe umgab. Auch seine Gegner beobachteten, dass sein Verhalten lockerer war, sogar im Vergleich zu Höhepunkten seiner vergangenen Tour-Starts. Was sie nicht wussten war, dass der Grund für die Ruhe Wut war – genauer: positives Angewidertsein, das in Cadel nach der Tour 2010 aufgekeimt war, und das er mit in das diesjährige Rennen gebracht hatte. Wut fällt einem nicht sofort als beruhigende Emotion ein, aber das Gefühl, es sattzuhaben, das Scheitern zu Resilienz macht, ist genau das. Sportler, die alles haben, was man braucht, um erfolgreich zu sein, aber denen die höchste Stufe der Resilienz fehlt, sind psychisch abhängig davon, wie die Dinge sich im Wettkampf ergeben – davon, auf nicht zu viele Widrigkeiten zu stoßen. Diese Abhängigkeit macht sie nervös und emotional reaktiv. Der Sportler, der es satthat, hofft dagegen nicht länger darauf, dass sich alles zu seinen Gunsten fügt. Er hat beschlossen, die komplette Verantwortung für sein Rennen zu übernehmen, um vergangene und zukünftige Missgeschicke zu sühnen. Diese glühende Entschlossenheit verleiht dem Athleten ein Handlungsbewusstsein und das Gefühl von Kontrolle, was beides beruhigend wirkt. Genau das war Cadels geistige Konstitution nach der Hälfte der Tour de France 2011. Er schien nun der letzte Mensch auf der Welt zu sein, der jemals einer Fernsehkamera einen Kopfstoß verpassen würde. Sein Temperament war nun kanalisiert und proaktiv, nicht länger exponiert und reflexiv.

Nach dem Ruhetag rollte die Tour zwei Tage lang durch das Zentralmassiv in Richtung Pyrenäen, wo zu erwarten war, dass ein Feuerwerk gezündet werden würde. Contador, der inzwischen in der Gesamtwertung 1:30 Minuten hinter Cadel lag, musste angreifen. Fränk und Andy Schleck waren nur drei und elf Sekunden dahinter, aber keiner der beiden Brüder war im Zeitfahren so stark wie Cadel. Also hatten auch diese beiden Druck, aggressiv zu fahren, um nicht ohne das Polster, das sie brauchten, um Cadel aufzuhalten und die Tour de France zu gewinnen, an den Start der 20. Etappe gehen zu müssen. Aber es kam nie zum erwarteten Funkensprühen. Die

Rivalen taten nicht viel mehr, als sich über acht große Anstiege auf den Etappen 12 bis 14 zu beobachten. Ein solch zaghaftes Renngebaren führte zu Kritik seitens der Fans, aber erhöhte auch die Erwartungen an die 18. Etappe, die »Königsetappe« der Tour de France 2011, ein 200 Kilometer langer Todesmarsch durch die Alpen, von Pinerolo zum Galibier Serre-Chevalier, der drei »Hors Catégorie«-Anstiege beinhaltete und nun die letzte Chance war, Cadel die Kontrolle über das Rennen zu entreißen.

Der Plan des BMC-Teams für diese Etappe war, dass zwei von Cadels Helfern, Marcus Burghardt und Brent Bookwalter, früh in eine Ausreißergruppe gehen sollten in der Hoffnung, dass sie dann zur Verfügung stehen würden, um Cadel auf dem letzten, 22,8 Kilometer langen Anstieg hinauf zum eindrucksvollen Col du Galibier helfen zu können. Aber der Plan platzte, als Bookwalter am vorletzten Berg einbrach, dem unglaublich steilen Col d'Izoard, und gezwungen war, sich früh zurückfallen zu lassen. Schlimmer noch: Drei der BMC-Fahrer, die bei Cadel geblieben waren – Hincapie, Quinziato und Michael Schär –, mussten am gleichen Anstieg abreißen lassen, während Ivan Santaromita die Nachwehen einer Knieverletzung, die er sich bei einem Sturz früher im Rennen zugezogen hatte, zu spüren bekam. Andy Schleck, dessen Abstand auf Cadel auf der 16. Etappe von 3 Sekunden auf 1:18 Minuten angewachsen war, nutzte die Schwäche des BMC-Teams und attackierte. Cadel beschloss, ihn ziehen zu lassen, weil er nicht das Risiko eingehen wollte, das Schleck gerade einging: so weit vor dem Ziel leerzulaufen.

Im Prinzip war es eine einfache Rechenaufgabe. Cadel konnte auf dieser Etappe 77 Sekunden an Schleck verschenken, ohne im Gesamtklassement hinter ihn zu rutschen. Im schlechtesten Fall könnte er drei Minuten auf Schleck verlieren und immer noch die Chance haben, sich im Zeitfahren auf der 20. Etappe wieder vor ihn zu setzen, wenn man von den Leistungsunterschieden in ihren bisherigen Einzelzeitfahren ausging. Aber natürlich wäre es ihm lieber gewesen, wenn es nicht so knapp werden würde.

Auf dem Gipfel des Col d'Izoard hatte Schleck mehr als zwei Minuten auf Cadels Gruppe herausgefahren. Der schlaksige Kapitän des Teams Leopard-Trek ging auf der nun folgenden Abfahrt ein enormes Risiko ein, um seinen Mannschaftskollegen Maxime Monfort einzuholen, der in derselben Ausreißergruppe gewesen war wie Burghardt und Bookwalter. Schleck schaffte es, auf Monfort aufzuschließen, und die beiden arbeiteten zusammen, um ihren Vorsprung auf fast 3,5 Minuten auf Cadels Gruppe auszubauen, als sie sich dem Fuß des Col du Galibier näherten. Die unteren Wellen des Bergs waren nicht sehr steil, aber sie erwiesen sich als zu viel für Cadels letzten überlebenden Teamkameraden Amaël Moinard aus Frankreich, der aus der sich rasend schnell reduzierenden Verfolgergruppe fiel und Cadel ganz ohne Begleitung zurückließ.

Cadel sah sich in der Gruppe nach Fahrern um, die in einer ähnlichen Notlage waren wie er – Anwärter auf das Gesamtklassement, deren Hoffnungen, die Tour zu gewinnen, vernichtet wären, wenn Schleck nicht gestellt würde, bevor er das Etappenziel auf dem Col du Galibier erreichte – und die er deshalb als Verbündete für eine Aufholjagd gewinnen konnte. Er bat den Träger des Gelben Trikots, Thomas Voeckler, um Hilfe, aber Voeckler schüttelte den Kopf. Der Franzose war am Anschlag und hatte nicht vor, sich mit Cadel bei einer ernsthaften Aufholjagd als Windschattengeber abzuwechseln. Contador schien ebenfalls keine Kraftreserven mehr zu haben. Und Fränk Schleck würde natürlich seinem Bruder und Mannschaftskollegen nicht nachsetzen.

Die eindringliche Stimme von John Lelangue, dem Teamchef von BMC, knackte durch Cadels Ohrstöpsel. Andy Schleck hatte inzwischen 4 Minuten Vorsprung. Cadel musste jetzt los, und er musste allein gehen.

Niemand ist wirklich dazu geboren, die Tour de France zu gewinnen. Cadel hatte das verstanden. Aber er fühlte ganz deutlich, dass sein ganzes Leben ein Vorspiel für diesen Moment gewesen war. Cadel war 11 Kilometer und 1800 Höhenmeter von der wichtigsten

Ziellinie entfernt, die er jemals zu erreichen gehabt hatte. Wenn er die Strecke 2 Minuten schneller als Schleck schaffte, würde sein großer Traum tatsächlich zur Bestimmung werden. Wenn er es nicht schaffte, würde er die Tour de France nicht gewinnen – nicht dieses Jahr, niemals. Weder Teamarbeit noch List noch Konzentration aufs Detail konnten ihm jetzt helfen. Cadels Schicksal hing ganz davon ab, ob er die Resilienz hatte, sich selbst aus dem Loch zu ziehen, in dem er sich befand. Wenn Cadel noch immer derselbe Sportler war, der er vor dem Moment im Jahr 2010 gewesen war, als er an Mauro Santambrogios Schulter geweint hatte, würde er wieder scheitern, und zwar schmerzhafter als jemals zuvor. Wenn dieses letzte Versagen ihn verändert hatte, hatte er eine Chance.

Cadel erhob sich aus dem Sattel und sprang an die Spitze seiner Gruppe wie ein Dobermann, der seine Kette straffzieht. Pierre Roland konterte umgehend seinen Angriff und hängte sich an Cadels Hinterrad. Cadel setzte sich wieder und pedalierte straff weiter. Nach all den Jahren im Straßenrad-Renngeschehen fuhr er immer noch wie ein Mountainbiker, weit nach vorn gebeugt, sein Oberkörper fast parallel zum Boden. Sein Gesicht war meist ausdruckslos, aber seine Anstrengung war nun deutlich sichtbar anhand der heruntergezogenen Mundwinkel.

Keiner der Fahrer hinter Cadel zeigte auch nur einen Hauch Willen, ihm die Last abzunehmen, den heftigen Windböen komplett ausgesetzt zu sein, die ihm von vorn ins Gesicht bliesen. Dann sollte es eben so sein. Cadel stand wieder auf und griff nochmals an, sein Rad kippte geschmeidig von einer Seite zur anderen, als er virtuos jeden Muskel zwischen Schultern und Zehen einsetzte, um seiner Maschine Kraft abzutrotzen. Seine Quadrizeps bekamen in dieser Haltung die volle Wucht seiner Anstrengung ab. Seine Muskeln brannten, immer mehr, immer intensiver, mit jeder Kurbelumdrehung, bis Cadel gezwungen war, sich wieder hinzusetzen.

Als er unter dem Banner hindurchfuhr, das die letzten zehn Kilometer hinauf zum Gipfel ankündigte, erfuhr Cadel, dass er seinen vierminütigen Rückstand auf Schleck um gerade einmal zehn armselige Sekunden verkürzt hatte. Bei dieser Geschwindigkeit würde der Fahrer des Teams Leopard-Trek nach dieser Etappe noch immer mehr als zwei Minuten Vorsprung auf Cadel im Gesamtklassement haben. Dessen einzige Hoffnung war es nun, dass Schleck ins Wanken geriet, aber der sah noch immer stark aus. Gerade hatte er den letzten verbliebenen Mitausreißer, Maxim Iglinskiy vom Team Astana, abgehängt. Schleck war nun der alleinige Führende dieser Etappe – ebenso wie der faktische Führende der Tour de France.

Um Cadel zu ermutigen, teilte ihm John Lelangue hinter ihm im Teamfahrzeug den Namen eines jeden Fahrers mit, der abgehängt wurde. Zuerst Sammy Sánchez, der als Gesamtfünfter in den heutigen Tag gegangen war. Dann explodierte Cadels früherer Mountainbike-Rivale Ryder Hesjedal. Augenblicke später verlor Christian Vande Velde, ein brillanter Kletterer, den Anschluss. All diese Männer mussten durch das Windschattenfahren circa zehn Prozent weniger Energie aufbringen als Cadel, dennoch war dessen hämmernde Geschwindigkeit zu viel für sie.

Schleck passierte das 5-Kilometer-Banner und kam auf das steilste Stück des Anstiegs, an dem die Straße sich in einer 9-Prozent-Steigung nach oben wölbte. Das erste Mal, seit er vor ungefähr 90 Minuten seine Attacke gefahren hatte, stand er aus dem Sattel auf – etwas, das er für gewöhnlich nur tat, wenn er anfing zu kämpfen. Gleichzeitig hob Schleck den Blick in Richtung Gipfel. Fast unmerklich begann er Schwung zu verlieren.

Drei Minuten und acht Sekunden hinter ihm hatte auch Cadel den Blick auf den Gipfel gerichtet. Als er um eine Kurve bog, konnte er ein gutes Stück der Straße sehen, die sich vor ihm wand, und er sah die Traube an Fahrzeugen, die Schleck flankierten. Ein Adrenalinschub gab ihm nochmals einen heftigen Ruck. Am Ende der immer kleiner werdenden Verfolgergruppe schüttelte Alberto Contador den Kopf, der Mann, der Cadel bei der Tour 2007 um 23 Sekunden geschlagen hatte, er kapitulierte und fiel zurück. Lelangue berichtete dies Cadel und löste damit eine weitere gnadenlose Tempoerhöhung aus, Jahre der angestauten Frustration übertrugen sich von den Beinen auf die Pedale.

Die Experten, die ihn abgeschrieben hatten, hatten nun nichts mehr zu sagen. Vielleicht hatten sie recht damit zu argumentieren, dass Cadel etwas fehlte. Aber wenn dem so gewesen war, fehlte es ihm jetzt nicht mehr. Sie wollten Verve? Bitte schön!

Schleck war schon blind vor Erschöpfung, ein Geisterfahrer, sein Fahrrad schlingerte unkontrolliert über die Straße. Als nur noch ein Kilometer bis ins Ziel zu fahren war, krachte er fast in eine temporäre Absperrung, auf deren anderer Seite ein felsiger Abhang Hunderte Meter in die Tiefe und in den sicheren Tod führte. Endlich tauchte die Ziellinie auf. Als er sie überfuhr, ballte Andy Schleck seine rechte Faust auf eine Art, die eher feindlich als triumphierend wirkte – ein Jubel nach dem Motto »Nimm das!«. Er war auch mit Wut im Bauch gefahren, aber er hatte es nicht annähernd so satt wie der vor Wut schäumende Australier, der von hinten heranflog.

Während Cadel aufs Ziel zuhämmerte, kam ihm Fränk Schleck, einer der wenigen Fahrer, die er nicht abgehängt hatte, zuvor und schnappte ihm den zweiten Platz weg, 2:07 Minuten hinter seinem Bruder. Cadel beendete die Etappe 8 Sekunden später. Andy Schleck war im Gesamtklassement an Cadel vorbeigezogen, allerdings betrug sein Nettovorsprung nur 57 Sekunden, signifikant weniger Zeit, als er gebraucht hätte, um Cadel im Zeitfahren auf der 20. Etappe abwehren zu können. Cadels heldenhafte Aufholjagd hatte ihm die Tour gerettet.

Es war jedoch noch nicht vorbei. Andy Schleck hatte noch eine Chance, seinen Vorsprung gegenüber Cadel vor dem Zeitfahren auszubauen. Die 19. Etappe war nochmals eine Schinderei in den Alpen, bei der drei Anstiege der »Hors Catégorie« auf dem Plan standen und die im berühmten L'Alpe d'Huez endete. Cadel bekam zwischen dem ersten und zweiten Anstieg kurz Angst, als ein weiterer mechanischer Defekt ihn dazu zwang, anzuhalten und das Rad zu tauschen. Aber das Missgeschick goss nur noch mehr Öl in sein Feuer. Cadels

Rivalen nutzten den Vorfall und hängten ihn im nächsten Anstieg ab. Cadel schoss auf der anderen Seite des Bergs hinunter, als ob es ein Videospiel wäre, in dem Tod etwas Virtuelles und Vergängliches darstellte, und holte die Gruppe ein, in der auch die Schleck-Brüder und Contador fuhren, kurz bevor es in den letzten Anstieg ging. Cadel behielt die Schlecks die ganze Zeit über im Blick, lancierte sogar selbst eine völlig unnötige Attacke und beendete die Etappe, ohne auf irgendjemanden, der ihm gefährlich werden konnte, Zeit verloren zu haben.

Diese Nacht verbrachte das Team BMC im »Club Med« in der Nähe des Etappenziels. Cadels Teamkollegen saßen wie auf glühenden Kohlen. Sie wollten fast so sehr wie er selbst, dass er die Tour gewann, aber sie hatten alles getan, was in ihrer Macht lag, um ihm zu helfen. Jetzt war es an Cadel, den Sack zuzumachen. Er lag im Gesamtklassement an dritter Stelle, 57 Sekunden hinter Andy Schleck und 4 Sekunden hinter Fränk. Cadel hatte 42,5 Kilometer, um diese Rückstände im anstehenden Zeitfahren aufzuholen. Der Druck war riesig, und dennoch redete er beim Abendessen mit seinen Teamkollegen, als würden sie sich auf eine stinknormale Trainingsausfahrt vorbereiten und nicht auf das wichtigste Rennen seines Lebens. Er nippte an einem Glas Wein wie jemand, der sich um nichts auf der Welt Sorgen zu machen brauchte. Die anderen wurden erneut Zeuge der Ruhe des positiven Angewidertseins.

Etwa 16 Stunden später fuhr Cadel ein hervorragendes Zeitfahren, er flog die Hügel hinauf, preschte die Abstiege hinunter und nahm die Kurven wie ein Slalom-Skifahrer, bis die Uhr bei 55:40 Minuten stehen blieb. Es war die zweitschnellste Zeit des Tages, schneller war nur der Deutsche Tony Martin, der zwei Monate später die Weltmeisterschaft im Zeitfahren gewinnen sollte. Andy Schleck war 2:24 Minuten langsamer, sein Bruder noch langsamer. Cadel hatte sich das Gelbe Trikot geholt, und sein Vorsprung von 1:34 Minuten war groß genug, um die 21. Etappe, den Weg nach Paris, zu einer einzigen Feier zu machen.

Als Cadel Evans die Etappe auf den Champs-Élysées beendete, war er der erste Australier und der zweitälteste Fahrer, der je die Tour de France gewonnen hatte. Aber seine Mitfahrer tun gut daran, ihn als den Typen im Gedächtnis zu behalten, der die Tour de France öfter verloren hat als irgendjemand sonst, bevor er sie gewann.

KAPITEL 7

Die Schwäche von heute ist die Stärke von morgen

EINES DER FESSELNDSTEN Bilder der Olympischen Sommerspiele 2012 in London ist ein Foto, das abseits des Wettkampfgeschehens aufgenommen worden war, während der Siegerehrung des Ruder-Zweiers. Das Bild zeigt die sechs Medaillengewinner, die drei Teams, die Seite an Seite auf einem mit Teppich ausgelegten Dock am Rand des Dorney Lake stehen, wo gerade das Rennen stattgefunden hatte.

Was an diesem Foto so bemerkenswert ist, ist die relative Größe der Athleten. Die beiden in der Mitte sehen winzig aus – fast wie Miniaturen – im Vergleich zu den Paaren zu beiden Seiten. Ganz links steht Romano Battisti aus Italien in einem schwarzen Trainingsanzug. Wie die anderen auch hat er eine Medaille um den Hals baumeln und hält einen bunten Blumenstrauß auf Hüfthöhe. Battisti ist ein großer Mann: 1,90 Meter lang und 92 Kilogramm schwer. Neben ihm steht sein Teamkollege Alessio Sartori, ein echter Riese mit zwei Metern und fast 100 Kilogramm Körpergewicht. Ganz rechts in der Gruppe steht Iztok Čop aus Slowenien, er trägt den blau-grünen Einteiler und das weiße Unterhemd, das er auch im Rennen anhatte. Er misst ebenfalls 1,90 Meter und wiegt fast 90 Kilogramm. Zu Iztoks

Rechten steht sein Teampartner Luka Špik, ein weiterer Koloss von 1,95 Metern und 95 Kilogramm. Zwischen diesen bärenstarken Duos sehen die schwarz gekleideten Neuseeländer wie Zwerge aus. Nathan Cohen ist etwas größer als 1,80 Meter und wiegt 87 Kilo. Sein Partner Joseph Sullivan misst ziemlich genau 1,80 Meter und wiegt um die 80 Kilogramm.

Die zentrale Position der Neuseeländer verstärkt die Kraft des Bilds, und zwar nicht nur dadurch, dass es deren vergleichsweise geringe Körpergröße übertrieben betont. Die olympische Tradition schreibt es vor, dass die Sieger bei der Medaillenverleihung in der Mitte stehen. In einem Sport, der Größe belohnt, hatten der kleine Nathan Cohen und der winzige Joseph Sullivan die Goliaths zu ihren beiden Seiten besiegt.

JOE SULLIVAN WAR neun Jahre alt, als er 1996 in seinem Elternhaus in North Canterbury, an der Ostküste von Neuseelands Südinsel, die Olympischen Sommerspiele in Atlanta anschaute. Noch bevor das olympische Feuer gelöscht wurde, war Joe von dem Traum besessen, selbst ein Olympionike zu werden, obwohl er nicht hätte sagen können, in welchem Sport. Sein größtes Talent zu dieser Zeit war Hyperaktivität.

Als er 13 Jahre alt war, zog seine Familie in die kleine Küstenstadt Picton. Er kam auf die örtliche Highschool, das Queen Charlotte College, wo er seine überbordende Energie ins Geländelaufen und in die Leichtathletik steckte. Er war ein schmaler Junge von durchschnittlicher Größe, hatte also die richtigen körperlichen Voraussetzungen für diese Disziplinen und stellte sich auch recht gut darin an.

Noch im ersten Jahr an der neuen Schule erregte seine Sportlichkeit die Aufmerksamkeit eines Schülers in einem höheren Jahrgang, der im Ruderteam war. Er ermutigte Joe, sich einmal im Rudern zu versuchen. Innerhalb von einer Woche hatte Joe Schwielen an den Händen vom täglichen Training mit seinen neuen Teamkollegen in Picton Harbour, einer geschäftigen Fischereigegend, wo von Muskelkraft betriebene Gefährte oft von vorbeifahrenden Fischdampfern überspült wurden. Joe war ein merkwürdiger Ruderer. Er war nicht nur recht klein, sondern hatte auch ungewöhnlich kurze Arme, eine anatomische Besonderheit, die seine Ruderkumpels zum Spitznamen »T-rex« inspirierte.

Obwohl er den »falschen Körper« fürs Rudern hatte, war Joe überragend darin. Der wichtigste Wettkampf für die Ruderer vom Queen Charlotte College war der Maadi Cup, die nationale Meisterschaft der Sekundarschulen Neuseelands. Der Wettkampf fand Ende März statt, einige Wochen vor Joes Geburtstag. Im Jahr 2003, Joe war noch nicht ganz 17, gewann er im Zweier die U19-Wertung zusammen mit Kieran Gaudin sowie noch zwei weitere Rennen.

Der Gewinner im Hauptwettkampf des Maadi Cup 2003 im U18-Einer war niemand Geringeres als Joes zukünftiger Partner im Olympia-Zweier, Nathan Cohen, der um die 15 Monate älter war und für die James Hargest High School startete, die sich am südlichen Ende der Südinsel befand. Der Sieg war ein Wendepunkt für Nathan, der wie Joe kleiner als die meisten anderen Ruderer war, mit denen und gegen die er antrat. »Das zeigte mir, dass man alles erreichen kann, wenn man es nur genug will und bereit ist, dafür über seine Grenzen zu gehen«, sagte er Jahre später.

Nathan machte wenige Monate später seinen Schulabschluss und ging an die Canterbury Universität. Beim Maadi Cup 2004 war Joe dann an der Reihe, ins Rampenlicht zu treten. Wegen des schlechten Wetters war der Rennzeitplan gestrafft worden, und Joe musste in weniger als einer Stunde in drei Finals rudern – im Zweier in den Kategorien U17 und U19 sowie im U17-Einer. Er gewann alle drei und warf sich nach dem letzten in ekstatischer Erschöpfung auf den Rücken. An diese Stunde erinnert man sich noch heute als die beste Leistung in der Geschichte des Maadi Cup.

Im Jahr 2005 kehrte Joe ein letztes Mal zu dieser wichtigen Veranstaltung zurück und gewann weitere drei Rennen. Er war inzwischen der beste Ruderer Neuseelands in seiner Altersklasse. Aber als es für die Offiziellen von Rowing New Zealand (RNZ) an der Zeit war, die Zweier-Teams für die World Junior Rowing Championships auszuwählen, wurde Joe übergangen. Die nationale Teamauswahl im Bereich Rudern ist berüchtigt für ihre Willkür – beschmutzt von politischen Einflüssen, Vorurteilen und persönlichen Seilschaften. Joes Problem war seine Größe. Er sah nicht aus wie ein Ruderchampion, also übergingen ihn die Auswählenden zugunsten eines schwächeren Athleten, der dies tat. Das sollte nicht das letzte Mal sein, dass die Entscheider im Sport Joe anhand seiner Statur und nicht aufgrund seiner Leistung auf dem Wasser beurteilten. Aber wenn sie dachten, sie würden ihn entmutigen, hatten sie sich geirrt.

»Die Leute haben mir immer gesagt, ich sei zu klein«, sagte Joe bei der World Rowing 2012 in einem Interview. »Ich mag es, ihnen zu beweisen, dass sie falsch liegen.«

Die Marlborough Rowing Association, der örtliche Verein, zu dem Joe gehörte, legte gegen seinen Ausschluss aus dem Nationalteam der Junioren Protest ein. RNZs Ombudsmann (es ist bezeichnend, dass die Organisation einen braucht) revidierte die Entscheidung, und Joe durfte sein Land in Brandenburg, Deutschland, vertreten – vorausgesetzt, er konnte die rund 9000 Euro bezahlen, die die Reise kosten würde. Er brachte rund die Hälfte des Betrags aus seinen Ersparnissen auf und bekam den Rest von einem Förderer zugeschossen. Bei der Weltmeisterschaft der Junioren zeigte Joe ihnen tatsächlich, dass sie bei ihrer ersten Entscheidung falsch gelegen hatten, indem er im Zweier mit seinem Partner (und früheren Teamkollegen am Queen Charlotte College) Daniel Karena eine Bronzemedaille holte.

Es gibt im internationalen Rudern vier Wettkampfstufen: die Junior-Kategorie für Ruderer im Alter von 18 Jahren oder jünger, die U23-Kategorie, die Leichtgewichtsklasse für männliche Ruderer mit 72,5 Kilogramm Körpergewicht oder weniger und für weibliche Ruderer mit 58,5 Kilogramm oder weniger und die Senioren für die besten Ruderer jeder Altersstufe. Nachdem er in Brandenburg ein Ausrufezeichen gesetzt hatte, konzentrierte sich Joe darauf, in der

Seniorenklasse zu punkten – vielleicht rechtzeitig, um sich für die Olympischen Spiele 2008 in Peking zu qualifizieren. Er zog die Leichtgewichtsklasse nie in Betracht, und er brachte schnell jeden zum Schweigen, der es wagte, das vorzuschlagen.

Joes erste Chance kam im Sommer 2007. Damals hatte Nathan Cohen bereits einen Platz im besten Zweier Neuseelands, zusammen mit Matthew Trott. Aber nur Tage vor dem Weltcup-Rennen in Amsterdam wurde Trott krank und Joe sollte ihn ersetzen. Er nahm den nächsten Flug von Auckland und kam nur wenige Stunden vor dem ersten Lauf an. Das zusammengewürfelte Cohen-Sullivan-Gespann gewann das Rennen mit Leichtigkeit und qualifizierte sich fürs Halbfinale. In der Halbfinalrunde schafften es Joe und Nathan, sich vom vorletzten Platz, auf dem sie zu Beginn der 2000-Meter-Strecke gelegen hatten, auf den zweiten vorzukämpfen, und holten sich damit ihr Ticket fürs Finale, wo sie Fünfte wurden.

Das war ein vielversprechendes Ergebnis für das Paar, das zuvor kaum im gleichen Boot trainiert hatte, ganz zu schweigen davon, zusammen ein Rennen bestritten zu haben. Aber Matthew Trott war bald wieder gesund und forderte seinen Platz in Nathans Boot zurück, womit Joe erneut in die U23-Arrestzelle wanderte, wo er auf seine nächste Chance warten musste, um mit den großen Jungs in den Wettkampf zu gehen. Diese Chance ließ auf sich warten.

Eine Woche nach Amsterdam gewann Joe die Goldmedaille im Einer-Rennen bei den World Rowing U23 Championships und machte sich damit zum besten Ruderer der Welt seines Alters. Diese Leistung hatte jedoch kaum einen Effekt auf die Nationaltrainer und Selektoren von RNZ, die weniger von Joes Siegen auf dem Wasser beeindruckt waren, als davon beunruhigt, dass er keine so schweren Gewichte heben oder auf einer Rudermaschine nicht so viel Watt aus seinen Muskeln pressen konnte wie seine Konkurrenten.

Im darauffolgenden Jahr verteidigte Joe erfolgreich seinen Titel, aber die Türsteher blieben skeptisch. In der Zwischenzeit hatte sich Nathan dafür qualifiziert, Neuseeland bei den Olympischen Spielen in Peking zu vertreten, wo er im Zweier im Team mit dem Goldmedaillengewinner von 2000, Rob Waddell, Vierter wurde. Joe wurde nicht einmal für die Auswahl der letzten sechs Anwärter auf einen Platz in diesem Boot in Betracht gezogen.

2009, Joe war nun 22 Jahre alt, gewann er noch einmal eine Goldmedaille bei den World Rowing U23 Championships, diesmal im Zweier. Sogar jetzt wurde ihm nicht eine einzige Chance gewährt, in der Seniorenklasse zu starten. Seine Trainer rechtfertigten dies damit, dass andere Ruderer aufgrund seiner Körpergröße Mühe hätten, seinen Rhythmus mitzugehen, und er daher »nicht kompatibel« sei.

Diese Erklärung war nicht ganz unbegründet. Im Jahr 2007 hatte ein griechisch-serbisches Team von Sportwissenschaftlern die Verbindung zwischen anthropometrischen Merkmalen (Größe und Armlänge) und Schlageigenschaften (namentlich Schlagzahl und -länge) bei Top-Nachwuchsruderern untersucht. Sie stellten fest, dass bestimmte Körpermaße ein bestimmtes Schlagmuster des Ruderers wahrscheinlich machten. Speziell Ruderer mit längeren Gliedmaßen tendierten dazu, längere Schläge zu ziehen, während diejenigen mit kürzeren Gliedmaßen eher eine erhöhte Schlagzahl aufwiesen. In einer Zusammenfassung ihrer Ergebnisse verkündeten die Wissenschaftler: »Unsere Daten lassen darauf schließen, dass Ruderer mit der gleichen Arm- und Hüftlänge sowie Sitzgröße vermutlich mit der gleichen Schlagzahl und -länge rudern werden. Deshalb sollten Ruderer mit der gleichen Arm- und Hüftlänge sowie der gleichen Sitzgröße ein erfolgreiches Ruderteam bilden.«

Der einzige Ruderer in Neuseeland, mit dem man Joe Sullivan hätte zusammenbringen können, war Nathan Cohen. Endlich, im April 2010, bekam Joe einen Platz in Nathans Boot. Diesmal jedoch gingen die beiden Männer nicht sofort in ein Rennen, sondern trainierten lange Zeit ungestört am Lake Karapiro, wo sie nach den Synergien suchten, die nie perfekt ineinandergreifen, wenn zwei Ruderer neu zusammenkommen. Sie stellten sofort fest, dass ihre Höchstgeschwindigkeit im Schlusssprint hervorragend war und sehr wahrscheinlich im Rennen ihr Ass im Ärmel sein würde. Aber sie kämpften damit, einen effizienten Rhythmus zu finden, der sie in einem 2000-Meter-Rennen so weit bringen würde, dass sie sich in einer günstigen Position für den Angriff auf den Sieg befanden.

»Jeder von uns musste an sich einiges verändern, um uns beide effizienter zusammen rudern zu lassen«, sagte Nathan in einem Interview mit *3 News* aus Auckland. »Es braucht Zeit, um ein Team zu werden und den Rhythmus des anderen aufzunehmen, damit man Geschwindigkeit aufnimmt und das Boot schneller werden lässt.«

Das Einzige, was im Rudern schwieriger ist, als an die Spitze zu kommen, ist, dort zu bleiben. Man hat seine Position nie sicher. Das Ziel von Joe und Nathan war 2010, bei der Weltmeisterschaft teilzunehmen. Eine Chance, die sie bekommen würden, wenn sie bei den Weltcup-Rennen in München und Luzern gut ablieferten – und nur dann. Sie wurden in München Siebte von zwölf Booten, aber verbesserten sich in Luzern auf den dritten Platz. Das reichte, um Neuseeland bei der Weltmeisterschaft zu vertreten, die dieses Jahr auf ihrem »Heimatboden«, dem Lake Karapiro, ausgetragen wurde.

Joe und Nathan erfüllten alle Erwartungen schon allein dadurch, dass sie das Finale erreichten, wo sie gegen die amtierenden Weltmeister aus Deutschland, die Silbermedaillenverteidiger aus Frankreich und das britische Team, das die Weltcup-Serie 2010 dominiert hatte, antreten mussten. Die Neuseeländer schlugen sie alle und erstaunten die Rudererwelt mit einem empathischen Sieg. Nachdem sie bei der 500-Meter-Marke noch auf dem dritten Rang gelegen hatten, waren Joe und Nathan die letzten 500 Meter zwei Sekunden schneller gesprintet als jedes andere Boot und hatten damit den Rope-a-Dope-Stil perfektioniert, der auf Ermüdung der Gegner basiert und der ihr Markenzeichen werden sollte.

»Ich zittere immer noch«, sagte Nathan danach einem Reporter. »Ich kann es noch gar nicht glauben. Ein Traum ist wahr geworden. Du kannst dein ganzes Leben lang dafür trainieren. Ich kann es nicht in Worte fassen.«

In ihrer Begeisterung vergaßen die beiden Männer etwas. Sie hatten ihr ganzes Leben lang dafür trainiert, eine Goldmedaille bei Olympia zu gewinnen, und ihr Sieg am Lake Karapiro war keine Garantie dafür, dass sie sie auch bekommen würden.

Der nächste Schritt auf dem Weg zum ganz großen Traum war die Weltmeisterschaft 2011 in Bled, Slowenien. Joe und Nathan kamen dort mit zwei Siegen bei drei Weltcup-Rennen in der bisherigen Saison an. Ihr letzter Sieg in Luzern war wieder ein solches Meisterstück gewesen, bei dem sie das Feld von hinten aufgerollt hatten. Bei der 500-Meter-Marke noch auf Platz fünf, waren sie nach vorn geschossen und hatten um eineinhalb Bootslängen gewonnen. In Bled zementierten sie ihren Ruf als Angreifer des letzten Moments, als sie Deutschland um gerade mal sechs hundertstel Sekunden schlugen für ihren zweiten Weltmeistertitel, nachdem sie früher im Rennen mehr als 2,5 Sekunden hinter ihnen zurückgelegen hatten.

Das Paar aus Neuseeland lieferte weiterhin durch die gesamte Olympia-Qualifikation im Februar 2012 gute Leistungen ab, die aufgrund der Orwellschen Tradition dieses Sports zum Verrücktwerden wirr war. »Wir wissen bis zum Tag [an dem sie stattfinden] nicht, welche Bedeutung die Qualifikationsrennen haben«, erzählte Joe einem Journalisten, bevor der Auswahlprozess startete. »Wir wissen nie, was die Selektoren tun werden.«

Das Ruderteam für Olympia 2012 wurde am 4. März bei einer Pressekonferenz am Ufer des Lake Ruataniwha verkündet. Joseph Sullivan und Nathan Cohen hatten genug gezeigt und wurden als die Vertreter ihres Lands im Zweier der Männer benannt.

»Wir sind ganz offensichtlich nicht die physisch am besten ausgestatteten Athleten in unserer Disziplin«, sagte Nathan einem Reporter bei der Pressekonferenz. »Wir wissen, dass wir unsere Gegner überrumpeln müssen, da wir vielleicht nicht so stark und groß sind wie sie. Also versuchen wir, gegenseitig das Beste aus uns herauszuholen. Darauf arbeiten wir hin: uns in eine körperliche Konstitution zu bringen, in der wir über unsere gefühlten Grenzen gehen können.«

INSGESAMT 26 RUDERER, die 23 Länder vertraten, qualifizierten sich für das Männerrennen im Zweier bei den Olympischen Spielen 2012 in London. Der kleinste aller Athleten war Joseph Sullivan. Der zweitkleinste war Nathan Cohen. Zusammen waren die beiden Neuseeländer dreißig Zentimeter kleiner und sieben Kilo leichter als die nächstgrößeren Gegner, die Deutschen. Und zusammen waren sie fast einen Meter kleiner und fast 33 Kilo leichter als das größte Paar im Wettbewerb, die Litauer.

Es hat einen Grund, warum Top-Ruderer groß und schwer sind. Wie bereits erwähnt, machen Ruderer mit langen Gliedmaßen längere Züge, also bewegen sie ihre Boote pro Zug über eine größere Distanz. Schwer zu sein an sich ist keine Ruderer-Tugend, aber Kraft sehr wohl. Kraft kommt von Muskeln, und Muskeln sind schwer.

Große Menschen werden nicht nur eher Top-Ruderer, sondern auch unter Top-Ruderern ist die Tatsache, groß gewachsen zu sein, meist gleichbedeutend mit größeren Erfolgsaussichten. In einer Studie aus dem Jahr 2004 quantifizierten Forscher den Zusammenhang zwischen Körpermasse und den Zeiten eines Rennens über 2000 Meter in einer Gruppe von 15 Weltklasse-Ruderern im Einer. Der Korrelationskoeffizient für diesen Zusammenhang war sehr hoch: 0,87. Der perfekte Korrelationskoeffizient von 1,00 hätte bedeutet, dass sich die Rennzeiten exakt proportional zum höheren Gewicht verbesserten. Ein 90-Kilo-Mann hat noch nie die Tour de France gewonnen und eine 1,57 Meter kleine Frau wird wahrscheinlich nie über 200 Meter Schmetterling gewinnen. Körpermaße wie Größe, Gewicht und Länge der Gliedmaßen haben signifikanten Einfluss auf die Leistung im Ausdauersport, also sind sie im Spitzensport stark eingeschränkt. Das trifft heute mehr zu als jemals zuvor, denn Ausdauersport ist im Spitzenbereich sehr hart umkämpft.

Der beste Läufer der Welt in den frühen 50ern war Emil Zátopek. Der Tscheche hatte einen dicken Quadrizeps und kräftige Schenkel. Die Form seiner Beine sieht man heute bei Elite-Läufern höchst selten – und es ist ganz klar, warum. Die Wissenschaft hat gezeigt, dass die Masse unterhalb des Knies einen großen Einfluss auf die Laufökonomie hat. Es ist kein Zufall, dass heutzutage die besten Läufer der Welt, die Kenianer und Äthiopier aus dem Gebiet Rift Valley, tendenziell außergewöhnlich schlanke Waden haben.

Dennoch gibt es Ausnahmen von der Regel – Ausdauersportler, die es in ihrer Disziplin ganz nach oben schaffen, obwohl ihre Körperproportionen hart an der Grenze dessen sind, was als körperlich notwendig erachtet wird, um im heutigen Wettkampfumfeld an die Spitze zu kommen. Nehmen wir das Beispiel Schwimmen, ein Sport, der von langgliedrigen Athleten mit flossenähnlichen Füßen dominiert wird. Die amtierende Weltrekordhalterin über 400 Meter Freistil, Katie Ledecky, ist 1,80 Meter groß und trägt Schuhgröße 43. Dann gibt es da noch Janet Evans. Mit einer Körpergröße von 1,65 Metern und Schuhgröße 37 ist Janet nicht gerade der Prototyp einer Weltklasseschwimmerin. Dennoch hat Janet in ihrer Karriere insgesamt acht Goldmedaillen bei Olympischen Spielen und Weltmeisterschaften gewonnen (und hat außerdem sieben Weltrekorde aufgestellt).

Was sie erreicht hat, ist besonders erstaunlich, wenn man sich anschaut, wie Freistilrennen heutzutage für gewöhnlich gewonnen werden. Wie bei den großen Ruderern können auch große Schwimmer mehr Distanz pro Zug zurücklegen. Im internationalen Wettbewerb gewinnt im Freistil normalerweise immer der Athlet, der am wenigsten Züge braucht. Janet benötigte stets die meisten Züge und gewann trotzdem. Wie sie das machte?

Janet glich ihren Größennachteil dadurch aus – oder besser: Sie machte diese Schwäche zu einer Stärke –, indem sie eine ungewöhnliche Armzugtechnik entwickelte, die sich durch eine hohe Frequenz und eine Erholungsphase mit gestrecktem Arm auszeichnete, die als »Windmühlentechnik« bekannt wurde.

Das ist ein anderes Beispiel für den Ausweicheffekt, der in Kapitel 5 beschrieben wird. Wenn Athleten es in ihrer Disziplin ganz nach oben schaffen, obwohl sie »den falschen Körper« haben, geschieht das meist durch diesen Effekt. Zur Erinnerung: Der Ausweicheffekt (oder diese besondere Ausprägung davon) entsteht durch Neuroplastizität. Ein Sportler, der durch eine Verletzung oder einen anderen Rückschlag eine körperliche Fähigkeit verliert, kann seine Leistungsfähigkeit zurückgewinnen, indem sich das Gehirn neu vernetzt, sodass der Körper mit weniger mehr schafft. Es gibt Belege dafür, dass die Tatsache, »den falschen Körper« für eine Sportart zu haben, das Gehirn in ähnlicher Weise stimuliert. Genauer gesagt: Der Versuch eines Athleten mit anderen, die bessere körperliche Fähigkeiten in der entsprechenden Disziplin haben, mitzuhalten, könnte zu kreativen Bewegungsmustern führen, die die körperlichen Nachteile durch eine effizientere Technik ausgleichen, die bei gleicher Anstrengung schneller ist. Die Windmühlen-Schwimmerin Janet Evans war tatsächlich eine der effizientesten Schwimmer, die jemals getestet wurden.

Um wieder auf das Bild mit dem Gehen über glühende Kohlen zurückzukommen: Durch den Ausweicheffekt effizienter zu werden ist so, als wenn man herausbekommt, wie man beim Gehen weniger Gewicht auf die Fußsohlen bringt, so die Hitze weniger spürt und dadurch weiter gehen kann, bevor man seine maximale Schmerztoleranzgrenze erreicht.

Einer der faszinierendsten Belege für diese spezielle Form des Ausweicheffekts kommt aus dem Laufen. Wie in allen Ausdauersportarten ist eine gute aerobe Kapazität entscheidend, um im Laufen erfolgreich zu sein. Dennoch schaffen es manche Läufer mit im Vergleich zu anderen Top-Läufern niedriger aerober Kapazität, auf höchster Ebene zu gewinnen. Und das schaffen sie, indem sie eine überlegene Laufökonomie entwickeln. Mit anderen Worten gleichen sie aus, dass sie weniger Sauerstoff aufnehmen können als ihre Konkurrenten, indem sie Wege finden, mit jeder beliebigen Sauerstoff-Aufnahmemenge schnell zu laufen.

Interessanterweise haben die ökonomischsten Top-Läufer nie die höchsten aeroben Kapazitäten, und die Läufer mit der höchsten aeroben Kapazität laufen nie am ökonomischsten. Einer der ökonomischsten Läufer, die je getestet wurden, war ein kenianischer

Mitteldistanzspezialist, der eine persönliche Bestzeit von 3:35 Minuten über 1500 Meter hatte, obwohl er eine unspektakuläre VO_2max von 63 ml/kg/min hatte (ein Wert, der eher für 1500-Meter-Läufer mit einer Zeit von 4:20 Minuten typisch ist).

Eine sehr hohe aerobe Kapazität ist eine Art physische Krücke, die es Läufern, die damit gesegnet sind, erlaubt, etwas ineffizient zu sein, während eine niedrigere VO_2max als Einschränkung dienen kann, die zu effizienzsteigernden Ausweichlösungen führen kann, ganz ähnlich, wie wenn man zu groß oder zu klein ist.

Nicht alle Sportler, deren Körper nicht perfekt für ihre jeweilige Disziplin geeignet sind, können jedoch die Neuroplastizität nutzen, um kreativer und effizienter mit ihrem Körper zu werden. Belege aus dem wahren Leben lassen darauf schließen, dass eine bestimmte Bewältigungsstrategie bei Athleten abläuft, die gegen physisch Überlegene mittels Ausweicheffekt erfolgreich Wettkämpfe bestritten haben. Ich nenne diese Bewältigungsstrategie »an die Pinnwand heften«.

Athleten aus Teamsportarten sprechen oft von »Pinnwand-Material«: Beleidigungen, Sticheleien, Schwierigkeiten und respektlose Worte, die von einem Team über das andere geäußert werden und in der eigenen Kabine zur Motivation an die Wand gehängt werden – mit guten Ergebnissen fürs Team. Pinnwandmaterial gibt es auch im Ausdauersport, aber meist in Form von Skepsis, inwiefern der Athlet seine Ziele auch wirklich erreichen kann. Sich etwas an die Pinnwand zu heften tritt als Bewältigungsstrategie auf, wenn ein Sportler, der zum Ziel solcher Skepsis geworden ist, diese als Motivation nutzt, um die Zweifler Lügen zu strafen.

Diese Bewältigungsstrategie ist im Grunde ein Schutzmechanismus gegen Bedrohungen für das Ego. Neuropsychologen haben herausgefunden, dass der ventrale anteriore cinguläre Cortex und der mediale orbitofrontale Cortex die beiden Hirnareale sind, die aktiv werden, wenn das Ego einer Person attackiert wird und sie nicht mit Rückzug oder Sich-Totstellen reagiert, sondern sich stattdessen selbst verteidigt. Dieses Muster der Hirnaktivität ist der neurologische Träger des An-die-Pinnwand-Heftens und das An-die-Pinnwand-Heften ist die hervorstechende Bewältigungsstrategie jedes Ausdauersportlers, der in seiner Disziplin wirklich gut wird, obwohl er den »falschen Körper« für seinen Sport hat.

Als junge Schwimmerin war Janet Evans wegen ihrer Größe immer wieder Vorverurteilung und Diskriminierung ausgesetzt. Sie heftete sich alles an ihre »innere Pinnwand«. Als Janet zwölf Jahre alt war, versuchte ein Offizieller sie dazu zu zwingen, mit den 10-Jährigen zusammen zu starten. Sie war 1,47 Meter groß und gut 30 Kilo schwer. Aber sie hatte einen starken Charakter. Janet bestand darauf, gegen die Gleichaltrigen anzutreten. Der Offizielle gab nach und sie gewann das Rennen.

Dank dieser Einstellung entwickelte Janet ihre Windmühlentechnik, den Ausweicheffekt, der sie zu einer der Besten machte. Dass die Mädchen, gegen die sie antrat, ihr größenmäßig überlegen waren, war für Janets Verlangen, das »aufzuholen«, eine unausgesprochene Herausforderung – eine Herausforderung, auf die sie reagierte, indem sie einen anderen Weg fand, von A nach B zu kommen. »Ich habe [die Windmühlentechnik] entwickelt, als ich noch ein Kind war und am schnellsten durchs Becken kommen wollte«, sagte sie einmal in einem Interview. »Ich dachte mir, der schnellste Weg ans andere Ende zu kommen sei, meine Arme so schnell kreisen zu lassen, wie ich konnte.«

Wie auch Janet Evans liebten es Joseph Sullivan und Nathan Cohen, anderen zu beweisen, dass sie falsch lagen. Bei ihren Bemühungen, ihren Größennachteil auszugleichen, kam ihnen zugute, dass sie genervt davon waren, dauernd Opfer von Vorurteilen ihrer Größe gegenüber zu sein. Sie umschifften das Größenproblem, indem sie ihre Schlagzahl erhöhten. Ihre Schläge waren aber alles andere als identisch. Nachdem beide einen Stil gefunden hatten, der für sie einzeln funktionierte, mussten Joe und Nathan jetzt auf die Neuroplastizität bauen, um diese beiden Stile zu harmonisieren und einen

Teamstil zu kreieren, der anders war als der von allen anderen Teams, aber trotzdem irgendwie besser. In den drei Jahren, in denen sie zusammen trainierten und Rennen ruderten, entdeckten sie, wie sie ihre Schwächen gegenseitig ausgleichen und ihre Stärken kombinieren konnten. Joe war besser vom Start weg und wieder zum Ende hin, während Nathans Paradestück der mittlere Abschnitt des Rennens war, also verteilten sie die Verantwortung entsprechend.

Im Wettkampf lernten sie schnell, dass sie die 1500-Meter-Marke eines 2000-Meter-Rennens nie in Führung erreichen würden, egal wie gut sie zusammenarbeiteten. Alles würde von ihrer Stärke auf den letzten 500 Metern abhängen, wo ihre schnelle Schlagfrequenz ihnen besonders zugutekommen würde. Denn obwohl die Fähigkeit, lange Züge machen zu können, generell wichtiger ist, als hochfrequent rudern zu können, und obwohl die größten Ruderer normalerweise auch die längsten Züge machen, stellten die Autoren der vorher erwähnten griechisch-serbischen Studie zudem fest, dass Ruderer jedweder Körpergröße beim Sprinten ihre Züge verkürzten und die Schlagfrequenz erhöhten. »Vermutlich ist der Grund dafür«, erklärten sie, »dass eine hohe Schlagrate beim Rudern auf Wasser das Boot effizienter nach vorn schnellen lässt und es schneller werden lässt, weil öfter Wasser geschöpft wird.« Joe und Nathan waren also als kleine Männer mit einer höheren Schlagfrequenz auf den ersten beiden Dritteln eines Rennens im Nachteil gegenüber ihren größeren Rivalen, aber schoben sich auf dem letzten Teilstück in eine günstige Position, wenn alle sprinteten.

Joe und Nathan waren sich dieses Vorteils sehr bewusst. »Wir sind effizienter, was uns erlaubt, zum Ende des Rennens hin schneller zu werden«, sagte Nathan in einem Interview vor den Olympischen Spielen. Ihre Rivalen wussten das auch, und in London würden sie sicherlich versuchen, die Stärke der Neuseeländer zu neutralisieren, indem sie ihre Schwäche ausnutzten und versuchten, zu Beginn des Rennens so weit von ihnen wegzukommen, dass nur ein Wunder es ihnen erlauben würde, die Lücke vor dem Ziel zu schließen.

DAS OLYMPIA-RUDERTEAM aus Neuseeland kam am Montag, dem 23. Juli 2012, in London an und bezog an der Royal-Holloway-Universität am westlichen Rand Londons Quartier, nahe der olympischen Ruderstrecke am Dorney Lake. Joe und Nathan hatten wieder neues Selbstvertrauen geschöpft. Die letzte Trainingsphase, bevor sie Ende Mai Neuseeland verlassen hatten für das erste Weltcup-Rennen im Schweizer Luzern, war nicht gut gelaufen. Obwohl sie härter als jemals zuvor gearbeitet hatten mit bis zu 200 Kilometer Rudern pro Woche, waren sie unerklärlich träge auf dem Wasser. Die Selektoren, die das Olympia-Team zusammengestellt hatten, äußerten öffentlich Bedauern darüber, Joe und Nathan ausgewählt zu haben. Ihr Trainer merkte, dass es eng wurde, also zwang er sie, Set-up und Sitzposition zu ändern, um so eine Lösung für das Problem zu finden.

In Luzern wurde es noch schlimmer. Joe und Nathan wurden Letzte und verloren sogar gegen ein schwaches Team aus Ägypten, das sich gar nicht für die Olympischen Spiele qualifiziert hatte. Die beiden begannen, sich gegenseitig die Schuld zu geben, das Band, das sie durch viele Stunden geteilten Kampfs gezogen hatte, dünnte durch die Misserfolge und den immensen Druck aus. Das neuseeländische Team reiste von Luzern nach Belgien, um einen letzten harten Trainingsblock vor Olympia zu absolvieren. Bei Joe und Nathan lief es auch weiterhin nicht rund.

Mitte Juni fuhr das Team nach München, um am folgenden Weltcup-Rennen, ihrer letzten Chance vor London, teilzunehmen. Joe und Nathan waren nun nahe an einer Panik. Dann entdeckten sie etwas. Zwei Tage vor den Vorläufen bemerkten sie durch puren Zufall eine winzige Verdrehung in ihren rechten Ruderblättern. Das erklärte alles. Für das bloße Auge fast unsichtbar, hatte diese kleine Ungenauigkeit das beste Zweier-Team der Welt in den Keller des Spitzenrudersports sacken lassen. Das Problem war schnell behoben, und Joe und Nathan qualifizierten sich problemlos für das Weltcup-Finale in München, wo sie Zweite hinter Norwegen wurden. Das Selbstbewusstsein kam zurück.

In England war die erste Anweisung, sich auf den Dorney Lake zu begeben und sich mit der Strecke und den Bedingungen vertraut zu machen. Joe und Nathan bekamen dazu die Gelegenheit am Morgen nach ihrer Anreise, vier Tage vor den Vorläufen im Zweier der Männer. Der See war voll mit Mannschaften, die schnelle, harte Einheiten fuhren, um sich für die Rennen in Schwung zu bringen. Die Neuseeländer fühlten sich fit und bereit. Später an dem Tag schaffte es Joe sogar, über das Fiasko mit dem verzogenen Ruderblatt mit einem Reporter des *New Zealand Herald* zu lachen. In einem anderen Interview mit John Alexander vom *The Marlborough Express* wiederholte Joe noch einmal, es sei entscheidend für ihre Taktik, einen guten Start zu erwischen und die Gegner nicht zu weit wegkommen zu lassen.

Die Bedingungen auf dem See waren fast perfekt für die Vorläufe am Sonntagmorgen. Es würde ein schnelles Rennen werden. Joe und Nathan waren für den dritten von drei Vorläufen gesetzt, und zwar gegen Großbritannien (ein starker Medaillenfavorit), Argentinien und Estland. Nathan studierte die anderen Vorläufe sehr genau, so wie er es immer tat, während Joe sich Kopfhörer aufsetzte und seine Aufmerksamkeit nach innen richtete. Alles, was sie tun mussten, um ins Halbfinale zu kommen, war, nicht Letzte zu werden. Trotzdem wurde Joe so nervös beim Warmmachen, dass er sich zwischen seine Beine übergab, mitten ins Boot.

Sie erwischten für ihre Maßstäbe einen ordentlichen Start und lagen nach 500 Metern auf Platz drei, weniger als eine Sekunde hinter den führenden Briten. Nathan saß im Bug und gab die Kommandos. Joe saß auf dem anderen Rollsitz, ignorierte die anderen Boote und alles andere außer Nathans Kommandos und seiner eigenen Anstrengung. Bei der 1000-Meter-Marke hatte Argentinien die nominelle Führung von den Briten übernommen, während die Neuseeländer immer noch an dritter Stelle lagen, nun etwas weiter zurück. Als nur noch 500 Meter zu rudern waren, gab Nathan das Kommando zu beschleunigen, und das Boot wurde schneller. Sie schossen an den schwächelnden Argentiniern und den Briten vorbei und gewannen den Vorlauf in einer Zeit von 6:11:30 Minuten, einem neuen olympischen Rekord.

Drei Tage später fand das Halbfinale statt, am frühen Nachmittag des 31. Juli, einem Dienstag. Die Bedingungen hatten sich seit den Vorläufen verschlechtert. Der Himmel war halb wolkenverhangen, die Luft kühl, und die Wasseroberfläche kräuselte sich. Die meisten Athleten trugen ein Funktionshemd unter ihrem Einteiler. Joe und Nathan nicht. Sie landeten im härteren der beiden Halbfinalläufe, in dem sie gegen Argentinien, Deutschland, Italien, Australien und die Ukraine antreten mussten. Die Neuseeländer mussten unter die Top 3 kommen, um es ins Finale zu schaffen.

Der Startschuss erklang, und Argentinien schoss an die Spitze. Das Feld blieb auf den ersten 250 Metern dicht zusammen, aber dann rissen Lücken auf. Joe und Nathan fielen bis auf den fünften Platz zurück, nur noch ein unterlegenes Gespann aus der Ukraine war hinter ihnen. An der 500-Meter-Marke fehlten den Neuseeländern 1,7 Sekunden auf die Führenden. Dort bauten die Argentinier Ariel Suarez und Cristian Rosso ihren Vorsprung aus. Joe und Nathan überholten die Italiener und setzten sich auf den vierten Platz, aber als die Hälfte der Strecke geschafft war, lagen sie immer noch drei Sekunden hinter dem führenden Boot und eine ganze Sekunde hinter der letzten Position, die sie für das Finale qualifizieren würde.

Nathan war ruhig. Er brüllte zwei Silben, die Joe dazu aufforderten, gleichmäßig weiterzurudern, als das Rennen in die zweite Hälfte ging. Aber das motivierte argentinische Team hielt das Tempo weiterhin hoch und vergrößerte seinen Vorsprung um eine weitere Sekunde auf den Rest des Felds. Wenn Suarez und Rosso nicht spät im Rennen noch gewaltig einbrächen, hatten Joe und Nathan so fast keine Chance mehr zu gewinnen, egal wie stark sie am Schluss sprinteten.

Endlich begannen die Neuseeländer mit ihrem typischen Schlussspurt. Zentimeter um schmerzhaften Zentimeter holten sie sich die

Italiener und die Deutschen. Bald war kein anderes Boot mehr zwischen Joe und Nathan und den Argentiniern. Rosso guckte ein paar Mal verstohlen über seine rechte Schulter, um einen Blick auf das schnell aufholende neuseeländische Boot zu erhaschen. Seine Unaufmerksamkeit ließ sein rechtes Ruder in einer Erholungsphase zwischen den Schlägen aufs Wasser aufsetzen und unterbrach den Vortrieb des Boots. Wenn es ein Rennen über 2020 Meter gewesen wäre, hätte dieser Fehler sein Team den Sieg gekostet. Aber da es das nicht war, schlugen Suarez und Rosso Joe und Nathan um 0,39 Sekunden.

Die Neuseeländer hatten nicht ihr bestes Rennen gemacht, aber sie waren im Finale, und in einem Sport, in dem eine winzige Verzerrung im Ruderblatt Lebensträume zerstören kann, war dieser Erfolg nicht selbstverständlich. Die amtierenden Olympiasieger aus Australien und die Medaillenfavoriten aus Deutschland kamen hinter Joe und Nathan sowie dem italienischen Team ins Ziel und waren damit vorzeitig aus dem Rennen. Im anderen Halbfinale schafften es Slowenien, Litauen und Großbritannien ins Finale.

Der Dorney Lake, der für die Sommerspiele 2012 in »Eton Dorney« umgetauft worden war, ist ein künstlich angelegtes Gewässer, das speziell aufs Rudern ausgelegt ist. Es ist ein perfektes Rechteck mit 2,2 Kilometern Länge. Auf halber Strecke und im Zielbereich sind permanente Tribünen aufgestellt, aber für die Olympischen Spiele waren noch temporäre Sitzgelegenheiten hinzugekommen, sodass alles in allem 30.000 Zuschauer Platz fanden. Um 11.50 Uhr am Morgen des 2. August 2012, einem Donnerstag, war jeder einzelne Platz belegt.

»Sehr geehrte Damen und Herren, das Olympia-Finale des Männer-Zweiers«, verkündete eine sonore Männerstimme mit einem edlen englischen Akzent über die Lautsprecher.

Lautes Jubeln erhob sich aus 30.000 Kehlen. Die Briten sind stolz auf ihre Rudertradition und hatten großen Hoffnungen in ihre Vertreter in diesem Rennen gesetzt.

Der Himmel war komplett mit Wolken verhangen, aber die Luft war ruhig. Sechs speerförmige Boote schaukelten still auf dem Wasser, die Hecks touchierten geradeso die Startdocks. Ein Offizieller lag ausgestreckt hinter jedem Dock und hielt das jeweilige Boot auf Position. Das der Neuseeländer lag auf Bahn 5, zwischen den Italienern und den Argentiniern.

Der Sprecher stellte die zwölf Athleten vor, und die Menge jubelte erneut, als die Teilnehmer aus Großbritannien genannt wurden: Bill Lucas und Sam Townsend. Die Gesichter von Joe und Nathan blieben emotionslos hinter ihren dunklen Sonnenbrillen, als ihre Namen erklangen. Wie in ihrem Halbfinale waren sie die einzigen Ruderer, die kein Shirt unter ihrem Einteiler trugen.

Ein elektronisches Horn signalisierte »Fertig machen!«. Eine Sekunde später wurden die Boote losgelassen. Alle sechs Teams starteten extrem schnell, fünf von ihnen hatten vor, die Neuseeländer abzuhängen, die Neuseeländer waren ebenso entschlossen, das nicht geschehen zu lassen. Joe und Nathan ließen ihre Ruder mit einem gleichmäßigen Rhythmus von 38 Schlägen pro Minute kreisen, deutlich schneller als die anderen Finalteilnehmer, aber nach 200 Metern begannen sie zurückzufallen.

Ein kleines Grüppchen VIPs auf Cruiser-Fahrrädern pedalierte auf einem schmalen Weg am Ufer des Sees neben den Booten her. Um mit den Ruderern mithalten zu können, mussten sie konstant fast 20 Kilometer pro Stunde fahren, für einige von ihnen war das eine echte Herausforderung.

Beflügelt von der Unterstützung der Zuschauer, erkämpften sich Lucas und Townsend eine hauchdünne Führung. Sie hielten sie jedoch nicht lange, da die Slowenen die hohe Startgeschwindigkeit besser beibehalten konnten. Nach 1:33,87 Minuten passierten sie die 500-Meter-Marke, 8 Zehntelsekunden vor den Briten. Joe und Nathan lagen an letzter Stelle, 2 Sekunden hinter den Führenden und 1 Sekunde außerhalb der Medaillenränge. Dort, auf dem dritten Platz, ruderten die Litauer. Nur auf sich selbst und auf Nathans Stimme fokussiert, war Joe sich dieser Umstände nicht bewusst. Nathan wusste, dass sie zurücklagen, aber nicht, um wie viel.

Die Slowenen machten Druck, um den Vorsprung zu vergrößern. Luka Spik grimassierte im Bug bei jedem Schlag wie ein Gewichtheber, der auf der Bankpresse sein Maximum stemmt. Zwischen den Schlägen lugte er ab und zu nach links, hin zum neuseeländischen Boot, das eineinhalb Längen hinter seinem eigenen lag.

Nicht weit genug weg.

Die Slowenen zogen noch mehr an und nach 750 Metern hatten sie eine volle Bootslänge Abstand auf ihren nächsten Verfolger und fast zwei auf Joe und Nathan.

»Da gibt es noch einiges zu tun für Cohen und Sullivan auf Bahn 5«, bemerkte BBC-Fernsehkommentator Garry Herbert.

Die sechs Boote splitteten sich in drei Grüppchen auf: Slowenien weit vorn, Großbritannien und Argentiniern kämpften um Position zwei und hinten Neuseeland, Italien und Litauen. Luka Spik und Iztok Cop hatten nach 3:13,09 Minuten die Hälfte der Strecke hinter sich gebracht und ihren Vorsprung auf die Neuseeländer auf den letzten 500 Metern um weitere vier Zehntelsekunden vergrößert.

Nathans Puls hämmerte bei 200 Schlägen pro Minute, Joes bei 202. Beide waren in extremer Sauerstoffschuld, sie saugten so viel Luft ein, wie sie konnten, aber es reichte nicht, um den Bedarf ihrer angestrengten Muskeln zu decken. Ihre Schultern und Oberschenkel brannten. Ein Gefühl wie beim Ersticken kroch durch ihre Lungen und Luftröhren.

Nathan konnte sehen, wie das litauische Boot auf Bahn 2 begann, in ihre Richtung zurückzufallen, und das Heck des argentinischen Boots wurde auf Bahn 4 sichtbar. Aber wo waren die anderen? Nathan ermahnte sich, ruhig zu bleiben. »Das ist nicht das erste Mal«, dachte er.

Die Boote passierten den ersten Zuschauer-Hotspot am rechten Ufer des Sees und tosender Jubel brandete auf. Sogar Joe, der normalerweise zu fokussiert war, um so etwas zu bemerken, hörte den

Lärm und saugte dessen Energie auf. Obwohl er und Nathan hart arbeiteten und so sehr ihr Bewusstsein auch von ihrem Leiden dominiert wurde, blieb ein kleiner Teil ihres Geistes doch passiv, abwartend. Joe wartete, bis Nathan den Befehl zum Schlusssprint gab. Nathan wartet darauf, dass sein Instinkt ihm sagte, wann er diesen Befehl geben sollte. Ihr Schlussspurt begann immer irgendwo um die 1500-Meter-Marke herum, aber nie war er festgelegt auf einen bestimmten Punkt. Nathan vertraute vielmehr auf eine tiefe innere Weisheit, die er durch Erfahrung gewonnen hatte.

Aber das italienische Team mit Alessio Sartori und Romano Battisti hatte eine Überraschung auf Lager. Kurz nach der Hälfte der Strecke zog ihr Boot davon, als ob ein plötzlicher Windhauch in ein unsichtbares Segel gefahren wäre. Sartoris Backen pumpten wie ein Blasebalg, wenn sich seine Lungen am Ende eines jeden Schlags leerten, während Battistis Gesicht wie eingefroren war, die Zähne gefletscht. Sie schossen an die Spitze und kamen mehr als 2,5 Sekunden vor den Neuseeländern zu den Flaggen, die die letzten 500 Meter markierten.

Joe und Nathan lagen beim Eintritt auf das letzte Viertel auf Platz 4, sie hatten mit dem langsamer werdenden britischen Boot gleichgezogen. Nathan gab endlich das Kommando zum Schlusssprint. Die abrupte Tempoverschärfung manifestierte sich in ihren Rücken, die am Ende eines jeden Schlags tiefer gingen. Ihre perfekt synchronisierten Bewegungen waren Fusionen roher Kraft und graziöser Effizienz, die in einem lupenreinen Galopp mündeten. Ihre Körperteile und die jeweiligen Schlagphasen verschmolzen zu etwas Fugenlosem, Rollendem, wie wenn man Stoff aufspult.

Nathan konnte spüren, wie die sich verdoppelnde Kraft von Joe kam, der der bessere Sprinter war und hinter ihm saß. Er kämpfte schwer, um der überlegenen Stärke seines Partners ebenbürtig zu sein, was dazu führte, dass er fast einknickte und die perfekten synchronen Bewegungen zu zerfallen drohten. Beide Männer hatten unsägliche Schmerzen, aber sie machten weiter mit dem Rudern, dem Grund ihres Schmerzes – ihrer Anstrengung –, als ob es die himmlischste Freude wäre.

Die Boote kamen zum Streckenabschnitt mit den meisten Zuschauern. Die Menge wurde immer lauter, der Lärm schwoll in einem ohrenbetäubenden Crescendo an und steigerte sich fast ins Hysterische, als die Zuschauer bemerkten, dass die Neuseeländer so kurz vor Schluss auf einer Aufholjagd an die Spitze waren. Es waren noch 300 Meter zu rudern, und der Bug ihres Boots war nun gleichauf mit dem Heck der Slowenen, die an zweiter Stelle lagen.

»Überraschenderweise tun sich Cohen und Sullivan schwer«, bemerkte Herbert von der BBC, und es schwang etwas Mitleid in der Stimme des ehemaligen Olympia-Ruderers.

Joe und Nathan zogen das Tempo noch einmal an. Sie schoben sich vor zu den Slowenen und den führenden Italienern, aber sehr, sehr langsam, und sie hatten nicht mehr viel Wasserstrecke vor sich.

Das Geschrei wurde ein hysterisches Gekreische, als die Neuseeländer sich den Italienern und die Italiener sich dem Ziel näherten. Nach 1780 Rennmetern lagen Joe und Nathan auf dem Silberrang. Sekunden später brachen Sartori und Battisti ein. Ihre Tempoverschärfung nach 1000 Metern war ein Wagnis gewesen. Wären nicht Joe und Nathan im Rennen gewesen, hätte es sich mit der Goldmedaille ausgezahlt.

Nathan bemerkte die Schwäche des Paars zu ihrer Linken und gab das Kommando, noch einmal Gas zu geben. Die Neuseeländer ruderten nun mit 43 Schlägen pro Minute, entscheidende drei Schläge mehr, als Sartori und Battisti schafften. Joe und Nathan hämmerten ihre Ruder mit solch ballistischer Kraft durchs Wasser, dass sich ihre Hinterteile beim Ansetzen eines jeden derart kräftigen Zugs fast aus den Sitzen hoben. Fünfzehn Schläge ließen sie von einer halben Bootslänge Rückstand auf die Italiener in eine hauchdünne Führung gehen. Nathans Kopf baumelte nach links und rechts wie bei einem Flüchtenden, der über eine dicht befahrene Autobahn flitzen möchte. Sein düsterer Blick verwandelte sich in ein breites Grinsen.

Das neuseeländische Boot überfuhr die Ziellinie nach 6:31,67 Minuten, gerade einmal 1 Sekunde vor den Italienern. Joe und Nathan waren die letzten 500 Meter in 1:33,90 Minuten gerudert. Das Unglaubliche: Diese Zeit kam den schnellsten Zeiten auf den ersten 500 Metern gleich und war fast 4 Sekunden schneller als die der nächstschnellsten Konkurrenten auf dem letzten Viertel des Rennens.

Joe wusste nicht, dass er eine olympische Goldmedaille gewonnen hatte, bis die Ergebnisse auf einer riesigen Videoleinwand gezeigt wurden. Als er sie sah, erhob er sich zu seiner vollen Größe von 1,80 Metern und reckte seine T-Rex-Arme über den Kopf. Der Traum, den er seit 16 Jahren geträumt hatte, war in Erfüllung gegangen. Nathan, der noch immer saß, breitete seine Arme aus, seine Brust pumpte auf und ab.

Bei der anschließenden Siegerehrung standen die Medaillengewinner in einer sauberen Reihe, die Sieger in der Mitte. Normalerweise stehen die Athleten auf einem Podest mit drei Stufen, die Sieger auf der höchsten, sodass sie über den anderen Preisträgern thronen, ungeachtet ihrer Körpergröße. Aber es gab kein Podest für diese Siegerehrung. Und das war gut so. Denn die Stufen hätten unkenntlich gemacht, wie besonders dieser Sieg war – und damit die Lehre, die er jedem Athleten erteilte, dem man einmal gesagt hatte, dass er den »falschen Körper« für seinen Sport habe.

KAPITEL 8

Die Antwort liegt in Ihnen

Eine geschäftige Menge sonnengebräunter Zuschauer drückte sich gegen die sattblauen Absperrungen auf beiden Seiten des Alii Drive und brachte die Fläche zwischen Tribüne und Rennstrecke an ihre Grenzen. Die schwitzende Menschenmasse endete an einem provisorischen Bogen, der sich über die flimmernde Straße spannte. In der Mitte des Bogens hing eine große Digitaluhr, die kurz eine schöne runde Zahl anzeigte – 9:00:00 –, bevor sie weitertickte. Neun Triathleten waren bislang unter der Uhr hindurchgelaufen, als Letzter der wenig bekannte japanische Profi Hideya Miyazuka. Die brodelnde Menge wartete nun ungeduldig darauf, wer wohl als Letzter der Top-Ten-Finisher bei der Ironman-Weltmeisterschaft 1988 ins Ziel kommen würde.

Die Kurven des Alii Drive und die dicht gedrängt stehenden Geschäfte und Restaurants des Dorfs Kailua-Kona verbargen die Athleten, bis sie schon recht nah waren, was die Vorfreude und das Drama erhöhten. Jetzt kam wieder ein Läufer um die letzte Kurve und ins Sichtfeld der Zuschauer. Er trug Speedos und ein passendes Top, seine Startnummer (10) identifizierte ihn als Pauli Kiuru, einen aufgehenden Stern dieses Sports, der aus Finnland kam. Die Menge brach in begeisterten Jubel aus, aber nicht wegen Kiuru, sondern wegen der Läuferin direkt hinter ihm, die einen Einteiler in Türkis und Magenta, zahlreiche Ohrringe und schulterlange Haare trug, die sie mit einem elastischen Band bändigte.

Diese Läuferin war Paula Newby-Fraser und sie kam in 9:01:01 Stunden ins Ziel, nur 12 Sekunden hinter Kiuru. Die 26-Jährige aus Simbabwe hatte den Streckenrekord der Frauen um unglaubliche 34 Minuten und 24 Sekunden unterboten und einen Platz unter den besten Zehn der Triathlonwelt nur um Haaresbreite verpasst. Unter den vielen männlichen Top-Athleten, die Paula hinter sich gelassen hatte, war der künftige Ironman-Sieger Greg Welch, der fünf Minuten nach ihr ins Ziel kam.

Paula war nicht aus dem Nichts gekommen. Sie war bei ihrer ersten Ironman-Weltmeisterschaft 1985 Dritte geworden. Im Jahr darauf hatte sie das Rennen gewonnen. Zu Beginn der Saison 1988 zählte Paula zu den Top-3-Triathletinnen der Welt. Aber nichts, was sie zuvor geleistet hatte, hatte den Sport auf ihre Wahnsinnsleistung beim Ironman 1988 vorbereitet, wo sie sich als einer der weltbesten Triathleten etablierte. Punkt. Mit ihrer Siegerzeit hätte sie jede Ironman-Weltmeisterschaft bis 1983 sofort gewonnen, und ihre Bestmarke sollte in den nächsten 20 Jahren von keiner anderen Frau unterboten werden.

Nachdem sie an der Spitze angekommen war, errichtete Paula sich dort einen Thron. Sie gewann 1989 ihren dritten Ironman-Titel, wurde 1990 Zweite hinter ihrer Erzrivalin Erin Baker und setzte dann zum Höhenflug an. 1991 schlug sie Baker um 17 Minuten. Im darauffolgenden Oktober setzte sie den Streckenrekord auf 8:55:28 Stunden herunter und gewann das Rennen mit 26 Minuten Vorsprung. 1993 finishte sie erneut unter neun Stunden, und 1994 holte sie sich ihren vierten Ironman-Titel in Folge, ihren siebten insgesamt.

Doch je mehr Paula erreichte, desto unzufriedener wurde sie. Das flammende Erstaunen, das ihre dominanten Siege früher einmal bei Triathlonfans und Journalisten hervorgerufen hatte, war zu einem kühlen Abnicken bestätigter Erwartungen geworden. Sie nannten sie »Königin von Kona« (Queen of Kona), ein Titel, der, obwohl er durchaus wertschätzend gemeint war, Paula das Gefühl gab, dass hier etwas als gegeben angesehen wurde. Als ob ihre Ironman-Siege keine Leistung mehr wären, sondern ein Geburtsrecht. Sogar die Menschen, die ihr nahestanden, betrachteten Paula als eine Art unbesiegbaren Cyborg.

»Meine Freunde sagten: ›Ich brauche dir ja nicht einmal Glück zu wünschen‹«, erzählte Paula in einem Interview 2010. »›Es ist für dich ein Klacks zu gewinnen.‹«

Sie dachten, es sei einfach. Aber das war es nicht. 1993 schränkte eine Knöchelverletzung Paulas Lauftraining stark ein. Sie musste alles geben, was sie hatte, um den Ironman in diesem Jahr zu gewinnen, aber ihr Biss fand kaum Beachtung. Stattdessen wurde ihr unübertroffenes Talent gelobt – das stumpfe Glück, bei der Geburt das große Gen-Los gezogen zu haben.

Nach dem Ironman 1994 beschloss Paula, etwas zu verändern. Sie wollte die Leute wieder in Erstaunen versetzen, wie sie es vor sechs Jahren getan hatte. Sie wollte ihren Ironman-Streckenrekord brechen – oder besser: ihn pulverisieren – und wieder einmal die Top-Männer dieses Sports herausfordern, die seit 1988 viel schneller geworden waren. Aber um diese Vorhaben umzusetzen, entschied Paula, dass sie nicht einfach so weitertrainieren würde wie bisher. Sie würde etwas anderes ausprobieren.

Bevor sie Afrika verlassen hatte, um in den USA ihre Karriere als professionelle Triathletin zu beginnen, hatte Tim Noakes, ein renommierter Sportwissenschaftler an der Universität von Kapstadt, Paula unter seine Fittiche genommen gehabt. Noakes hatte ihr geraten, minimalistisch zu trainieren, also nur das zu tun, was unbedingt notwendig war, um zu gewinnen. Paula hatte sich ihre gesamte Laufbahn über daran gehalten, und es hatte gut funktioniert.

Ihr »Weniger ist mehr«-Trainingsansatz unterschied sich ziemlich von dem der meisten anderen Triathlonprofis dieser Zeit, die sich mit immer umfangreicheren Trainingsbelastungen förmlich überboten. 1984 sagte der zweimalige Ironman-Champion Scott Tinley der Zeitschrift *Triathlete:* »Es scheint, als ob jedes Jahr der Einsatz höher würde. Vor ein paar Jahren machten wir 300 Meilen [pro Woche] auf dem Rad, und das war viel. Letztes Jahr waren es 400. Jetzt scheint 500 die magische Zahl zu sein. Jeder von uns hat das Gefühl, er müsse mehr machen als die anderen. Ich bin nicht sicher, ob das der richtige Trainingsansatz ist, um besser zu werden. Keiner weiß es wirklich.«

Als Paula begann, für die Saison 1995 zu trainieren, warf sie alle Methoden über Bord, die bisher für sie funktioniert hatten und mischte beim Überbieten mit. »Ich dachte, wenn ich ein Rennen wie die Männer abliefern wollte, müsste ich auch wie die Männer trainieren«, sagte sie gegenüber *Inside Triathlon.* Sie hatte auch beschlossen, dass die kommende Ironman-Weltmeisterschaft ihre letzte sein würde, warum also nicht alles aus sich herausholen, was noch da war?

Paulas Siegesformel bestand in den Vorjahren aus 10 bis 11 Kilometern Schwimmen, 300 bis 400 Kilometern Radfahren und 80 bis 90 Kilometern Laufen pro Woche. 1995 erhöhte sie ihr Trainingsvolumen auf dem Rad auf 600 bis 700 Kilometer pro Woche und steigerte ihr Laufpensum um 20 Prozent. Sie machte Ausfahrten von fast 250 Kilometern Länge, nicht allein oder mit ähnlich starken Athleten, sondern mit Mark Allen, der den Ironman selbst schon fünfmal gewonnen hatte und dessen Streckenrekord von 8:07:45 Stunden ganze 48 Minuten schneller war als Paulas Bestzeit. Obwohl sie in Allens Windschatten fuhr, waren diese Ausfahrten für sie eine deutlich größere Herausforderung als für ihn.

Der erste Test für die Wirkung von Paulas neuem Programm war der Wildflower Triathlon 1995, eine Mitteldistanz, bei der sie auf die dreifache und amtierende Siegerin Donna Peters traf, die auch den Streckenrekord hielt. Paula gewann das Duell und machte nahtlos weiter mit rekordverdächtigen Siegen beim Ironman Lanzarote und Ironman Germany. Wieder einmal sagte die Presse einen Spaziergang für Paula in Kona voraus, aber diesmal machten ihr die Vorab-Lorbeeren nichts aus. Die Experten dieses Sports dachten, sie könne sie nicht mehr überraschen. Sie würden sich wundern.

Ein paar Tage vor dem Rennen gab Paula ein TV-Interview für *NBC Sports.* »Ich habe dieses Jahr all meine Trainingsgrundsätze über den Haufen geworfen«, sagte sie mit einem verschmitzten Grinsen. »Also werde ich entweder da rausgehen und mich großartig fühlen, oder ich habe mich selbst in ein so tiefes Loch gerissen, dass ich nicht mehr herauskomme.«

Am Rennmorgen kam Paula schon vor dem Morgengrauen zum Start-Areal am Dig Me Beach, sie trug eine übergroße weiße Malermütze und ein weites, ärmelloses Leinentop. Eine Kamera von *NBC Sports* filmte mit, als eine junge freiwillige Helferin die Nummer 33 – Paulas Startnummer, aber auch zufällig ihr Alter – auf ihren Oberarm malte. Ihr Lächeln ließ keinerlei Anzeichen von Nervosität erkennen.

Paula unternahm dann einen kurzen Spaziergang auf dem betonierten Pier am Strand entlang, hinüber zum VIP-Bereich. Ihr Trainingskollege Mark Allen war schon dort. Die beiden Rennlegenden erledigten ihre letzten Wettkampfvorbereitungen zusammen, aber redeten dabei kaum, sie ignorierten die Traube von Fotografen auf der anderen Seite des Zauns, die unablässig Bilder schossen. Paula zog ihre Straßenkleidung aus und ein schwarzer Renn-Zweiteiler kam zum Vorschein. Sie stülpte sich eine gelbe Schwimmkappe, auf der breit »Gatorade« prangte, über den Kopf, darauf folgte eine Schwimmbrille.

Die Sonne ging auf. Paula verließ den Pier und watete in das 28 Grad Celsius warme Wasser der Bucht von Kailua, um sich aufzuwärmen. Um 7 Uhr knallte die Startpistole und das Rennen begann. Paula kraulte an ihrem Stammplatz, irgendwo zwischen der zweiten Profi-Gruppe der Männer und den männlichen Top Agegroupern. Der Schwimmer zu ihrer Rechten jedoch trug eine gelbe Schwimmkappe wie die ihre, was bedeutete, dass es sich um eine weitere Profi-

Athletin handelte. Es war Karen Smyers, die letztes Jahr Zweite hinter Paula geworden und amtierende Weltmeisterin auf der kürzeren olympischen Distanz war. Wie auch Paula verdankte Smyers ihren Erfolg einem minimalistischen Trainingsansatz. Anders als Paula hatte sie das, was immer für sie funktioniert hatte, nicht über Bord geworfen.

Smyers Plan war es, auf der 3,8 Kilometer langen Schwimmstrecke an Paulas Füßen zu bleiben, sich dann über die 180 Radkilometer an Paulas Hinterrad zu hängen und sich auf den ersten Kilometern des abschließenden Marathons an ihre Fersen zu heften, bevor sie versuchen würde, sie abzuhängen. Nach der Hälfte des Schwimmens, die durch ein Grüppchen Boote mit Journalisten, Rennoffiziellen und Ehrengästen markiert war, war Smyers noch immer in Reichweite ihrer Rivalin. Als sie sich dem Ufer näherten zog Paula das Tempo an und Smyers hängte sich in ihren Wasserschatten, um sich für den Schlussspurt zu sammeln. Auf den letzten Metern scherte Smyers aus und sprintete an der siebenmaligen Ironman-Weltmeisterin vorbei, um knapp vor ihr an der Ausstiegsrampe anzukommen. Paula war jedoch schneller wieder in der Vertikalen und rannte auf der Rampe erneut an Smyers vorbei.

Die Konkurrentinnen schnappten ihre Wechselbeutel mit der Radausrüstung von den vollen Metallständern und hasteten ins Wechselzelt der Frauen. Smyers kam als Erste wieder heraus und nahm ihr Rad von einem Rennoffiziellen in Empfang. Aber sie brauchte etwas Zeit, um ihre Radschuhe, die sie zuvor in die Pedale eingeklickt hatte, an den Füßen zu schließen, sodass Paula, die ihre Schuhe angezogen hatte, bevor sie aufs Rad stieg, wieder an ihr vorbeizog. Die beiden Frauen hatten innerhalb von nur drei Minuten viermal die Führung gewechselt.

Paula pedalierte im Wiegetritt und presste den steilen, knapp einen Kilometer langen Anstieg hinauf, der vom Strand wegführte und dann mit einer Linkskurve in den Queen Kaahumanu Highway mündete, der sie in die flirrenden Lavafelder der Küste Konas leiten würde. Sie legte ihre Unterarme in die Armschalen ihres Aerolenkers, nahm den Kopf herunter und begann, die 51 Athleten aufzusammeln, die vor ihr aus dem Wasser gekommen waren. Nach weniger als fünf Kilometern fuhr Paula an Ute Mückel aus Deutschland vorbei, einer der nur zwei weiblichen Starter, die schneller als sie geschwommen waren. Einige Kilometer weiter überholte sie die nächste – Wendy Ingraham, die wie sie in San Diego wohnte – und setzte sich an die Spitze des Frauenfelds.

Karen Smyers war dicht hinter ihr, aber nicht lange. Als sie das geschützte Dorf Kailua verließen und in die exponierten Lavafelder fuhren, erfasste die Athleten von rechts ein heftiger Seitenwind. Die gefürchteten Mumuku-Winde sind bei fast jeder Ironman-Weltmeisterschaft ein Einflussfaktor, aber an diesem Tag waren sie besonders stark und bliesen mit fast 100 Kilometern pro Stunde. Für Smyers fühlte es sich so an, als wäre ihr Rad plötzlich zehn Kilo schwerer geworden, aber Paula schien unbeeindruckt. Die Anstrengung, die allein dafür nötig war, um am Hinterrad der amtierenden Weltmeisterin zu bleiben war zu groß; Smyers musste sie ziehen lassen.

Paula war tatsächlich aber alles andere als unbeeindruckt vom Wind. Sie wusste, dass er ihre Hoffnungen auf einen neuen Streckenrekord zunichte machen würde. Aber er würde sie nicht daran hindern, das Rennen mit einem Rekordvorsprung zu gewinnen, also konzentrierte sie sich darauf, so viel Vorsprung wie möglich auf Smyers und ihre anderen Verfolgerinnen herauszufahren. Mit jedem gefahrenen Kilometer vergrößerte Paula ihren Vorsprung um 10 bis 12 Sekunden. Als Smyers nach knapp 40 Kilometern das »Waikoloa Beach Resort« passierte, war Paula schon zu einem winzigen Punkt auf dem Asphaltband vor ihr geworden. Als Paula etwa 15 Kilometer weiter den Highway runter nach links vom Queen K auf die Route 270 abbog, war sie schon lange aus Smyers Sichtfeld verschwunden.

Paula fuhr nun in einen längeren, sanften Anstieg Richtung Wendepunkt in Hawi. Sie kämpfte aggressiv gegen die Schwerkraft, war wieder in den Wiegetritt gegangen und ihr starrer Blick durchstach den leichten Regen, der in diesem fruchtbaren Teil der Insel zu fallen begonnen hatte. In Hawi markierte eine riesige, aufblasbare Gatorade-Flasche den Wendepunkt. Paula wurde mit freundlichem Beifall begrüßt, der ihrer Ironman-Hoheit würdig war. Sie machte eine zackige Wende um den gigantischen Werbeaufsteller und machte sich auf den Weg zurück nach Kailua. Ihr Vorsprung auf Smyers betrug inzwischen fünf Minuten. Mückel und Ingraham lagen noch weiter zurück.

Als Paula sich nach knapp 160 Kilometern den ersten Häusern Kailuas näherte, hatte sich ihre Führung auf 10 Minuten verdoppelt. Aber sie ließ nicht locker, erhob sich noch einmal aus dem Sattel, um den letzten Anstieg auf dem Queen K anzugehen, bevor es wieder hinunter zur Küste ging. Der letzte Abschnitt der Radstrecke war ein Schlenker nach Süden entlang des Alii Drive zum »Kona Surf Hotel«, zehn Kilometer südlich des Dig Me Beach. Paula vergrößerte ihren Vorsprung nochmals um 90 Sekunden zwischen diesen beiden Punkten und startete 11:45 Minuten vor Smyers in den Marathon.

Paulas Lebensgefährte Paul Huddle kommentierte das Rennen für einen lokalen Fernsehsender. Als er erfuhr, wie groß Paulas Vorsprung war, sagte er zu den Zuschauern: »Ein Ironman ist erst vorbei, wenn er vorbei ist. Aber mit einem solchen Vorsprung und im Falle von Paula und ihrer Rennhistorie ist er wohl doch jetzt schon entschieden.«

Es war ein heißer Tag geworden – 32 Grad Celsius – und die Luftfeuchtigkeit war hoch. Als Paula, die inzwischen eine Kappe mit dem Aufdruck »Mrs. T's Pierogies«, einem Hersteller gefüllter Teigtaschen, trug, die erste Verpflegungsstation auf der Laufstrecke erreichte, schnappte sie sich jeden Becher, der ihr angeboten wurde. Das kühle Wasser ergoss sich über ihren Kopf, floss unter das Shirt ihres Rennanzugs, und das Gatorade rann ihren Rachen hinunter.

Ruhig und berechnend entschied sich Paula für ein konservatives Tempo von 4:21 Minuten pro Kilometer und blieb damit aus Respekt vor der Hitze ein gutes Stück unterhalb ihres gefühlten Limits. Sie hatte sich ein riesiges Polster erarbeitet – es gab keinen Grund, sich bei diesen Bedingungen nicht darauf auszuruhen. Etwas weniger als 2,5 Kilometer hinter ihr, beim »Kona Surf Hotel«, genoss Karen Smyers nicht die Freiheit, ihre Anstrengung dem Wetter anpassen zu können. Um auch nur den Hauch einer Chance auf den Sieg zu haben, musste sie einige Risiken eingehen. Das tat sie und schoss in einem 3-Stunden-Marathon-Tempo aus der zweiten Wechselzone.

Smyers war an der Princeton gewesen und ziemlich gut in Mathe. Sie wusste, dass sie Paula fast 18 Sekunden pro Kilometer abnehmen musste, um sie vor dem Ziel zu überholen. Als Smyers die 10-Kilometer-Marke-Marke passierte, war sie acht Minuten hinter Paula, sie hatte also sogar drei Sekunden mehr pro Kilometer gut gemacht. Wenn sie so weitermachte, würde sie die siebenmalige Weltmeisterin nach 32 Kilometern eingeholt haben. Aber als sie in die Lavafelder lief, wo die Temperatur an der Oberfläche des Queen K Highways nun 44 Grad betrug, musste Smyers langsamer machen. Dennoch gewann sie Boden. Nach 26 Kilometern war Paulas Führung auf 5:25 Minuten geschrumpft. So wie es aussah, würde es auf dem letzten Abschnitt, dem Alii Drive, interessant werden.

Gerade als Smyers zu fürchten begann, dass sie nicht mehr genügend Strecke vor sich hatte, um ihre Beute zu schnappen, erfuhr sie, dass Paula ging. Und das tat sie wirklich. Obwohl sie so vorsichtig gewesen war, überhitzte Paula, und ihr Körper flehte sie an aufzuhören. Nie in ihren zehn vorangegangenen Ironman-Rennen hatte sie sich so weit entfernt vom Ziel so kaputt gefühlt. Aber nach nur ein paar Momenten begann sie wieder zu laufen, ihr Wunsch zu siegen übertrumpfte das elende Gefühl.

Als noch knapp 6,5 Kilometer bis ins Ziel zu laufen waren, betrug Paulas Vorsprung nur noch drei Minuten. Ihre Gedanken waren inzwischen so wirr, dass sie nicht mehr ausrechnen konnte, wie schnell sie laufen musste, um eine reale Chance zu haben, Smyers bis zum Ende des Rennens hinter sich zu halten. Aber genau das war das

Einzige, was sie davon abhielt, wieder zu gehen. Der nächste Kilometer fühlte sich wie ein ganzer Marathon an.

Gerade rechtzeitig erspähte Paula eine Oase zu ihrer Linken, die Verpflegungsstation. Sie bog abrupt von der Straße ab und griff in ein Fass voller mit kaltem Wasser getränkter Schwämme. Sie schnappte sich so viele, wie sie konnte, und drückte sie über ihrem Kopf aus, während sie zurück auf den Queen K lief. Da Paula den Kopf gesenkt hielt, rannte sie direkt in einen korpulenten Helfer, der Läufern, die aus der anderen Richtung kamen, Schwämme reichte. Sie prallte hart ab, landete unsanft auf ihrem Hintern und rollte sich über ihren Rücken bis hin zu den Schultern ab, dann blieb sie in Fötushaltung liegen. Der Helfer streckte ihr seine Hand entgegen, um ihr beim Aufstehen zu helfen, aber zog sie zurück, als ihm einfiel, dass er solche Unterstützung nicht geben durfte.

Sie wurde auch nicht gebraucht. Paula war bereits wieder auf die Füße gesprungen, die Wucht des Aufpralls einen Moment zuvor war vergessen. Ihr benebelter Geist war in einer Art Traumzustand, in dem selbst die bizarrsten und schlimmsten Dinge keine Überraschung sind.

Als noch etwas weniger als 1,5 Kilometer bis ins Ziel zu laufen waren und ihr Vorsprung auf unter zwei Minuten geschrumpft war, hielt Paula unvermittelt an und krümmte sich. Ihre Arme baumelten kraftlos über dem glühenden Asphalt, sie schien ihre Muskeln zu dehnen, vielleicht war dies auch eine Geste wirrer Kapitulation (oder beides). Genauso plötzlich richtete sie sich jedoch wieder auf und fuhr herum, um nach Smyers Ausschau zu halten.

Es war ein bizarres Bild: Die Führende und siebenmalige Gewinnerin der Ironman-Weltmeisterschaft stand bewegungslos bei Kilometer 224,5 eines 226-Kilometer-Rennens und schaute in die Richtung, aus der sie gekommen war. Der aufgeregte Fahrer eines Motorrads, das einen Kameramann der *NBC* chauffierte, drängte Paula zum Weitermachen.

»Du hast es gleich geschafft!«, rief er.

»Ich habe es gleich geschafft?«, sie leierte die Worte, als wäre sie betrunken. Sie begann zu schlurfen.

Paula war in Sichtweite der letzten Kehre des Rennens, als sie wieder anhielt. Sie taumelte, als hätte sie einen harten Kinnhaken bekommen. Smyers war nun direkt hinter ihr. Paula hob ihre Arme zum Himmel, als ob sie die Zuschauer am Streckenrand anflehen wollte, ihr zu sagen, was zum Teufel mit ihr geschah. In diesem Augenblick überholte Smyers und legte ihr im Moment der Eklipse eine beruhigende Hand auf den Rücken.

Als Smyers ihrem ersten Ironman-Sieg entgegenstürmte, machte Paula ein paar wackelige Schritte, dann beugte sie sich mit den Händen auf den Knien nach vorn.

»Los, Paula!«, brüllten die Zuschauer. »Du schaffst das!«

Wieder versuchte sie zu gehen. Die Menge stimmte einen rhythmischen »Pau-la! Pau-la!«-Gesang an.

Er fiel auf taube Ohren. Paula setzte sich auf den Bürgersteig und zog mechanisch ihre Schuhe und Socken aus. Man reichte ihr eine Flasche Gatorade und sie trank gierig.

Bald schon war Paula von Rennoffiziellen, medizinischem Personal und Fans umringt. Viele drängten sie noch immer dazu, aufzustehen und ins Ziel zu laufen.

»Wartet einfach«, sagte sie irritierenderweise.

Dann wuchtete sich Paula vom Bürgersteig hoch, wankte auf die Straße und legte sich flach auf den Rücken, die Arme seitlich ausgestreckt.

Paul Huddle sprintete aus dem temporären Fernsehstudio herüber, das im Zielbereich aufgebaut worden war, wo er drei Stunden zuvor den sicheren Sieg seiner Freundin verkündet hatte. Als er sie nun sah, weiteten sich seine Augen erschrocken.

»Holt sofort einen Krankenwagen!«, brüllte er, seine Stimme war brüchig. »Wer hat ein Handy?«

Eine Frau, die in der Nähe stand, holte eins heraus und gab es Paul.

»Ich glaube, ich werde sterben«, sagte Paula, als Paul mit dem Handy kämpfte, um es zum Laufen zu bringen.

Inzwischen blockierte die Menge um Paula fast die gesamte Straße. Die Offiziellen vor Ort machten keine Anstalten, die Menge wieder hinter die Absperrungen zu drängen. Ihre Aufmerksamkeit gehörte ganz dem Spektakel, wie die größte Triathletin aller Zeiten rücklings auf dem Asphalt lag, fast in Sichtweite der Ziellinie. Langsam wurde Paula wieder etwas klarer und sprach kontinuierlich mit dem medizinischen Personal, zwischendurch sagte sie ihnen, dass sie beschlossen habe, das Rennen doch noch zu beenden – aber dass sie sich nicht drängen lassen wolle.

»Ich habe den ganzen Tag Zeit«, sagte sie.

Zwanzig Minuten nachdem sie sich hingesetzt hatte, stand Paula wieder auf. Die Menge applaudierte und Paula machte eine kleine, ironische Verbeugung.

Sie begann zu gehen, immer noch barfuß. Die Menge ging mit ihr die Straße hinunter und versperrte den paar Läufern, die vorbeikamen, den Weg. Paula war noch fünf Meter vom Ziel entfernt, als Fernanda Keller vorbeilief, um sich den dritten Platz zu holen. Isabelle Mouthon hatte schon lange auf dem zweiten Platz gefinisht. Karen Smyers war eine der Ersten, die Paula hinter der Ziellinie in Empfang nahmen. Sie umarmten sich, Paula lächelte matt, Smyers war den Tränen nahe.

GLEICH NACH IHREM ZUSAMMENBRUCH beim Ironman 1995 schob Paula Newby-Fraser den Vorfall auf einen Fehler bei der Verpflegung spät im Rennen. Als Smyers immer näher gekommen sei, so sagte sie den Interviewern, hätte sie Panik bekommen und sei an den Verpflegungsstationen vorbeigelaufen, ohne genug zu trinken. Aber später sollte sie zugeben, dass sie das Rennen verloren hatte, bevor es überhaupt begonnen hatte.

»Ich bin gierig geworden«, sagte sie einem Reporter. »Es ist eine alte menschliche Schwäche: Wenn du Erfolg hast, willst du mehr.

Also denkst du, dass mehr besser ist, anstatt auf das zurückzublicken, was du schon geschafft hast. Ich hatte eine Methode. Ich wusste, dass sie für mich funktionierte. Aber um mich herum taten alle etwas anderes. Diese neue Philosophie für 1995 klappte auf dem Fahrrad. Aber am Ende, als ich zusammenbrach, ist sie mir um die Ohren geflogen.«

Ausdauersportler lernen früh, harte Arbeit mit Verbesserung gleichzusetzen. Es ist eine universelle Erfahrung: Das erste bisschen harte Arbeit, die ein Anfänger erledigt, führt zu besserer Leistung, und ein bisschen mehr harte Arbeit führt zu noch besseren Ergebnissen. Aber es gibt eine Grenze, bis zu der ein Sportler noch von harter Arbeit profitiert. Manche verlieren die Relation und überschreiten diese Grenze. Sie sehen harte Arbeit als einzigen Weg, um besser zu werden. Wenn sie ein Rennen verlieren oder ihr Ziel nicht erreichen, reagieren sie, indem sie noch härter arbeiten. Wenn sie beginnen, sich als Folge des harten Arbeitens im Training schlecht zu fühlen, arbeiten sie noch härter. Harte Arbeit wir zu einer Art Sicherheitsnetz, zu einer reflexartige Reaktion auf jede Frage, auf jeden Zweifel.

Das Problem dabei, harte Arbeit und Verbesserung absolut gleichzusetzen, ist, dass es Sportler dazu verleitet zu ignorieren, wie sie sich fühlen. Laut des psychobiologischen Modells der Ausdauerleistung, Sie erinnern sich, kann ein Sportler nur besser werden, wenn er sein Verhältnis zur Anstrengungswahrnehmung ändert. Training führt zu Verbesserung, indem sich die Anstrengung für einen Athleten bei jeder beliebigen Geschwindigkeit geringer anfühlt. Deshalb sollte ein Sportler, dessen Training auf Kurs ist, bemerken, dass er bei gleicher gefühlter Anstrengung immer schneller wird. Unweigerlich wird es Tage geben, an denen der Athlet sich miserabel fühlt, und es wird auch kurze Perioden fordernden Trainings geben, in denen sich alles schwer anfühlt. Aber die übergreifende Tendenz sollte dahin gehen, dass sich die gleiche Geschwindigkeit leichter anfühlt. Eine Tendenz in die andere Richtung deutet darauf hin, dass der Sportler zu hart trainiert und chronisch ermüdet. Wenn der Athlet dieses Warnsignal ignoriert und sich weigert, die Trainingsbelastung zu reduzieren, wird die Wettkampfleistung darunter leiden.

In einer Studie im Jahr 2002 ließ Asker Jeukendrup, damals Professor an der englischen Birmingham University, eine Gruppe Radfahrer sechs Wochen lang unterschiedlich trainieren. In den ersten beiden Wochen trainierten die Athleten auf ihrem gewohnten Niveau. In der dritten Woche wurde die Trainingsbelastung drastisch erhöht und bis in die vierte Woche hinein auf diesem Niveau gehalten. Am Ende der vierten Woche empfanden die Radfahrer die Belastung bei einer Tretleistung von 200 Watt (die für diese Sportler recht gering war) als um 8,9 Prozent höher als noch vor drei Wochen, was auf starke Ermüdung schließen lässt. Es ist nicht überraschend, dass sich in der gleichen Zeitspanne ihre Leistung im Zeitfahren um 6,5 Prozent verschlechterte.

Jeder Sportler, der dumm genug ist, eine so abrupte Steigerung der Trainingsbelastung auszuprobieren, kann immer noch die Spitze in der Anstrengungswahrnehmung, die daraus resultieren wird, zum Anlass nehmen, den Fehler zu erkennen und seinem Körper die Chance geben, sich zu erholen. Das zeigte der dritte Teil von Jeukendrups Studie mit einer zweiwöchigen reduzierten Trainingsbelastung, die die bei 200 Watt empfundene Anstrengung auf ein Niveau fallen ließen, das 9,5 Prozent unter dem nach Woche eins lag.

Im wahren Leben verdoppeln Sportler selten ihre Trainingsbelastung von einer Woche auf die nächste, aber sie trainieren für gewöhnlich zu hart und ignorieren es, wenn sie sogar wenig intensive Einheiten als anstrengender empfinden. Jeder Athlet hat seine eigene optimale Trainingsformel, die sich über individuelle physische Limits definiert. Um möglichst viel aus dem Trainingsprozess herauszuholen, muss man diese persönlichen Grenzen respektieren. Ein Sportler bekommt Schwierigkeiten, wenn er anfängt, sich darüber Gedanken zu machen, was seine Konkurrenten machen, und versucht, sie zu übertrumpfen, anstatt auf seinen Körper und seine

Intuition zu hören. Die Antworten auf die drängendsten Fragen, die sich Sportler bei ihrem täglichen Kampf um Verbesserung stellen (Sollte ich mehr Druck machen? Sollte ich Druck rausnehmen?), liegen in ihnen selbst.

Ein Trainer kann diesen Ansatz des Trainings nach Gefühl entweder unterstützen oder behindern – behindern, indem er jedem Sportler eine allgemeingültige Methode überstülpt, oder unterstützen, indem er die Athleten dazu ermutigt mitzuteilen, wie sie sich fühlen, und die Sportler dadurch vor sich selbst rettet, wenn sie in Versuchung geraten, zu viel zu tun. Aber selbst der beste Trainer kann nicht komplett die Rolle des Bauchgefühls eines Athleten übernehmen.

Bernard Lagat ist ein gutes Beispiel. Er begann seine Läuferkarriere in seiner Heimat Kenia, wo fast alle vielversprechenden jungen Läufer einem harten, einheitlichen Trainingsregime unterworfen werden, das viele von ihnen schnell ausbrennen lässt (ein System, das zu einem gewissen Grad die Vorteile des Gruppentrainings, die im nächsten Kapitel besprochen werden, untergräbt). Aber anstatt sich selbst dieser Tretmühle auszuliefern, beschloss Bernard auszuwandern und ging an die Washington State University, wo er von James Li trainiert wurde, der die Philosophie von Tim Noakes teilte, dass man gerade so viel trainieren sollte wie nötig, um seine Ziele zu erreichen. Lis maßgeschneidertes Programm führte zu drei NCAA-Meistertiteln für Bernard in seinem letzten Jahr als Huskie.

Nach seinem Abschluss überraschte Bernard viele, weil er bei Li blieb und gemessen an Spitzensport-Standards eher locker trainierte. Anders als seine Altersgenossen lief er nur einmal am Tag. und jeden Herbst nahm er sich eine fünfwöchige Trainingsauszeit. Diese ausgeglichene Formel führte zu einer beeindruckend umfangreichen Erfolgssammlung, unter anderem zu elf Weltmeisterschaftsmedaillen zwischen 2001 und 2004 sowie olympischen Medaillen in den Jahren 2000 und 2004. Bernard wurde von Jahr zu Jahr besser, ohne härter zu trainieren. Seine Bestzeit von 12:53:60 Minuten über

5000 Meter lief er im Alter von 36 Jahren, und drei Jahre später wurde er der älteste Läufer, der je eine Medaille bei einer Weltmeisterschaft im Ausdauersport gewonnen hatte, als er in der Halle Silber über 3000 Meter holte.

In einem Interview, das er *FloTrack* im Jahr 2011 gab, schrieb Bernard seine lang währende Leistungsfähigkeit dem moderaten Training zu. Er erzählte: »Mein Trainer sagt mir immer: ›Wir brauchen keine unnötigen Kilometer zu sammeln. Wir machen genau die Kilometerumfänge, die dich weiterbringen.‹ Mein Körper reagiert so gut auf diese Art von Training. Ich fühle mich die ganze Zeit stark. Am Ende der Saison habe ich das Gefühl, ich kann das noch. Ich kann noch laufen, weil ich mich selbst nicht verbrannt habe.«

Wie schaffen es Sportler wie Bernard Lagat, sich der Falle der »harten Arbeit als Sicherheitsnetz« zu entziehen, während sie bei anderen wie Paula Newby-Fraser gnadenlos zuschnappt? Untersuchungen von Michael Mahoney der Universität von Kalifornien und anderen Psychologen haben gezeigt, dass bestimmte Persönlichkeits- und Bewältigungsstrukturen bei Athleten, die sich selbst ins Übertraining geraten lassen, häufiger zu finden sind. Zu dieser Struktur gehören, nicht sehr überraschend, Zwanghaftigkeit und Perfektionismus.

Psychologen unterscheiden zwischen zwei Arten des Perfektionismus: adaptivem und maladaptivem. Adaptiver Perfektionismus bedeutet, generell nie zufrieden zu sein, was positive Auswirkungen auf die Leistung haben kann. Maladaptiver Perfektionismus führt andererseits oft dazu, dass Sportler in selbstzerstörerische Verhaltensmuster wie Übertraining verfallen. Diese Variante des Perfektionismus wird mit geringem Selbstwertgefühl und Unsicherheit in Verbindung gebracht. Athleten, die grundsätzlich das Gefühl haben, nie gut genug zu sein, neigen in ihrem nicht enden wollenden Kampf, ihren Wert beweisen zu wollen, zu Übertraining. Selbstsichere Sportler sind tendenziell besser dazu in der Lage, ihr Training auf Basis rationaler innerer Beobachtung zu gestalten.

Bernard Lagat und Paula Newby-Fraser entsprechen diesen Mustern. Bernard strahlt Selbstsicherheit aus, was jeder bestätigen wird, der ihn kennt. Paula jedoch hat ihr ganzes Leben lang gegen ihre Unsicherheit angekämpft. Ein Mangel an Selbstbewusstsein hatte 1995 zu ihrem desaströsen Trainingsexperiment geführt, und sie wusste das.

»Meine Eltern und meine schulische Erziehung machten mich zum Archetyp des Übererfüllers«, sagte sie 2010 in einem Interview mit *slowtwitch.com.* »Ich kam aus einer völlig anderen Kultur. Zu Hause, an den südafrikanischen Schulen, wurde jeder Makel herausgestellt. Man wurde an sehr hohen Maßstäben gemessen. Meine Mutter war eine sehr fähige Person, und ich fühlte mich immer unsicher. Ich glaubte, ich sei nicht gut genug. Ich hatte immer das Gefühl, dass ich dem Einfluss meiner Eltern nicht gerecht werden könne. Wenn ich etwas gut machte, dachte ich, Mist, jetzt muss ich das noch mal machen. Ich glaube nicht, dass mein Erfolg [im Triathlon] Zufall war. Das war keine einmalige Sache. Aber eine kleine Stimme in meinem Kopf hörte nicht auf zu flüstern, dass es das vielleicht doch war.«

Die Bewältigungsstrategie, die notwendig ist, um Übertraining zu vermeiden, ist Selbstbewusstsein. Ein Sportler muss seine Entscheidungen, ob er Druck machen oder rausnehmen soll, auf Grundlage der Signale treffen, die ihm sein Körper sendet, anstatt auf Basis dessen, was andere Sportler machen oder aufgrund einer allgemeinen Angst vor dem Ausruhen. Das kann für Athleten, denen Selbstbewusstsein als Bewältigungsstrategie fehlt, schwierig sein, aber wenn sie die psychobiologische Dynamik des Übertrainings verstehen – ihren wahren Kern und das Heilmittel –, kann es das einfacher machen. Wenn Paula Newby-Fraser sich an der Spitze stehend aus dem Triathlon verabschieden wollte, musste sie die richtigen Schlüsse aus dem Tiefpunkt ihrer Karriere ziehen und anfangen, sich selbst zu vertrauen.

PAULA WOLLTE NACH DEM IRONMAN 1995 so großen Abstand wie möglich vom Triathlon. Das hieß, aus San Diego wegzugehen, ihrer Wahlheimat und dem Zentrum des Triathlonuniversums. Zehn Jahre zuvor hatte Paula ein Jahr lang in London gelebt, und sie hatte es in guter Erinnerung. Sie beschloss, dorthin zurückzukehren. Sie mietete ein Appartement in der Stadt und fuhr einen Monat lang mit der U-Bahn herum, ging ins Theater und ins Ballett und vernachlässigte ihr Training.

Allein die Zeit – und dass sie mit ihrer alltäglichen Routine brach – gab Paula die Gelegenheit zum Nachdenken, und das Nachdenken führte ihr Herz und ihren Verstand zu einem neuen Ort. London heilte Paula nicht von ihrer Unsicherheit (sie sagt, sie kämpfe bis heute damit), aber es gab ihr genug Selbstreflexion, um zu wissen, was ihr nächster Schritt sein sollte – was sich richtig anfühlte. Paula wurde klar, wie glücklich sie sich schätzen konnte, einen Job als professionelle Triathletin zu haben, etwas Seltenes und Vergängliches, und dass sie ihn noch nicht aufgeben wollte. Aber sie würde keine Rennen mehr machen, um andere zu beeindrucken, oder ihrer Unsicherheit erlauben, ihr Training zu beeinflussen.

Anfang 1996 verkündete Paula, dass sie nach Kona zurückkehren würde, aber »ohne Erwartungen«. Sie entstaubte ihre alten, minimalistischen Trainingsmethoden und fand einen passenden Trainingspartner in ihrer Freundin Heather Fuhr. Die junge Profi-Athletin aus Kanada war eine schwächere Radfahrerin als Paula, aber anstatt Fuhr zu zwingen, ihr Tempo mitzufahren, fuhr Paula langsamer. Andersherum hielt sich Heather, die eine stärkere Läuferin war, für Paula zurück, wenn sie zusammen liefen.

Diese Veränderungen wurden ergänzt durch Paulas buddhistische Praktiken, die sie schon lange durchführte. Sie intensivierte sie. Sie meditierte zwar nicht täglich, aber sie las Zen-Literatur und übte sich in nicht beurteilender Selbstbeobachtung, wenn sie für sich war, zum Beispiel beim Gärtnern. Langsam erkannte sie, dass ihre Entwicklung als Athletin eng verknüpft war mit ihrem persönlichen Wachstum.

»Offensichtlich bin ich noch nicht bereit dafür, still zu sitzen und über einige der großen Fragen meines Lebens nachzudenken«, sagte Paula einmal einem Redakteur der buddhistischen Zeitschrift *Tricycle.* »Ich sitze für kurze Zeit da und beschäftige mich mit den eher äußerlichen Dingen, aber es gibt noch anderes, das es erfordert, tiefer zu gehen.«

Durch ihre spirituellen Übungen ruhte sie mehr in sich selbst und reagierte weniger auf Beurteilung und Erwartungen von außen – eine Entwicklung, die ihr, so war sie sicher, als Mensch helfen würde und von der sie hoffte, dass sie ihr auch als Athletin helfen würde.

Es mögen kleine Schritte gewesen sein, die Paula an diesen Punkt brachten, ihre öffentlichen Aussagen zeigten aber, dass sie selbstbewusster und selbstsicherer wurde. Auf Hawaii gab sie der *NBC* ein Interview im Zuge deren Berichterstattung über die Ironman-Weltmeisterschaft 1996. Ihr Ton war merklich anders als im Jahr zuvor. »Ich glaube, ich bin etwas weiser und weicher gegenüber meinem Sport geworden«, sagte sie. »Ich glaube, ich gehe es nicht mehr so verbissen an. Sie wissen schon: ›Ich muss unter neun Stunden bleiben. Ich bin hier, um den Streckenrekord zu brechen. Ich bin hier, um zu dominieren.‹ Es ist in Ordnung, nicht zu gewinnen.«

Als die Sonne am Rennmorgen aufging, tanzten weiße Schaumkronen auf den Wellen in der Bucht von Kona. Der Startschuss fiel, und 1400 Athleten stürzten sich ins Wasser, das so unruhig war wie noch bei keiner Ironman-Weltmeisterschaft zuvor. Smyers war zurückgekehrt, um ihren Titel zu verteidigen, und sie kam mit dem rauen Wasser besser zurecht als Paula, die die Boote, die den Wendepunkt der Schwimmstrecke markierten, 30 Sekunden nach ihr erreichte. Nach dem Schwimmen war die Lücke zwischen den beiden bereits auf eine Minute und 19 Sekunden angewachsen.

In der Wechselzone zog sich Paula ihren Radhelm auf, der mit einer Grafik der amerikanischen Flagge geschmückt war, ein Tribut an ihren neuen Status als amerikanische Staatsbürgerin. Sie bewegte sich ohne Hast, obwohl sie vom Vorsprung ihrer Konkurrentin wusste. Paula war 16 Kilometer auf ihrem »Felt B2« gefahren, als ein Rennoffizieller ihr anzeigte, dass sie zu dicht hinter einem männlichen Teilnehmer radelte, und ließ sie absteigen, bevor sie das Rennen fortsetzen durfte. Paula musste außerdem weitere drei Minuten lang in die Penalty Box beim Wechseln vom Radfahren zum Laufen. Sie schüttelte diesen Vorfall einfach ab und machte weiter.

Nach 32 Kilometern übernahm Smyers die Führung im Rennen. Nachdem sie in Hawi gewendet hatte, begegnete sie Paula und war erleichtert – und mehr als überrascht – zu sehen, dass ihr 79-Sekunden-Vorsprung, mit dem sie auf die Radstrecke gegangen war, etwas größer geworden war.

Paula hatte sich jedoch zurückgehalten, und auf der Rückfahrt nach Kona begann sie, Druck zu machen. Nach ungefähr 113 Kilometern hörte Smyers einen Hubschrauber von hinten näherkommen und wusste, dass Paula sich heranschob. Die »Queen of Kona« beschleunigte, als sie überholte – ein Versuch, Smyers zu demotivieren. Die aber kannte das Spiel und ließ sich nicht beunruhigen.

Als Paula auf den Parkplatz vom »Kona Surf Hotel« rollte, übergab sie ihr Rad einem Rennoffiziellen und ging ruhig in die Penalty Box, wo sie Gatorade trank, sich dehnte und einem Reporter der *NBC* sogar ein paar Fragen beantwortete. Während Paula noch in der Strafbox stand, kam Smyers in die Wechselzone. Sie war immer noch im Wechselzelt, als Paula hereinkam. Sie sagten nichts.

Smyers ging 20 Sekunden vor Paula auf die Laufstrecke, aber sie führte das Rennen nicht an. Ein Neuling, Natascha Badmann, war schon mehr als eine Minute zuvor durch die Wechselzone gestürmt und hatte zudem die schnellste Radzeit der Frauen an diesem Tag in den Asphalt gebrannt. Die 29-jährige Ex-Raucherin mit einer Teenager-Tochter und keiner besonders sportlichen Vergangenheit, die den Zuschauern und den anderen Teilnehmern immer wieder ihre erhobenen Daumen entgegenreckte und das »Hang Loose«-Zeichen mit gestrecktem Daumen und kleinem Finger machte, war Paula völlig unbekannt.

In den Ironman-Rennen der Vorjahre hatte sich Smyers immer auf fast magische Weise stark auf der Laufstrecke gefühlt. Heute jedoch nicht. Paula überholte sie nach 6,5 Kilometern. Drei Kilometer später überholte Paula Badmann und nahm das untypisch angestrengte Lächeln des Schweizer Emporkömmlings wahr, das sie ihr als Antwort auf ihr kollegiales Zunicken schenkte. Als sie aus Kailua hinaus und wieder in die Lavafelder rannte, lag Paula 45 Sekunden vor Badmann und 4 Minuten vor der nah an der Dehydrierung stehenden Smyers.

Alles schien unter Kontrolle, aber nach der Hälfte des Marathons glitt Badmann mühelos an Paula vorbei, so wie Paula zuvor Smyers auf dem Rad überholt hatte. Normalerweise sind Führungswechsel auf der Laufstrecke des Ironman dauerhaft. In ihren zehn vorherigen Ironman-Rennen hatte sich Paula von keiner ihrer Konkurrentinnen, die sie im Laufen überholt hatten, die Führung zurückholen können. Mit diesem Wissen musste sie nun die wichtigste Entscheidung ihrer Karriere treffen. Eine Stimme, diese Stimme, sagte ihr, dass sie sich besser an Badmann hängen sollte – dass sie, wenn sie sie ziehen ließe, sie nie wiedersehen würde. Aber ihre Instinkte, ihre tiefste Intuition, rieten ihr, ihr eigenes Tempo beizubehalten, geführt von ihrer Anstrengungswahrnehmung – sie rieten ihr, bei dem Tempo zu bleiben, von dem sie glaubte, dass sie es bis ins Ziel durchhalten konnte. Sie ließ Badmann ziehen.

Über die nächsten Kilometer vergrößerte Badmann ihren Vorsprung auf eine volle Minute, einmal sang sie leise, während ihr spindeldürrer Körper über den glühenden Asphalt glitt. Badmann und Paula begegneten sich auf einem u-förmigen Streckenabschnitt, der erst von der Hauptstrecke weg und dann wieder darauf zurückführte. Badmanns Lächeln war leicht und ungezwungen. Als Paula das sah, erinnerte sie sich daran, dass sie nicht hierhergekommen war, um zu gewinnen, sondern um ihr Bestes zu geben. Und dennoch bedeutete »ihr Bestes zu geben«, wenigstens zu versuchen zu gewinnen, wenn sie sich dazu in der Lage fühlte.

Also holte sie noch einmal alles aus sich heraus, um diesen Neuling zu stellen. Badmanns Vorsprung hörte auf zu wachsen und wurde dann immer kleiner.

Paula holte sie 16 Kilometer vor dem Ziel ein. Badmann erhöhte das Tempo, sie weigerte sich, kampflos aufzugeben. Die erfahrene Paula zog auf den folgenden fünf Kilometern immer wieder an, aber sie konnte die jüngere Herausforderin nicht abschütteln. Wenn Paula beunruhigt gewesen sein sollte, zeigte sie es nicht. Der letzte Hügel der Marathonstrecke war am Rande von Kailua, knapp 2,5 Kilometer vom Ziel entfernt. Paula steckte alles, was sie noch hatte, in eine weitere Tempoverschärfung und schaffte es schließlich, Badmann zu knacken.

Minuten später kam Paula an die Stelle, an der sie sich bei ihrer demütigenden Niederlage im Vorjahr auf den Bürgersteig gesetzt hatte. Als sie daran vorbeilief, hob sie die Hände mit der gleichen »Was zum Teufel geschieht hier mit mir?«-Geste, die sie damals gemacht hatte, aber diesmal mit einem selbstironischen Grinsen. Sie kam nach 9:06:49 Stunden ins Ziel und holte sich ihren achten Ironman-Weltmeistertitel.

Es sollte ihr letzter sein. Nach 1996 weitete sich Paulas sportlicher Fokus und schloss andere Interessen wie Trailrunning und Mountainbiken ein. Als sie beim Ironman 2001 ihre Abschiedsveranstaltung gab, wollte sie eigentlich nur sehen, wozu sie mit 40 Jahren noch in der Lage war. Sie wurde respektable Vierte, ein ganzes Stück hinter Natascha Badmann, die an diesem Tag ihren dritten von insgesamt sechs Ironman-Titeln gewann.

2009 wurde Paulas ehrwürdiger Streckenrekord schließlich gebrochen – die Britin Chrissie Wellington setzte die Marke auf 8:54:02 Stunden herunter. Vier Jahre später reduzierte ihn die Australierin Mirinda Carfrae auf 8:52:14 Stunden. Vor dieser Leistung hatte Paula Carfrae in einem aufgezeichneten Gespräch folgenden Rat gegeben: »Für mich war die wichtigste Lektion als Athletin und fürs Training, nicht gierig zu werden«, sagte Paula. »Du solltest im

Kopf behalten, dass du am nächsten Tag aufstehen und weitermachen musst. Hebe dir immer ein bisschen Reserve auf. Ich glaube, das ist es, warum viele Athleten es nicht lange schaffen und es gerade so viele Verletzungen gibt. Jeder will mehr. Und die Medien pushen und hypen dich zusätzlich. Genau wie alle anderen. Du musst einfach Vertrauen in dich haben [und in deinen Trainer] und an dich glauben. Schau nicht ständig nach mehr. Wenn es funktioniert, funktioniert es. Wie heißt es doch gleich: Leg dich nicht mit dem Erfolg an.«

Es war der aufrichtig gefühlte Rat einer Athletin, die auf die harte Tour gelernt hatte, in sich selbst nach Antworten zu suchen.

KAPITEL 9

Der Gruppeneffekt

ZEMENTGRAUE WOLKEN HINGEN wie eine Decke über dem Myślęcinek-Park, einem weitläufigen Naherholungsgebiet einige Kilometer außerhalb der Stadt Bydgoszcz in Nordpolen. Die Landschaft war öde und farblos, wie ein Schwarz-Weiß-Foto eines verlassenen Kriegsschauplatzes. Verwehte Felder harten Schnees lagen zwischen kahlem Baumgestrüpp. Obwohl es eigentlich Frühling war am 24. März 2013, war die Luft eiskalt, was der böige Wind noch verstärkte.

Ein 2000 Meter langer erdiger Pfad war aus dem Schnee gefräst und mit Zaun und Absperrband abgetrennt worden. An einem Ende der Runde standen einige Reihen langer, weißer Zelte, eine Tribüne, vollbesetzt mit dick eingemummelten Zuschauern, und zwei Türme aus Aluminiumgerüsten. Zwischen den Türmen spannte sich ein grellgelbes Banner mit der Aufschrift: IAAF World Cross Country Championships BYDGOSZCZ 2013.

Unter diesem Banner standen 102 schlanke junge Männer in viel zu dünner Kleidung in den Farben von 15 Nationen. Sie hupften auf und ab und schüttelten ihre Beine aus, um die nervöse Energie abzustreifen, innerlich etwas warm zu werden und ihre Muskeln bereitzuhalten. Es war 14.09 Uhr Ortszeit. Ihr Rennen – das mit der größten Spannung erwartete der vier Rennen dieses Tages – würde in einer Minute starten.

Im Startbereich stand eine Gruppe von sechs Amerikanern beisammen, die in Navyblau und Rot gekleidet waren: Chris Derrick, der gerade seinen Abschluss an der Stanford-Universität gemacht hatte, hatte sich für die Weltmeisterschaft qualifiziert, indem er die US-Meisterschaften in St. Louis im Februar gewonnen hatte. Elliott Heath, ein anderer junger Stanford-Absolvent, hatte sein Ticket nach Bydgoszcz gelöst, als er bei der nationalen Meisterschaft drei Plätze hinter Chris ins Ziel kam. James Strang war nicht unter die Top 6 gekommen, aber er durfte mit nach Polen fahren, nachdem zwei andere Athleten, die vor ihm waren, nicht antreten wollten. Ryan Vail und Bobby Mack waren bei den World Cross Country Championships 2010, die ebenfalls in Bydgoszcz stattgefunden hatten, Teamkollegen gewesen. Ryan war 44. geworden, Bobby 66. Ben True war die Wildcard der Mannschaft. Er war ein Spätberufener, dessen Hauptsportart an der Highschool Langlauf gewesen war, aber er steigerte sich jedes Jahr.

Drei Meter neben den Amerikanern standen die Kenianer in Schwarz, Grün und Rot. Obwohl sie fast am äußersten Rand der Startlinie standen, waren sie im Zentrum der Aufmerksamkeit. Die Zuschauer glotzten das Sextett offen an, Video- und Fotokameras verweilten auf ihnen. Ihre Konkurrenten versuchten, sie zu ignorieren, aber Ryan Vails Magen machte jedes Mal einen Purzelbaum, wenn er zu ihnen sah.

Derart viel Beachtung und Respekt – und Furcht – waren verdient. So etwas wie Kenias Dominanz bei den World Cross Country Championships gab es im Sport nicht noch einmal. Seit 1986 hatte Kenia das Hauptrennen 24-mal gewonnen und nur 2-mal verloren. Ein paarmal war das Team nahe an der magischen Zahl von zehn Punkten, im Geländelauf das Äquivalent zu einer Zu-Null-Niederlage. Die vier besten Läufer eines jeden Sechserteams bei der Cross-Country-Weltmeisterschaft bekommen Punkte, die ihrer Gesamtplatzierung entsprechen. Die geringste Gesamtsumme gewinnt. Die USA hatten es in 30 Jahren noch nie näher als 50 Punkte an Kenia heran geschafft.

Über Lautsprecher rief eine Stimme die Läufer an den Start. Sie gingen durch eine Schranke aus warm gekleideten Offiziellen und beugten sich über eine Kreidelinie im Matsch. Eine Pistole knallte – und gleich noch einmal. Fehlstart. Bobby Mack hörte den zweiten Schuss, lief aber weiter. Zur Sicherheit. Die anderen folgten dem gleichen Instinkt und pflügten ungebremst weiter, bis nach 30 Metern ein Offizieller vor ihnen stand, der hektisch eine gelbe Flagge schwenkte, das internationale Zeichen für »Stopp!«. Die Läufer gehorchten, aber erst nachdem sie aus Trotz noch durch eine vereiste Schlammpfütze gespurtet waren.

Sie wurden hinter die Startlinie zurückgetrieben. Zwei Minuten später wurde die Pistole erneut abgefeuert. Die Läufer stampften über eine schmierige 150-Meter-Gerade auf die Hauptrunde und auf die erste von vielen engen Kurven auf der Strecke zu. Diejenigen, die es nicht vor diesem Nadelöhr an die Spitze der Kavalkade schafften, würden es schwer haben, dort jemals hinzukommen. Nur wenige Rennen bringen die Läufer gleich vom Start weg in eine Krise; auf die eine oder andere Weise tun dies die World Cross Country Championships immer.

Bevor Elliott Heath nach Polen aufbrach, bat er seinen früheren Stanford-Teamkollegen Simon Bairu, der viel Erfahrung mit dieser Veranstaltung hatte, um Tipps. »Es wird das schlimmste Erlebnis deines Lebens werden«, war alles, was Simon sagte.

Die Farben des Kenia-Teams leuchteten auffällig am Kopf des Felds. Japhet Korir hatte vor drei Jahren die Bronzemedaille beim Juniorenrennen gewonnen, auf genau diesem Kurs. Jonathan Ndiku war zweimaliger Juniorenweltmeister über 3000 Meter Hindernislauf. Geoffrey Kirui hatte eine persönliche Bestzeit von 26:55 Minuten über 10.000 Meter. Hosea Macharinyang hatte den Great Edinburgh Run gewonnen, einen der am heftigsten umkämpften Straßenläufe über 10 Kilometer. Philemon Cherop lief den Halbmarathon in 61 Minuten. Und Timothy Kiptoo hatte auf der Straße 42:48 Minuten für 15 Kilometer gebraucht, eine Zeit, die nur vier Amerikaner jemals unterboten hatten (keiner von ihnen war in diesem Rennen).

Nach zwei Minuten hatte Kenia die ersten drei Plätze inne. Hinter diesen Männern war das Feld bis ganz nach hinten dicht gedrängt. Die Gruppe schlängelte sich wie ein chinesischer Drache durch die engen Kurven und Wenden des schlammigen Kurses, ab und zu rollte eine Welle durch das Feld, wenn die Läufer über mit Holzspänen bedeckte Erdhügel sprangen, die die Streckeningenieure dort am Vortag als Hindernisse aufgeschüttet hatten.

Chris Derrick und Ben True waren beide aggressiv losgelaufen und hielten sich knapp innerhalb der Top 20. Chris fühlte sich gut. Sein Sieg bei den US-Meisterschaften hatte ihm eine ordentliche Portion Selbstvertrauen verliehen, und er glaubte, dass er genau dort hingehörte, wo er jetzt war. Vor dem Rennen hatte sein Trainer, Jerry Schumacher, zu ihm gesagt: »Du bist nicht der beste Läufer im Rennen, aber du brauchst dich auch vor niemandem zu fürchten.« Das tat er nicht.

Die Läufer kamen an den Streckenabschnitt mit den Serpentinen. Einige Windungen waren so eng und rutschig, dass die Läufer fast stehen bleiben mussten, um sie zu nehmen. Ihre Arme flogen weit auf die Seite, als sie um die Kurven liefen, sonst wären sie aus der Spur getragen worden. Das abrupte Abbremsen der vorderen Läufer führte dazu, dass sich das Feld hinten zusammenschob wie Autos hinter einem plötzlichen Unfall. Und es gab tatsächlich mehr als nur ein paar Kollisionen.

Als das amerikanische Team am Vortag den Kurs erkundet hatte, hatten sie kaum glauben können, was sie sahen. Elliott war ausgerutscht und gefallen, was seine gezerrten Hüftabduktoren nicht gerade besser machte. Später hatte ein Reporter Ben um seine Meinung zur Strecke gebeten. »Es ist definitiv die härteste Strecke, die ich in meinem Leben je gesehen habe«, sagte er. »Ich glaube, es wäre eine

Überraschung, wenn nicht mindestens das halbe Feld mindestens einmal im Rennen stürzt.«

Nach gerade einmal 1,5 Kilometern kamen die Läufer an den sogenannten Hügel, ein Steilstück, das ein Skihang gewesen war, wo bis 24 Stunden zuvor der Schnee weggeschippt worden war. Was dem Hügel an Länge fehlte (er war etwa 200 Meter lang), machte er in Steigung wett (circa 15 Prozent). Wäre er noch steiler gewesen, wären die Athleten vermutlich gezwungen gewesen, ihre Hände zu benutzen. Die Zuschauer standen hier in Reichweite der Läufer, von denen viele nichts gegen einen helfenden Schubs einzuwenden gehabt hätten.

Kaum hatten die Läufer den Hügel erklommen, ging es im freien Fall bergab. Die Rückseite war der Nachmittagssonne komplett ausgesetzt, sodass dieser dramatische Abhang auch gleich noch die matschigste Stelle der gesamten Runde war. Man hatte entweder die Möglichkeit, es einfach laufen zu lassen und den Berg hinunterzurumpeln wie ein Sattelzug auf der Flucht, oder man konnte die Bremse ziehen und von den Wagemutigen abgehängt werden. Am Fuß des Abhangs, genau dort, wo die Läufer ihre Höchstgeschwindigkeit erreicht hatten, gab es einen kleinen Hubbel, hinter dem es direkt um eine Rechtskurve ging. Danach lief die Strecke gnädig in einer etwa 100 Meter langen Gerade aus. Das nutzten die Führenden, um das Tempo zu erhöhen und das Feld hinter sich auf Abstand zu setzen.

Nach 5:34 Minuten war Timothy Kiptoo durch die erste von insgesamt sechs Runden. Sensoren lasen die Computerchips an den Knöcheln der Läufer aus und ermittelten so Zeit und Position. Die Daten wurden sofort in Einzel- und Teamwertung geteilt und auf eine riesige Videoleinwand gespielt, die die Zuschauer von der Tribüne aus sehen konnten. Kenias vierter Läufer (und letzter in der Wertung), Geoffrey Kirui, lag zu diesem Zeitpunkt auf Platz 14. Der beste amerikanische Läufer, Chris Derrick, lag direkt hinter ihm auf Platz 15. Kenia führte die Teamwertung mit 23 Punkten an. Die Vereinigten Staaten lagen 99 Punkte dahinter auf Rang sechs.

ES WIRD BEHAUPTET, dass Kenianer – besonders der Stamm der Kalenjin aus dem Rift Valley – als Läufer einen »genetischen Vorteil« hätten. Das ist ein etwas beunruhigender Gedanke, dessen Ursprünge nicht ganz rational sind. Schließlich hat auch niemand behauptet, dass die Dominanz der Finnen im Laufsport zwischen 1912 und 1928 das Ergebnis genetischer Überlegenheit gewesen sei. Der Psychologe Adam Waytz von der Northwestern University hat diese Widersprüchlichkeit untersucht, die er »Neigung zur Superhumanisierung» nennt. Seine Untersuchungen ergaben, dass Weiße Farbigen viel eher übermenschliche Fähigkeiten zusprechen, als Athleten gleicher Hautfarbe, die auf hohem Niveau Leistung abliefern. Wenn also in einer Sportart Weiße dominieren, neigen die Leute eher dazu, nach einer Erklärung zu suchen, die im sozialen Umfeld oder in Charaktereigenschaften wie einer hohen Arbeitsmoral begründet liegt, während sie, wenn Farbige dominieren, eher im genetischen Bereich nach einer Erklärung suchen. Dennoch kann man den Gedanken des genetischen Vorteils kenianischer Läufer nicht allein von der Hand weisen, nur weil man den Ansatz des rassenbasierten Doppelstandards nicht mag, der hier mitschwingt. Im Prinzip wäre es möglich.

Wenn es also einen genetischen Vorteil geben sollte, worin könnte der bestehen? Eine Möglichkeit ist, dass einige oder alle Kenianer ein Gen oder eine Gruppe von Genen besitzen, die der läuferischen Leistung förderlich sind und die andere Völker nicht haben. Zum Beispiel könnten die Kalenjin die Einzigen auf der Welt sein, die ein Gen besitzen, das eine bestimmte adaptive Reaktion auf aerobes Training hervorruft, zum Beispiel eine mitochondriale Biogenese. Biologen sagen jedoch, dass das extrem unwahrscheinlich ist, da es außerordentlich wenige Genvariationen gibt, die nur in einem einzigen menschlichen Volk existieren.

Selbst wenn der Kalenjin-Stamm ein Monopol auf dieses Läufer-Gen hätte, wäre es noch nicht gesagt, dass dies ein Vorteil im absoluten Sinne wäre. Es gibt kein einheitliches Genrezept dafür, exzellent im Laufsport zu sein – oder in irgendeinem anderen Sport.

Wissenschaftler haben eine ganze Reihe Gene ausgemacht, die eine gute Leistung in bestimmten Sportarten wahrscheinlicher machen, aber sie haben kein isoliertes Gen entdeckt, das essenziell ist für Exzellenz in irgendeinem Sport. Wie David Epstein in seinem Buch *The Sports Gene* bemerkte: »Die Genvariationen, die einen Sprinter schnell machen, können sich komplett von denen unterscheiden, die seinem Konkurrenten auf der Nachbarbahn Geschwindigkeit verleihen.« Das Gleiche gilt für Langstreckenläufer. Stephen Roth, der Leiter des Labors für funktionelle Genforschung an der Universität von Maryland, glaubt, dass es tatsächlich Trillionen verschiedener möglicher Blaupausen für Körper gibt, die dazu führen können, dass man es im Laufsport an die Spitze schafft – und das sind nicht nur kenianische Körper.

Wenn Kenianer als Läufer wirklich einen genetischen Vorteil haben, könnte der einfach auch nur darin bestehen, dass bestimmte Genkombinationen, die für die Laufleistung förderlich sind, öfter vorkommen. In diesem Fall würden die talentiertesten kenianischen Läufer nicht talentierter sein als die besten Läufer aller anderen Völker. Es gäbe nur einfach mehr von ihnen.

Die Alternative zur genetischen Erklärung der kenianischen Übermacht im Laufsport ist die über die Kultur und das Umfeld. Es gibt viele Belege für diese These, und die fangen bei der Tatsache an, dass das Phänomen der nationalen Dominanz in einem Sport sich kaum auf das Laufen beschränkt. Es gibt kaum Sportarten, die nicht zu einem bestimmten Grad von einer Nation oder einer kleinen Nationengruppe dominiert werden. Die winzige Insel Kuba hat seit 1968 ganze 67 Olympiamedaillen im Boxen geholt, mehr als jedes andere Land. Die Hälfte der Top-20-Frauen im weltweiten Golfsport sind aus Korea und die Hälfte der Top-20-Frauen im Tennis aus osteuropäischen Ländern. Deutschland wurde in zwölf der letzten 16 Fußball-Weltmeisterschaften entweder Erster, Zweiter oder Dritter.

Nationen, die einen Sport dominieren, teilen eine grundlegende Eigenschaft: Die Menschen, die in ihr leben, sind verrückt nach diesem Sport. Um es in eine Formel zu gießen: Die Übermacht einer Nation in einem Sport leitet sich ab aus dem Ausmaß und der Intensität der Teilnahme ihrer Bevölkerung. Und wenn viele bereit sind, alles zu riskieren, um an die Spitze zu kommen, dann wird die Nation sicherlich ziemlich gut im weltweiten Wettbewerb abschneiden.

Im Hinblick aufs Laufen erfüllt Kenia beide Voraussetzungen. Der Prozess beginnt schon in der Kindheit, weil Langstreckenlauf als Fortbewegungsart weitverbreitet ist. Millionen kenianischer Jungen und Mädchen laufen jeden Tag in die Schule. Außerdem stehen kenianischen Kindern im Schulsport nur zwei Disziplinen zur Wahl: Laufen und Fußball. Kenia kann im Fußball auf keine Erfolgsgeschichte zurückblicken, aber Laufen wird von jungen Athleten als eine realistische Chance angesehen, der erdrückenden Armut, die überall in diesem Land herrscht, zu entkommen. Kenianer sind deswegen bereit, große Opfer zu bringen, die Läufer anderer Nationen in diesem Sport vielleicht nicht bringen.

In seinem Buch »Im Land des Laufens« erzählt Adharanand Finn die Geschichte von Beatrice, einer etwas pummeligen Kenianerin, die in der Schule nie an Laufwettkämpfen teilgenommen hat und Laufen eigentlich hasst, aber mit 20 Jahren beschließt, allein nach Iten zu ziehen – dem Epizentrum der kenianischen Läuferszene –, um es als professionelle Läuferin zu versuchen, und von den Almosen der Mutter lebt, die den Traum der Tochter von ganzem Herzen unterstützt. Nirgends sonst auf der Welt ist es so normal für Menschen, die an sich keine Chance auf Erfolg als Profi-Läufer haben, alles aufzugeben und ihr Ziel zu verfolgen, mit dem Laufen auf der Bahn oder Straße ihren Lebensunterhalt zu verdienen.

Eine nationale Besessenheit von einem bestimmten Sport entwickelt sich nicht im Vakuum. Etwas lässt den Funken überspringen. Im frühen 20. Jahrhundert war Finnland ein armes, nicht industrialisiertes Land, in dem viele Menschen draußen arbeiteten und sich zu Fuß oder (im Winter) auf Langlaufskiern fortbewegten. Diese Bedingungen brachten Hannes Kolehmainen hervor, der drei

Goldmedaillen in Laufwettkämpfen bei den Olympischen Spielen 1912 gewann. Kolehmainens Triumph löste eine intensive Laufwelle in seinem Heimatland aus. Jeder finnische Junge wollte der nächste Olympia-Held sein. Das Ergebnis war ein Vierteljahrhundert finnischer Dominanz im Laufen, eine Dynastie, die einige Athleten hervorbrachte, deren Leistung die des Manns bei Weitem übertraf, der all das ausgelöst hatte. Letztlich hatte die leidenschaftliche und weitverbreitete Begeisterung fürs Laufen, die Hannes Kolehmainen ausgelöst hatte, einen viel größeren Einfluss auf die Leistung finnischer Top-Läufer als die Bedingungen wie Armut, fehlende Industrialisierung und die mit Muskelkraft betriebenen Fortbewegungsarten, die den ersten großartigen finnischen Läufer hervorgebracht hatten.

Der Soziologe John Bruhn nannte dieses Phänomen den »Gruppeneffekt«. Das psychobiologische Modell des Ausdauersports erklärt, wie er im Kontext von Sportarten wie Laufen funktioniert. Seinem Modell zufolge, Sie werden sich erinnern, führt alles, was die wahrgenommene Anstrengung bei jedweder Belastungsintensität geringer werden lässt, zu einer Leistungsverbesserung. Zu den weniger offensichtlichen Faktoren, die diese Wirkung haben könnten, zählen bestimmte soziale Dynamiken, darunter auch etwas, das Psychologen »Verhaltenssynchronität« nennen. Wenn Menschen zusammenarbeiten, produzieren ihre Gehirne größere Mengen stimmungshebender, Unwohlsein unterdrückender Endorphine, als wenn die gleiche Aufgabe allein bewältigt werden muss. Dies zeigte eine Studie aus dem Jahr 2009 mit College-Ruderern, die an der Oxford-Universität durchgeführt wurde. Zwölf männliche Athleten wurden zweimal einem Schmerzempfindlichkeitstest unterzogen: einmal, nachdem sie 45 Minuten lang allein gerudert waren, und noch einmal, nachdem sie 45 Minuten zusammen mit anderen gerudert waren. Die Probanden zeigten sich signifikant weniger schmerzempfindlich, wenn sie in der Gruppe gerudert waren, wahrscheinlich aufgrund der vermehrten Endorphin-Ausschüttung im Gehirn.

Anstrengungswahrnehmung ist etwas anderes als Schmerz, aber nicht etwas komplett anderes. Die meisten Faktoren, die die Schmerztoleranz erhöhen oder die Schmerzsensibilität reduzieren, haben einen ähnlichen Einfluss auf die Anstrengungswahrnehmung, und der Gruppeneffekt ist keine Ausnahme. Ausdauersportler empfinden weniger Anstrengung und bringen bessere Leistung, wenn sie zusammen trainieren und ins Rennen gehen als allein. Wenn Sie so wollen: Geht man über glühende Kohlen, kommt man weiter, wenn man die Hand eines Mitlaufenden zu seiner Rechten und Linken greifen kann. Der Gruppeneffekt, der sich durch das synchronisierte Verhalten einstellt, muss nicht erlernt werden. Er ist eine Bewältigungsstrategie, die latent in jedem schlummert, bereit, im richtigen Moment aktiviert zu werden.

Welche ist die richtige Situation? Es gibt zwei – nennen wir sie Mikro und Makro –, die fürs Laufen und den Ausdauersport relevant sind: Eine Situation (Mikro) ist jedes Gruppentraining oder jeder Teamwettkampf, in dem einige Sportler zusammenarbeiten. Wann immer dies der Fall ist, steigert die Verhaltenssynchronität die Leistung. Die andere Situation (Makro) ist eine breitere Sportkultur, in der verschiedene Gruppen von Sportlern oft zusammen trainieren und an Wettkämpfen teilnehmen. Wenn eine solche Sportkultur lebendig ist und viele Gruppen hoch motivierter Athleten umfasst, erreicht die Verhaltenssynchronität ihre maximale Intensität und Effektivität.

Diese zweigliedrige Struktur des Gruppeneffekts stellt sicher, dass in den Sportkulturen Erfolg zu Erfolg führt. In Kenia wurde Erfolg im Laufsport ursprünglich dadurch möglich, dass man dieser Aktivität fast überall begegnete sowie durch die Höhenlage des Rift Valley und vielleicht auch dadurch, dass ein bestimmter Körpertypus mit langen Beinen und schmalen Waden (mit etwas Hilfe der Wissenschaft könnte man das als »genetischen Vorteil« betrachten) vorherrscht. Diese Bedingungen haben einige hervorragende Läufer hervorgebracht. Diese hervorragenden Läufer haben dann eine

Kultur geschaffen, in der viele Männer und Frauen alles riskieren, um in die Ruhmeshalle des kenianischen Laufens aufgenommen zu werden. Diese Kultur trägt aktuell mehr dazu bei, die Leistung der Läufer dieses Lands zu verbessern als die Bedingungen, die sie haben aufkommen lassen. Jeden Tag kommen hoffnungsvolle Athleten, manche talentiert, manche weniger, nach Iten – Läufer, die bereit sind, in einen Raum von der Größe eines Schranks zu ziehen, von Almosen zu leben und 160 Kilometer pro Woche zu laufen für die vage Möglichkeit, dass sie einmal die Chance bekommen, an internationalen Wettkämpfen teilzunehmen. Mit so vielen Läufern, die zusammen so viel geben, gibt es in der kenianischen Kultur eine zentripetale soziale Kraft, die alle auf ein höheres Niveau hebt, als sie es vielleicht erreichten, wenn sie in einem weniger kooperativen Umfeld lebten.

Während es noch immer unklar ist, ob Kenianer als Läufer einen genetischen Vorteil haben, ist es sicher, dass sie einen kulturellen Vorteil in Form des Gruppeneffekts haben. Wenn man diesen Vorteil in Betracht zieht: Wie viel bleibt dann noch übrig, das man mit Genen erklären muss? Nicht viel. Die Übermacht der kenianischen Läufer wird oft in Statistiken gegossen, die tendenziell ihre Überlegenheit übertreiben. Im Jahr 2014 zum Beispiel waren 57 der 100 schnellsten Marathonzeiten bei den Männern von Kenianern gelaufen worden. Das ist ziemlich beeindruckend. Aber solche Zahlen verbergen die Tatsache, dass die besten Kenianer gar nicht so viel besser sind als die Top-Läufer aus anderen Nationen. Die schnellste Zeit über eine Meile (circa 1,6 km), die seit 2001 von einem Athleten gelaufen wurde – 3:46:91 Minuten –, rannte ein Amerikaner mit britischen Wurzeln, Alan Webb. Der schon lange bestehende Marathonrekord bei den Frauen – 2:15:25 Stunden – wird von einer Engländerin, Paula Radcliffe, gehalten. Molly Huddles amerikanischer Rekord über 5 Kilometer auf der Straße (14:50 Minuten) ist nur 3 Sekunden bzw. 0,34 Prozent langsamer als die schnellste Zeit, die bei dieser Veranstaltung je von einem in Kenia geborenen Läufer gelaufen wurde.

Wenn der Gruppeneffekt nur für die Hälfte dieser Differenz verantwortlich ist, dann beträgt der gerühmte genetische Vorteil der Kenianer nicht einmal zwei Zehntel Prozent.

ZU BEGINN VON RUNDE ZWEI riss eine leichte Tempoverschärfung an der Spitze des Rennfelds eine plötzliche Lücke zwischen die ersten 20 Läufer und den Rest. Chris Derrick steckte mitten in der ersten Gruppe. Hinter ihm und der Lücke rannten Elliot Heath auf Position 30, Bobby Mack als 52., James Strang auf Rang 61 und Ryan Vail auf Platz 62. Ben True war allein zwischen den beiden Gruppen. Alarmiert erhöhte er das Tempo und rettete sich in die vordere Gruppe wie ein Bandit, der sich in einen offenen Güterzug-Waggon schwingt. Sein Ziel für dieses Rennen war eine Platzierung unter den Top 20 gewesen. Wenn er so früh den Kontakt zur Führungsgruppe verlöre, würde er sich von diesem Traum verabschieden können.

Nach etwas mehr als sieben Rennminuten nahmen die Führenden ein weiteres Erdhindernis. Japhet Korir verhakte sich mit den Füßen, fiel auf Hände und Knie und riss Timothy Toroitich aus Uganda mit sich. Tesfaye Abera aus Äthiopien sah seine Chance, schob sich nach vorn und zog das Tempo an in der Hoffnung, dass Korir den Anschluss an die Führungsgruppe verlieren würde, aber der Kenianer war schnell wieder auf den Beinen und konnte die Führenden einholen. Einige Läufer ganz hinten in der Gruppe wurden jedoch abgehängt. Chris Derrick, der sich immer noch stark fühlte, ging Aberas Tempoverschärfung geschmeidig mit. Ben True war direkt hinter ihm.

Zum zweiten Mal erreichten sie den kurvigsten, tückischsten Teil der Strecke. Abera beschloss, sein Glück in den engen Kehren zu versuchen in der Hoffnung, vorsichtigere Verfolger abschütteln zu können. Aber als er mit ordentlichem Tempo in eine Linkskurve lief, verlor er die Kontrolle und rutschte an den äußersten rechten Rand des Pfads, seine rechte Hüfte berührte das dünne Absperrband, das als Streckenmarkierung diente. Einige Läufer hinter ihm erwischte es schlimmer. Einer krache in einen Metallpfeiler, an dem das Absperrband befestigt war, ein anderer fiel mit dem Gesicht voraus in den Schlamm und ein dritter verlor einen Schuh und musste anhalten, um ihn wieder anzuziehen.

Die Läufer waren nun mit Schlamm bedeckt, sogar auf den Wangen hatten sie einige Spritzer. Die Haut, die an ihren Beinen noch zu sehen war, war gerötet vom Kontakt mit Schnee und Eis. Unter der Haube liefen ihre Motoren jedoch heiß. Ben schmiss seine Mütze weg. James warf Neely Spence, die früher an diesem Tag bei den Frauen 13. geworden war, seine Handschuhe zu.

Sie kamen zum zweiten Mal an den Hügel. Der Australier Collis Birmingham führte das Feld hinauf und über die Kuppe. Als der Weg unten wieder etwas breiter wurde, erkämpfte sich eine kleine Gruppe einen winzigen Vorsprung. Chris war direkt zwischen ihnen und dem Rest eingeklemmt, sein schwungvoller Schritt strahlte noch immer Selbstvertrauen aus. Er kam an zehnter Position an der 4-Kilometer-Marke vorbei, 1 Sekunde hinter den Führenden. Zwei Kenianer liefen vor ihm und einer hinter ihm. Ben war auf dem 14. Platz, auch direkt hinter ihm lief ein Kenianer. Jonathan Ndiku, der Kenianer, der am Ende der ersten Runde noch auf Platz 3 gelegen hatte, hatte sich an der Achillessehne verletzt und war ausgestiegen. Elliott Heath lag noch immer auf Position 30, aber Bobby Mack und Ryan Vail hatten sich auf die Positionen 45 und 49 vorgekämpft. In der Teamwertung hatten sich die Amerikaner von Platz 6 auf Platz 5 vorgeschoben und lagen nun, vier Runden vor Schluss, 69 Punkte hinter den erstplatzierten Kenianern.

Als sie auf die nächste Runde liefen, erhöhten die Läufer an der Spitze des Felds nochmals das Tempo. Sie erreichten das erste Hindernis der dritten Runde. Chris machte zwei schnelle, flache Schritte hinauf, sprang hinunter und kam unglücklich auf seinem rechten Fuß auf. Ein heftiger Schmerz durchfuhr seinen Knöchel. Chris humpelte ein paar Schritte, belastete den verletzten Fuß so viel wie möglich und hoffte, dass das verletzte Gewebe bald taub werden würde. Das tat es auch – irgendwie –, und er rannte weiter.

Drei weitere Läufer fielen aus der Führungsgruppe, was ihn auf Position 17 vorrücken ließ. Augenblicke später zog Ben, der hinter Chris gelaufen war, mit ihm gleich und die beiden Teamkollegen tauschten eine wortlose Nachricht aus: Wir packen das!

Die Amerikaner drängten nach vorn, zwei Äthiopier wurden nach hinten durchgereicht, hielten sich noch kurz und mussten dann abreißen lassen wie Seeleute, die vom schräg stehenden Deck eines sinkenden Schiffs rutschten. Die immer kleiner werdende Gruppe kam zu dem Punkt, wo der Trainer des amerikanischen Teams, Robert Gary, stand und das Rennen beobachtete. Er machte eine kurze Kopfrechnung.

»Es sind nur noch elf Leute in der Gruppe!«, rief er, wie er sich später erinnerte. »Elf in eurer Gruppe!«

Er wollte, dass Chris und Ben verstanden, was er kaum zu denken wagte: »Ihr könntet es beide in die Top Ten schaffen.« 16 Sekunden später lief Elliott vorbei, dicht gefolgt von Ryan und Bobby, die ihren eigenen zermürbenden Kampf kämpften und Läufer um Läufer hinter sich ließen, ohne schneller zu werden. Gary setzte sie über die Positionierung von Chris und Ben in Kenntnis, weil er genau wusste, welchen Effekt (den Gruppeneffekt) diese Information haben würde.

Sie rannten erneut über den Hügel. Er schien länger und steiler geworden zu sein als bei den ersten beiden Malen. Es standen definitiv mehr Menschen am Streckenrand. Das Rennen formierte sich langsam und die Anfeuerungsrufe für die Teams und Läufer, die sich gut schlugen, wurden immer lauter. Da die Runde sehr klein war, konnten motivierte Zuschauer von einem Punkt zu einem anderen laufen und so die Athleten zweimal pro Runde sehen. Viele der Amerikaner, die vor Ort waren, wechselten nun kontinuierlich ihren Standort und wurden immer aufgeregter.

Japhet Korir aus Kenia und Teklemariam Medhin aus Eritrea führten das Feld über den höchsten Punkt der Strecke. Nur drei Läufer konnten mithalten, als sie wild den gefährlichen Abhang hinunter rumpelten, der mit wackeligen, müden Beinen noch bedrohlicher war. Alarmiert von der Lücke, die sich vor ihm auftat, schoss Chris in den Abhang wie eine Lawine. Ben rannte vorsichtiger und war unten um 20 Meter abgehängt.

Eine kleine Gruppe von fünf Afrikanern passierte die 6-Kilometer-Marke nach 16:32 Minuten. Chris lag 2 Sekunden dahinter auf Rang 8 und Ben 1 weitere Sekunde dahinter auf Platz 11. Kenia hatte Boden verloren, aber die ausdauernden Meister hatten noch immer vier Läufer in den Top 20 und führten die Teamwertung mit 40 Punkten an. Elliott kam als 28. durch, er hatte auf der dritten Runde zwei Läufer aufgesammelt. Bobby und Ryan waren nur wenige Schritte hinter ihm auf den Rängen 33 und 34, zusammen hatten sie auf der letzten Runde 27 Konkurrenten überholt. Es waren nun drei Runden überstanden und weitere drei zu laufen, das amerikanische Team lag immer noch auf Platz 5, aber nun nur noch 4 Punkte entfernt von Uganda auf Rang 4.

Am Anfang der vierten Runde lief Elliott um eine schlammige Kurve und sein linkes Bein scherte unter ihm aus, als ob sich ein Lasso um seinen Knöchel geschlungen hätte, an dem nun jemand zog. Er schaffte es gerade noch, keinen Spagat zu machen, aber ein stechender Schmerz schoss in seine bereits lädierten Hüftabduktoren. Wie schon Chris vor ihm, lief auch er in den Schmerz hinein, bis sein Körper die Nachricht verstand und auf »taub« stellte. Gerade hatte das Pochen sich beruhigt, als Ryan und Bobby vorbeiliefen. Elliott, der sich auf der Stanford den Ruf erworben hatte, sich für das Wohl seines Teams aufzuopfern (zum Beispiel, indem er ganze drei Rennen bei einem einzigen Wettkampf absolvierte), versuchte, sich an sie zu hängen, aber er schaffte es nicht. Die Amerikaner hatten nun fünf Läufer unter den Top 30.

Vorn machten sich Chris und Ben halb tot, um wieder in die Spitzengruppe mit den fünf Afrikanern zu kommen. Chris fing allerdings langsam an zu leiden. Sein ganzer Körper kribbelte durch eine

Mischung aus Kälte und Sauerstoffmangel. Er sah inzwischen alles in einem Sepia-Ton, passte weniger auf, wo er seine Füße hinsetzte, und hätte nicht sagen können, ob Ben noch bei ihm war.

Genau in diesem Augenblick zog Ben an seinem Landsmann vorbei und schob sich nach vorn zu den Führenden. Chris spürte den Sog, ließ sich von ihm ziehen und die beiden begannen, die Lücke zu schließen. Nach 18:06 Rennminuten kamen sie an ein weiteres Erdhindernis, die Amerikaner waren zurück in der Spitzengruppe, die wieder auf zehn Läufer angewachsen war. Sie rannten um eine weite Rechtskurve. Bens rechter Fuß setzte auf einer rutschigen Eisenbahnschwelle auf, die unter dem Schnee verborgen gewesen war, und er rutschte weg, aber seine Reflexe vom Skifahren ließen ihn aufrecht bleiben.

Korir aus Kenia und Imane Merga aus Äthiopien kristallisierten sich langsam als die starken Männer dieses Rennens heraus. Sie machten Druck; der Rest klammerte sich irgendwie an sie. Sie kamen erneut an den Hügel und wieder spaltete sich die Führungsgruppe. Am Ende des Abhangs, auf der anderen Seite, war Ben 15 Meter hinter einer Sechsergruppe, Chris lag nochmals fünf Meter dahinter. Er fühlte sich furchtbar schwach. Aufzuschließen erschien sehr viel furchteinflößender als noch vor einer Runde. Er passierte die 8-Kilometer-Marke an zehnter Stelle, fünf Sekunden hinter den Führenden. Weniger als ein Dutzend Läufer folgten, bevor Bobby durchkam. Er hatte in Runde 4 elf weitere Konkurrenten überholt. Ryan folgte drei Sekunden und 4 Plätze hinter ihm. Elliott hielt sich wacker auf Position 30.

Der aktuelle Stand der Teamwertung erschien gleich darauf auf der riesigen Videoleinwand. Kenia und Äthiopien lagen mit 41 Punkten gleichauf auf Platz 1. Eritrea folgte mit 57 Punkten auf Rang 3 vor den USA auf Position 4 mit 64 Punkten.

Als Robert Gary die Zahlen sah, sprintete er zum nächsten Punkt an der Strecke, an dem er Chris und Ben noch erwischen konnte. »Wir haben fünf Läufer in den Top 30!«, brüllte er. »Wir können eine Medaille holen!«

Robert selbst hatte die USA bei den World Cross Country Championships 1998 in Marokko vertreten. Er und seine Teamkollegen hatten die Niederlage, die die Amerikaner jedes Jahr erlitten, erwartet und sie wurden nicht enttäuscht. Kenia gewann mit fast perfekten 12 Punkten; die Amerikaner kamen mit 194 Punkten auf Rang 8 von 15 Teams. Robert – jetzt Trainer Robert – hatte deshalb innerlich gelächelt über die seiner Meinung nach naiv-optimistischen Ziele, die seine Schützlinge sich für die Cross-Weltmeisterschaft gesteckt hatten, als er sich mit dem diesjährigen Team das erste Mal in Polen getroffen hatte. Nun lächelte er äußerlich.

KENIA UND FINNLAND SIND nicht die einzigen Länder, in denen der Gruppeneffekt zu einer Läuferdynastie beigetragen hat. 1979 gehörten vier der Top-5-Läufer bei den US-Cross-Meisterschaften zu demselben Team: dem Greater Boston Track Club (GBTC). Vier Jahre später holte sich der GBTC vier der ersten zehn Plätze beim Boston-Marathon (inklusive des Siegs, der an Bill Rodgers ging).

Als Wiege des ältesten Marathons der Welt war Boston der Ausgangspunkt für den Laufboom, der in den 70ern über Amerika hinwegschwappte. 1974 wurde Bill Squires, ein Trainer, der nach der revolutionären Methode von Arthur Lydiard – hohe Umfänge, geringe Intensität – vorging, der erste Trainer des GBTC. In den nächsten paar Jahren brachte die Region Boston eine beträchtliche Menge talentierter junger Läufer hervor. Das waren genau die Bedingungen, die dem GBTC seine ersten Erfolge bescherte. Aber es war der Gruppeneffekt, der ihn schließlich zum übermächtigsten Team machte, das dieser Sport je gesehen hatte.

Nachdem Bill Rodgers 1975 den Boston-Marathon gewonnen (und dabei einen amerikanischen Rekord aufgestellt) hatte, zog der GBTC junge Läufer, die davon träumten zur Läuferelite der gesamten Vereinigten Staaten zu gehören, geradezu an. So wie Kenias Läufer heute waren diese Männer und Frauen bereit, alles für ihren Traum zu riskieren.

Ein typischer Fall war Andy Palmer, der auf dem College Basketball gespielt und der mit 24 Jahren zu laufen begonnen hatte. Mit einer Körpergröße von 1,93 Metern war er nicht fürs Laufen gemacht, und er zeigte auch nur mittelmäßiges aerobes Talent, als er bei seinen ersten beiden Rennen in den abgelegenen Wäldern im Norden Maines und im Süden Quebecs Vierter wurde. Dennoch beschloss Palmer, seinen Lehrerjob aufzugeben und nach Boston zu ziehen, um sich dort der wachsenden Läufergemeinde anzuschließen. Er trainierte mit Mitgliedern des GBTC, unter anderem auch mit Bill Rodgers, der Palmer in seinem Laufladen anstellte, sodass der junge Träumer nicht verhungern musste.

Andy lief den Boston-Marathon zum ersten Mal im Jahr 1979, dem Jahr, in dem der GBTC vier der Top-Ten-Plätze belegte. Er wurde 266. in einer Zeit von 2:29:46 Stunden. Vier Jahre später gewann Andy eine Eintages-Veranstaltung namens Boston Fest Marathon in 2:16:25 Stunden. Die örtliche Laufgemeinschaft nahm davon kaum Kenntnis. Solche Leistungen waren in diesen Tagen, in denen sogar Postboten mehr als 190 Kilometer pro Woche rannten, nichts Besonderes. Dick Mahoney, ein Vollzeit-Postbote, war Mitglied des GBTC und lief den Marathon in 2:14 Stunden. Im selben Jahr, in dem Palmer dieses Rennen gewann, kamen beim Boston-Marathon 84 Läufer, hauptsächlich Amerikaner, mit Zeiten unter 2:20 Stunden ins Ziel. Der Gewinner, Greg Meyer, war ebenfalls Mitglied des GBTC.

Dieses Kunststück ist nie wieder gelungen. Vor allem Geld hat den Gruppeneffekt innerhalb des GBTC und der Laufbewegung in den gesamten USA kaputt gemacht. Vor 1981 war es Läufern nicht erlaubt, Preisgelder anzunehmen oder Sponsorenverträge abzuschließen. Dann rebellierten Bill Rodgers und eine Handvoll Mutiger aus dem Kreis seiner Laufkollegen gegen ihre Ausbeutung. Die größten Laufschuhmarken begannen, die besten Läufer dafür zu bezahlen, dass sie ihre Ausrüstung trugen. Aber sie nahmen nur die Besten unter Vertrag, zum Beispiel Rodgers, und übergingen diejenigen wie Andy Palmer, die knapp unterhalb der Spitze liefen. Das führte dazu, dass die jungen Läufer, deren Talent nicht für die erste Riege reichte, ihre Jobs nicht mehr kündigten, um nach Boston zu ziehen und mit den Großen dieses Sports zu trainieren.

Das Leistungsniveau der amerikanischen Läufer litt. Das lag nicht daran, dass die besten amerikanischen Läufer genetisch nicht mehr so gesegnet waren. Es lag daran, dass die genetisch am besten bestückten Läufer nicht mehr von einer riesigen Menge mit gleichem oder etwas weniger Talent, die wie Profis trainierte, gepusht wurden. Der Tiefpunkt war bei Olympia 2000 in Athen erreicht, wo kein amerikanischer Läufer in einem Rennen, das länger war als 400 Meter, besser abschnitt als Rang sechs. Ohne die Rollenvorbilder im Spitzensport, die sie inspirierten, wurden auch die College- und Highschool-Läufer langsamer. In den 90ern liefen nur neun männliche Highschool-Läufer drei Kilometer unter neun Minuten, ein drastischer Rückgang gegenüber den 51 Läufern, die das in den 80ern, und den 84, die das in den 70ern schafften.

Nach dem Desaster bei den Olympischen Spielen 2000 beschlossen die Köpfe der amerikanischen Laufgemeinde, dass es nun reichte. In der Annahme, der fehlende Gruppeneffekt sei verantwortlich, dass es mit dem amerikanischen Laufen so bergab ging, gründeten sie Laufclubs, in denen Sportler mit Spitzentalent nach ihrem Schul- oder Uniabschluss trainieren konnten. Ihre Hoffnung war, dass die Läufer, die Mitglied in solchen Vereinen wurden, von der Verhaltenssynchronität auf Mikro-Niveau profitierten und große Leistungen vollbringen würden, die wiederum die breite Läufermasse mobilisieren sollten.

Es funktionierte. Deena Kastor (geborene Drossin) trat dem Mammoth Track Club nach ihrem Abschluss an der Universität von Arkansas bei. Sie gewann zwei Silbermedaillen bei den World Cross Country Championships (2002 und 2004) und eine Bronzemedaille im Marathon bei Olympia 2004. Sie gewann darüber hinaus den Chicago-Marathon 2005 und den London-Marathon 2006. Dathan Ritzenhein trat dem Nike Oregon Project nach seinem Studium an der Universität von Colorado bei und gewann Bronzemedaillen bei den World Junior Cross Country Championships 2001 und den Halbmarathon-Weltmeisterschaften 2009. Shalane Flanagan wurde ebenfalls Mitglied des Nike Oregon Project und gewann eine Silbermedaille über 10.000 Meter bei den Olympischen Spielen 2008 und Bronze bei den World Cross Country Championships 2011. Die Amerikaner hatten das Podium zurückerobert.

Der Aufwärtstrend hält noch immer an. Bei den World Outdoor Track and Field Championships gewannen die Amerikaner vier Medaillen über die 800 und 1500 Meter der Männer und Frauen, Kenia nur drei. Ein Jahr später liefen 20 Highschool-Jungs die drei Kilometer unter neun Minuten – in einem Wettkampf.

Zu der Zeit, als Ryan Vail 2009 seinen Abschluss an der Oklahoma State University machte, glaubten junge, amerikanische Lauftalente wieder daran, dass es es wert war, den Traum vom Lauferfolg zu verfolgen. Zehn Jahre zuvor, in einem weniger ermutigenden Klima, hätte Ryan vielleicht nach dem College mit dem Sport aufgehört und sich nie besser als auf dem fünften Platz bei einem NCAA-Meisterschaftsrennen platziert (obwohl er sein Team bei den NCAA Cross Country Championships 2009 zum Sieg führte). Aber trotz seiner fehlenden Einzelqualifikationen sah Schuhhersteller Brooks genug Potenzial in Ryan, um ihm einen Sponsoringvertrag anzubieten. Ryan zog nach Portland, Oregon, um mit anderen jungen amerikanischen Profis zu trainieren und sog den Gruppeneffekt in sich auf.

»Ich war immer ein Teamplayer«, sagte mir Ryan einmal. »Ich rannte immer am besten, wenn die Jungs auf mich zählten.«

Ryans Reise nach Bydgoszcz im Jahr 2013 war das vierte Mal, dass er die USA bei den World Cross Country Championships vertrat. Er war immer noch ein Teamplayer.

NACH 22:41 RENNMINUTEN kämpfte sich Ben True zurück in die Spitzengruppe. Chris blieb zehn Schritte dahinter, er gewann keinen Boden. Er konnte das nicht verstehen, Ben hatte ihn noch nie geschlagen. Chris wusste, dass er mit ihm jetzt dort vorn sein könnte und sollte. Aber das elastische Band zwischen den beiden hatte sich zu weit gedehnt und seinen Zugeffekt verloren. Chris' Tempo erschien ihm selbst surreal langsam, sein Körper unglaublich schwer. Ihn überkam plötzlich die Angst, dass gleich »der Mann mit dem Hammer« zuschlagen könnte, eine weitere Erfahrung, die er bisher noch nie in einem Rennen gemacht hatte.

Korir führte die schnellsten sechs, die in einer Reihe hintereinanderliefen, durch den engen Serpentinenabschnitt des Rundkurses, der auf den vorherigen Runden schon einige Schäden verursacht hatte. Es war die letzte Stelle, an der seine Verfolger eine Attacke erwartet hätten, also attackierte Korir. Sofort zog sich die Kette der fünf Läufer hinter ihm auseinander wie eine Ziehharmonika, und zwei – Birmingham und Ben – mussten abreißen lassen.

Viel zu bald kam der Hügel. Bens Ohren dröhnten vom Geschrei seiner Landsleute, als er sich in Richtung Kuppe kämpfte.

»Wir können Bronze in der Teamwertung holen, Ben!«

»Wir brauchen jeden Punkt, Ben! JEDEN PUNKT!«

Zu Beginn der letzten Runde waren noch vier Läufer im Rennen um den Einzelsieg. Ben lag zu diesem Zeitpunkt an Position 6, acht Sekunden hinter den Führenden. Chris war nun 9., sieben Sekunden hinter Ben. Bobby und Ryan liefen Seite an Seite auf den Rängen 21 und 22.

Ryan kann sich noch lebhaft daran erinnern, wie Robert Gary sie mit seinem Blick fixierte und nach vorn auf zwei Läufer zeigte, einer trug Eritreas Rot, Grün und Blau, der andere die Farben Südafrikas.

»Ihr müsst die beiden kriegen!«, schrie er. »Wenn ihr die schnappt, dann holen wir Bronze!«

Robert hatte keine Ahnung, ob das tatsächlich stimmte, aber Ryan sagte, dass die Worte des Trainers erneut den gewünschten Effekt hatten. Ryan und Bobby quittierten das Starren ihres Trainers mit einem Blick, aus dem Verständnis, Angst und Entschlossenheit sprachen. Dann drehte Ryan sich Bobby zu.

»Auf geht's!«, sagte Ryan. »Okay«, sagte Bobby. Ryan zog davon, als hätte das Rennen gerade erst begonnen. Bobby ging mit, aber bekam quasi sofort Probleme. Er beschrieb das Gefühl später so, als führe man in Treibsand Fahrrad. Er wurde langsamer. Ryan, der merkte, dass sein Teamkamerad nicht mehr da war, durchflutete Angst, die schlimmer war als die entsetzliche Ermüdung. »Jetzt liegt es allein an mir«, dachte er.

Wenige Augenblicke, nachdem er seinen Partner hinter sich gelassen hatte, überholte Ryan den Kanadier Mohammed Ahmed. Er lag nun auf dem 19. Platz. Vor ihm war der Eritreer Abrar Osman, auf den Robert Gary vorhin gezeigt hatte. Osman hatte gerade den Südafrikaner Elroy Gelant, dessen persönliche Bestzeit über 5000 Meter 17 Sekunden besser war als Ryans, abgehängt. Der Amerikaner jagte ihn erbarmungslos über den verwundenen Teil der Strecke. Als sich der Weg öffnete, griff Ryan an und beschleunigte, um jede Gegenwehr im Keim zu ersticken. Platz 18.

Als er sich dem Hügel näherte, konnte Ryan sehen, wie Osman nach oben pflügte. Osmans persönliche Bestzeit über 3000 Meter war 13 Sekunden besser als die von Ryan. Sie waren weniger als 600 Meter vom Ziel entfernt. Wenn Ryan ihn noch einholen wollte, würde er noch mehr Druck machen müssen. Er prügelte seinen unwilligen Körper den Skihügel hinauf und ignorierte, wie sehr er litt, während Oman schon hinter der Kuppe verschwand.

Als er auf der anderen Seite hinunterrannte, schien Ryan Boden verloren zu haben, aber als der Weg wieder eben war, wurde der Abstand kleiner, und Ryan erkannte, dass er noch eine Chance hatte. Auf den Vorrunden hatte die Strecke hier eine scharfe Rechtskurve gemacht. Diesmal leiteten die Rennoffiziellen die Läufer nach links zum Zieleinlauf. Ryan sammelt jedes Fitzelchen Energie, das er noch hatte, und fing an zu sprinten. Er war an Omans rechter Schulter, bevor der Mann aus Eritrea reagieren konnte. Die beiden rannten Ellbogen an Ellbogen die Zielgerade entlang, bis Ryan davonzog und als 17. ins Ziel kam.

Ryans Splitzeit für die letzte Runde, 5:40 Minuten, war die viertschnellste des gesamten 102-Mann-Felds. Nur die drei Medaillenträger – Korir, Merga und Medhin – waren schneller gewesen. Ryan war schneller gelaufen als vier der fünf Kenianer, die noch im Rennen waren. Er war am Ende schneller gelaufen als Feyisa Lilesa, der eine Marathonzeit von 2:04 Stunden vorzuweisen hatte, und als vier andere Äthiopier.

Ryan Vail und seine mit Schlamm bespritzten Kollegen schlenderten vom Zielbereich ins Pressezelt hinüber und klatschten sich gegenseitig ab. Sie hatten einiges zu feiern – mehr, als sie bisher wussten. Ben True war Sechster geworden, Chris Derrick Zehnter. Bobby Mack war sieben Sekunden nach Ryan auf Platz 19 ins Ziel gekommen. Im Pressezelt wurde das *FloTrack*-Interview mit Bobby und Ryan von der aktualisierten Teamwertung unterbrochen. Die Amerikaner glaubten, sie hätten es gerade so auf Platz drei geschafft. Aber sie irrten sich. Auf der Anzeige stand:

Äthiopien: 38 Punkte (Gold)
USA: 52 Punkte (Silber)
Kenia: 54 Punkte (Bronze)

Wieder zu Hause, feierten die amerikanischen Lauffans den historischen Sieg des US-Teams über die mächtigen Kenianer als das »Wunder im Schlamm«. Aber es war kein Wunder. Es war der Gruppeneffekt, eine Macht, die alle Athleten für sich nutzen können, um zusammen viel mehr zu erreichen, als sie allein geschafft hätten.

KAPITEL 10

Was erwarten Sie?

THOMAS VOECKLER KONNTE SEIN Glück nicht fassen. Nach der Hälfte der fünften Etappe der Tour de France 2004 fuhr der 24-jährige Franzose in einer fünfköpfigen Ausreißergruppe, mehr als 16 Minuten vor dem Hauptfeld, und nahm damit Kurs auf die Übernahme des Gelben Trikots des Gesamtführenden. Keiner hatte diese Wendung erwartet, Thomas selbst als Allerletzter. Er war nicht gerade ein Superstar des Radsports. In seinen vier Jahren im Profi-Zirkus hatte er nur eine Handvoll Siege errungen, die meisten in unbedeutenderen Rennen. Letztes Jahr war er 119. bei seinem Tour-Debüt geworden, mehr als 3,5 Stunden hinter dem Sieger, Lance Armstrong. Dennoch war Thomas nun kurz davor, eben jenem Lance Armstrong das Gelbe Trikot zu entreißen, da sich die Umstände entsprechend und für ihn perfekt entwickelt hatten.

Zu Beginn der Etappe hatte es in Amiens, einer Stadt in Nordfrankreich, heftig geregnet. Dann ging es nach Süden, wo die Fahrer von einem heftigen Gegenwind begrüßt wurden. Der erste Ausbruchversuch erfolgte fast unwillkürlich, weitere in schneller Abfolge. Thomas versuchte, bei jedem dabei zu sein, aber jeder Versuch wurde sofort von den Teams vereitelt, die nicht wollten, dass bestimmte gefährliche Fahrer (Thomas gehörte nicht dazu) in diesen Gruppen dabei waren und davonzogen.

Als das Rennen sich nach 16 der insgesamt 200 Rennkilometer der Stadt Tilloy-lès-Conty näherte, setzte Sandy Casar vom Team La Française des Jeux eine gut getaktete Attacke an einem kleinen Anstieg. Der Niederländer Jakob Piil ging sofort mit, und einige Augenblicke später folgte auch das Trio aus Stuart O'Grady, Magnus Bäckstedt und Thomas Voeckler. All diese Männer wurden als nicht gefährlich eingestuft, also ließ das Hauptfeld sie ziehen. Die fünf Ausreißer fingen an zusammenzuarbeiten, um den erhofften unaufholbaren Vorsprung herauszufahren.

Sie übertrafen selbst ihre eigenen kühnsten Hoffnungen. Einer Ausreißergruppe wird in einer »Sprint«-Etappe der Tour de France (oder irgendeiner anderen) selten mehr als eine Viertelstunde Vorsprung zugestanden, aber Thomas' Gruppe schaffte es darüber hinaus. Armstrong *wollte* das Gelbe Trikot verlieren, damit ein anderes Team die Arbeit machen musste, es auf den nächsten Etappen zu verteidigen, und sein US-Postal-Team etwas entspannen konnte, bevor es in den Bergen ernst wurde. Um das gewünschte Ergebnis sicherzustellen, setzte sich das Postal-Team an den Kopf des Hauptfelds, nachdem die Ausreißergruppe davongezogen war, und erzwang ein sehr gemäßigtes Tempo.

Dennoch hatten sie nicht vor, 16 Minuten herzugeben. Aber das Wetter hatte andere Pläne. Wind und Regen führten immer wieder zu Stürzen im Hauptfeld. Jedes Mal, wenn sie den Abstand zu den Ausreißern verkleinern wollten, verhinderte dies ein plötzlicher Sturz und ließ die Lücke nicht kleiner werden. Es gab Stürze mit mehreren Fahrern bei Kilometer 116, 170 und 180.

Thomas lag von den fünf Fahrern der Ausreißergruppe am weitesten vorn im Gesamtklassement. Alles, was er tun musste, war, drei Minuten vor Armstrong ins Ziel zu kommen, und er würde sich von Platz 59 auf 1 katapultieren. Einige Katz-und-Maus-Spielchen in der Ausreißergruppe auf den letzten zwei Kilometern ließen das Hauptfeld zwar wieder etwas herankommen, aber Thomas' Gruppe hatte am Ende immer noch 12:36 Minuten Vorsprung. Sprintspezialist

O'Grady gewann die Etappe. Thomas kam kurz nach ihm ins Ziel, auf dem vierten Platz, und sprang an die Spitze des Gesamtklassements, neun Minuten und 39 Sekunden vor Armstrong, der überhaupt nicht beunruhigt darüber war, dass er auf den sechsten Platz zurückgefallen war. Warum auch? Der amtierende Sieger hatte Thomas allein im abschließenden Zeitfahren der Tour im vergangenen Jahr um fast sechs Minuten geschlagen. Thomas machte sich auch keinerlei Illusionen, Armstrong vom Thron stoßen zu können. Aber auch wenn der neue Gesamtführende schon mehr erreicht hatte, als er jemals erwartet hätte, und wusste, dass er diesen Sprung nach vorn vollumfänglich Glück und Opportunismus zu verdanken hatte, hatte er nicht vor, das Gelbe Trikot kampflos aufzugeben.

»Das hier ist gerade kaum zu glauben«, sagte Thomas direkt nach seinem Coup. »Ich bin wirklich froh, das Gelbe Trikot zu tragen. Davon träumt jeder. Ich hoffe, dass ich es so lange wie möglich halten kann.«

Als Thomas am nächsten Morgen aufwachte, musste er sich einer neuen Realität stellen – der Realität des Lebens als Träger des Gelben Trikots. Der Führende der Tour de France, wer auch immer das sein mag, ist der ultimative sportliche Anziehungspunkt – ein Zentrum der Aufmerksamkeit, das es so in anderen Sportarten nicht gibt. Der einzige Grund, den Führenden der Tour de France in ein gelbes Trikot zu stecken, ist, ihn klar kenntlich zu machen. Kein anderer Fahrer im Tour-Feld darf Kleidung in derselben Farbe tragen. Der Mann in Gelb startet jede Etappe von der Mitte der ersten Reihe aus. Oft ist er der einzige Fahrer, den die Zehntausenden Zuschauer, die bei jeder Etappe am Streckenrand stehen, eindeutig identifizieren können, wenn die Fahrer in dichten Gruppen mit 48 Kilometern pro Stunde vorbeisausen. Mindestens eine Fernsehkamera folgt ihm vom Start bis ins Ziel einer jeden Etappe und überträgt sein Bild auf die Mattscheiben Hunderter Millionen Zuschauer auf der ganzen Welt. Sein Name erscheint in der ersten Spalte, wenn nicht sogar in der Überschrift von fast jeder Etappenzusammenfassung, die in Zeitungen und online publiziert wird. Er muss vor und nach jeder Etappe mit der Presse sprechen und auch bei allen offiziellen Pressekonferenzen der Tour, und er erhält mehr persönliche Interviewanfragen als irgendein anderer Fahrer. Der Führende der Tour de France, wer immer er auch sein mag, kommt nicht umhin, davon beeinflusst zu werden. An dem Morgen, an dem Thomas Voeckler das Gelbe Trikot das erste Mal trug, würde die Welt herausfinden, inwiefern er davon beeinflusst werden würde.

Um ehrlich zu sein, erwartete die Welt wenig. Die Radsportexperten waren sich einig, dass Thomas bis maximal Etappe zehn der dreiwöchigen Frankreichrundfahrt, bis zur ersten Bergetappe, in Gelb bleiben würde. Diese Vorhersage schien absolut berechtigt. Thomas war im Vorjahr auf der ersten Bergetappe ganze 25 Minuten hinter dem Etappensieger ins Ziel gekommen.

Etappe sechs war eine flache Rollstrecke über 196 Kilometer Richtung Südwesten, von Bonneval nach Angers. Nach 37 Kilometern riss eine sechsköpfige Gruppe aus. Thomas' Team, Brioches La Boulangère, setzte sich an die Spitze des Hauptfelds, um den Vorsprung kontrollierbar zu halten. Später halfen ihnen die Teams Lotto und Quick Step bei der Tempokontrolle, um ihre Sprinter in Position für einen möglichen Etappensieg zu bringen. Als nur noch ein Kilometer zu fahren war, wurde die Ausreißergruppe eingefangen und Tom Boonen vom Team Quick Step gewann die Tagesetappe in einem Sprint des Hauptfelds. Thomas kam mit dem Pulk ins Ziel, es gab keine Veränderungen im Gesamtklassement.

Die Etappen sieben bis neun verliefen nach dem gleichen Prinzip. Thomas kam durch, ohne eine einzige Sekunde auf Armstrong und die anderen Tour-Größen zu verlieren. Dann ging es bergauf.

Die zehnte Etappe wartete mit neun kategorisierten Anstiegen auf. Kletterspezialist Richard Virenque setzte sich nach 33 Kilometern ab, um zu versuchen, am Tag der Bastille einen Etappensieg für Frankreich zu holen. Axel Merckx vom Lotto-Domo-Team ging mit. Thomas' Team setzte sich wieder an die Spitze des Hauptfelds, um die Lücke nicht zu groß werden zu lassen. Virenque war im Gesamtklassement 12:35 Minuten hinter Thomas. Die Jungs vom Brioches-Team stellten sicher, dass sein Vorsprung nicht größer als elf Minuten würde.

Es herrschte etwas Unsicherheit im Feld, ob die ernsthaften Konkurrenten Armstrongs auf den Gesamtsieg – Männer wie Jan Ullrich und Ivan Basso – den Favoriten attackieren oder ihre Beine schonen würden für die noch härteren Etappen, die ihnen bevorstanden. Schlussendlich griffen sie nicht an. Aber es gab etwas Aufregung am siebten und schwierigsten Berg des Tages, einem 5,5 Kilometer langen Anstieg hinauf zum Col du Pas de Peyrol mit einer durchschnittlichen Steigung von acht Prozent. Die Konkurrenten testeten sich gegenseitig aus in einem aggressiven, aber kontrollierten Tempo, das genau darauf abzielte, die ersten Kilometer schon einmal zu erledigen. Als sie sich nach oben wanden, fielen hinten aus dem Feld die Fahrer in exakt der Reihenfolge, in der ihre Namen später, in Paris, auch im Gesamtklassement stehen würden.

Im Vorjahr war Thomas einer der Ersten gewesen, die einer solchen Situation nicht standhalten konnten, aber heute hielt er sich auch dann noch eisern, als das Feld erst auf 50 Fahrer zusammenschrumpfte, dann auf 40, dann auf 30. Während Armstrong und seine Hauptrivalen ein Pokerface bewahrten, konnte man in Thomas' Mimik und Körpersprache lesen, wie sehr er litt. Im Sattel sitzend, konnte er nicht genug Kraft aufbringen, also stand er auf und zwang seine Pedale gnadenlos und mit eckigem Tritt im Kreis. Das Hauptfeld dezimierte sich auf 20 Fahrer, auf 15, aber Thomas ließ nicht locker.

Nichts in Thomas' bisheriger Karriere hätte darauf schließen lassen, dass das, was er gerade tat, physisch für ihn möglich sein könnte. Also war niemand überrascht, als schließlich doch der Mann mit dem Hammer kam. Thomas plumpste zurück in den Sattel und wurde zwölf Positionen nach ganz hinten in der noch bestehenden Hauptgruppe durchgereicht. Aber als plötzlich das Banner vor ihm auf der Straße auftauchte, das den Gipfel ankündigte, wurde aus

Thomas ein anderer Mann. Er schnellte hoch, lehnte sich gefährlich weit nach vorn über sein Rad und ließ die Pedale wirbeln. Armstrong und die anderen auch nur einzuholen wäre Ansage genug gewesen, aber Thomas überholte sie frech und fuhr als Erster über den Pass.

Blieben noch zwei Etappenanstiege, und keiner der beiden war so hart wie der, den er gerade geschafft hatte. Thomas kurbelte über beide ohne eine weitere Krise und beendete die Etappe am Kopf des Felds und nur 6:24 Minuten hinter Virenque. Sein Durchhaltevermögen am Col du Pas de Peyrol hatte ihm nicht nur einen, sondern gleich zwei weitere Tage im Gelben Trikot gebracht, da auf Etappe elf keine nennenswerten Anstiege anstanden.

Die zwölfte Etappe war etwas ganz anderes. Sie konfrontierte die Fahrer mit zwei Bergen der ersten Kategorie auf den letzten 40 Kilometern einer ansonsten flachen 197-Kilometer-Strecke. Der erste, der Col d'Aspin, führte die Fahrer mit einer durchschnittlichen Steigung von sechs Prozent über 12,3 Kilometer auf eine Höhe von 1489 Metern. Armstrongs US-Postal-Team schlug am Kopf des Felds ein straffes Tempo an, sodass die Fahrer in Zweier- und Dreiergruppen nach hinten herausfielen. Thomas strampelte und stampfte, um seinen Platz unter den geschmeidig pedalierenden Alphatieren des Felds zu halten, ihm war deutlich anzusehen, wie schlecht es ihm ging. Aber auf dem Gipfel war er immer noch da.

Als Nächstes stand La Mongie auf dem Programm: 12,8 Kilometer mit einer Durchschnittssteigung von 6,8 Prozent. Die Schrauben wurden angezogen, das finale Aussortieren begann. Floyd Landis, das Kletterass aus den USA, explodierte. Der aufgehende französische Stern Sandy Casar musste abreißen lassen. Der zukünftige französische Zeitfahrmeister Sylvain Chavanel (ein Mitglied von Thomas' Brioches-la-Boulangère-Team) wurde nach hinten weggesaugt wie ein Surfer von einer starken Strömung. Thomas sah schlechter aus als sie alle, aber er weigerte sich noch immer aufzugeben. Erst als Jan Ullrich selbst unter Druck geriet, brach Thomas schließlich doch ein und musste sich nach hinten fallen lassen.

Nur Augenblicke später wurden vorn im Feld die richtigen Feuerwerke gezündet. Carlos Sastre attackierte, Francisco Mancebo konterte, und dann ließ Armstrong, mit Basso im Schlepptau, sie alle stehen. Da der fünfmalige Tour-Sieger jetzt seine Karten auf den Tisch legte, nahmen die Rennoffiziellen die Zeit der Lücke, die sich immer weiter zwischen ihm und dem Träger des Gelben Trikots auftat. Der tapfere Franzose kämpfte um jede Sekunde und entdeckte eine ganz neue Dimension des Leidens auf den letzten sechs Kilometern dieser Etappe.

Als Thomas um die letzte Kurve bog und der Gipfel in Sichtweite kam, brach die Menschenmenge, die dort am Straßenrand stand, in Jubel aus. Er kam 3:59 Minuten hinter Armstrong ins Ziel, der sich auf Platz zwei des Gesamtklassements geschoben hatte, nun nur noch 5:24 Minuten hinter Thomas.

Am nächsten Morgen musste sich Thomas schon wieder einer neuen Realität stellen – diesmal der, der neue Held des Landes zu sein. Über Nacht hatte sich die Aufmerksamkeit, die sich über ihn ergoss, von interessiert zu fanatisch gewandelt. Die französischen Zeitungen feierten Thomas' »panache« (seinen Stil) und »temperament« (seine Persönlichkeit). Als er für die Etappe dieses Tages auf die Straße trat, kam er an Massen von Zuschauern vorbei, die Schilder hochhielten, auf denen stand: »Merci, Voeckler« und »Voeckler for President«. Seit Bernard Hinault 1985 seinen fünften und letzten Tour-Titel gewonnen hatte, hatten die französischen Radprofis dem Heimatland der Tour de Franc wenig Anlass zum Feiern gegeben. Thomas' Feldzug in Gelb brachte einiges an lange angestautem Nationalstolz zum Vorschein. Und nicht nur seine Landsleute feierten Thomas. Durch seine Selbstaufopferung, um der Tradition des Gelben Trikots seinen Respekt zu erweisen, gewann er Radfans auf der ganzen Welt für sich. Sein theatralischer Rennstil machte es einem leicht, sich für ihn zu begeistern.

Es ist nicht ungewöhnlich, dass ein motivierter Radprofi auf einer Bergetappe der Tour de France »über seinen Möglichkeiten« fährt.

Aber Thomas Voecklers Art und Weise dies zu tun, war einzigartig. Die anderen Fahrer versuchten eher, ihr Leiden bergauf hinter einem Pokerface und einem »Pokerkörper« – einer vorgetäuschten Lockerheit auf dem Rad – zu verstecken. Erst ganz kurz, bevor sie endgültigen einbrachen, verzerrten sich ihre Gesichter und ihre Körper krümmten sich. Und wenn sie einbrachen, dann brachen sie weg – sie verschwanden auf Nimmerwiedersehen.

Thomas war anders. Man sah ihm seine Anstrengung deutlich an, oft in der etwas merkwürdigen Form einer heraushängenden Zunge, die sich über sein Kinn wand und schlängelte. Wenn er sich seiner Grenze näherte, begann die Zunge, von einer Seite seines Munds auf die andere zu baumeln, und wich dann einem leidenden Stirnrunzeln oder verschwand hinter den oberen Schneidezähnen, die in die Unterlippe bissen. Gleichzeitig senkten sich die äußeren Enden seiner Augenbrauen cartoonartig, was ihn schwer angeschlagen erscheinen ließ. Wenn die Augenbrauen sich senkten, wurde Thomas' kantiger Tretstil noch eckiger und steigerte sich zu einer Art Krampfanfall, als würde der Lenker Elektroschocks in seine Hände schießen.

Er hielt dieses pantomimische Leiden länger durch, als es überlebbar schien, bevor er schließlich in den Sattel plumpste und sich hinter seine Peiniger zurückfallen ließ. Aber schon wenige Minuten später war er wieder aufrecht und kämpfte sich mit einem verlegenen Lächeln zurück in die Spitzengruppe. Es war ein Schauspiel, das die Herzen selbst der abgestumpftesten Zuschauer berührte und sie daran erinnerte, warum sie diesen Sport liebten.

Thomas war noch sehr müde von der 12. Etappe, als er in die teuflisch schwere 13. ging, die mit einem Hors-Catégorie-Anstieg hinauf auf den Port de Lers endete. Es gab auf dieser Etappe insgesamt sieben kategorisierte Berge, und jeder machte die Beine ein bisschen schwächer. Am Fuß des sechsten Anstiegs, einem der Kategorie I hinauf auf den steilen Col d'Agnes, schlug das US-Postal-Team am Kopf des Felds ein höllisches Tempo an, das großflächige Zerstörung hinterließ. Thomas brach ein und fiel nach hinten. Als ein Journalist, der einen Online-Liveticker des Rennens schrieb, das sah, tippte er: »Voeckler ist fertig. Ich sehe nirgendwo seine Teamkollegen von Brioches la Boulangère. Sie lassen ihn das allein durchstehen. Sie wissen, dass er heute Abend nicht mehr in Gelb sein wird.«

Auf der Kuppe des Anstiegs lag Thomas etwa eine Minute hinter einer Führungsgruppe von 20 Fahrern. Anstatt auf der folgenden Abfahrt, die zum letzten Berg des Tages hinführte, seine Energiereserven zu schonen, gab Thomas alles und überraschte Armstrong und Co., indem er sie gerade noch rechtzeitig für eine letzte Abreibung hinauf auf den Port de Lers einholte.

Die Straße bog sich ein weiteres Mal gen Himmel. Thomas hing so lange wie möglich am Ende der Gruppe und überdauerte Fahrer wie den künftigen Tour-Sieger Sastre und den früheren Mountainbike-Champion Michael Rasmussen, bevor er ungefähr 14 Kilometer vor dem Gipfel abreißen lassen musste.

Da er nur noch etwas mehr als die Hälfte des ursprünglichen Vorsprungs auf Armstrong übrig hatte, konnte Thomas es sich nicht leisten, die gleiche Zeit von 40 Sekunden pro Kilometer auf den Amerikaner zu verlieren, die er auf dem letzten Anstieg der Vortagesetappe eingebüßt hatte, auf der er am absoluten Anschlag gefahren war. Er musste eine Möglichkeit finden, auf der verbleibenden Strecke nicht mehr als 20 Sekunden pro Kilometer auf Armstrong zu verlieren, wenn er das Gelbe Trikot behalten wollte. Mit anderen Worten: Er musste ein neues Limit finden.

Da er zu erschöpft für seinen typischen Wiegetritt war, brachte Thomas im Sitzen mit jeder Kurbelumdrehung so viel Kraft wie möglich auf die Pedale, sein Kopf wippte wie der einer Taube, als er sich den gut 1500 Meter hohen Berg hinaufquälte. Als noch zwölf Kilometer zu fahren waren, hatte Thomas schon 90 Sekunden verloren. Sein Teamchef, Jean-René Bernaudeau, brüllte über seinen Ohrstecker, dass er das Gelbe Trikot halten könne, wenn er nur etwas schneller fahren würde. Etwas schneller? Er kletterte bereits schneller als jemals zuvor!

Genau in diesem Moment wurde Thomas von Christophe Moreau überholt, einem ernst zu nehmenden Anwärter auf das Gesamtklassement, der am Fuß des Bergs eine Reifenpanne gehabt hatte. Thomas sammelte sich und hängte sich an seinen Landsmann. Er war in schlechterer Verfassung als jemals zuvor. Seine Muskeln spielten nicht mehr auf gewohnte Weise zusammen, also malträtierte er die Kurbeln mit weit gespreizten Knien. Aber er wurde tatsächlich ein wenig schneller.

Als noch 7,5 Kilometer des Anstiegs und drei Minuten seiner Gesamtführung übrig waren, stand Thomas kurz davor zu implodieren. Moreau hatte ihn abgehängt, der Träger des Gelben Trikots war nun allein in seiner persönlichen Hölle unvorstellbarer Erschöpfung. Vor sich sah Thomas das rot-weiße Trikot von seinem Teamkollegen Sylvain Chavanel, der in einer frühen Ausreißergruppe dabei gewesen war. Thomas holte ihn ein. Chavanel hatte Thomas vergangenes Jahr vernichtend geschlagen und war als anerkannter Kapitän von Brioches la Boulangère in das diesjährige Rennen gegangen, er war der Typ, für den sich Domestiken wie Thomas hätten aufopfern sollen. Aber die Rollenverteilung hatte sich geändert, und jetzt machte Chavanel sich tot, um Thomas zu helfen. Er zog den vermeintlich schwächeren Fahrer den Berg hinauf, bis er fast umkippte.

Es waren noch fünf Kilometer zu fahren und Thomas lag 3:30 Minuten hinter Armstrong auf der Straße, 2:40 Minuten vor ihm auf dem Papier. Sein Haar klebte schweißnass auf seiner Stirn, er sah sich ein paarmal kurz um, vielleicht, weil er nach Rettung suchte – einen nicht näher definierten Deus ex Machina. Es kam keiner.

Direkt hinter dem 3-Kilometer-Banner wurde die Straße enger und Thomas fuhr in eine schmale, von Zuschauern gesäumte Gasse, die sich nach vorn lehnten, ihre geballten Fäuste schüttelten und ihn mit wütenden Gesichtern weitertrieben, als hinge die Zukunft der Republik davon ab, dass Thomas sein kanarienvogelfarbenes Trikot behielt. Das Trikot flatterte nun komplett geöffnet im Wind und verlieh seinem Träger ein zerlumptes Aussehen, das seinem inneren Zustand entsprach. Als noch 1,5 Kilometer zu fahren waren, war der Abstand auf Armstrong auf vier Minuten angewachsen, was bedeutete, dass er noch 64 Sekunden verbrennen konnte – weniger, wenn Armstrong die Etappe gewinnen und den mit einem Etappensieg bei einer Bergankunft verbundenen 18-Sekunden-Bonus bekommen würde. Natürlich überquerte der Amerikaner die Ziellinie eine Fahrradlänge vor Basso, und der Countdown begann.

Das Teamauto von Brioches la Boulangère setzte sich neben Thomas. Jean-René Bernaudeau reckte seinen Kopf aus dem Fenster auf der Beifahrerseite und blaffte seinen nachlassenden Athleten an. Thomas konnte jetzt nur noch sekundenweise aus dem Sattel gehen, bevor er sich wieder setzen und erholen musste. Ein französischer Fernsehkommentator schrie: »Allez! Allez! Allez!« – und machte damit genau das Gleiche wie Millionen Landsleute zu Hause, in Sportgaststätten und bei Public Viewings. Thomas fuhr um die letzte Kurve, hob seinen Kopf und schielte auf das Zielbanner wie der Kapitän eines verirrten Schiffs sich die Augen aus dem Kopf schaut auf der Suche nach einem Stückchen Land. Als er die offizielle Zeitnahme erspähte, machte sich ein grimmiges Grinsen in seinem Gesicht breit, und er ballte schwach die rechte Faust. Thomas kam 4:42 Minuten hinter Armstrong (und auf Platz 13 der Tageswertung) ins Ziel. Er hatte das Gelbe Trikot um 22 Sekunden gehalten.

»Nicht viele haben geglaubt, dass ich heute das Gelbe Trikot behalten würde, irgendwie nicht einmal ich selbst«, sagte Thomas gegenüber Reportern vor seinem Teambus. »Heute habe ich es allein durch Schneid geschafft.«

Das Unvermeidliche geschah schließlich auf Etappe 15. Eine frühe Attacke des verzweifelten Jan Ullrich, der auf dem fünften Gesamtrang in diese Etappe gegangen war, riss Thomas ins Verderben. Die anderen Fahrer hatten keine Wahl, sie mussten reagieren, und Thomas wurde mit noch vier großen Anstiegen vor sich durchgereicht. Er musste Armstrong fast zehn Minuten lassen und rutschte im

Gesamtklassement auf Rang acht. Er hatte keine Reserven mehr, nicht nur an diesem Tag, sondern für den Rest der Tour. Als er nach Paris kam, war er auf den 18. Platz abgestürzt.

JEDER RADPROFI, DER DAS GELBE TRIKOT bei der Tour de France erobert, fährt gut. Aber die, die es sich erkämpfen, stellen oft fest, dass sie noch besser fahren, sobald sie es haben. Dieses Phänomen hat zu dem Ausspruch geführt: »Das Gelbe Trikot verleiht Flügel.« Im Jahr 2004 war Thomas Voeckler der Letzte in einer langen Reihe von Radprofis, die über sich hinausgewachsen sind, nachdem sie das zeremonielle Kleidungsstück des Tour-Führenden erobert hatten (obwohl es noch nie jemand so unerwartet lange behalten hatte).

Das Gelbe Trikot hat keine magischen Kräfte. Es ist einfach ein Stück Stoff und die »Flügel«, die es verleiht, bestehen schlicht darin, dass sich sein Träger noch ein bisschen mehr anstrengt. Das Gelbe Trikot verbessert die körperlichen Fähigkeiten von Radprofis nicht. Es motiviert sie eher dazu, dass sie mehr von den Fähigkeiten nutzen, die sie bereits haben. Es macht sich insbesondere die soziale Natur des Menschen auf eine Art und Weise zunutze, die Radprofis mehr von sich selbst erwarten lässt. Das Gelbe Trikot hält einen Scheinwerfer auf seinen Träger, der sowohl den Stachel des Versagens als auch den Ruhm des Erfolgs intensiviert und so »die Messlatte höher legt«.

In der Psychologie gibt es einen Begriff für dieses Phänomen: den »Publikumseffekt«. Das Online-Nachschlagewerk *Psychology Dictionary* definiert ihn als »den Einfluss der Anwesenheit anderer Menschen auf das Verhalten eines Einzelnen«. Die Psychologen glauben, dass der Publikumseffekt durch ein sogenanntes Soziometer zustande kommt, einen Mechanismus, der mehrere Gehirnregionen einschließt, unter anderem die anteriore Insula und die untere Stirnwindung. Durch diesen Mechanismus bemerken und interpretieren Menschen die Aufmerksamkeit anderer um sich und nutzen diesen Input, um ihr Verhalten dahingehend anzupassen, dass sie mit großer Wahrscheinlichkeit noch mehr positive Aufmerksamkeit bekommen.

Im Prinzip bringt der Publikumseffekt Menschen dazu, mehr von sich selbst zu erwarten. Eine Studie, die 2011 von Psychologen der Universität Newcastle durchgeführt und in *Evolution and Human Behavior* veröffentlicht wurde, kam zu dem Ergebnis, dass Collegestudenten eher ihren Tisch in einer Cafeteria aufräumten, wenn Poster, die menschliche Augen zeigten, an den Wänden hingen. Der Publikumseffekt lässt die Menschen nicht nur strengere Maßstäbe in puncto moralischen Verhaltens anlegen, sondern auch an die Ausführung einer jeden Aufgabe, die beurteilt werden könnte. Wir Menschen möchten als »gut darin« angesehen werden, egal was wir in Anwesenheit anderer tun.

Das gilt auch für Sport und Training. Im Jahr 2003 baten Wissenschaftler der Arizona State University Studenten, so viel Gewicht zu stemmen, wie sie konnten – in drei verschiedenen Situationen: in einem nicht kompetitiven Gruppenumfeld, im Wettkampf mit anderen Studenten und einzeln vor einem passiven Publikum. Die Ergebnisse waren erstaunlich. Die Probanden stemmten signifikant mehr Gewicht, wenn sie allein vor Publikum waren als im direkten Wettkampf, und am wenigsten im nicht kompetitiven Gruppenumfeld. Die Leistungen lagen nicht einmal annähernd beieinander: Die Probanden stemmten vor Publikum 13,2 Prozent mehr Gewicht, als sie es taten, wenn ihnen nicht dabei zugesehen wurde.

Andere Untersuchungen haben gezeigt, dass der Publikumseffekt noch stärker wird, wenn die Beobachter nicht nur anwesend sind, sondern auch aktiv anfeuern – wie es bei Thomas Voeckler der Fall war, als sich die Radfahrwelt bei der Tour de France 2004 geschlossen hinter ihn stellte. In einer Studie aus dem Jahr 2002 ließen Psychologen der Universität von Pennsylvania Probanden VO_2max Tests unter vier verschiedenen Bedingungen absolvieren: verbales Anfeuern alle drei Minuten, jede Minute, alle 20 Sekunden und stilles Beobachten. Zwischen dem stillen Beobachten und dem Anfeuern alle drei Minuten gab es bezüglich der Leistung der Probanden keinen Unterschied, aber sie lieferten deutlich bessere Leistung ab, wenn sei einmal pro Minute, und die beste Leistung, wenn sie alle 20 Sekunden angefeuert wurden. Der Grund lag auf der Hand: Die Probanden hatten am Ende des Tests, in dem sie am meisten angefeuert wurden, höhere Blutlaktatwerte, was darauf schließen lässt, dass sie mehr Leistung von sich erwarteten, sich dadurch mehr anstrengten und in diesem Test näher an ihre wirkliche körperliche Leistungsgrenze kamen.

Diese Erkenntnisse helfen dabei, den Heimvorteil zu erklären, den es in allen Sportarten gibt, auch in den verschiedenen Ausdauerdisziplinen. Bei den Olympischen Spielen 2012 zum Beispiel gewann der britische Läufer Mo Farah vor 80.000 jubelnden Fans im Olympiastadion Gold über 5000 und 10.000 Meter für die Gastgebernation. Beide Rennen wurden auf der letzten Runde entschieden, und in beiden flippte das Publikum bei den Höhepunkten aus. Die ohrenbetäubende Geräuschkulisse pushte Farah offensichtlich an seinen Konkurrenten vorbei. Das Rennen über 5000 Meter, das er als zweites lief, war besonders knapp, und danach sagte Farah, er verdanke seinen Sieg seinen Fans. »Wenn es sie nicht gegeben hätte«, sagte er, »hätte ich, glaube ich, nicht so viel aus mir herausgeholt.«

Eine Studie aus dem Jahr 2014 unter Leitung von Samuele Marcora lässt darauf schließen, dass soziale Ermutigung die Ausdauerleistung nicht nur dadurch verbessert, dass sie die Athleten dazu motiviert, noch mehr aus sich herauszuholen (oder in Marcoras psychobiologischen Worten: ein höheres Maß wahrgenommener Anstrengung zu tolerieren), sondern auch die Anstrengungswahrnehmung im Verhältnis zur Belastungsintensität abnehmen lässt. In dieser Studie fuhren 13 Freiwillige bei zwei Gelegenheiten bis zur Erschöpfung mit hoher Intensität auf Fahrradergometern. In jedem der beiden Tests schauten die Probanden auf Computerbildschirme, die regelmäßig Bilder von menschlichen Gesichtern zeigten. Die Bilder verschwanden jedoch so schnell wieder, dass die Probanden sie nur unterbewusst wahrnahmen. In einem Testdurchgang wurden den Probanden glückliche Gesichter gezeigt, im anderen traurige. Erstaunlicherweise hielten die Probanden beim Test mit den glücklichen Gesichtern zwölf Prozent länger durch. Die höhere Motivation war jedoch nicht der Grund dafür. Vielmehr hatte die Konfrontation mit glücklichen Gesichtern die Stimmung der Probanden verändert und damit ihre Anstrengungswahrnehmung reduziert. Um auf das Bild mit dem Laufen über glühende Kohlen zurückzukommen: Die Ermutigung durch andere hebt den Laufenden leicht an, sodass sich seine Füße nicht so tief in die Kohlen graben und er weniger Schmerz empfindet.

Dieser zweite Vorteil des Publikumseffekts zeigt, dass dieses Phänomen nicht nur in wachsender Motivation begründet liegt. Reine Motivatoren führen zu größerer Entschlossenheit seitens der Sportler. Der Publikumseffekt (ein unterstützendes Publikum vorausgesetzt) erhöht nicht nur die Entschlossenheit eines Athleten, sondern gibt ihm auch das Gefühl, dass er in der Lage sei, es noch entschlossener zu versuchen. Durch diesen zweiten Einfluss lässt der Publikumseffekt tatsächlich die Erwartungen eines Athleten an die eigene Leistung steigen.

Studien wie die von Marcora lassen darauf schließen, dass man nicht vor einer riesigen Menge unterstützender Fans in seinem Heimatland um eine olympische Goldmedaille laufen muss, um den Publikumseffekt nutzen zu können. Jeder Athlet kann ihn nutzen, indem er sich einfach Veranstaltungen mit vielen enthusiastischen Zuschauern aussucht. Geschätzte zwei Millionen Zuschauer stehen in den fünf Stadtbezirken an den Streckenrändern des New-York-City-Marathons. Wenn alles andere gleich wäre, würde ein Läufer vermutlich besser bei dieser Veranstaltung abschneiden als bei einem kleineren Marathon mit weniger Zuschauerinteresse.

Die spezifische Zusammensetzung einer Zuschauergruppe beeinflusst ebenfalls die Stärke des Publikumseffekts. In einer Studie aus dem Jahr 1988 fand Stephen Boutcher von der University of New

South Wales in Australien heraus, dass männliche Probanden bei intensivem Fahren auf einem Fahrradergometer ihre wahrgenommene Anstrengung als geringer einstuften, wenn der den Test durchführende Wissenschaftler weiblich war. Diese Erkenntnis wird von den Erfahrungen vieler männlicher Teilnehmer des Boston Marathons bestätigt, die das Gefühl haben, sie bekämen einen besonderen Schub, wenn sie durch den berühmten »Kreisch-Tunnel« der anfeuernden Frauen des Wellesley College ungefähr auf der Hälfte der Rennstrecke liefen.

Das Gelbe Trikot tragen zu dürfen mag ein Erlebnis sein, das einer von einer Million Radprofis einmal im Leben hat. Aber findige Sportler jeden Leistungsniveaus können den Publikumseffekt nutzen, um mehr Leistung von sich zu erwarten – zum Beispiel, indem sie ihre Wettkämpfe entsprechend auswählen, indem sie Familie und Freunde am Streckenrand postieren und vielleicht sogar, indem sie eine Social-Media-Fangemeinde aufbauen.

SIEBEN LANGE JAHRE sah es so aus, als würde das Tragen des Gelben Trikots für Thomas Voeckler tatsächlich etwas bleiben, was er nur einmal im Leben erlebt. Aber dann, im Jahr 2011, geschah es erneut: Thomas holte sich die Gesamtführung der Tour de France und hielt das Gelbe Trikot erneut viel länger, als die meisten Leute erwartet hätten. Aber auch wenn es sonst niemand erwartete, Thomas selbst tat es. Er war nicht mehr derselbe Radfahrer, der er noch 2004 gewesen war. Damals hatte er sich auf den Publikumseffekt verlassen, um seine Leistungsgrenzen zu sprengen. Das Zentrum der Aufmerksamkeit zu sein hatte ihn motiviert, sich noch mehr anzustrengen, und die Unterstützung seiner Fans hatte ihn glauben lassen, dass er schneller fahren konnte als jemals zuvor. In nachfolgenden Rennen verließ sich Thomas allerdings auf etwas anderes, das man vielleicht den »Erfolgseffekt« nennen könnte. Seine Heldentaten bei der Tour 2004 hatten ihn verändert. Er hatte herausgefunden, dass er mit den Besten mitfahren konnte, wenn er es wirklich wollte, und er tat das in den folgenden

Jahren immer wieder. Er gewann einige große Rennen wie den Circuit de la Sarthe 2008 und die französische Straßenrad-Meisterschaft 2010.

Viele Studien haben gezeigt, dass ein Erfolgserlebnis bei jedweder Tätigkeit die Leistung erhöht, wenn man die gleiche Tätigkeit später nochmals ausführt, weil die Selbsteffizienz oder die wahrgenommene Kompetenz wächst. Beweise dafür, dass es die Leistung verbessern kann, wenn man glaubt, man sei gut in etwas, unabhängig davon, ob man tatsächlich gut darin ist, liefern Studien, die die Testbedingungen heimlich manipulieren, sodass der anfängliche Erfolg der Probanden nicht verdient ist, sie aber glauben lässt, dass sie die gestellte Aufgabe besser bewältigen, als sie es tatsächlich tun. In einer Studie aus dem Jahr 2014 entwickelten Wissenschaftler an der New Yorker Stony Brook University ein Onlinespiel und verteilten per Zufallsprinzip Belohnungen für »gute Leistungen« an einige Spieler. Obwohl die belohnten Spieler ursprünglich nicht wirklich besser gewesen waren als die anderen, spielten sie danach tatsächlich besser. Das ist der Erfolgseffekt, nicht zu verwechseln mit dem Publikumseffekt.

Auf tieferer Ebene haben diese beiden Effekte aber einen Mechanismus gemein: Beide lassen die Erwartungen von Sportlern oder Menschen, die eine Aufgabe ausführen, an sich selbst steigen. Beim Publikumseffekt wollen die Athleten vor Publikum mehr erreichen als ohne Zuschauer, weil sie beobachtet werden. Sie wollen von den Zuschauern positiv beurteilt werden. Beim Erfolgseffekt wollen die Athleten mehr erreichen, weil sie in diesem Tun schon einmal Erfolg gehabt und deshalb das Gefühl haben, sie seien darin effizient, was die Erwartungshaltung an die eigene Leistung bei einer erneuten Ausführung größer werden lässt.

Verschiedene Experimente haben gezeigt, dass Erfolgserwartungen, egal wie sie geschürt werden, die Leistung verbessern. Im Jahr 2013 ließen die Psychologen Ulrich Weger und Stephen Loughnan zwei Gruppen von Probanden eine Reihe Fragen beantworten, die ihnen in Sequenzen auf einem Bildschirm gezeigt wurden. Einer

Gruppe wurde gesagt, dass die korrekte Antwort auf jede Frage ganz kurz gezeigt werden würde (wie die glücklichen Gesichter in vorher genannter Studie von Marcora), sodass sie nur das Unterbewusstsein »sehen« würde. Tatsächlich wurden Nonsenssätze gezeigt. Dennoch beantworteten diese Probanden aber mehr Fragen korrekt. In einer Zusammenfassung ihrer Ergebnisse kamen Weger und Loughnan zu dem Schluss, das liege daran, dass bei den Probanden zuvor die Erwartung geschürt wurde, dass sie besser abschneiden würden.

Nach dem psychobiologischen Modell der Ausdauerleistung hat jeder Einfluss, der den Athleten dazu bringt, eine bessere Leistung zu erwarten, das Potenzial, auch zu einer besseren Leistung zu führen. Es gibt sogar Belege dafür, dass sportliche Betätigung selbst teilweise als Placebo fungiert – insofern, als dass eine Person umso fitter durch ein Trainingsprogramm wird, je fitter sie erwartet zu werden. Das würde erklären, warum es oft heißt, dass es nicht ihr Trainingssystem ist, das erfolgreiche Trainer von anderen unterscheidet, sondern vielmehr ihre Fähigkeit, Athleten dazu zu bringen, an ihr Trainingssystem zu glauben.

Es gibt Hinweise darauf, dass auch das Phänomen des Peakings – der leistungsmäßigen Grenzverschiebung am Ende einer Phase progressiven Trainings – größtenteils auf der entsprechenden Erwartungshaltung basiert. Zum Beispiel ergab eine Studie von Cory Baumann von der Georgia State University und Thomas Wetter von der Universität von Wisconsin-Stevens Point aus dem Jahr 2010, dass College-Crossläufer bei Meisterschaften am Ende einer Wettkampfsaison ihre besten Rennen liefen, obwohl Leistungstests, die regelmäßig das ganze Jahr über durchgeführt wurden, keinerlei Verbesserung zeigten.

Alles in allem zählen hohe Erwartungen an Verbesserung und Erfolg zu den mächtigsten Bewältigungsstrategien, über die ein Ausdauersportler verfügen kann. Wie das Sprichwort sagt: Wenn du glaubst, du kannst es, hast du recht. Und wenn du glaubst, du kannst es nicht (selbst wenn du sagst, du kannst es), hast du auch recht. Thomas Voeckler hatte das verstanden und nutzte deshalb jede greifbare Quelle, aus der er höhere Erwartungen ziehen konnte, egal ob das die Unterstützung des Publikums war, ein Erfolgserlebnis oder etwas ganz anderes. Folglich begann das zweite Mal im gelben Trikot ähnlich wie das erste, aber endete völlig anders.

Genau genommen begann es auch etwas anders. Nach der achten Etappe lag Thomas auf Platz 19 des Gesamtklassements, nur 89 Sekunden hinter dem Führenden Thor Hushovd. Das letzte Mal war Thomas 2004 zu diesem Tour-Zeitpunkt ganz nah an der Spitze gewesen. Die neunte Etappe war eine »mittelschwere« Bergetappe. Auf dem ersten Anstieg des Tages initiierte Thomas eine Flucht und fünf andere folgten ihm. Als die Gruppe den Fuß des zweiten Bergs erreichte, hatte sie ihren Vorsprung auf das Hauptfeld auf 3,5 Minuten vergrößert.

Danach hatten sie »Glück«. Auf der Abfahrt vom Col du Pas de Peyrol, einem Berg der zweiten Kategorie, stürzten einige Fahrer im Hauptfeld bei hoher Geschwindigkeit auf den regennassen Straßen. Die Männer vorn im Hauptfeld riefen einen Waffenstillstand aus, damit die Fahrer, die hinter dem Sturz gefangen waren, die Möglichkeit hatten aufzuholen. Dieser Sportsgeist ermöglichte es Thomas' Gruppe, ihre Führung auf mehr als acht Minuten auszubauen. Das Hauptfeld jagte wild über die letzten paar Anstiege, aber im Ziel, das Thomas fünf Sekunden hinter dem Etappensieger Luis-León Sánchez erreichte, betrug der Vorsprung noch immer knapp vier Minuten. Thomas setzte sich in der Gesamtwertung ganz nach vorn, 1:49 Minuten vor Sánchez und 2:26 vor den nächsten ernst zu nehmenden Anwärter aufs Gesamtklassement, Cadel Evans.

Danach sagte Thomas Reportern: »Das letzte Mal, als ich es getragen habe, hat es geheißen, sie haben es mich tragen lassen. Aber diesmal habe ich es mir geholt.«

Heißt übersetzt: Letztes Mal hatte ich nicht erwartet, das Gelbe Trikot zu tragen. Diesmal schon.

Trotz allem, was Thomas 2004 erreicht hatte, und trotz des konstant hohen Leistungsniveaus, das er seit diesem Durchbruch gehalten hatte, hatte niemand außer ihm selbst erwartet, dass er die kämpferische Erhabenheit seiner ersten Phase in Gelb nochmals erreichen, geschweige denn überbieten könnte. Schließlich war sein Zeitpolster diesmal nicht annähernd so groß. Außerdem befand sich das Rennen bereits in den Bergen, wo die besten Fahrer – Männer wie Cadel Evans und Andy Schleck – zur Höchstform aufliefen. Dennoch hatte Thomas zu Beginn der 18. Etappe, der Königsetappe der Tour de France 2011, noch 66 Sekunden Vorsprung auf Schleck und 2:36 Minuten auf Evans. Er hatte seine Heldentat von vor sieben Jahren wiederholt, hatte die Radfahrwelt noch einmal verzaubert und alte wie junge Radsportfans zum wiederholten Mal mit seinem »Oft am Boden, aber nie aus dem Rennen«-Stil an den Rande eines Herzinfarkts gebracht.

Die 18. Etappe war 200 Kilometer lang, führte über drei Berge der Hors Catégorie und endete mit einer Bergankunft. In Kapitel 6 wird diese Etappe aus Sicht von Cadel Evans betrachtet. Thomas erlebte diese epische Fahrt völlig anders, obwohl er die ganze Zeit im Schatten des künftigen Tour-Siegers pedalierte.

Wir erinnern uns, dass Andy Schleck hinauf zum furchteinflößenden Col d'Izoard mit einer Höhe von 2360 Metern eine mutige frühe Solo-Flucht antrat. Keiner wagte es, ihm zu folgen, wo noch so viel Kletterei bevorstand. Als er das Tal zwischen Col d'Izoard und dem letzten Anstieg des Tages erreicht hatte, die scheinbar endlose, 22,8 Kilometer lange Auffahrt zum Col du Galibier, hatte Schleck seinen Rückstand auf Thomas im Gesamtklassement komplett aufgeholt und war der faktische Führende der Tour de France. Schleck hämmerte in die unteren Wellen, und als die Verfolgergruppe am Fuß des Bergs ankam, war der Luxemburger schon 3:50 Minuten die Straße hinauf. Thomas würde den Anstieg 75 Sekunden schneller als der amtierende Tour-de-France-Sieger hinaufklettern müssen, um das Gelbe Trikot zu halten.

Evans war ähnlich motiviert, Schleck zu jagen, und hatte mehr Kraft, das zu tun, also machte er das Tempo. Es gab keine Attacken und wenig Tempowechsel. Evans setzte sich einfach an die Spitze der Gruppe und ließ die Beine von fast allen hinter sich explodieren. Thomas biss sich für den Großteil der qualvollsten Stunde, die er je auf einem Fahrrad verbracht hatte, hinter dem Australier fest. Hinter ihm fielen versiertere Radprofis als er aus der Gruppe wie vertrocknete Blätter von einem rollenden Schubkarren.

Das wahre Drama spielte sich jedoch unter den wenigen ab, die nicht abreißen ließen. Thomas' Kampf sah weniger danach aus, ein Rennen zu fahren, und fühlte sich auch nicht so an. Es war eher wie mit den Fingerspitzen an einer Dachrinne zu baumeln. Energie, Leben und Willen wurden gnadenlos aus ihm herausgesaugt, das kontinuierliche Arbeiten machte das Ganze zur Qual, die absolute Unmöglichkeit auch nur einen Augenblick lang dem drängenden Verlangen nachzugeben, sich zu entspannen, und sei es nur ein Prozent.

Als Evans unter dem Banner hindurchfuhr, das die letzten zwei Kilometer bis zum Gipfel ankündigte, waren nur noch fünf Männer in der Gruppe, Thomas war einer davon. Schleck war vor 2:56 Minuten unter diesem Banner hindurchgefahren. Auf den 21 vorherigen Kilometern hatten die Verfolger Schleck nur 54 Sekunden abnehmen können. Thomas brauchte weitere 19 Sekunden auf den letzten zwei Kilometern. Es schien unmöglich. Die einzige Hoffnung, die ihm noch blieb, war sein Teamkollege Pierre Rolland, der mit knapper Not ebenfalls überlebt hatte.

Rolland tat seine schmerzhafte Pflicht, ging in den Wiegetritt und biss sich an Evans vorbei den Berg hoch. Thomas folgte dicht hinter ihm und peitschte seinen Teamkameraden nach vorn wie ein sadistischer Hundeschlittenführer. Aber Rollands Märtyrer-Mission stürzte bald in sich zusammen und er ließ sich wieder auf den Hintern fallen. Evans übernahm erneut die Führung und machte Druck auf den letzten Kilometern ins Ziel. Thomas hängte sich an sein Hinterrad und biss sich daran fest, fast blind vor Schmerzen. Rolland und Damiano Cunego mussten kurz nacheinander abreißen lassen, nur Fränk Schleck und Ivan Basso waren noch bei Evans und Thomas. Die vier besten Kletterer der Welt plus ein mittelmäßiger Kletterer mit unsichtbaren Flügeln.

Beim Banner, das den letzten Kilometer ankündigte, lag Thomas 2:35 Minuten hinter Andy Schleck – er hatte das Gelbe Trikot um eine Sekunde zurückerobert. Seine Beine waren ein einziges Schmerz-Inferno. Jeder atemlose Versuch, in den Wiegetritt zu gehen, endete nach sechs oder sieben Atemzügen, dann musste er sich für eine symbolische Pause hinsetzen, die die Schmerzen nur minimal kleiner werden ließ. Dreihundert Meter vom Zielstrich entfernt attackierte Fränk Schleck und sprintete davon, um sich den zweiten Platz in der Etappenwertung zu holen. Evans und Basso setzten ihm nach. Thomas konnte nicht. In Sichtweite des Endes hatte sein Körper angefangen zuzumachen. Er stand ein letztes Mal auf und pedalierte mit dem Gesicht zum Himmel gerichtet, die Zunge hing heraus und baumelte schlapp vor seinem Kinn herum.

Thomas kam 2 Minuten und 21 Sekunden nach Andy Schleck ins Ziel, er hatte das Gelbe Trikot um 15 Sekunden gehalten – nach mehr als sechs Stunden Fahrt. Auf Fotos, die in diesem Augenblick gemacht wurden, sieht man in Thomas' Gesicht überbordende Freude, gemischt mit unaussprechlichem Leid. Dieses Gesicht ist die destillierte Essenz von Thomas Voecklers einmaliger Errungenschaft als Träger des Gelben Trikots der Tour de France: ein unbeschreiblicher Triumph, fast wie ein Pyrrhussieg, der Elemente von Erfolg und Niederlage beinhaltet, aber dennoch weit über beide hinausgeht.

Ein Bericht, der später an diesem Tag auf *cyclingnews.com* erschien, trug die Überschrift: »Erstaunlicher Voeckler noch immer in Gelb«. Thomas wurde in diesem Bericht zugeschrieben, eine »Wunder-Tour« zu fahren.

Es hätte jedoch etwas mehr als ein Wunder gebraucht, um Thomas auch aus Etappe 19 mit dem Gelben Trikot gehen zu lassen. Seine

Beine waren von Beginn an leer, aber er holte alles aus sich heraus auf dem Col du Télégraphe, einem Berg der ersten Kategorie, und dem Hors-Catégorie-Anstieg Col du Galibier, um den Fuß des berühmtesten Tour-Anstiegs, L'Alpe d'Huez, zusammen mit den Schleck-Brüdern, Evans, Basso und Contador zu erreichen. Er verlor auf sie alle Zeit und rutschte an diesem Tag im Gesamtklassement auf Rang vier, 2:10 Minuten hinter den neuen Führenden Andy Schleck.

Aber Thomas hatte noch eine Überraschung auf Lager. Die letzte rennentscheidende Etappe, die 20., war ein Einzelzeitfahren über 42,5 Kilometer. Thomas war nie ein großer Zeitfahrer gewesen. In der entsprechenden Etappe der Tour 2010 war er 128. geworden und hatte mehr als neun Minuten auf den Etappensieger verloren. Wenn Thomas diesmal eine ähnliche Leistung ablieferte, würde er aus den Top Ten der Gesamtwertung fallen. Das wollte er nicht. In der Tat wollte er seinen vierten Platz so unbedingt halten wie zuvor das Gelbe Trikot. Derart motiviert fuhr Thomas das beste Zeitfahren seiner Karriere, wurde 13. und verlor nur zwei Minuten und 14 Sekunden auf Etappensieger Tony Martin. Das war mehr als genug, um seinen Platz im Gesamtklassement zu halten.

Man muss betonen, dass Thomas das Gelbe Trikot nicht mehr trug, als er seine erstaunliche Leistung ablieferte. Es ging nie wirklich um das Gelbe Trikot. Es ging um das Potenzial, das die ganze Zeit in ihm geschlummert hatte – Potenzial, das nur passende Erwartungen brauchte, um etwas ganz, ganz Besonderes hervorzubringen.

KAPITEL 11

Leidenschaft kennt kein Alter

AM 21. TAG DES ZWEITEN MONATS seines 44. Lebensjahres auf der Erde erwachte Ned Overend kurz vor Sonnenaufgang in einem Zimmer des »Aston Wailea Resorts« auf der Insel Maui. Er aß zum Frühstück schnell ein paar Haferflocken, eine Banane, trank Kaffee, sammelte seine Ausrüstung zusammen und ging hinunter an den Strand. Um 9 Uhr hatte Ned seine Wechselzone eingerichtet, die Reifen seines »Specialized S-Works«-Mountainbikes aufgepumpt und war zehn Minuten im badewannenwarmen Wasser des Südpazifiks geschwommen. Der Himmel war wolkenlos, die Luft warm mit Tendenz zu heiß.

Eine männliche Lautsprecherstimme zerschnitt die Morgenruhe und rief alle Athleten an die Startlinie der XTERRA World Championship 1998.

Ned gesellte sich zu den 185 anderen Teilnehmern auf einem Stück pudrigen Sandstrands am Rande des Wassers und stellte sich zu einem Grüppchen Profis in der ersten Reihe. Mike Pigg, der amtierende Sieger dieses Cross-Triathlons, sah entspannt und bereit aus. Wes Hobson, einer der besten Kurzdistanztriathleten der Welt, hob seine Arme über den Kopf, um seine Schultern zu dehnen. Jimmy

Riccitello, der Sieger des ersten XTERRA 1996, starrte aufs Wasser und suchte sich seine Linie. Michael Tobin, in Duathlons (Wettkämpfe, bei denen erst gelaufen, dann Rad gefahren und nochmals gelaufen wird) fast unschlagbar, passte seine Schwimmbrille an. Ned stellte sich daneben, er fiel auf mit seinen Radhosen (die anderen trugen Speedos) und dem buschigen Schnurrbart. Vielen war er am besten in Erinnerung geblieben als der Gewinner der ersten jemals ausgetragenen Cross-Country-Mountainbike-Weltmeisterschaft im Jahr 1990.

Ausdauersportler, die an mehrstündigen Wettkämpfen teilnehmen, haben ihren Leistungshöhepunkt für gewöhnlich im Alter zwischen 30 und 35. Die meisten Profis, die an diesem Tag hier am Strand waren, passten in dieses Raster. Tobin war mit seinen 31 Jahren der Jüngste bei den Männern. Pigg und Hobson waren beide vor Kurzem 34 geworden. Riccitello war ein jungenhafter 35-Jähriger.

Wieder war Ned die Ausnahme. Mit seinen 43 Jahren war Ned nicht nur älter als die anderen Profis um ihn herum, er war fünf Jahre älter als der älteste Sportler, der je eine Weltmeisterschaft in irgendeiner Ausdauerdisziplin gewonnen hatte.

Der Startschuss fiel. Ned kraulte die ersten 50 Meter so schnell er konnte, er wollte in der zweiten Gruppe mitschwimmen. Er war ein recht unerfahrener Schwimmer und machte sich wenig Hoffnungen, dass er es in die erste Gruppe schaffen würde, wo Pigg, Hobson und Riccitello sicherlich sein würden.

Glenn Wachtell, ein örtlicher Rettungsschwimmer, führte das Feld an eine pillenförmige orangefarbene Boje, die die erste von zwei scharfen Rechtskurven auf dem dreieckigen Kurs markierte. Hobson war dicht hinter ihm auf der vierten Position. Nach 250 Metern hatte Ned schon 23 Sekunden auf die Führenden eingebüßt, aber das war für seine Verhältnisse ziemlich gut. Ned war im ersten XTERRA Dritter geworden und 1997 Zweiter, und beide Male war das Schwimmen schuld daran, dass er nicht noch weiter vorn ins Ziel gekommen war. Aber er hatte in den vergangenen Monaten hart an seiner

Leistung im Wasser gearbeitet, und vor Kurzem hatte es langsam klick gemacht. Er hatte sich bei den Schwimmtests wohl und effizient gefühlt, die er nach seiner Ankunft auf Maui gemacht hatte, und er wusste bereits jetzt, dass er besser als bei den vergangenen XTERRAs schwamm.

Eine Führungsgruppe von 15 Athleten schwamm parallel zum Strand durch das wogende Meer, steuerte auf die zweite Boje zu und machte sich dann auf den Rückweg zum Strand. Der gesamte Kurs maß 750 Meter. Die Teilnehmer würden ihn zweimal schwimmen, mit einem Landgang zwischen den Runden. Ned erreichte den Strand etwas mehr als eine Minute hinter der ersten Gruppe. Entschlossen, Zeit zu sparen, wo immer es möglich war, sprintete er zwischen dem Schwimmaus- und dem Wiedereinstieg, während er den Bereich vor sich absuchte, ob er es nicht doch in eine schnellere Schwimmgruppe schaffen könnte. Er achtete nicht darauf, wohin er seine Füße setzte, stolperte über einen kleinen Hubbel im Sand und fiel fast hin. Wieder im Wasser, schaffte es Ned, sich an die Füße von seinem Profi-Kollegen Sasha Kreuke zu heften, und schwamm in dessen Wasserschatten den Großteil der zweiten Runde.

Wes Hobson beendete das Schwimmen, noch immer auf dem vierten Platz liegend, er war der erste der ernsthaften Sieganwärter. Die offizielle Zeitnahme zeigte 14:58 Minuten an, als er durch ein Spalier jubelnder Zuschauer auf die mit Gras bewachsene Wechselzone rannte, wo er sich seinen Helm aufsetzte, sein Mountainbike packte und auf die Radstrecke ging. Pigg kam 12 Sekunden hinter Hobson in die Wechselzone und Riccitello weitere 22 Sekunden später. Ned war der 43., der aus dem Wasser stieg, 2 Minuten und 17 Sekunden nach Hobson, aber über 40 Sekunden näher an der Spitze, als er es im Vorjahr gewesen war.

Ned brauchte ein wenig länger, um sich für das Radfahren umzuziehen als einige der jüngeren Athleten. Er zog sich ein rotes ärmelloses Top an, auf dessen Rücken sein Name stand, einen passenden Helm und Handschuhe sowie eine Sonnenbrille. Die 30 Kilometer lange Bikestrecke begann mit einem kurzen, asphaltierten Stück. Es war entscheidend für Ned, so viele Athleten wie möglich einzusammeln, bevor sich der Weg verengte und Überholen schwieriger wurde. Er war mit Abstand der talentierteste Geländefahrer im Feld, kassierte ganze 36 Konkurrenten, die schneller geschwommen waren, und katapultierte sich auf den ersten 6,5 Kilometern auf den fünften Platz. Hinter ihm hatte der zweitbeste Mountainbiker, Michael Tobin, einen Platten und verlor sogar noch mehr Zeit als die 25 Sekunden, die er ohnehin schon auf Ned beim Schwimmen eingebüßt hatte.

Hobson erreichte als Erster den Heartbreak Hill, einen rund 350 Meter hohen und 1,5 Kilometer langen Anstieg in den niedrigeren Ausläuferhügeln des Haleakala-Vulkans, der aussah wie aus einer anderen Welt. Er war lange inaktiv gewesen, aber verströmte dennoch an diesem Tag eine Magma-ähnliche Hitze. Er schaltete in den leichtesten Gang und nahm den zerklüfteten, felsigen Hügel mit schneller Trittfrequenz in Angriff, weil er vermeiden wollte, absteigen zu müssen, aber sein Hinterrad kam auf einen Fleck losen Untergrunds und drehte durch. Er schaffte es nicht mehr rechtzeitig auszuklicken und fiel fast wie in Zeitlupe auf die rechte Seite. Dem nächsten Fahrer, der hier durchkam, Riccitello, erging es ähnlich, aber er schaffte es, abzusteigen und weiterzumachen.

Der Anstieg war so steil und technisch schwierig, dass sogar Ned an der gleichen tückischen Stelle stecken blieb. Aber er hielt sich auf dem Bike. Ohne auch nur einen Anflug von Panik machte er einen modifizierten Stehversuch, drehte seinen Lenker – und mit ihm das Vorderrad – leicht von einer Seite zur anderen, um die Balance zu halten, bis er eine gute Linie gefunden hatte und weiterfahren konnte. Eine kleine Zuschauergruppe und einige Fotografen, die vom Strand hierhergekommen waren, applaudierten dem raffinierten Manöver. (Ich war einer von ihnen.)

Nahe der Kuppe des Heartbreak Hill holte Ned, dessen Kletterkönnen ihm den Spitznamen Deadly Nedly (tödlicher Ned) eingebracht hatte, Pigg ein und schob sich auf den dritten Platz. Als er an Piggs linker Schulter vorbeihuschte, schaute Ned zurück und bedachte den Einzigen, den er bei diesem Event noch nie geschlagen hatte, mit einem kurzen, stillen Blick.

Das nächste Opfer auf dem Trail war Jimmy Riccitello. Ned nahm den Rücken des Texaners ins Visier, während er eine gerade, wellige Abfahrt hinabraste. Beide gewannen Zeit auf Hobson, der auf einem weiteren Matschabschnitt der Strecke, der als »Bubba's Revenge« (Bubbas Rache) bekannt war, ausklicken und sich einbeinig wie auf einem Roller über mehrere frustrierende Meter wuchten musste. Minuten später fuhr Hobson durch eine Haarnadelkurve, in der er schauen konnte, wo seine Verfolger sich befanden. Sie waren direkt hinter ihm.

Es ging wieder nach oben. Ned überholte Riccitello, bevor Riccitello Hobson erreicht hatte. Immer noch im Anstieg, verschnaufte Ned kurz hinter Hobson, scherte dann nach links aus und übernahm die Führung. Ned hatte sich von der Anstrengung aber noch nicht erholt, als er auf ein Steilstück des Anstiegs geriet, das ihn kalt erwischte. Er begann zu hyperventilieren und musste absteigen. Er schob sein Bike hoch, sein Oberkörper weit nach vorn geneigt, sein Kopf schlaff gen Schlamm hängend. Hobson war immer noch dicht hinter ihm, und als er Ned schwächeln sah, ergriff er die Chance und trat wild in die Pedale, um Ned zurück auf den zweiten Platz zu drängen. Aber kurz bevor er mit ihm gleichzog, wurde der Trail flacher und Ned stieg wieder auf und zog davon.

Bald kam der neue Führende an den zweiten und letzten Anstieg der Strecke, ein 1,5 Kilometer langer, 430 Meter hoher Dämpfer, der nach dem ersten XTERRA als »Ned's Climb« (Neds Anstieg) bekannt wurde. An seinem Fuße fuhr Ned an einer Verpflegungsstation vorbei, die mit einer Handvoll Teenagern besetzt war, die in ihren einheitlichen, blauen T-Shirts schwitzten. Er schrie nach Wasser, stürzte es hinunter und machte sich dann daran zu zeigen, warum der Hügel nach ihm benannt war. Er drückte das Bike in einem dicken

Gang hoch, warf mit kolbengleichem Rhythmus seinen ganzen Körper in jede Abwärtsbewegung der Kurbel.

Oben angekommen, nahm Ned eine scharfe Rechtskurve auf eine schmale, ruppige Abfahrt, an deren Seiten dichte Vegetation wucherte. Er atmete tief durch und vertraute auf sein technisches Können und seine bisherigen Heldentaten. Ned hielt seinen Blick auf den Trail vor sich geheftet und suchte ihn ab nach Felsen, die seine Reifen beschädigen könnten, und nach »Druckdellen«, flache Einbuchtungen, in die das Vorderrad eintauchen und die ihn in der Folge über den Lenker befördern könnten. Er wollte so leichtfüßig wie möglich über den unebenen Untergrund fahren und hob sich deshalb aus dem Sattel, sodass er mit fast komplett gestreckten Beinen und Ellbogen fuhr und sein Gewicht gleichmäßig zwischen den beiden Reifen verteilte. Sein Körper wurde so oder so durchgeschüttelt, obwohl er vorn und hinten Stoßdämpfer hatte, die die Schläge abmildern sollten.

Auf weniger harten Passagen der langen Abfahrt hinunter zum Strand setzte sich Ned wieder in den Sattel und trat fest in die Pedale. Es reichte ihm nicht, in Führung zu liegen, wenn er auf die Laufstrecke ging. Sein Vorsprung musste so groß wie möglich sein. Letztes Jahr war Ned als Erster vom Rad gestiegen, nur um dann beim Laufen von Pigg eingesackt zu werden, und mindestens zwei der Männer, die ihn heute verfolgten – Hobson und Tobin –, waren in der Lage, sogar noch schneller zu laufen als der amtierende Weltmeister.

Die Bike-Strecke endete mit einer Rechtskurve auf eine kurze Trail-Abzweigung, die zu einer grünen Zeitnahmematte vor dem Wechselzelt führte. Die offizielle Zeitnahme, die neben der Matte aufgestellt war, zeigte 1:43:18 Stunden, als Ned hektisch von seinem Bike heruntersprang und sein Rad auf den Boden fallen ließ, damit es ein freiwilliger Helfer wegräumte. Ein zweiter Freiwilliger gab Ned einen Plastikbeutel mit seinen Laufschuhen und einem Visor. Er huschte ins Zelt und setzte sich auf einen Klappstuhl, um sich für die letzte Disziplin dieses Rennens umzuziehen: einem mit Hindernissen gespicktem Lauf über elf Kilometer.

Ned spürte jedes seiner 43 Jahre, als er das Zelt auf der anderen Seite wieder verließ und o-beinig einen schattigen Pfad Richtung Makena Beach hinunterlief. Sogar mit frischen Beinen lief Ned wie ein Gorilla, seine Arme baumelten herum und seine Knöchel knickten ein. Aber jetzt sah sein müder Schritt besonders affenartig aus.

Am Strand bog er nach rechts ab und folgte den Markierungen, die ihn durch den weichen, trockenen Sand führten. Er fühlte sich wie ein Schlafender, der in einem Albtraum versucht, einem Geist zu entkommen, sich aber trotz aller Anstrengung kaum vorwärts bewegt. Links von ihm machten Urlauber im sanften Wasser Späßchen und ahnten nichts von Neds Kampf um den Weltmeister-Titel.

Hinter ihm, außer Sichtweite, kam nach 1:47:01 Stunden Wes Hobson in die Wechselzone, Jimmy Riccitello an seinen Fersen. Wenn Ned gut lief, würde es für die beiden schwer werden, die Lücke zu schließen, aber wenn Ned schwächelte – was nicht unwahrscheinlich war angesichts der Hitze und der Tatsache, wie sehr er sich schon verausgabt hatte –, boten die elf Laufkilometer, die vor den jüngeren Verfolgern lagen, mannigfaltige Möglichkeiten, ihn zu stellen.

Ned war bereit, jedes Opfer zu bringen, um das zu verhindern. In einem Fernsehinterview, das am Tag vor dem Rennen aufgezeichnet worden war, hatte er gesagt: »Wenn die Krabben mir am Makena Beach das Fleisch von den Knochen knipsen, weil ich explodiert bin, ist das okay. Alles oder nichts.« Es ist möglich, dass er »gewinnen oder sterben« meinte.

Etwa zehn Meter, die mit volleyballgroßen Felsen verblockt waren, die sich quer über den Strand zogen, brachten Ned aus dem Rhythmus und zwangen ihn, flott zu gehen, da er jeden Schritt mit Bedacht setzen musste. Als er das Hindernis hinter sich hatte, betrat er wieder losen Sand, seine Schuhe sanken bei jeder Landung fast komplett ein. Ned war dankbar für die Trainingsreise, die er kürzlich auf dem Weg nach Taos in New Mexico gemacht hatte, um bei 35 Grad Celsius durch Sanddünen zu schlurfen.

Ein grellgelbes Banner kündigte die nächste Kurve an. Ned bog nach rechts ab und verschwand im Wald. Er sprang über einen Baum, der quer über der Strecke lag. Als er seine Beine zum Sprung hochzog, verkrampfte sich sein linker Gesäßmuskel. Auf den Schmerz, der durch seinen Körper schoss, folgte eine Welle der Panik. Muskelkrämpfe standen ganz oben auf der Liste von Unglücken, die die Karten zugunsten der Jungspunde hinter ihm neu mischen könnten. Ned landete und begann, wieder zu laufen. Das Ziepen verschwand langsam, während er weiterrannte.

Wenige Augenblicke später bog er um eine nicht einsehbare Kurve und krachte fast in einen tief hängenden Ast, der über den Trail wuchs. Er bückte sich darunter hindurch und der Muskel krampfte wieder. Verzweiflung stieg in ihm hoch. Ned schluckte sie hinunter und lief weiter, er zwang sich, trotz der Schmerzen normal zu rennen. Der Muskel entspannte sich ein wenig, aber blieb fest. Wenn er noch mal krampfte, wäre das Rennen vermutlich vorbei.

Ned kam aus dem Wald heraus und bog links ab auf einen Kiesweg. Ein Kameramann auf einem Motorrad und dessen Fahrer warteten dort auf ihn und rollten langsam neben ihm her.

»Wie viel Vorsprung habe ich?«, fragte Ned sie.

»Vier Minuten«, antwortete der Kameramann.

Ned konnte es kaum glauben. Vielleicht, dachte er, sollte er es nicht glauben. Inoffizielle Angaben zu Zeitabständen waren berüchtigt dafür, nicht sehr verlässlich zu sein. Aber Ned konnte nichts dagegen tun. Die Aufregung ließ ihn weitersausen wie einen Drachen, der von einer plötzlichen Windböe erfasst wird. Vielleicht wäre es schlauer gewesen, etwas Tempo rauszunehmen, um seinen lädierten Muskel zu schonen, aber Ned hatte sich immer mit ganzem Herzen in Rennen geworfen und er würde das jetzt nicht ändern.

Der Kiesweg spuckte Ned auf den Poolenalena Beach. Die Ebbe hatte einen breiten Streifen harten, nassen Sands freigelegt, auf dem er gut vorwärtskam. Sein Muskel hielt sich tapfer, aber die Erschöpfung kroch durch seinen Körper. Er war den ganzen Morgen auf

Anschlag gewesen, zuerst, um seinen Rückstand im Wasser zu minimieren, dann, um seinen Vorsprung auf dem Rad zu maximieren, und jetzt, um seine hart erkämpfte Führung beim Laufen zu halten. Tatsächlich wuchs sein Vorsprung sogar, denn sein nächster Verfolger, der viel größere Hobson, hatte Mühe, über den losen Sand und die Steine zu laufen und sich unter den Ästen durchzuducken, was Ned alles schon hinter sich hatte.

Am nördlichen Ende des Poolenalena Beach wurde Ned auf den Wailea Point Path geleitet. Auf dessen steiniger Oberfläche konnte man viel schneller laufen als auf irgendeinem anderen Untergrund, auf dem er bis dato unterwegs gewesen war. Seine Schritte wurden länger, seine Geschwindigkeit wurde auf dem letzten Teilstück zurück zur Ziellinie beim Aston Wailea deutlich flotter als vier Minuten pro Kilometer. Als er um eine Kurve bog, konnte Ned das Zielbanner nicht allzu weit entfernt erkennen.

Aber das Rennen war noch nicht vorbei. Teuflischerweise war der Pfad, auf dem er lief, unterbrochen von einem letzten Laufabschnitt über Sand. Ned rannte mit eckigen Schritten und pumpender Brust darüber, drehte sich zweimal um, um zu überprüfen, ob Hobson, Pigg, Riccitello, Tobin oder gar der schnell aufholende Peter Reid, der Sieger der Ironman-Weltmeisterschaft, die vor einer Woche stattgefunden hatte (und der erst 29 Jahre alt war), zu sehen waren. Der Strand war leer.

Ned glitt innerhalb von 50 Metern von Sand auf Stein auf Gras, geführt von weißem Absperrband, dass sich zwischen Holzpfeilern spannte. Dahinter standen auf beiden Seiten jubelnde Zuschauer, deren ohrenbetäubender Lärm von der dröhnenden Lautsprecherstimme übertönt wurde. Als er durch den Zielkanal lief, streckte Ned seinen linken Arm aus und klatschte mit ein paar Dutzend Fremden ab, er lächelte jungenhaft. Nach 2:24:16 Stunden war er im Ziel, genau viereinhalb Minuten vor Wes Hobson, setzte einen neuen Streckenrekord und wurde der älteste Weltmeister, den es in einer Ausdauersportart jemals gegeben hatte.

BEVOR ER 1996 IM ALTER von 100 Jahren starb, sagte der Komiker George Burns: »Wenn Sie mich fragen, was der Schlüssel zu einem langen Leben ist, würde ich sagen, dass er darin liegt, Sorgen, Stress und Anspannung zu vermeiden. Und wenn Sie mich nicht fragen, würde ich es trotzdem sagen.«

In der Wissenschaft gibt es Hinweise darauf, dass Burns wusste, wovon er sprach. Altern und langes Leben werden von verschiedenen Faktoren beeinflusst, darunter Gene und Lebensstil. Aber Untersuchungen haben belegt, dass die Psyche den größten Einfluss hat. Insbesondere Menschen, die eine positive Grundeinstellung haben und sich nicht über Kleinigkeiten den Kopf zerbrechen, altern tendenziell langsamer und leben länger.

Einer der ersten Wissenschaftler, die diesen Zusammenhang dokumentierten, war Stephen Jewett, ein Psychologe am New York Medical College. Im Jahr 1973 veröffentlichte *The Gerontologist* Jewetts zukunftsweisende Arbeit »Langlebigkeit und das Langlebigkeitssyndrom«. Darin teilte er, was er aus der Beobachtung von 79 Männern und Frauen im Alter zwischen 87 und 103 Jahren gelernt hatte. Er hatte einige charakterliche Gemeinsamkeiten festgestellt, darunter »das Nichtvorhandensein von Ängstlichkeit«, »Optimismus und Sinn für Humor« und eine Neigung dazu, »das Leben als ein großes Abenteuer anzusehen«.

Spätere Untersuchungen haben Jewetts Erkenntnisse untermauert und erweitert. Heute sind Psychologen sich weitestgehend darüber einig, dass es vier entscheidende Charakterzüge gibt, die größtenteils mit Jewetts übereinstimmen – Offenheit, Pflichtgefühl, Extrovertiertheit und wenig Neurotizismus –, die die Wahrscheinlichkeit für ein langes Leben in Gesundheit drastisch erhöhen. Eine Studie, die 2007 von Wissenschaftlern der Universität von Edinburgh durchgeführt wurde, ergab beispielsweise, dass Menschen, die in Tests kaum Neurotizismus aufwiesen (eine Neigung zu Angst und Ängstlichkeit), in der 21-jährigen Beobachtungsperiode mit geringerer Wahrscheinlichkeit an

Herz-Kreislauf-Erkrankungen starben als solche, die sich ständig Sorgen machten.

Die Wissenschaft versucht immer noch herauszufinden, warum die vier Schlüssel-Charakterzüge den Alterungsprozess verlangsamen. Wissenschaftler mit dualistischer Tendenz, die dazu neigen, Körper und Geist getrennt voneinander zu betrachten, haben grundsätzlich nach Verhaltenszusammenhängen zwischen der individuellen Persönlichkeit und bestimmten gesunden Verhaltensweisen gesucht. Einige dieser Zusammenhänge konnten identifiziert werden. Pflichtbewusste Männer und Frauen sind weniger anfällig für Alkoholmissbrauch, während extrovertierte Menschen eher Sport treiben.

Wissenschaftler, die das gleiche Problem aus psychobiologischer Perspektive angehen, bei der Körper und Geist als zusammenhängend betrachtet werden und das Konzept der Persönlichkeit durch das der Bewältigungsstrategie ersetzt wird, haben sich auf Emotionen konzentriert. Dieser Ansatz war ergiebiger, und es hat sich inzwischen herausgestellt, dass Emotionen eine viel gewichtigere Rolle spielen als Verhaltensweisen, wenn es darum geht, die jung haltende Wirkung der Persönlichkeit zu vermitteln.

Es ist ganz natürlich, Emotionen als geistige Erfahrungen zu sehen, aber sie sind auch körperliche Zustände. Bewältigungsstrategien werden größtenteils durch Emotionen ausgedrückt und Emotionen werden größtenteils durch körperliche Zustände ausgedrückt. Neurotische Persönlichkeiten stehen beispielsweise die meiste Zeit unter Stress. Ist man gestresst, dann wird (unter anderem) Cortisol ausgeschüttet, ein Hormon, das den Körper mit der Zeit ziemlich abnutzt. Chronisch erhöhte Cortisol-Level lösen bekanntermaßen alles Mögliche aus, von der Gewichtszunahme bis hin zur Hirnatrophie. Neurotische Menschen weisen hohe Cortisol-Level auf und haben, vielleicht deshalb, ein erhöhtes Risiko, Alzheimer oder andere chronische Krankheiten zu entwickeln.

Die vier Anti-Aging-Schlüsseleigenschaften bekämpfen nicht nur viele potenzielle Todesursachen, sondern verhindern auch, dass sich die körperliche Fitness altersbedingt verschlechtert. In einer Studie aus dem Jahr 2012 fanden Magdalena Tolea und ihre Kollegen von der Universität von Missouri heraus, dass ältere Männer und Frauen mit neurotischer Persönlichkeit im Vergleich zu entspannteren Persönlichkeiten gleichen Alters schwächere Muskeln hatten. Unterschiedliche Trainingsgewohnheiten spielten dabei nur eine untergeordnete Rolle.

Noch relevanter für Ausdauersportler sind die Ergebnisse einer Studie aus dem Jahr 2013, die von Wissenschaftlern, die dem National Institute on Aging angeschlossen waren, durchgeführt und in *PLOS ONE* veröffentlicht wurden. Mehr als 600 Männer und Frauen im Alter von 96 Jahren absolvierten einen Gehtest, der dazu genutzt wurde, ihre aerobe Kapazität (VO_2max) zu bestimmen. Diejenigen, die wenig neurotisch, aber extrovertiert, offen und pflichtbewusst waren, hatten eine signifikant höhere aerobe Kapazität als diejenigen mit weniger positiven Persönlichkeiten.

Der Alterungsprozess beginnt bei den meisten Menschen bereits im Alter von 35 Jahren und damit, dass Muskelkraft und aerobe Kapazität abgebaut werden. Es ist nicht überraschend, dass, wie bereits gesagt, der Leistungshöhepunkt eines Ausdauersportlers ebenfalls in diesem Alter endet. Kein Athlet ist vor dem Phänomen der »letzten persönlichen Bestzeit« gefeit, aber es gibt große individuelle Unterschiede im Zeitverlauf des altersbedingten sportlichen Verfalls. Einige Sportler überschreiten ihren Höhepunkt recht schnell, während andere viel länger ihre maximale Leistungsfähigkeit halten, und wenn sie schließlich doch nachlässt, dann langsam.

Was haben diese langsamer alternden Sportler, das andere nicht haben? Die oben genannten Studien führen zu der These, dass das Geheimnis in ihren Bewältigungsstrategien liegt. Im wahren Leben finden sich Belege für diese Vermutung. Die erfolgreichsten Ausdauersportler über 40 haben so ähnliche Persönlichkeiten, dass es fast unheimlich ist. All diesen Männern und Frauen gemein ist ihre grenzenlose Leidenschaft für Sport und einen sportlichen

Lebensstil, die von einer positiven, lebensbejahenden Persönlichkeit herrührt – das heißt eine nicht-neurotische, offene, extrovertierte, pflichtbewusste Art, mit dem Leben umzugehen.

Ein Paradebeispiel ist Haile Gebrselassie. Im Alter zwischen 21 und 36 lief er 27 Weltrekorde bei Laufwettbewerben. Als er den letzten lief, waren die meisten seiner alten Rivalen schon in Rente. Aber »Geb« lief weiter, und er lief gut. Im Jahr 2012, mit 39 Jahren, gewann er den Great Manchester Run 10K in 27:39 Minuten und schlug den 27-jährigen Marathon-Weltrekordhalter Patrick Makau. Im Jahr darauf gewann er den Halbmarathon in Wien in 1:01:14 Stunden und setzte einen Ü40-Rekord von 46:59 Minuten über zehn Meilen.

Gebrselassies Liebe zum Laufen ist so legendär wie sein Talent. »Ein Tag ohne Laufen ist kein guter Tag«, sagte er Paul Gittings 2013 bei einem Auftritt bei *CNN*. Später sagte er im selben Interview: »Ich habe vor, alle Masterrekorde zu brechen – Ü40, Ü50, Ü60.« Das sind die Worte eines Manns, dessen Lust daran, seine Grenzen als Läufer auszuloten, wahrlich unbändig ist. Gebrselassie hat verstanden, dass er unweigerlich langsamer werden wird, aber so langsam er auch wird, es wird nie langsam genug sein, um ihm den Spaß am Laufen zu verderben. Er will das Beste aus dem machen, was er hat, solange er lebt. Tatsächlich hat er mehr als einmal geschworen, dass er so lange laufen wird, bis er stirbt.

Während das Laufen Haile Gebrselassies einzigartige Berufung ist, ist seine Leidenschaft für das Laufen lediglich eine besondere Manifestation einer allumfassenden Lust am Leben. Seine Tage zu Hause in Addis Ababa sind vollgepackt mit Geschäftlichem (er ist ein sehr erfolgreicher Unternehmer), Auftritten bei öffentlichen und politischen Veranstaltungen, Interviews, Sponsorenterminen, Familie, Essenseinladungen und natürlich ein paar Läufchen. Man ahnt, dass Geb, hätte er nicht das Laufen für sich entdeckt, etwas anderes gefunden hätte, an dem er alles hätte aufhängen können. Er mag vielleicht laufen wollen, bis er stirbt, aber er möchte ewig leben.

Gebrselassie ist bekannt dafür, dass er immer lächelt, außer wenn er im Wettkampf ist. Natascha Badmann, von der Sie schon in vorangegangenen Kapiteln gelesen haben, ist bekannt dafür, dass sie sogar im Rennen lächelt. Geben Sie ihren Namen mal bei der Google-Bildersuche ein, und Sie werden sehen, was ich meine. Badmann lächelt nicht, weil sie gewinnt, obwohl sie in ihrer Hochphase zwischen 1998 und 2005 mit sechs Ironman-Weltmeistertiteln einiges gewonnen hat. Nein, sie gewinnt vielmehr, weil sie lächelt – oder aufgrund der Leidenschaft, die hinter ihrem Lächeln steckt.

In ihren 20ern war Badmann eine übergewichtige und schwermütige alleinerziehende Mutter, die Sport hasste. Aber ihr neuer Freund (den sie später auch heiratete) überzeugte sie, es mit ein bisschen Joggen und Radfahren zu versuchen. Sehr schnell führte dieses Experiment zu einer kompletten Wiedergeburt. Badmann wurde eine völlig andere Person, eine, die ihren Körper liebte und das, was sie damit tun konnte. Sie wurde zu jemandem, die mit großer Dankbarkeit ihren Sport betrieb, die Scheitern als etwas erscheinen ließ, das man nicht fürchten muss, und Erfolg als die unweigerliche Folge totaler Hingabe.

In einem Interview im Jahr 2004 sagte Badmann: »Ich habe mit Triathlon angefangen, um ein glücklicher, gesunder Mensch zu werden. Ich möchte ihn für den Rest meines Lebens betreiben.«

Drei Jahre nach dieser Aussage war Badmann auf dem besten Weg zu ihrem siebten Ironman-Weltmeistertitel und dahin, die älteste Siegerin in der Geschichte dieser Veranstaltung zu werden (sie war 39), als sie mit dem Rad stürzte und sich schwer verletzte. Es wäre eine gute Gelegenheit gewesen, es sich anders zu überlegen und Triathlon doch nicht für den Rest ihres Lebens zu betreiben, aber das tat sie nicht. Anstatt den Sport an den Nagel zu hängen, kämpfte Badmann darum, wieder gesund zu werden, und als es so weit war, darum, zurückzukehren an die Spitze in dieser Sportart. Im Jahr 2012, mit 45 Jahren, gewann sie den Ironman South Africa und wurde die älteste Ironman-Siegerin der Geschichte. Sechs

Monate später wurde sie sechste Frau bei der Ironman-Weltmeisterschaft auf Hawaii.

Auch im Radsport gibt es alterslose Wunderathleten, und sie passen ins gleiche Persönlichkeitsprofil wie Gebrselassie und Badmann. Es gibt kein besseres Beispiel als Jens Voigt, ein Publikumsliebling aus Deutschland, der sich einen Tag nach seinem 43. Geburtstag aus dem Profi-Sport zurückzog. Voigts letztes Rennen – das am 18. September 2014 stattfand, dem Tag seiner »Abdankung« – war der Versuch, den Stundenrekord zu brechen. Allein die Tatsache, dass er so etwas versuchte, sagt viel über ihn aus. Die bisherige Marke wurde von einem 30-Jährigen gesetzt und stand seit fast einem Jahrzehnt. Die Tatsache, dass Voigt es schaffte, sie zu brechen, sagt noch viel mehr über ihn. Er schaffte auf einer Bahn in der Schweiz 51,115 Kilometer und pulverisierte damit den alten Rekord.

Drei Wochen zuvor hatte Voigt an seinem letzten Team-Straßenradrennen teilgenommen, der USA Pro Challenge in Colorado, die sieben Etappen umfasst. Er fuhr so, wie er seine gesamte Karriere über gefahren war: aggressiv, furchtlos und mit ungezügeltem Enthusiasmus. Auf der vierten Etappe setzte sich der unverbesserliche Ausreißer ein letztes Mal ab, zusammen mit elf anderen Fahrern des 115 Teilnehmer umfassenden Felds. Vierzig Kilometer vor dem Ziel, an einem steilen Anstieg, attackierte Voigt aus der Ausreißergruppe heraus. Keiner konnte mit der Tempoverschärfung des ergrauten Deutschen mitgehen. Voigt stieß weit in seine, wie er es nannte, »Schmerzenshöhle« vor und fuhr einen Vorsprung von 90 Sekunden auf die Fahrer heraus, die gerade noch mit ihm ausgerissen und die im Schnitt 25 Jahre alt waren.

Voigt hatte 2012 die gleiche Etappe beim gleichen Event auf die gleiche Weise gewonnen, mit 40 Jahren. Diesmal sollte es jedoch nicht sein. Das Hauptfeld jagte die zersplitterte Ausreißergruppe unbarmherzig und machte sich dann an die Verfolgungsjagd auf Voigt. Als noch zehn Kilometer zu fahren waren, betrug sein Vorsprung 60 Sekunden. Bei fünf Kilometern bis ins Ziel war er auf 35 Sekunden geschmolzen, obwohl der Führende nicht nachließ. Praktisch jeder, der das Spektakel miterlebte, wollte, dass der draufgängerische Veteran es schaffte. Einige Gruppen unter den Tausenden Zuschauern, die an dem Mehrrundenkurs standen, riefen: »Go, Jensie!« Viele trugen T-Shirts, auf denen Voigts Markenzeichen zu lesen war, der Spruch: »Shut up, legs!«, also »Klappe halten, Beine!«. Twitter brummte vor lauter Gebeten für diese Beine. Voigt, angetrieben von so viel Liebe, öffnete sich dem Leiden, wie es nur wenige andere könnten und wie er es selbst schon so oft getan hatte, ohne dass seine Leidenschaft jemals einen Dämpfer bekommen hätte. Aber diesmal ohne Erfolg. Zwei Kilometer vor dem Ziel betrug sein Vorsprung noch 20 Sekunden. In Sichtweite der Ziellinie holte das Feld ihn, der immer noch kämpfte wie ein verrückter Schwimmer in einem Hurricane, ein.

Es brach den Fans von Jens Voigt das Herz. Aber nicht ihm selbst.

»Vielleicht war es auf bizarre Art und Weise ein passendes Ende«, sagte er nach dem Rennen zu Neal Rogers, einem Reporter von *velonews.com*. »So ist nun einmal mein Leben – von zwanzig, dreißig oder sogar vierzig Ausreißversuchen ist vielleicht einer erfolgreich. Das war ein typischer Ausreißversuch: Man gibt alles und man wird eingefangen. Es war ein perfektes Beispiel für meine Karriere – man setzt alles auf eine Karte; man geht das Risiko ein, sich zum Narren zu machen.«

Die Haltung, die er mit diesen Worten ausdrückte – eine harmonische Mischung aus »Vollgas voraus« und »wie gewonnen, so zerronnen« –, erklärt sehr gut, warum Voigt der beliebteste Fahrer der Profi-Szene war und warum er so lange auf einem so hohen Niveau gefahren ist.

Jens Voigt, Natascha Badmann und Haile Gebrselassie genau wie viele andere superpositive ältere Athleten, die ihren Sport auf einem sehr hohen Niveau betreiben – Ned Overend eingeschlossen –, liefern anekdotische Belege für die wissenschaftlichen Erkenntnisse, dass eine positive Persönlichkeit die Ausdauerleistung erhält, indem sie den körperlichen Alterungsprozess verlangsamt. Das Problem ist, dass wir nur sehr wenig an unseren allgemeinen Bewältigungsstrategien ändern können. Sportler, die von Natur aus neurotisch sind oder zurückgezogen, bewundern vermutlich Athleten wie Voigt, Badmann und Gebrselassie, aber können sie es ihnen gleichtun?

Das können sie – auf gewisse Weise. Denn während Menschen mit einer positiven Persönlichkeit zwar eher leidenschaftliches Interesse entfalten (für Sport ebenso wie für alle möglichen anderen Dinge), ist Leidenschaft nichts, das ihnen allein vorbehalten ist. Männer und Frauen mit anderen Bewältigungsstilen können sich auch in Aktivitäten verlieben, die zu ihnen passen. Und wenn das passiert, wirkt diese Leidenschaft genauso verjüngend wie eine positive Persönlichkeit.

Der Psychologe Robert Vallerand definierte Leidenschaft in einem 2012 in *Psychology of Well-Being* veröffentlichten Artikel als »starke Neigung zu einer das Selbst definierenden Aktivität, die die Menschen mögen (oder sogar lieben), für wichtig erachten und in die sie regelmäßig Zeit und Geld investieren«. Untersuchungen von Psychologen wie ihm zeigten, dass Leidenschaft das seelische Wohlbefinden derart verbessert, dass die Persönlichkeit quasi erneuert wird. Man weiß, dass Menschen, die eine große Leidenschaft für eine Aktivität entwickeln, weniger Zeit in emotionalen Zuständen wie Ängstlichkeit verbringen, die sie schneller altern lassen. Genau wie Menschen, die von Natur aus eine positive Einstellung haben. Vielleicht ist Natascha Badmann ein besseres Beispiel für die transformierende Kraft, als für die naturgegebene Positivität. So, wie sie ihr Leben vor ihrem Athleten-Dasein beschreibt, gibt es kaum Zweifel daran, dass sie bei Tests, die Offenheit, Pflichtbewusstsein, Extrovertiertheit und Neurose-Freiheit abfragen, ziemlich schlecht abgeschnitten hätte. Dann entdeckte sie den Triathlon für sich, der eine Leidenschaft wurde und sie grundlegend und dauerhaft veränderte.

Für diesen leidenschaftlichen Ansatz im Ausdauersport gibt es keinen besseren Vorzeige-Athleten als Ned Overend (und auch kein besseres Aushängeschild, wenn wir schon dabei sind). Ned begann als Läufer und nahm in seiner Highschool-Zeit in Marin Country, Kalifornien, an Geländeläufen und Bahnwettbewerben teil und machte in den ersten beiden Jahren am College mit Crosslaufen weiter. Mit 20 hörte er mit dem Laufen auf, um einem anderen Hobby zu frönen: Motocross. Nach dem College infizierte ihn sein damaliger Zimmergenosse mit dem Triathlon-Virus. Triathlon brachte Ned zurück zum Laufen, aber weil er nun mitten in den Rockies lebte, konzentrierte er sich aufs Berglaufen. Als er sich verletzte und eine Weile nicht laufen konnte, begann er mit dem Radfahren, um fit zu bleiben, und wurde so schnell besser, dass er es bald professionell betrieb. Ungefähr zu dieser Zeit wurde Mountainbiken populär. Der Motocrosser Ned fühlte sich sofort dazu hingezogen. Er tauschte die schmalen gegen Stollenreifen ein und gewann mehrere nationale Meisterschaften sowie eine Weltmeisterschaft im Mountainbiken.

Es war nicht so, dass Ned nichts fand, das er wirklich mochte. Er mochte einfach nur die Abwechslung, und er erkannte, dass seine Lust auf Training und Wettkampf am größten war, wenn er neue Dinge ausprobierte und verschiedene Ziele verfolgte. Selbst wenn er sich eine Zeit lang auf ein bestimmtes Ziel konzentrierte, verfolgte er es gemäßigt und auf ausgeglichene Art und Weise, was seinen Körper und seinen Geist frisch hielt. Während seiner Mountainbike-Karriere verbrachte Ned etwa die Winter damit, auf Schneeschuhen und Langlaufski durch seine Heimat Durango, Colorado, zu ziehen, während sein Bike Staub ansetzte. Diese alternativen Aktivitäten gönnten seinen Radler-Muskeln eine Pause, und die Veränderung hielt seinen Kopf in der Saisonpause fitnessmäßig bei der Stange. Er fing erst wieder mit ernsthaftem Bike-Training an, wenn er es vermisste.

Selbst während der Rennsaison pushte Ned seinen Körper nicht so unerbittlich wie einige seiner Konkurrenten. »Ich mag mein Training kurz und locker«, sagte er mir 1998 einmal in einem Interview für *Triathlete*. »Mir macht hartes Training nichts aus, aber ich mache eher wenig lange Einheiten. Ich bringe sie hinter mich und gehe dann nach Hause, um andere Dinge zu erledigen, die liegen geblieben sind.« Mit anderen Worten: Ned trainierte nie über seinen Enthusiasmus hinaus.

Nachdem Ned und seine Frau Pam 1987 das erste Mal Eltern geworden waren, reduzierte er seine Reisen und Wettkämpfe. Zeit mit seiner Familie zu verbringen machte ihn glücklich, und glücklich zu sein machte ihn zu einem besseren Athleten. Trotzdem wurde Ned unweigerlich kribbelig und wollte sich als Athlet neuen Herausforderungen stellen. Im Jahr 1996 zog er sich aus dem Mountainbike-Sport zurück und widmete seine Aufmerksamkeit dem gerade aufkommenden Cross-Triathlon. Zwei Jahre später war er Weltmeister in dieser Disziplin.

ABWECHSLUNG UND AUSGEGLICHENHEIT WAREN nicht die einzigen Faktoren, die Ned Overend als Sportler hungrig gehalten haben. Auch trug dazu bei, dass er siegte und immer besser wurde. Hinter seiner lockeren Fassade schlug das Herz eines knallharten Wettkämpfers. Ein Grund, warum Ned in den frühen 80ern mit dem Triathlon aufgehört hatte, war, dass er in diesem Sport nur begrenzt erfolgreich war. Einer der Gründe, warum er 1996 mit dem Mountainbiken aufhörte, war, dass er es nicht in die Olympia-Auswahl geschafft hatte. Und ein Grund dafür, warum er 1999 wieder am Start der XTERRA-Weltmeisterschaft stand, war, dass er glaubte, er könne noch mal gewinnen und sogar besser werden, obwohl noch ein weiteres Jahr seit seinem 40. Geburtstag vergangen war.

Um erfolgreich zu sein, würde Ned nicht nur die üblichen Verdächtigen wie Mike Tobin und Jimmy Riccitello besiegen, sondern auch Aufsteiger wie den dreimaligen und amtierenden Duathlon-Weltmeister Olivier Bernhard (31 Jahre), den Shootingstar im Profi-Triathlon, Kerry Classen (27), und den Cross-Triathlon Spezialisten Mike Vine (26) schlagen müssen.

Im Jahr 1998 war der Schwimmkurs zu Neds Vorteil versehentlich falsch abgemessen worden und etwas kürzer als angegeben. Im

Jahr darauf wurde der Fehler jedoch korrigiert, und Ned hatte nun mehr Meter im Wasser zu überwinden, auf denen er Zeit verlieren konnte. Er kam 3:03 Minuten hinter dem Führenden, Classen, aus dem Wasser und nur zwei Sekunden vor dem Duathleten Tobin, der berüchtigt dafür war, wasserscheu zu sein.

Wenn es eine Disziplin gab, in der der 44-jährige Ned keine solche Verbesserung erwartet hätte, dann im Mountainbiken, dem in seinen späten 20ern und in seinen 30ern sein Hauptfokus gegolten hatte. Gut, er brauchte für die brutalen 30 Kilometer fast vier Minuten länger als im Vorjahr. Aber er war vier Minuten schneller als Tobin und ging mit einem Vorsprung auf die Laufstrecke, der so groß war wie im Jahr zuvor. Tobin jagte Overend über Sand, Felsen und Wurzeln wie einen Verbrecher und verkürzte den Abstand um 2:28 Minuten, aber es fehlten ihm noch immer 1:36 Minuten. Ned gewann erneut.

Im Jahr 2000 versuchte Ned etwas, das unmöglich schien: Er wollte mit 45 Jahren seinen dritten XTERRA-Weltmeistertitel gewinnen. Diese Mission stellte sich als tatsächlich unmöglich heraus. Er wurde Fünfter. »Heute war nicht mein Tag«, sagte er nach dem Rennen. »Ich habe nach 20 Minuten auf dem Bike festgestellt, dass ich nicht gut genug kletterte, um die Führenden zu erwischen.«

Ein vierter Platz beim Finale der XTERRA-Serie 2001 bestätigte Ned, dass die Tage, an denen er diese Veranstaltung gewinnen konnte, vorbei waren. Also widmete er sich ganz natürlich anderen Herausforderungen. Er machte es sich nicht leicht, indem er sich Veranstaltungen mit schwachen Startern aussuchte, die er trotz seines fortgeschrittenen Alters dominieren konnte. Das Gegenteil war der Fall. Er war immer noch ganz wild darauf, sich gegen die Besten durchzusetzen, deshalb suchte sich Ned Premium-Events, die seinen Stärken entgegenkamen, zum Beispiel sehr hügelige Straßenradrennen.

Am 11. September 2004, drei Wochen nach seinem 49. Geburtstag, gewann Ned die Colorado State Race Road Cycling Championship, ein Rennen, das er das letzte Mal vor 15 Jahren, 1987, gewonnen hatte.

2011 kehrte er zu einem anderen Rennen zurück, das er vor langer Zeit einmal gewonnen hatte: das Iron Horse Bicycle Classic, ein bergiges Straßenradrennen über 75 Kilometer in Neds Heimatstadt Durango, das er schon 1983, 1986, 1987 und 1992 gewonnen hatte. Das Rennen lief auf ein Duell am extrem harten Coal Bank Pass hinaus, der auf 3048 Meter Höhe endet. Am Fuß des Bergs attackierte der 19-jährige Howard Grotts. Ned, damals 55 Jahre alt, konnte ihm zu Beginn folgen, aber als die Luft dünner wurde, bekam er Schwierigkeiten, und Grotts fuhr zehn Sekunden heraus. Als sie sich dem Gipfel näherten, fing sich Ned, holte den Führenden zunächst ein und hängte ihn auf der folgenden Abfahrt schließlich ab. Er hielt seinen Vorsprung auf dem abschließenden Anstieg, den Molas Pass hinauf, bis ins Ziel und gewann. Grotts wurde Dritter.

Ned definiert noch immer die Grenzen für ältere Ausdauersportler neu. Natürlich ist das, was für ihn machbar ist, vielleicht nicht für jeden zu schaffen. Aber es ist unbestritten sehr weise, das zu tun, was einem Spaß bringt und einen glücklich macht. Denn es ist die jung erhaltende Kraft, seinen Instinkten zu vertrauen, die einen Athleten – jeden Athleten – zu den Methoden, Zielen und dem sportlichen Lebensstil führen, die sein inneres Feuer am hellsten lodern lassen. Die Wissenschaft bestätigt lediglich das, was lebende Beispiele wie Ned Overend beweisen: Wenn deine Leidenschaft überdauert, wirst du das auch tun.

KAPITEL 12

Ist es das wert?

STEVE PREFONTAINE HASSTE LAUFEN in der Kälte. Er erinnerte seine Teamkollegen von der Universität von Oregon mehr als einmal an diese Tatsache, während er sich mit steifen Beinen auf dem Golfplatz des Fox Den Country Clubs in Knoxville, Tennessee, warm lief. Die anderen Ducks waren an sein Gemaule vor Wettkämpfen gewohnt (ein Ritual bei jedem Wetter) und machten keine Anstalten, ihren Kapitän aufzumuntern. Außerdem hatte er recht: Es war verdammt kalt – fast zehn Grad kälter, als es für den Montag vor Thanksgiving normal gewesen wäre. Atemwölkchen stiegen bei jedem fünften Schritt aus den Mündern der Läufer auf. Kalte Böen aus Nordost bliesen in das Markenzeichen von Pre, seinen seitlich gescheitelten Blondschopf, als er über das knirschende Bermudagras schlurfte und bis zum letzten Moment wartete, um seinen dicken Trainingsanzug und die Windjacke mit Kapuze auszuziehen.

Pünktlich um 11 Uhr erklang der Startschuss, und die NCAA Cross Country Championship 1971 begann. 287 Läufer gingen auf die 10 Kilometer lange Wettkampfrunde. Pre trug nun nur noch ein dünnes Baumwoll-T-Shirt und sein knappes Schul Outfit. Wie immer sprintete er direkt an die Spitze des Felds, aber wurde von einigen selbstbewussten Männern genau im Blick behalten, die nach dem

Ruhm dürsteten, den Goldjungen der amerikanischen Laufszene vom Sockel zu stoßen, der mit nur 20 Jahren schon drei NCAA-Meisterschaften und drei nationale Meisterschaftsrennen der Amateur Athletic Union gewonnen sowie drei amerikanische Rekorde aufgestellt hatte und auf dem Cover der *Sports Illustrated* gewesen war. Unter den Herausforderern waren der zukünftige Olympia-Goldmedaillengewinner Dave Wottle von der Bowling Green, Marty Liquori von der Villanova, der 1968 bei den Olympischen Spielen dabei war, und der Titelverteidiger über die zehn NCAA-Kilometer, Garry Bjorkland von der Minnesota.

Bjorkland hielt am mutigsten gegen Pres Vorstoß an die Feldspitze. Er ging das Tempo, das sehr früh schon sehr aggressiv war, sofort mit und stieg ihm manchmal sogar fast auf die Füße. Da Pre jedes Rennen vom Start bis ins Ziel kontrollieren wollte, reagierte er darauf, indem er noch mehr Druck machte, woraufhin Bjorkland ebenfalls anzog und so weiter. Die beiden Führenden liefen die ersten eineinhalb Kilometer in 4:24 Minuten, eine waghalsige Geschwindigkeit auf jeder Strecke, ganz zu schweigen von einem Achterbahnkurs wie diesem.

Schon nach zwei Kilometern ging es Pre furchtbar. Seine Beine fühlten sich an wie mit Sand gefüllt, in seinem Kopf hämmerten Zweifel. Am beunruhigendsten war jedoch, dass Bjorkland vergleichsweise locker lief, er schien über die grasigen Hügel zu fliegen, während Pre in die gleichen Hügel hineindonnerte wie in Mauern.

Bald diktierte Pre das Tempo nicht mehr, sondern teilte sich die Tempoarbeit mit Bjorkland, und dann ließ er sich sogar von ihm ziehen. Ein heftiger Kampf fand in Pres Kopf statt. Sein Leiden war eine Obsession, die alles andere ausblendete und nur noch einen schmalen Tunnel freien Sichtfelds nach vorn frei ließ. Er wusste, dass er nicht noch mal 20 Minuten dieses Fegefeuers durchstehen würde. Er wollte nichts lieber, als etwas Tempo rauszunehmen, Bjorkland ziehen zu lassen und sich selbst weiteres Elend zu ersparen. Aber irgend etwas ließ das nicht zu.

Nach ungefähr fünf Kilometern setzten sich Pre und Bjorkland mit zwei anderen vom Feld ab: Mike Stack von der North Dakota State und Dan Murphy von der Washington State. Pre gab im Kopf noch immer auf, aber peitschte seinen Körper weiter. Bjorkland bemerkte Pres Krise, und nach der Hälfte des Rennens zog er nach vorn. Dieses Ausreißmanöver kam fast als eine Erlösung für Pre, der zwar immer noch schnell lief, aber nicht mehr die Qualen erdulden musste, mit seinem Gegner in Minnesotas violett-goldenem Outfit mithalten zu müssen.

Bjorkland baute seine Führung fünf oder sechs Schritte aus und gewann dann keinen Boden mehr, er war am Limit. Hoffnung stieg wieder in seinem schwer atmenden Verfolger auf, die seine Qual etwas linderte. Pre strengte sich noch ein bisschen mehr an und begann, die Lücke zu schließen. Nach 6,5 Kilometern liefen sie wieder auf gleicher Höhe. Pre wollte immer noch lockerer machen, aber der gleiche tiefe Drang, der ihn schon vorher im Rennen hatte weitermachen lassen, spornte ihn jetzt dazu an, Bjorkland mit kleinen Tempospielchen zu testen. Ein kleines Zögern in Bjorklands Reaktionen sagte alles. Pre wusste, dass er seinen Gegner mit dem Rücken zur Wand hatte. Nachdem sie über einen besonders schwierigen Anstieg gelaufen waren, verschärfte er das Tempo wieder, diesmal wurde er nicht langsamer. Bjorkland konnte nicht kontern.

Als Pre davonzog, gönnte er es sich, ein bisschen mit seinem Laufstil anzugeben, schwang die Arme etwas mehr als notwendig und hob die Knie ein, zwei Zentimeter höher, als es am effizientesten gewesen wäre. Die Prahlerei verschwand jedoch bald und zurück blieb die ursprüngliche Grazie von Pres unverwechselbarem natürlichem Laufstil. Von der Hüfte aufwärts war er ein Rodeo-Cowboy mit locker schwingenden Armen. Von der Hüfte abwärts war er ein Hochgeschwindigkeitszug mit Beinen, die so geschmeidig liefen, wie Stahlräder auf Schienen.

Eineinhalb Kilometer vor dem Ziel machte die Strecke eine scharfe Kurve und führte die Läufer auf einem Parallelweg dorthin zurück, woher sie gekommen waren. Pres Führung auf Bjorkland war auf knapp 30 Meter angewachsen und wurde immer noch größer, die Angst, eingeholt zu werden, trieb ihn an. Ungefähr eine Minute, nachdem Pre die Kehrtwende gemacht hatte, kam ihm Doug Brown von der Tennessee entgegen, der immer noch hin zum Wendepunkt unterwegs war. Brown war beeindruckt von der Mischung aus Leid und Entschlossenheit, die in dem baldigen Sieger zu erkennen war – ein Bild, das er nie vergessen würde. Pre sah gleichzeitig schlimmer und besser aus als alle anderen hinter ihm.

Pre bog um die letzte Kurve auf die Zielgerade ein und tackerte seinen Blick an ein Banner, das vor ihm fünf Meter über dem Boden im Wind flatterte. Sein Kopf wippte, als er die letzten paar Schritte machte und hinter dem Zielstrich in einem halb bewusstlosen Gestakse auslief. Einige Rennoffizielle eilten herbei, um ihn zu stützen. Bjorkland kam sieben Sekunden nach ihm ins Ziel.

Am nächsten Tag beschrieb Pre dieses Rennen in seinem Tagebuch. »Es war ein sehr hartes Rennen mit einer Mischung aus großartigen Läufern und einem schwierigen Kurs«, schrieb er. »Ich hatte Probleme zu gewinnen. Am liebsten hätte ich manchmal einfach dem Schmerz nachgegeben und Gary gewinnen lassen, aber ich konnte es einfach nicht. Ich habe mich einfach immer härter und immer weiter angetrieben.«

Dieses ehrliche Geständnis seiner psychischen Verletzbarkeit, seines Wankens angesichts des Leidens, hätte Stevens Fangemeinde in ganz Amerika, die sogenannten Pre's People, überrascht. Durch seinen sadomasochistischen Rennstil und seine frechen öffentlichen Kommentare hatte Pre sich einen Ruf als der härteste Wettkampfläufer von allen erarbeitet, den eines furchtlosen Gladiatoren, dem es leichtfällt, sich anzustrengen. »Die einzig gute Renngeschwindigkeit ist die selbstmörderische«, hatte er vor einem Rennen einmal in seiner typischen Art gesagt. »Und heute scheint ein guter Tag zum Sterben zu sein.«

Solche prahlerischen Erklärungen hatten einigen Fans den Eindruck vermittelt, dass Pre gerne litt. Nichts hätte falscher sein können. Er hatte in fast jedem Rennen Krisenmomente, und manchmal gewann seine schwache Seite. »Ich war nicht konkurrenzfähig«, lamentierte er nach einer Niederlage in Europa. »Wir waren 50 Meter vor Schluss gleichauf, und ich dachte plötzlich: Zum Teufel, ich will das hier nicht genug. Mir ist es egal. Gewinn du.«

Sogar im Training hatte Pre oft mit den mentalen Herausforderungen intensiver Anstrengung zu kämpfen. »Manchmal frage ich mich, ob es mir das wert ist, mich an meine Grenzen zu bringen, wenn der Preis dafür solche Schmerzen sind«, vertraute er seinem Tagebuch im Oktober 1971 nach einem harten Bahntraining an. »Ich kann nur sagen, ich hoffe es.«

Die grundlegende Frage »Ist es das wert?« tauchte in Pres Worten und Schriftstücken immer wieder auf. Sie verriet eine natürliche Angst und Hass dem gegenüber, dass schnelles Laufen nun einmal nicht angenehm ist. Und dennoch brachte sich Pre immer wieder in Situationen, in denen diese Frage aufkommen musste – weil er den Gedanken, von diesem Unangenehmen besiegt zu werden, noch mehr fürchtete. Pres kleine Schwester Linda sagte über ihn: »Er hat die gleichen Schmerzen und Ängste wie wir alle.« Was ihn anders mache, fügte sie hinzu, sei, dass er trotz seiner Schmerzen und Ängste im Grunde gesagt habe: »Her damit!«

Pre war hart – daran gibt es keinen Zweifel –, aber seine Härte bestand in keiner Weise aus irgendeiner übermenschlichen Schmerz- oder Angstresistenz. Sie entstammte einer standhaften Weigerung, das Weichei, das in jedem von uns steckt, zu akzeptieren. Mentale Fitness war ein täglicher Kampf für ihn, aber ein Kampf, den er bewusst gewählt hatte. »Wie hart ist Steve Prefontaine tatsächlich?«, frage er sich selbst in einem Interview für *Track & Field News*. »Wenn er bereit ist, sehr hart. Wenn er nicht bereit ist, dann nicht sehr hart.«

Bereit zu sein hieß, die wichtigste Frage positiv beantworten zu können: Ist es das wert? Pre hatte erkannt, dass für ihn zusammenhing, was ein Rennen ihm bedeutete und wie sehr er sich dafür anzustrengen wollte. Obwohl er selten verlor, hatte Pre sehr früh in seiner Laufkarriere gelernt, dass Gewinnen nicht die Belohnung war, die alle Angst und allen Schmerz wert war. Vielmehr war diese Belohnung Selbstfindung.

»Warum laufen, ist eine Frage, die man sich oft stellt«, schrieb er in einem Schulaufsatz. »Warum dort jeden Nachmittag rausgehen und sich das Gehirn rauslaufen? ... Was ist die Logik dahinter, sich jeden Tag selbst zu bestrafen, danach zu streben, besser, effizienter, härter zu werden?« Dann beantwortete er seine eigene Frage: »Das Wertvolle daran ist das, was du über dich selbst lernst. In solchen Situationen zeigen sich alle möglichen Eigenschaften – Dinge, die du von dir bisher nicht kanntest.«

Durch das Laufen entdeckte Pre nicht nur, wer er war, sondern auch, wer und was er sein wollte. Und was er sein wollte, das teilte er jedem mit, war hart. Für Pre war Härte, oder Mumm, mehr als ein leerer Machismo. Sie war sein wichtigster Grundsatz. Er verachtete die allgemein übliche Renntaktik des »sitting and kicking«, bei der man bis kurz vor der Zielgeraden im Windschatten des Führenden läuft und ihn dann übersprintet. Pre kasteite sich jedes Mal, wenn er es nicht geschafft hatte, vom Start bis ins Ziel ein »ehrliches« Rennen zu machen, was nicht oft der Fall war, und mehr als einmal griff er einen Läufer, der ihn mit dieser »feigen« Strategie geschlagen hatte, in der Öffentlichkeit verbal an.

Im Januar 1975 wurde Pre zusammen mit 19 anderen Top-Läufern zu einem Test ihrer psychischen und physischen Fähigkeiten an das Cooper Institute for Aerobic Research in Dallas eingeladen. Im psychologischen Test erstaunte Pre die Fragesteller, indem er sagte, dass er nicht unbedingt lief, um zu gewinnen, sondern um zu sehen, wer »den meisten Mumm hat«. Dann wurde ein VO_2max-Test mit ihm gemacht. Dieser Test war wie ein Sololauf auf dem Laufband, aber von unbestimmter Länge. Jeder Läufer rannte einfach bei immer höher werdender Intensität, bis er das Leiden nicht mehr aushielt und freiwillig aufhörte. Pre erreichte 84,4 und übertraf damit alle anderen

Läufer seiner Gruppe. Bis heute ist Pres Ergebnis eines der besten, das je von einem Läufer erzielt wurde.

In den meisten Rennen gewinnt nicht zwangsläufig der Sportler mit dem meisten Mumm, oft erweist sich die beste Taktik (wie eben »sitting and kicking«) als entscheidend. Taktische Renngestaltung ärgerte Pre, nicht nur, weil er das Gefühl hatte, sie besudele die Reinheit des Wettkampfs, sondern auch, weil er sie den Zuschauern gegenüber unfair fand. Pre fühlte sich sehr für die Menschen verantwortlich, die kamen, um ihm in Rennen zuzusehen, und dieses Gefühl intensivierte seine Motivation jedes Mal, sein Bestes zu geben, wenn er an den Start ging.

Ein paar Tage vor einem Bahnrennen in der Halle im Januar 1972 schrieb Pre wieder in sein Tagebuch. »Ich werde vor diesem Wochenende langsam nervös«, schrieb er. »Der Druck beginnt größer zu werden. Was soll ich tun? Das Einzige, was ich machen kann, ist, es auszusitzen, und wenn der Startschuss fällt, zu laufen wie ein Verrückter, für mich, für meine Familie, für die Leute, die von überallher gekommen sind, um zuzusehen, wie ich ihnen eine gute Show liefere, die sie nie mehr vergessen werden.«

Wie die letzte Zeile dieser Passage andeutet, sah Pre sich selbst als einen Darsteller oder einen Künstler. Ein Künstler zieht seine Motivation aus dem Nervenkitzel, sich selbst durch sein Handwerk zu entdecken und zu verändern, durch den starken Drang, mit anderen etwas ganz Bestimmtes zu teilen, das in ihm ist, und durch den Wunsch, in anderen etwas auszulösen. Pres Motivation war die gleiche. Er wollte sich selbst durch das Laufen entdecken, er wollte das Prinzip der Härte personifizieren, und er wollte die Menschen beeindrucken.

»Manche Menschen kreieren etwas mit Worten oder mit Musik oder mit Pinsel und Farben«, sagte er Don Chapman, einem Studienkameraden an der Universität von Oregon, der für die Studentenzeitung schrieb. »Ich möchte etwas Schönes schaffen, wenn ich laufe. Ich möchte, dass die Leute stehen bleiben und sagen: ›Ich habe noch nie jemanden so laufen sehen.‹ Es ist mehr als nur ein Wettkampf, es ist eine Einstellung. Ich möchte ihnen etwas Besseres geben als irgendjemand sonst. Kreativität.«

Wenn Pre tatsächlich ein Künstler war, war das Finale über 5000 Meter bei den Olympischen Spielen 1972 sein Meisterwerk. Nicht weil es sein bestes Rennen war, sondern weil es sein schönstes war, das Rennen, das am ehesten Pres Essenz einfing, seine Stärken und Schwächen.

Vor diesem historischen Wettkampf sagte Pre: »Wenn ich die Geschwindigkeit die ganze Zeit forciere und trotzdem verliere, nun gut, dann kann ich zumindest damit leben.« In dieser Bemerkung steckte alles, was ihn ausmachte. Pres Ziel war es nicht zu gewinnen. Sein Ziel war es, sein Allerbestes zu geben, für sich selbst, für die Zuschauer und für das Rennen als solches.

Als es so weit war, forcierte Pre aber das Tempo nicht die ganze Zeit. Stattdessen war er irgendwo in der Mitte des 13-Mann-Felds, als Nikola Sviridov aus der Sowjetunion sie in langsamen 4:25 Minuten über die ersten 1,5 Kilometer führte. War der Augenblick zu groß für den 21-Jährigen? Hatten die Ermahnungen, die er bekommen hatte, nicht als Windschutz für seine Gegner zu fungieren, ihn unsicher gemacht? Darüber wird noch immer diskutiert. Was auch immer der Grund gewesen sein mag, Pre wartete bis kurz vor dem letzten Kilometer, um das Rennen an sich zu reißen. Aber als er es dann schließlich tat, packte er es an der Gurgel, warf sich nach vorn mit einer Geschwindigkeit von 60 Sekunden pro Runde, die er unglaublicherweise bis ins Ziel durchhielt.

Das einzige Problem: Das taten auch drei andere Läufer. Zweimal innerhalb der letzten Runde kämpfte sich ein sichtlich zerfallender Pre wieder auf Zentimeter an die Führung heran, die er vor zwei Runden verloren hatte. Den zweiten Versuch hatte es in einem Meisterschaftsrennen so noch nicht gegeben. Schauen Sie sich tausend andere Rennen an, und Sie werden keines finden, in dem ein Läufer einen so offensichtlich letzten, verzweifelten Versuch macht, in den letzten Runden doch noch an die Spitze zu kommen, es nicht schafft – und dann noch einen letzten, verzweifelten Versuch macht. Pre tat es. Der Preis, den er dafür zahlte, war, dass er auf der Zielgeraden implodierte und die Bronzemedaille wenige Schritte vor dem Zielstrich an Ian Stewart aus Großbritannien verlor. Er hatte vorher geschworen, dass er dieses Rennen zu einem »Wettkampf des reinen Mumms« machen würde, und das hatte er. Es war nur nicht das Mumm-Rennen gewesen, das er geplant hatte. So ist die Kunst eben.

Sobald das Rennen vorbei war, zog Pre seine Schuhe aus und schlurfte zu einem abgeschiedenen Platz im Bauch des Olympiastadions. Er wollte allein sein. Aber Blaine Newnham, ein Sportjournalist von der *Eugene Register-Guard*, fand ihn. Newnham war der Journalist, der ihn am besten kannte und der ihm die enthüllendsten Aussagen entlockte. Ein paar Tage vor dem Rennen hatte Pre zu Newnham gesagt: »Jeder erwartet so viel von mir. Ich möchte diese verdammte Sache endlich hinter mich bringen … Vielleicht bin ich zu jung, um mit all dem klarzukommen.« Er war zutiefst verängstigt, dennoch überwand er seine Angst, um »ihnen eine Show zu bieten, die sie nie vergessen werden«, eine Show, die ein anderer Journalist als »eines der großartigsten, aufregendsten Langstreckenrennen der Geschichte« beschreiben sollte. Als Newnham den deprimierten Pre in den Untiefen des Olympiastadions fand, überkam ihn der Pathos der wunderschönen Katastrophe, die er gerade miterlebt hatte. Anstatt nach Zitatschnipseln zu geiern, legte der Reporter seinen Notizblock weg und redete dem frustrierten jungen Mann gut zu.

»Bist du um den zweiten oder dritten Platz gelaufen?«, fragte Blaine. »Nein, du bist gelaufen, um zu gewinnen, du hast eineinhalb Kilometer vor dem Ziel die Führung übernommen, du hast alles aus dir herausgeholt und du bist Vierter geworden. Und wie schlimm ist das?«

»Okay, nicht so schlimm«, räumte Pre ein.

Während sie redeten, kam Dave Bedford aus Großbritannien, der ebenfalls im Rennen mitgelaufen war, in den Raum. Plötzlich meldete sich Pres altes Ich und er rief: »Ich sehe dich in Montreal, Bedford – und ich werde dir den Hintern versohlen!«

Steve Prefontaine würde bei den Olympischen Spielen 1976 in Montreal nicht mehr die Chance für eine Revanche bekommen. Spät in der Nacht des 29. Mai 1975 kam er bei einem Autounfall in der Nähe seiner Heimat in Eugene ums Leben, als er auf dem Nachhauseweg von einer feuchtfröhlichen Party war, auf der ein weiterer Sieg in Hayward Field gefeiert wurde, Pres Hausbahn in Eugene, wo seine Legende geboren worden war und wo er so viele für immer geprägt hatte. Pre war noch einige Minuten lang bei Bewusstsein, während er zwischen seinem umgekippten MG-Cabrio und der Straße eingeklemmt lag. Keiner, der so voller Leben gewesen war, hätte es hinnehmen können, so früh zu sterben. Aber schlussendlich starb er in dem Wissen, dass er da draußen alles gegeben hatte.

DIE FRAGE, DIE SICH JEDER Athlet in den entscheidenden Momenten eines Rennens stellt – »Wie sehr willst du es?« –, ist im Grunde eine Frage der Motivation. Eine ganze Reihe Faktoren beeinflussen, wie nah jemand, der über glühende Kohlen geht, an die Wand seiner physischen Leistungsfähigkeit kommt, aber die Motivation ist der stärkste Faktor. Hinter der Frage, wie sehr ein Sportler sein Bestes geben möchte, steckt eine tiefer gehende Frage – die Frage, auf die Pre immer wieder zurückkam: Ist es das wert? Wie stark die Motivation eines Sportlers ist, die für sich bestmögliche Leistung zu bringen, wird größtenteils vom Wert bestimmt, den er der jeweiligen Sache beimisst. Athleten beißen sich in Wettkämpfen durch extrem hohe Niveaus der Anstrengungswahrnehmung, weil sie erwarten, dafür belohnt zu werden. In den meisten Fällen ist diese Belohnung weder zweckmäßig (zum Beispiel Geld) noch sensorisch (zum Beispiel ein leckeres Essen, um die Leistung zu feiern), sondern persönlich. Wenn man sein Bestes gibt, hängt dem immer eine Bedeutung an. Diese ist der Wert. Und die Bedeutung ist für jeden Sportler eine andere.

Neurowissenschaftler haben im vergangenen Jahrzehnt viel darüber gelernt, wie die Wahrnehmung von Wert Menschen motiviert. Oscar Bartra von der Universität von Pennsylvania und andere Wissenschaftler haben sogar ein Wertesystem im Gehirn entdeckt, das im ventromedialen präfrontalen Cortex und ventralen Striatum sitzt. Diese Gehirnregionen werden sehr aktiv, sobald einer Person etwas gezeigt wird, dem sie Wert beimisst. Je höher der Wert, desto aktiver wird das Wertesystem und desto eher ist jemand bereit, etwas dafür zu tun – oder zu leiden. Das Wertesystem überlappt sich mit einem anderen System, dem Belohnungszentrum des Gehirns, dahingehend, dass es genügt, eine Belohnung nur zu erwarten, um (durch Ausschüttung des Neurotransmitters Dopamin) einen Hauch der gleichen Freude auszulösen, die man fühlen würde, wenn man die Belohnung tatsächlich bekäme.

Diese Fähigkeit, die Freude einer Belohnung zu schmecken, bevor man sie tatsächlich bekommt, ermöglicht es hochmotivierten Sportlern, ein höheres Niveau der Anstrengungswahrnehmung zu tolerieren. Das Belohnungszentrum durch das Wertesystem zu aktivieren ist so, als würde man einen Fuß in Eiswasser stellen, um sich von dem Schmerz im anderen Fuß abzulenken, der auf heißen Kohlen steht. Alles, was man braucht, um sich diese Kapazität für gefühlsbedingte parallele Verarbeitung zunutze zu machen, ist eine Belohnung, deren Wert hoch genug und die deshalb motivierend ist. Aber das ist auch der schwierige Teil. Denn während die Wissenschaft herausgefunden hat, dass diese Hirnsysteme bei allen gesunden Menschen gleich arbeiten, weiß sie auch, dass die Dinge, denen die Menschen Wert beimessen, sehr individuell sind, besonders wenn es um abstrakte Belohnungen geht – wie solche, die mit der persönlichen Bedeutung, die ein Sportler dem beimisst, sein Bestes zu geben, in Zusammenhang stehen.

Schauen Sie in jeden beliebigen großartigen Sportler hinein und Sie werden eine starke persönliche Motivation, sein Bestes zu geben, entdecken, die mit der besonderen Bedeutung in Verbindung steht, die der Sport bei ihm hat. Catherine Ndereba, die Anfang der 2000er-Jahre viermal den Boston-Marathon gewonnen hat und gläubige Christin ist, interpretierte ihre Wettkampfteilnahmen als die Erfüllung der Aufgabe, für die sie Gott auf die Erde geschickt hat, und sprach in Rennen oft mit ihrem Schöpfer. Diese Angewohnheit war genauso ein Faktor für ihren Erfolg – und so typisch für ihren Charakter – wie Pres Angeberei und Prahlerei für seinen. Nderebas Glaube war auch eine effektive Bewältigungsstrategie. Hirnstudien lassen darauf schließen, dass Beten die Hirnfunktionen verändert, sodass das Schmerzempfinden reduziert wird. Es könnte also durchaus sein, dass es bei gläubigen Athleten wie Ndereba auch die Anstrengungswahrnehmung herabsetzen kann.

Steve Prefontaine hatte verschiedene Motivatoren. Wie andere Athleten auch fürchtete und hasste er den Druck und das schlechte Gefühl in Wettkämpfen. Ebenfalls wie andere Athleten stellte er sich diesen unangenehmen Gefühlen, indem er den Sport mit einer persönlichen Bedeutung verknüpfte, einer Quelle der Motivation, die das Leiden »es wert werden« ließ. Aber er hatte seine eigene Art das zu tun, indem er Laufen als Möglichkeit interpretierte, sein bestes Selbst zu entdecken und sein Bestes für andere zu geben, indem er unablässig nach Härte strebte, oder Mumm – einer Art Mut.

Hobbysportler sind ebenso in der Lage wie Elite-Athleten, in ihrem Sport eine persönliche Bedeutung zu finden und diese zu nutzen, um sich zu außerordentlichen Leistungen zu motivieren. Aber auch Talent als solches ist ein Motivator, eine Realität, die den meisten talentierten Athleten einen Vorteil in der Frage »Wie sehr willst du es?« verschafft. Psychologische Untersuchungen haben in einer Reihe von Versuchen ergeben, dass Menschen sich im Sport, in der Ausbildung und bei anderen Aktivitäten mehr anstrengen, wenn sie das Gefühl haben, sie seien gut darin. Es gibt nicht viele Schüler, die am härtesten für das Fach arbeiten, das sie am wenigsten mögen. Und auch ein Athlet, der fünf Sportarten ausprobiert und sich dann für die entscheidet, in der er sich am schwersten tut, ist sehr rar.

Die natürlichen Fähigkeiten spielen eine große Rolle dabei, wenn Ausdauersportler abwägen, wie sehr sie sich für ihren Sport anstrengen möchten, wie viel Anstrengung er ihnen wert ist. Zweifellos hält es viele Sportler davon ab, ihre körperlichen Grenzen mit allem, was sie haben, auszuloten, wenn sie nicht mit Topklasse-Genen ausgestattet sind. Dennoch gibt es Praxisbeweise, die zeigen, dass ein Mangel an Talent kein unüberwindbares Hindernis auf dem Weg dahin ist, es so sehr zu wollen wie ein Olympiasieger.

Nehmen wir einmal John Bingham, besser bekannt als der »Pinguin«, der so ziemlich als der Anti-Steve-Prefontaine angesehen werden könnte, das Yin zu Pres Yang. Es gibt einen berühmten Ausspruch von Pre: »Weniger als dein Bestes zu geben bedeutet, dass du dieses Geschenk vergeudest.« Zwanzig Jahre später konterte John Bingham: »Wenn es wehtut, mach langsamer.« Beide Männer haben Heerscharen von Läufern inspiriert, aber auf ganz unterschiedliche Weise. Viele Läufer haben ein Poster von Pre an der Wand hängen, und viele Läufer haben ein »Pinguin«-Buch in ihrem Bücherregal stehen. Aber nur wenige Läufer haben ein Pre-Poster an der Wand hängen und ein »Pinguin«-Buch im Bücherregal stehen.

John Bingham wuchs in den 50er-Jahren in einer italienischen Familie aus der Arbeiterklasse in Chicago auf. Wie die meisten seiner Freunde träumte er davon, Profi-Sportler zu werden. Das Einzige, was ihn davon abhielt, diesen Traum zu verwirklichen, war, dass er überhaupt kein sportliches Talent hatte.

Johns erste Liebe war Baseball, aber sie dauerte nicht lange. Er gab den Sport mit neun Jahren wieder auf, nachdem er es bei den Testspielen nicht in die Little League geschafft hatte. In der Junior High ging John ins Basketballteam, aber saß fast die ganze Saison auf der Bank. Als der Trainer ihn endlich doch einmal spielen ließ, versuchte er, in der letzten Minute einer unglaublich knappen Partie den spielentscheidenden Korb zu werfen – und wurde auf den Schultern der gegnerischen Mannschaft hinausgetragen. Damit war seine Basketballkarriere beendet.

Nachdem er 1976 aus der Armee entlassen worden war, hörte John komplett mit dem Sport auf. Er fing an zu rauchen und viel zu trinken. Als er 40 wurde, wog John fast 110 Kilo und fühlte sich so schlecht, wie er aussah. Er versuchte mehrmals wieder in Form zu kommen, aber jedes Mal verhinderte seine schwindende Motivation einen Erfolg. Eines Tages sprach John mit dem fittesten Kerl, den er kannte, einem Kollegen aus seiner Fakultät am Oberlin College & Conservatory of Music, der ein begeisterter Radfahrer war. John fühlte sich nach diesem Gespräch so befeuert wie nie zuvor. Er kaufte sich ein altes Peugeot-Stahlrad mit zehn Gängen bei einem örtlichen Garagenverkauf. Nach ein paar Ausfahrten begann John zu verstehen, was sein Kollege im Radfahren sah. Je mehr er fuhr, desto fitter wurde er, und je fitter er wurde, desto mehr fuhr er – bis er es auf 100 Kilometer am Stück brachte.

John musste für seine Arbeit viel reisen. Er hasste den Aufwand, den er betreiben musste, wenn er seine Radfahr-Routine auf Geschäftsreisen beibehalten wollte, also begann er zu laufen, um auch dann Sport zu treiben, wenn er nicht Rad fahren konnte. Er stellte schnell fest, dass Laufen viel schwieriger war als Radfahren, wenn man übergewichtig und nicht in Form ist. Johns erster Lauf war nur ein paar Minuten lang. Aber er blieb am Ball und rannte jedes Mal, wenn er die Laufschuhe schnürte, so lange er konnte. Er brauchte fast sechs Monate, bis er fünf Kilometer durchhielt.

Eine Woche nachdem er die 5-Kilometer-Hürde genommen hatte, wurde John dazu überredet, an einem Wettkampf teilzunehmen. Damals hatte er keinerlei Ambitionen, jemals eine größere Herausforderung anzugehen als einen fünf Kilometer langen Spaßlauf, aber er ließ sich dennoch darauf ein, einen Duathlon zu machen, der aus zweimal 5 Kilometern Laufen und 25 Kilometern Radfahren dazwischen bestand. Am Rennmorgen ging John zufällig an einem Tisch vorbei, auf dem die Auszeichnungen standen, die den besten Männern und Frauen insgesamt und jeder Altersklasse verliehen werden sollten. Trunken von seiner in letzter Zeit sprunghaft gestiegenen

Fitness, änderte John sein Ziel spontan von »ankommen« in »eine dieser Trophäen gewinnen«. Er schaffte es nicht und wurde Letzter.

John konnte das nicht auf sich sitzen lassen, erhöhte seine Trainingsumfänge und suchte sich ein neues Rennen aus – ein einfacheres ohne Fahrradpart. Obwohl er sich so sehr anstrengte, wie er konnte, wurde er wieder Letzter. »Ich habe gemerkt, dass, wenn ich beim Laufen bleiben wollte, ich einen anderen Grund dafür finden musste als gewinnen«, schrieb er später.

Tatsächlich hatte John bereits einen anderen Grund fürs Laufen gefunden: Freude. Obwohl zwischen seinen Ambitionen und seinem Talent eine riesige Lücke klaffte, zog John große Befriedigung aus den Rennerlebnissen. Einfach nur durchs Ziel zu laufen ließ ihn sich gut fühlen, sogar wenn die meisten anderen Teilnehmer schon längst nach Hause gegangen waren, wenn er dort ankam. John fing an, regelmäßig an Wettkämpfen teilzunehmen, und ging sogar so weit, den Job zu wechseln und in eine andere Gegend zu ziehen, um sein Leben seinen Trainings- und Wettkampfgewohnheiten besser anzupassen. Er war schlussendlich doch zu einem Sportler geworden und fühlte sich so erfüllt von seinem Sport wie jeder Profi, wenn auch ohne den Ruhm und Reichtum.

Obwohl: Ruhm und Reichtum folgten ebenfalls. John war ein begnadeter Geschichtenerzähler und begann, lustige Zusammenfassungen seiner sportlichen Abenteuer auf einer populären Online-Nachrichten-Pinnwand für Läufer zu veröffentlichen. Ganz im Gegensatz zu anderen, die dort posteten, stand er dazu, langsam zu sein, er nahm sogar das Pseudonym »der Pinguin« an, das sich auf seinen Watschelschritt bezog. Ein Journalist, der auch für *Runner's World* gearbeitet hatte, mochte Johns Geschichten und gab sie an Amby Burfoot, den Herausgeber der Zeitschrift, weiter. Burfoot sah in John das ideale Sprachrohr für die neue Läufergeneration, die schwerer, langsamer und weniger kompetitiv war als die früheren Generationen. Der erste Beitrag der »Pinguin-Chroniken« erschien in der Ausgabe vom Mai 1996. Die Leser waren begeistert, und die

Kolumne – ursprünglich auf acht Monate angesetzt – wurde auf unbestimmte Zeit verlängert.

Es folgten einige Bücher, die Titel trugen wie »The Courage to Start« (Der Mut anzufangen) oder »No Need for Speed« (Wer braucht schon Tempo?). Laufvereine und Rennveranstalter von Seattle bis Miami ließen John für Vorträge einfliegen, bei denen er die gleiche Botschaft immer wiederholte: Du musst nicht schnell sein, um ein Läufer zu sein. Anfang der 2000er-Jahre war »der Pinguin« der wohl bekannteste amerikanische Läufer seit Pre, viel bekannter als die Top-Olympioniken des Landes. Zehntausende Männer und Frauen sagten, dass er sie dazu inspiriert habe, vom Sofa aufzustehen und sich zu bewegen.

Sie nannten sich selbst »Pinguine«, das Gegenteil von »Pre's People«. Früher fühlten sie sich eingeschüchtert von der harten Fraktion der Läufergemeinde, jetzt waren sie stolz darauf, anders zu sein. »Mit dem Laufen steht und fällt nicht unsere Existenz«, schrieb der Pinguin. »Unsere Leben und unser Glück zirkeln nicht um den letzten Lauf oder die nächste persönliche Bestzeit.«

Johns Marathonbestzeit lag bei 4:35 Stunden. Er sagte einmal einem Reporter, dass er einen Marathon unter vier Stunden laufen könne, wenn er wolle. »Aber ich will nicht«, sagte er. »Es interessiert mich nicht. Der Preis, den ich zahlen müsste, um einen Marathon unter vier Stunden zu laufen, wäre zu hoch, das ist es nicht wert.«

»Das ist es nicht wert.« Ein Steve-Prefontaine-Echo – mit dem Unterschied, dass sich John für das Gegenteil entschieden hat. Hat er das überhaupt? In seinem vierten Buch, »An Accidental Athlete« (Zufällig Sportler), legte John ein überraschendes Geständnis ab: »Trotz all meines Geredes darüber, dass man die Reise genießen soll«, gab er zu, »bin ich doch zu einem gewissen Grad ein heimlicher Wettkämpfer. Ich mag es, Leute zu überholen. Ich mag es, jemanden zu schlagen.«

Es zeigte sich, dass John, obwohl er immer das Gegenteil beteuert hatte, nie ganz das Verlangen verloren hat zu sehen, wie schnell er sein konnte. Wie viele Sportler, die kein besonderes Talent haben, ging er ursprünglich davon aus, dass es sinnlos sei, sein Bestes zu geben. Aber er konnte sich des Gefühls nicht erwehren, dass der einzige Grund, warum es Ausdauersport überhaupt gab, war, ein Forum dafür zu bieten, seine persönlichen Grenzen neu zu definieren. Und dass dieser Nervenkitzel das war, was jeden, ob talentiert oder nicht, an Ausdauerwettkämpfen reizte, sogar wenn man es lieber nicht zugeben mochte.

»Manche Läufer erzählen mir, dass sie sich nicht konkurrenzfähig fühlen, sogar in Rennen nicht«, schrieb John. »Das glaube ich nicht.« Er ermutigte Läufer aller Leistungsklassen, ihr Ziel, schneller zu werden, zu verfolgen – nicht um des Ziels Willen, sondern um die Verwandlung zu erleben, die damit verbunden ist, wenn man sein Bestes gibt. Er vertraute seinen Lesern an, dass die Rennen, in denen er sich am meisten gequält und in denen er am meisten gelitten habe, einige der bedeutendsten Momente in seinem Leben gewesen seien. Und der Augenblick, der alle anderen überstrahlte, sagte er, sei beim Sunburst 10K in South Bend, Indiana, gewesen.

John hatte eigentlich vorgehabt, die erste Hälfte dieser Veranstaltung verhalten anzugehen und dann auf Risiko zu laufen. Als er nach der Hälfte dann anziehen wollte, wurde er von einem Läufer in ungefähr seinem Alter überholt. Sein Kampfinstinkt meldete sich. John erhöhte das Tempo und setzte sich wieder vor seinen Herausforderer, der seinerseits wiederum überholte. John weigerte sich, ihn ziehen zu lassen. Es tat schrecklich weh, aber er lief bewusst in den Schmerz hinein und war die ganze Zeit überzeugt, dass das, was er hier machte, die Qualen, die er auf sich nahm, wert war.

Als er sich dem Ziel näherte, hatte er nicht nur seinen Herausforderer abgeschüttelt, sondern sah auf der offiziellen Zeitnahme auch, dass er es schaffen könnte, unter 51 Minuten zu bleiben – bei Weitem eine neue persönliche Bestzeit. Er machte noch mehr Druck, es tat noch mehr weh, und er kam nach 51:03 Minuten ins Ziel.

Euphorisch drehte sich John um, um dem Mann die Hand zu schütteln, der, wie John sagte, »mir geholfen hat, etwas tief in mir zu finden, von dem ich nicht wusste, dass es existiert ... eine Stärke, eine Entschlossenheit und ein Wille zu leiden, was ich bisher nicht kannte«.

Genau. Jeder Sportler, der sich über seine Grenzen hinausgetrieben hat auf der Suche nach Verbesserung, versteht diese Gefühle. Es gibt kein Gefühl, das sich mit dem vergleichen lässt, sich an den Punkt zu bringen, an dem man aufgeben möchte und dann doch nicht aufgibt. In diesem Moment der »ungeschönten Realität«, wie Mark Allen es nannte, wenn etwas in einem fragt: Wie sehr willst du es?, wird ein innerer Vorhang aufgezogen, der einen Teil seiner Selbst freilegt, der nur in Krisenmomenten sichtbar wird. Und wenn man damit antwortet, dass man weiter Druck macht, geht man aus diesem Experiment heraus mit einer Selbstkenntnis und Respekt für sich selbst, die unbezahlbar sind.

In diesen Begegnungen mit der ungeschönten Realität finden Sportler nicht nur Gründe, um weiterzumachen, sondern auch Möglichkeiten, um weitermachen zu können – Motivation (warum) und Bewältigungsstrategien (wie), auf die sie beim nächsten Mal, wenn sie in Versuchung geraten, Tempo rauszunehmen oder aufzugeben, zurückgreifen und auf die sie aufbauen können. Und sowohl das Warum als auch das Wie sind zu einem gewissen Grad persönlich, spezifisch für den einzelnen Sportler.

MENTALE FITNESS, EBENSO WIE Motivation, kommt in vielen Versionen vor. Es gibt nicht die eine ideale Bewältigungsstrategie, der sich Sportler immer weiter nähern, je reifer sie werden. Es gibt sehr wohl bestimmte Fähigkeiten und Charakterzüge – wie Resilienz –, die unabdinglich sind, um es im Ausdauersport ganz nach oben zu schaffen, und die sind deshalb mehr oder weniger bei allen Spitzenathleten vorhanden. Dagegen ist optimale mentale Fitness etwas Individuelles. Genauso, wie es für jeden Läufer einen individuellen optimalen Laufstil gibt, einfach weil jeder Läufer einen einzigartigen Körper hat, ist auch mentale Fitness etwas, das für jeden Sportler spezifisch ist, weil das Selbst eines jeden Sportlers einzigartig ist. Die persönliche Formel für die bestmögliche mentale Fitness eines Sportlers ist immer im Einklang mit der Natur seiner einmaligen Persönlichkeit.

In den vorangegangenen Kapiteln ging es um Bewältigungsstrategien, die mehr oder weniger universell sind. Es wurden Kernelemente mentaler Fitness vorgestellt, die Top-Ausdauerathleten nutzten, um bestimmte Herausforderungen zu bewältigen. Jenny Barringer überwand ihre Selbstsabotage in Rennen, indem sie sich gewappnet hat. Greg LeMond nutzte die Kraft zeitbasierter Ziele, die Kunst zu meistern, seine Anstrengungswahrnehmung zu interpretieren und die drohenden Folgen eines fast tödlichen Unfalls zu überwinden, um das Rennen seines Lebens zu fahren. Siri Lindley überwand ihre Versagensangst, indem sie ihre Träume losließ, und lernte im Fluss des Moments Wettkämpfe zu bestreiten. Willie Stewart nutzte die erlernte Bewältigungsstrategie der Anpassung, um die fest verdrahtete Bewältigungsstrategie der Neuroplastizität zu aktivieren und den Verlust eines Arms durch den Anpassungseffekt auszugleichen. Cadel Evans überwand sein ständiges Scheitern, indem er Resilienz entwickelte, das fehlende Puzzlestück in seiner Erfolgsformel. Joseph Sullivan überwand das Hindernis, den »falschen Körper« für seinen Sport zu haben durch das Prinzip des An-die-Pinnwand-Heftens als Motivator – also ausgesprochene und unausgesprochene Herausforderungen an sein sportliches Ego. Paula Newby-Fraser überwand den auf Angst beruhenden Fehltritt des Übertrainings, indem sie lernte, auf ihren Körper und ihre Intuition zu hören. Ryan Vail bezwang Gegner, die mehr Talent hatten als er, durch den Gruppeneffekt – das heißt dadurch, dass er den Vorteil der leistungssteigernden Wirkung von Teamarbeit nutzte. Thomas Voeckler nutzte den Publikumseffekt und den Erfolgseffekt dafür, um seine Erwartungen höherzuschrauben und seinem ultimativen körperlichen Limit näherzukommen, als die meisten Sportler es zu tun in der Lage sind. Und Ned Overend überwand die Grenzen des Alters, indem er sich seine Leidenschaft für Sport erhielt.

Spitzensportler haben kein Monopol auf diese Bewältigungsstrategien und Charakterzüge, diese stehen allen offen. Die Geschichten und die wissenschaftlichen Erkenntnisse in den vorangegangenen Kapiteln sollen als eine Art Weg aufzeigen, dem jeder Sportler folgen kann, um die gleichen Fähigkeiten zu entwickeln. Aber einen kompletten, allgemeinen Fahrplan, um maximale mentale Fitness zu erlangen, gibt es nicht, denn es gibt viele Wege, das Prinzip »Kopf über Körper« zu trainieren, die für einige Athleten hervorragend funktionieren und für andere überhaupt nicht, abhängig davon, wer sie tief in ihrem Innersten sind.

Vielleicht ist der Grund dafür, dass Pre bis heute noch so beliebt ist, dass er so vollkommen er selbst war. Sein Verhalten in und außerhalb von Rennen war nie willkürlich oder angepasst, sondern drückte immer sein schlüssiges, originäres Selbst aus. Wer sonst wäre eine Siegesrunde in einem T-Shirt gelaufen, auf dem ein rotes Achteck und der Schriftzug »Stop Pre« abgebildet sind? Aber dieses Verhalten, das so ganz und gar Pre war, war mehr als Selbstdarstellung. Es war auch eine Bewältigungsstrategie, die ihm dabei half, Leistung zu bringen.

Obwohl er zu Hause kaum zu schlagen war, schaffte es Pre nicht, auf der internationalen Bühne zu gewinnen, was einige Kommentatoren dazu verleitete vorzuschlagen, dass er seinen Rennstil ändern solle, bei dem er früh in Führung ging, nur um dann in der letzten Runde von Läufern mit der »sitting and kicking«-Strategie überholt zu werden. Pre hörte sich diese Kritik durchaus an, aber er änderte seinen Stil trotzdem nicht. Ein Rennen von vorn zu laufen, passte gut zu ihm, weil es seiner Persönlichkeit entsprach – besonders dem Teil seiner Persönlichkeit, die nach Kontrolle verlangte. »Ich fühle mich wohler, wenn ich die Kontrolle habe«, sagte er. »So kann man ein Rennen langsamer oder schneller machen.« Tatsächlich haben Studien gezeigt, dass Sportler eine geringere Anstrengung wahrnehmen, wenn sie die Trainingsintensität selbst kontrollieren können, als wenn sie die gleiche Intensität von außen auferlegt bekommen.

Dennoch fühlen manche Sportler sich wohler, wenn sie reagieren dürfen. Mo Farah zum Beispiel gewann fünf Meisterschaften und zwei olympische Goldmedaillen über 5000 und 10.000 Meter mit einem Rennstil, bei dem er sich geduldig durchs Feld arbeitete und erst ganz am Schluss die Führung übernahm.

Pres Neigung zum Herummaulen vor Rennen war ebenfalls Teil seiner besonderen Art, mit dem Druck und dem Unwohlsein, die mit Wettkämpfen verbunden sind, umzugehen. Sein Teamkamerad an der Oregon, Steve Bence, erzählte dem Biografen Tom Jordan: »Pre jammerte vor jedem Rennen herum, dass er sich nicht gut fühle und nicht laufen wolle. Egal wo das Rennen stattfand oder wie wichtig es war, er sagte immer: ›Oh, ich wünschte, ich müsste nicht laufen. Ich glaube nicht, dass ich gut laufen werde.‹ Dann ging er an den Start und rannte wie der Teufel.« All dieses negative Gerede diente vermutlich dazu, etwas von dem Druck von sich zu nehmen, den Pre vor Wettkämpfen fühlte. Er machte es sich selbst etwas leichter, indem er sich schon einmal vorab für eine Niederlage entschuldigte, damit er sich beruhigen und seine mentale Energie für den Zeitpunkt aufsparen konnte, wenn sie gebraucht wurde. Psychologen nennen diese Bewältigungsstrategie »defensiven Pessimismus«. Es gibt noch andere Wege, um mit der Nervosität vor einem Wettkampf umzugehen – Wege, die für Sportler mit einer anderen Persönlichkeit als der von Pre besser funktionieren. Psychologische Tests haben gezeigt, dass wenn Menschen sich selbst sagen, dass sie vor einer Herausforderung wie vor Publikum zu sprechen oder eine Matheprüfung zu schreiben eher aufgeregt als nervös seien, eine bessere Leistung abliefern. Diese Technik wurde noch nicht im Sportkontext ausprobiert, aber es ist anzunehmen, dass sie vor einem Ausdauerwettkampf ebenso gut funktionieren würde, denn man weiß, dass Angst die wahrgenommene Anstrengung erhöht.

Steve Prefontaine fand seine ultimative Formel für mentale Fitness, indem er zuerst einen starken Sinn für sein Selbst entwickelte und dieser Identität dann treu blieb. Sein unverwechselbarer Stil bestand darin, er selbst zu sein. Eine einfache, aber selten leichte Angelegenheit. Man selbst zu sein ist eigentlich die einzige Art und Weise, wie ein Sportler seine eigene Formel für seine individuell bestmögliche mentale Fitness entwickeln kann. Aber das geht nicht so automatisch, wie es sich anhört. Sportler scheuen sich oft davor, sie selbst zu sein. Ein anderer Läufer, der das gleiche Bedürfnis wie Pre hat, vor Rennen herumzujammern, könnte zum Beispiel schweigen aus Angst, als Simulant zu gelten.

Man selbst zu sein setzt auch zu einem gewissen Maß voraus, dass man sich mit Unsicherheit wohlfühlt. Keiner wird mit dem Wissen geboren, wer er ist. Wir werden, wer wir sind, indem wir uns neuen Herausforderungen stellen und sie bewältigen. Pre nahm die Unsicherheit an, sich über seine Grenzen hinaus zu peitschen.

»Ich war dort noch nie«, sagte er nach einem Rennen in seinem ersten Jahr an der Oregon. » Es war unerforschtes Gebiet. Das ist seltsam. Man findet sich selbst irgendwo, wo man noch nie gewesen ist, und weiß nicht, ob man es zu Ende bringen kann. Aber ich erforsche mich kontinuierlich. Ich bin noch nicht an der Grenze zur Bewusstlosigkeit. Vielleicht komme ich da nie hin.«

Der Weg zwischen einem selbst und dem besten Selbst, das man sein kann, ist unerforschtes Gebiet. Man ist zu einem gewissen Grad auf sich allein gestellt dabei, nicht nur zu entdecken, was einen dazu motiviert, »alles aus sich herauszuholen«, sondern auch seine spezielle Formel für die maximale mentale Fitness zu finden. Das ist es, was es bedeutet, sein eigener Sportpsychologe zu werden. Seinen Sport als ständiges Gehen über glühende Kohlen anzusehen, danach zu streben, der unerreichbaren Wand, die das eigene ultimative körperliche Limit darstellt, immer näher zu kommen, bedeutet, sich auf eine Reise der Veränderung zu begeben, während der man zu dem Sportler – und der Person – wird, die man sein möchte, während man die Hindernisse überwindet, die diesem Prozess im Weg stehen. Diese Reise ist das größte Geschenk, das der Ausdauersport zu bieten hat, und alles, was Sie tun müssen, um es zu bekommen, ist, die Herausforderung auszutesten, wie weit Sie gehen können, mit ganzem Herzen anzunehmen.

Natürlich können nicht alle Sportler mehrere Stunden am Tag trainieren. In vielen Fällen muss ein Sportler genug Talent besitzen, Profi-Sportler zu werden, um diese Art von Investition zu rechtfertigen. Aber es gibt einen Unterschied zwischen der Zeit, die man aufbringt, und der Mühe, die man investiert. Das Rennen ist für alle Athleten das gleiche. Wenn der Startschuss fällt, hat der langsamste Teilnehmer ebenso viel Anlass, sein Bestes zu geben, wie der schnellste, bis das Ziel erreicht ist. Und jeder Sportler, egal wie viel Zeit er in sein Training investieren möchte, hat die Möglichkeit, an der Entwicklung seiner mentalen Fitness zu arbeiten, die dafür notwendig ist, noch mehr zu geben und am Renntag effektiver zu sein. Talent mag einem Sportler das ultimative körperliche Limit vorgeben, aber es entscheidet nicht darüber, wie nah der Sportler an dieses Limit herankommen kann. Wie John Bingham schrieb: »Ich habe Läufer mit einer 12-Minuten-Pace gesehen, die mehr Herz, mehr Sinn für den Wettkampf und mehr reinen Mumm hatten als einige der schnellsten Läufer der Welt.«

Wir alle haben solche Athleten schon einmal gesehen. Sie sind der lebende Beweis dafür, dass Talent einem nicht die Fähigkeit diktiert, mental fit zu werden, und dass das Streben nach seiner persönlichen maximalen mentalen Fitness es immer »wert ist«. Die gleiche Reise zu sich selbst, die Steve Prefontaine und die anderen meisterlichen Sportpsychologen, die wir in diesem Buch kennengelernt haben, unternommen haben, können alle Sportler antreten. Das bedeutet, die Herausforderung anzunehmen, über glühenden Kohlen zu gehen, um sein inneres Potenzial voll ausschöpfen zu können.

Dank

Dieses Buch zu recherchieren und zu schreiben war ein lohnenswerter Ausdauertest. Einer, den ich nicht bestanden und auch nicht genossen hätte ohne die Hilfe von vielen talentierten und großzügigen Menschen. Besonders danken möchte ich Bob Babbit, Kevin Beck, Chris Bednarek and Team Unlimited, Greg Benning, John Bingham, Casey Blaine, Serena Burla, Walt Chadwick, Nathan Cohen, Ted Costantino, Louis Delahaije, Chris Derrick, Adam Elder, David Epstein, Nataki Fitzgerald, Robert Gary, Elliott Heath, Elena Ivanova, David Jankowksi, Renee Jardine, Jeff Johnson, Hunter Kemper, Linda Konner, Siri Lindley, Bobby Mack, Samuele Marcora, Alissa McKaig, Greg Meyer, T. J. Murphy, Connie Oehring, Ned Overend, Beth Partin, Linda Prefontaine, Pete and Zika Rae, Toni Reavis, Stephen Roth, Josh Sandeman, Jenny Simpson, Neely Spence, Willie Stewart, Joseph Sullivan, Fritz Taylor und Ryan Vail.

Quellenangaben

Einleitung

Cona, G., A. Cavazzana, A. Paoli, G. Marcolin, A. Grainer und P. S. Bisiacchi. »It's a Matter of Mind! Cognitive Functioning Predicts the Athletic Performance in Ultra-Marathon Runners.« *PLOS ONE* 10, no. 7 (July 2015): e0132943.

Pageaux, B., R. Lepers, K. C. Dietz und S. M. Marcora. »Response Inhibition Impairs Subsequent Self-Paced Endurance Performance.« *European Journal of Applied Physiology* 114, no. 5 (May 2014): 1095–1105.

Wall, B. A., G. Watson, J. J. Peiffer, C. R. Abbiss, R. Siegel und P. B. Laursen. »Current Hydration Guidelines Are Erroneous: Dehydration Does Not Impair Exercise Performance in the Heat.« *British Journal of Sports Medicine* 49, no. 16 (August 2015): 1077–1083.

Walsh, V. »Is Sport the Brain's Biggest Challenge?« *Current Biology* 24, no. 18 (2014): R859–R860.

Kapitel 1

Havenar, J. und M. Lochbaum. »Differences in Participation Motives of First-Time Marathon Finishers and Pre-race Dropouts.« *Journal of Sport Behavior* 30, no. 3 (September 2007): 270.

Marcora, S. M., W. Staiano und V. Manning. »Mental Fatigue Impairs Physical Performance in Humans.« *Journal of Applied Physiology* 106, no 3 (March 2009): 857–864.

Smith, R. E. »Effects of Coping Skills Training on Generalized Self-Efficacy and Locus of Control.« *Journal of Personality and Social Psychology* 56, no. 2 (February 1989): 228–233.

Kapitel 2

Baden, D. A., T. L. McLean, R. Tucker, T. D. Noakes und A. St. Clair Gibson. »Effect of Anticipation During Unknown or Unexpected Exercise Duration on Rating of Perceived Exertion, Affect, and Physiological Function.« *British Journal of Sports Medicine* 39, no. 10 (October 2005): 742–746.

Galak, J. und T. Meyvis. »The Pain Was Greater if It Will Happen Again: The Effect of Anticipated Continuation of Retrospective Discomfort.« *Journal of Experimental Psychology: General* 140, no. 1 (February 2011): 63–75.

Ivanova, E., D. Jensen, J. Cassoff, F. Gu und B. Knäuper. »Acceptance and Commitment Therapy Improves Exercise Tolerance in Sedentary Women.« *Medicine and Science in Sports and Exercise* 47, no. 6 (June 2015): 1251–1258.

Smirmaul, B. P., J. L. Dantas, F. Y. Nakamura und G. Pereira. »The Psychobiological Model: A New Explanation to Intensity Regulation and (In)Tolerance in Endurance Exercise.« *Revista Brasileira de Educação Física e Esporte* 27, no. 2 (April–June 2013): 333–340.

Kapitel 3

Allen, E. J., P. M. Dechow, D. G. Pope und G. Wu. »Reference-Dependent Preferences: Evidence from Runners.« Working Paper No. 20343, National Bureau of Economic Research (July 2014), doi: 10.3386/w20343.

Bar-Eli, M., G. Tenenbaum, J. S. Pie, Y. Btesh und A. Almog. »Effect of Goal Difficulty, Goal Specificity and Duration of Practice Time Intervals on Muscular Endurance Performance.« *Journal of Sports Science* 15, no. 2 (April 1997): 125–135.

Wittekind, A. L., D. Micklewright und R. Beneke. »Teleoanticipation in All-Out Short-Duration Cycling.« *British Journal of Sports Medicine* 45, no. 2 (February 2011): 114–119.

Kapitel 4

Beilock, S. *Choke: What the Secrets of the Brain Reveal About Getting It Right When You Have To*. New York: Atria, 2011.

Blanchfield, A. W., J. Hardy, H. M. De Morree, W. Staiano und S. M. Marcora. »Talking Yourself out of Exhaustion: The Effects of Self-Talk on Endurance Performance.« *Medicine and Science in Sports and Exercise* 45, no. 5 (2014): 998–1007.

Renfree, A., J. West, M. Corbett, C. Rhoden und A. St. Clair Gibson. »Complex Interplay Between Determinants of Pacing and Performance During 20-km Cycle Time Trials.« *International Journal of Sports Physiology and Performance* 7, no. 2 (June 2012): 121–129.

Schücker, L., N. Hagemann, B. Strauss und K. Völker. »The Effect of Attentional Focus on Running Economy.« *Journal of Sports Science* 27, no. 12 (October 2009): 1241–1248.

Williams, E. L., H. S. Jones, S. Andy Sparks, D. C. Marchant, A. W. Midgley und L. R. McNaughton. »Competitor Presence Reduces Internal Attentional Focus and

Improves 16.1km Cycling Time Trial Performance.« *Journal of Science and Medicine in Sport* 18, no. 4 (July 2015): 486–491.

Zachry, T., G. Wulf, J. Mercer und N. Bezodis. »Increased Movement Accuracy and Reduced EMG Activity as the Result of Adopting an External Focus of Attention.« *Brain Research Bulletin* 67, no. 4 (October 2005): 304–309.

Kapitel 5

Furst, D. M., T. Ferr und N. Megginson. »Motivation of Disabled Athletes to Participate in Triathlons.« *Psychological Report* 72, no. 2 (April 1993): 403–406.

Haudum, A., J. Birklbauer, R. Sieghartsleitner, C. Gonaus und E. Müller. »Blood Lactate Response, Oxygen Consumption, and Muscle Activity During Treadmill Running with Constraint.« *Perceptual and Motor Skills* 119, no. 1 (August 2014): 20–37.

Valliant, P. M., I. Bezzubyk, L. Daley und M. E. Asu. »Psychological Impact of Sport on Disabled Athletes.« *Psychological Report* 56, no. 3 (June 1985): 923–929.

Kapitel 6

Aarts, H., K. I. Ruys, H. Veling, R. A. Renes, J. H. de Groot, A. M. van Nunen und S. Geertjes. »The Art of Anger: Reward Context Turns Avoidance Responses to Anger-Related Objects into Approach.« *Psychological Science* 21, no. 10 (October 2010): 1406–1410.

Collins, D. und A. MacNamara. »The Rocky Road to the Top: Why Talent Needs Trauma.« *Sports Medicine* 42, no. 11 (November 2012): 907–914.

Janssen, S. A., P. Spinhoven und J. F. Brosschot. »Experimentally Induced Anger, Cardiovascular Reactivity, and Pain Sensitivity.« *Journal of Psychosomatic Research* 51, no. 3 (September 2001): 479–485.

Sarkar, M., D. Fletcher und D. J. Brown. »What Doesn't Kill Me …: Adversity-Related Experiences Are Vital in the Development of Superior Olympic Performance.« *Journal of Science and Medicine in Sport* 18, no. 4 (July 2015): 475–479, doi: 10.1016/j.jsams.2014.06.010.

Seery, M. D., R. J. Leo, S. P. Lupien, C. L. Kondrak und J. L. Almonte. »An Upside to Adversity? Moderate Cumulative Lifetime Adversity Is Associated with Resilient Responses in the Face of Controlled Stressors.« *Psychological Science* 24, no. 7 (July 2013): 1181–1189.

Sekiguchi, A., M. Sugiura, Y. Taki, Y. Kotozaki, R. Nouchi, H. Takeuchi, T. Araki, S. Hanawa, S. Nakagawa, C. M. Miyauchi, A. Sakuma und R. Kawashima. »Brain Structural Changes as Vulnerability Factors and Acquired Signs of Post-earthquake Stress.« *Molecular Psychiatry* 18, no. 5 (May 2013): 618–623.

Wicks, R. J. *Bounce: Living the Resilient Life*. Oxford: Oxford University Press, 2009.

Kapitel 7

Barrett, R. S. und J. M. Manning. »Relationships Between Rigging Set-Up, Anthropometry, Physical Capacity, Rowing Kinematics and Rowing Performance.« *Sports Biomechanics* 3, no. 2 (July 2004): 221–235.

Dimakopolou, E., A. J. Blazevich, S. Kaloupsis, V. Diafas und V. Bachev. »Prediction of Stroking Characteristics of Elite Rowers from Anthropometric Variables.« *Serbian Journal of Sports Sciences* 1 (2007): 91–97.

Kapitel 8

Halson, S. L., M. W. Bridge, R. Meeusen, B. Busschaert, M. Gleeson, D. A. Jones und A. E. Jeukendrup. »Time Course of Performance Changes and Fatigue Markers During Intensified Training in Trained Cyclists.« *Journal of Applied Physiology* 93, no. 3 (September 2002): 947–956.

Kapitel 9

Cohen, E. E., R. Ejsmond-Frey, N. Knight und R. J. Dunbar. »Rowers' High: Behavioural Synchrony Is Correlated with Elevated Pain Thresholds.« *Biology Letters* 6, no. 1 (February 2010): 106–108.

Epstein, S. *The Sports Gene: Inside the Science of Extraordinary Performance*. New York: Current, 2013.

Finn, A. *Running with the Kenyans: Discovering the Secrets of the Fastest People on Earth*. New York: Ballantine Books, 2013.

Waytz, A., K. M. Hoffman und S. A. Tawalter. »Superhumanization Bias in Whites' Perceptions of Blacks.« *Social Psychological and Personality Science* 6 (October 2014): 352–359.

Kapitel 10

Andreacci, J. L., L. M. LeMura, S. L. Cohen, E. A. Urbansky, S. A. Chelland und S. P. von Duvillard. »The Effects of Frequency of Encouragement on Performance During Maximal Exercise Testing.« *Journal of Sports Science* 20, no. 4 (April 2002): 345–352.

Bateson, M., L. Callow, J. R. Holmes, M. L. Redmond Roche und D. Nettle. »Do Images of ›Watching Eyes‹ Induce Behaviour That Is More Pro-Social or More Normative? A Field Experiment on Littering.« *PLOS ONE* 8, no. 12 (December 2013): e82055.

Baumann, C. W. und T. J. Wetter. »Aerobic and Anaerobic Changes in Collegiate Male Runners Across a Cross-County Season.« *International Journal of Exercise Science* 3, no. 4 (2010): 9.

Blanchfield, A., J. Hardy und S. Marcora. »Non-conscious Visual Cues Related to Affect and Action Alter Perception of Effort and Endurance Performance.« *Frontiers in Human Neuroscience* 11, no. 8 (December 2014): 967.

Boutcher, S. H., L. A. Fleischer-Curtain und S. D. Gines. »The Effect of

Self-Presentation on Perceived Exertion.« *Journal of Sport and Exercise Psychology* 10, no. 3 (September 1988): 270.

Rhea, M. R., D. M. Landers, B. A. Alvar und S. M. Arent. »The Effects of Competition and the Presence of an Audience on Weight Lifting Performance.« *Journal of Strength and Conditioning Research* 17, no. 2 (May 2003): 303–306.

Van de Rijt, S., M. Kang, M. Restivo und A. Patil. »Field Experiments of Success-Breeds-Success Dynamics.« *Proceedings of the National Academy of Sciences* 111, no. 19 (May 2014): 6934–6939.

Weger, U. W. und S. Loughnan. »Mobilizing Unused Resources: Using the Placebo Concept to Enhance Cognitive Performance.« *Quarterly Journal of Experimental Psychology* (Hove) 66, no. 1 (2013): 23–28.

Kapitel 11

Jewett, S. »Longevity and the Longevity Syndrome.« *The Gerontologist* 13, no. 1 (1973): 91–99.

Shipley, B. A., A. Weiss, G. Der, M. D. Taylor und I. J. Deary. »Neuroticism, Extraversion, and Mortality in the UK Health and Lifestyle Survey: A 21-Year Prospective Cohort Study.« *Psychosomatic Medicine* 69, no. 9 (December 2007): 923–931.

Terracciano, A., J. A. Schrack, A. R. Sutin, W. Chan, E. M. Simonsick und L. Ferrucci. »Personality, Metabolic Rate and Aerobic Capacity.« *PLOS ONE* 8, no. 1 (2013): e54746.

Tolea, M. I., A. Terracciano, E. M. Simonsick, E. J. Metter, P. T. Costa Jr. und L. Ferrucci. »Associations Between Personality Traits, Physical Activity Level, and Muscle Strength.« *Journal of Research in Personality* 46, no. 3 (June 2012): 264–270.

Vallerand, R. J. »The Role of Passion in Sustainable Psychological Well-Being.« *Psychological Well-Being* 2, no. 1 (2012), doi: 10.1186/2211-1522-2-1.

Kapitel 12

Bartra, O., J. T. McGuire und J. W. Kable. »The Valuation System: A Coordinate-Based Meta-Analysis of BOLD fMRI Experiments Examining Neural Correlates of Subjective Value.« *Neuroimage* 1, no. 75 (August 2013): 412–427.

Brooks, A. W. »Get Excited: Reappraising Pre-performance Anxiety as Excitement.« *Journal of Experimental Psychology: General* 143, no. 3 (June 2014): 1144–1158.

Dezutter, J., A. Wachholtz und J. Corveleyn. »Prayer and Pain: The Mediating Role of Positive Re-Appraisal.« *Journal of Behavioral Medicine* 34, no. 6 (December 2011): 542–549.

Lander, P. J., R. J. Butterly und A. M. Edwards. »Self-Paced Exercise Is Less Physically Challenging Than Enforced Constant Pace Exercise of the Same Intensity: Influence of Complex Central Metabolic Control.« *British Journal of Sports Medicine* 43, no. 10 (October 2009): 789–795.

Schunk, D. H. »Self-Efficacy, Motivation, and Performance.« *Journal of Applied Sport Psychology* 7, no. 2 (1995): 112–137.

Die Originalausgabe erschien 2015 unter dem Titel »How Bad Do You Want It? Mastering the Psychology of Mind Over Muscle« bei VeloPress, 3002 Sterling Circle, Suite 100, Boulder, CO 80301-2338, USA.
www.velopress.com

Bibliografische Information der Deutschen Nationalbibliothek
Die Deutsche Nationalbibliothek verzeichnet diese Publikation in der Deutschen Nationalbibliografie; detaillierte bibliografische Daten sind im Internet über http://dnb.dnb.de abrufbar.

5. Auflage
ISBN 978-3-95590-097-7

Projektleitung: Anna Gutjahr
Übersetzung: Carola Felchner
Korrektorat: Gabi Hagedorn
Layout und Satz: Melanie Trommer
Umschlagabbildung: dreamstime.com (Paparazzofamily)
Lithografie: Mohn Media, Gütersloh
Gesamtherstellung: Print Consult, München
Printed in Czech Republic 2025

Delius Klasing Verlag, Siekerwall 21, D - 33602 Bielefeld
Tel.: 0521/559-0, Fax: 0521/559-115
E-Mail: info@delius-klasing.de
www.delius-klasing.de

SPORTLERBIBEL

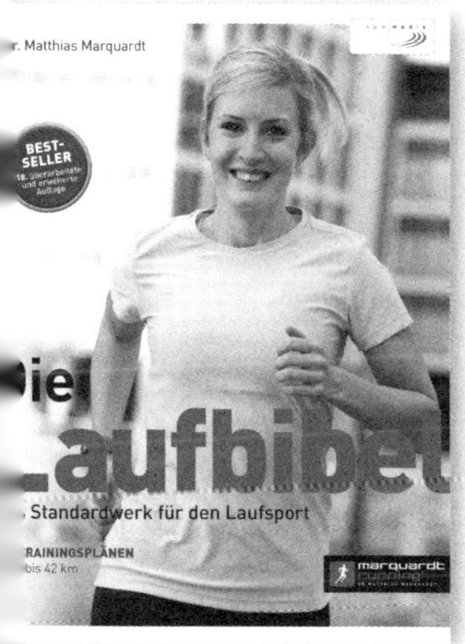

Das Trainingssystem von Dr. Marquardt enthält verschiedene Bausteine: Sie optimieren Ihre Lauftechnik und schützen so den Bewegungsapparat. Mit den richtigen Übungen kräftigen und stabilisieren Sie Ihren Bewegungsapparat, durch die richtige Trainings- und Regenerationsplanung beugen Sie Überlastungen vor.

Dr. Matthias Marquardt
Die Laufbibel
Das Standardwerk für den Laufsport
ISBN 978-3-95590-160-8

Triathlonbibel ist das perfekte Nachschlagewerk Triathleten aller Leistungsstufen. Zehn Experten entieren ihre Erfahrungen zu allen Triathlon-The- – praxisnah, mit anschaulichen Beispielen und n Tipps: Trainingssteuerung und Trainingspla-, Technik und Training, Wettkampf, Ernährung, tmedizin - Sie erhalten neue Impulse für Ihr Trai- und können Ihre Wettkampfvorbereitung struk-rter, nachhaltiger und gesünder gestalten.

s Bock u.a.
riathlonbibel
tandardwerk für alle Triathleten
978-3-95590-050-2

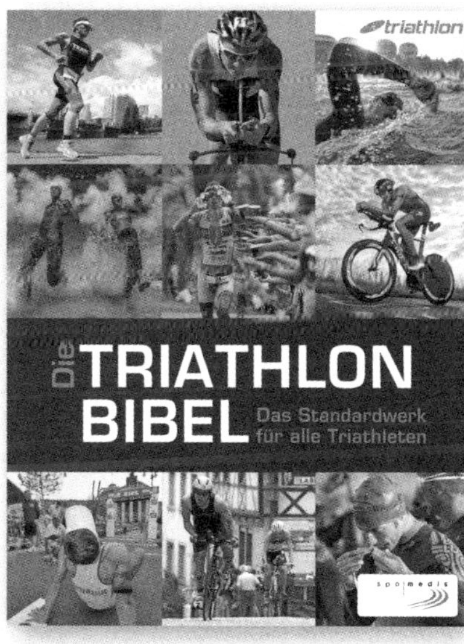

KEINE GNADE FÜR DIE WADE

Michael Krell stellt die effizientesten Trainingseinheiten für Berufstätige vor. Triathleten mit knappem Zeitbudget können so ihr Leistungspotenzial voll ausschöpfen. Die über hundert Einheiten dauern größtenteils zwischen 30 und 100 Minuten. Sie beinhalten nicht nur die klassischen Triathlondisziplinen Schwimmen, Radfahren und Laufen, sondern auch Athletik- und Krafttraining. Sowohl Anfänger als auch Fortgeschrittene können mit diesen Einheiten auf einem hohen Niveau trainieren. Jetzt mit Wattwerten.

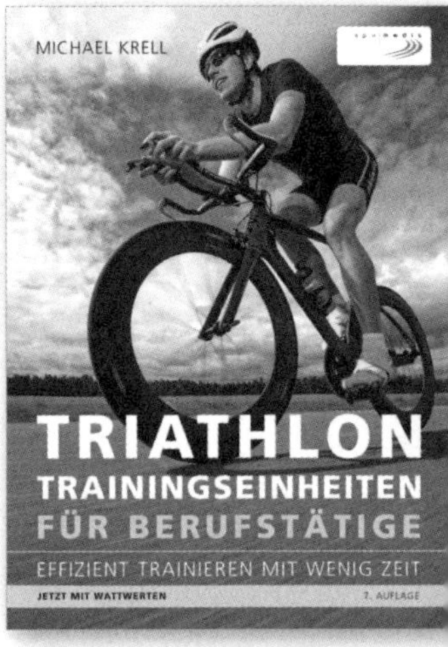

Michael Krell
Triathlon-Trainingseinheiten für Berufstätige
Effizient trainieren mit wenig Zeit
ISBN 978-3-936376-67-8

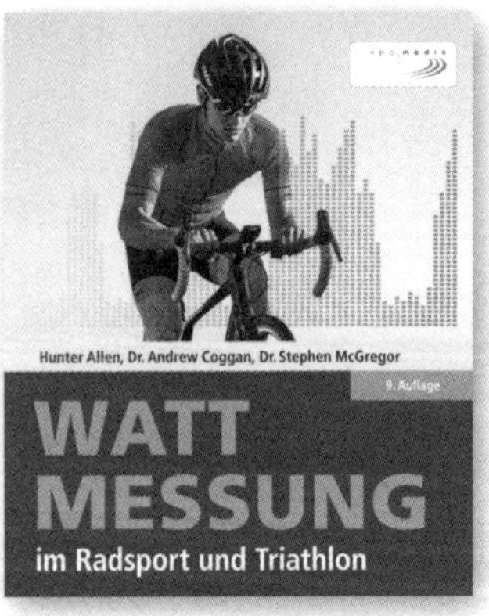

Huntor Allen, Andrew Coggan, Dr. Stephen McGregor
Wattmessung
im Radsport und Triathlon
ISBN 978-3-667-11959-9

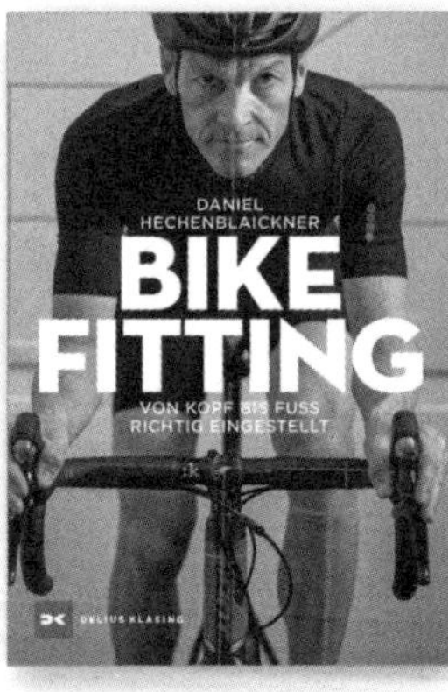

Daniel Hechenblaickner
Bikefitting
Von Kopf bis Fuß richtig eingestellt
ISBN 978-3-667-12220-9

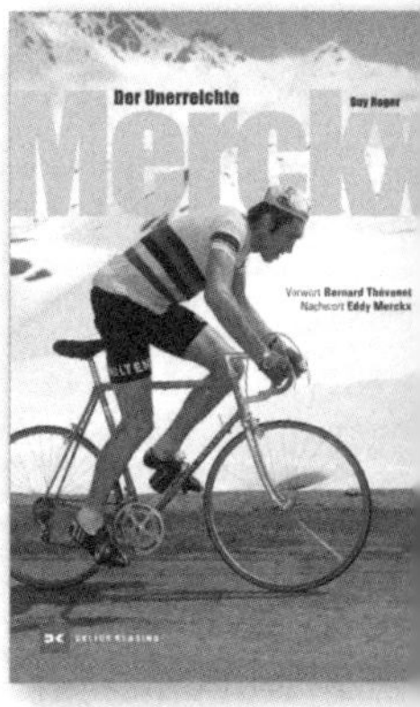

Guy Roger
Eddy Merckx
Eine Karriere für die Geschichtsbücher
ISBN 978-3-667-1312

DELIUS KLASING

shop.delius-klasing.de